Botánica para cócteles

Botánica para cócteles

LAS PLANTAS QUE HAN DADO ORIGEN
A LAS MEJORES BEBIDAS DEL MUNDO

AMY STEWART

Traducción de Ana Herrera Ferrer

Papel certificado por el Forest Stewardship Council®

Título original: *The Drunken Botanist: The Plants That Create the World's Great Drinks*
Primera edición en este formato: mayo de 2025

© 2013, Amy Stewart
Publicado por acuerdo con Algonquin Books of Chapel Hill,
una división de Workman Publishing Company, Inc., Nueva York
© 2017, 2025, Penguin Random House Grupo Editorial, S.A.U.
Travessera de Gràcia, 47-49. 08021 Barcelona
© 2017, Ana Herrera Ferrer, por la traducción

Diseño de interior: Lookatcia.com

Penguin Random House Grupo Editorial apoya la protección de la propiedad intelectual. La propiedad intelectual estimula la creatividad, defiende la diversidad en el ámbito de las ideas y el conocimiento, promueve la libre expresión y favorece una cultura viva. Gracias por comprar una edición autorizada de este libro y por respetar las leyes de propiedad intelectual al no reproducir ni distribuir ninguna parte de esta obra por ningún medio sin permiso. Al hacerlo está respaldando a los autores y permitiendo que PRHGE continúe publicando libros para todos los lectores. De conformidad con lo dispuesto en el artículo 67.3 del Real Decreto Ley 24/2021, de 2 de noviembre, PRHGE se reserva expresamente los derechos de reproducción y de uso de esta obra y de todos sus elementos mediante medios de lectura mecánica y otros medios adecuados a tal fin. Diríjase a CEDRO (Centro Español de Derechos Reprográficos, http://www.cedro.org) si necesita reproducir algún fragmento de esta obra.
En caso de necesidad, contacte con: seguridadproductos@penguinrandomhouse.com

Printed in Spain – Impreso en España

ISBN: 978-84-19851-83-3
Depósito legal: B-4.658-2025

Impreso en Gómez Aparicio, S. L.
Casarrubuelos (Madrid)

SM51833

PARA PSB

SUMARIO

Aperitivo, 10

Sobre las recetas, 16

PRIMERA PARTE

EXPLORAREMOS LA FERMENTACIÓN Y LA DESTILACIÓN, PROCESOS ALQUÍMICOS GEMELOS QUE GESTAN EL VINO, LA CERVEZA Y LOS ESPIRITUOSOS

Avanzaremos de forma ordenada por el alfabeto: Primero revisaremos «los clásicos», desde el Agave, 21, hasta la Uva, 117, para luego mostrarte algunas de las formas de obtener alcohol más raras del mundo: Brebajes extraños, 130

SEGUNDA PARTE

A CONTINUACIÓN, INUNDAREMOS NUESTRAS CREACIONES CON UN SURTIDO ASOMBROSO DE PRÓDIGOS REGALOS DE LA NATURALEZA

Hierbas y especias, 156, Flores, 231, Árboles, 254, Fruta, 287, Frutos secos y semillas, 334

TERCERA PARTE

Y AL FINAL SALDREMOS AL JARDÍN, DONDE ENCONTRAREMOS UNA SELECCIÓN ESTACIONAL DE ADEREZOS Y GUARNICIONES BOTÁNICAS PARA AÑADIR A LOS CÓCTELES EN LA ÚLTIMA FASE DE SU PREPARACIÓN

Ordenados de una manera similar:
Hierbas aromáticas, 348, Flores, 355, Árboles, 360,
Bayas y trepadoras, 368, Frutas y verduras, 372;
se incluyen también recetas y consejos de cultivo

Digestivos, 383

Algunas cuestiones finales:
Agradecimientos, 385, Índice, 387

Recetas
CÓCTELES

Margarita clásico (28)
The French Intervention (32)
Cóctel de sake N.º 1 (40)
Daiquiri (46)
Mojito y más (51)
Rusty Nail (60)
Manhattan (69)
Old-Fashioned (75)
«Cup» de sidra (89)
El Asunto Vavílov (92)
Black Gold (104)
Gota de miel (109)
Cóctel de vermut (121)
Pisco Sour (128)
Sangría de higo chumbo (139)
Bailando con el hada verde (159)
Regent's Punch de Jerry Thomas (180)
El martini clásico (187)
Pimm's Cup (189)
«Suze and soda» de la doctora Struwe (192)
Cóctel de hierba de búfalo (197)
La última palabra de Dombey (200)
Mula de Moscú (204)
El Bay Rum (211)
El pastís perfecto (217)

Sazerac (220)
The Aviation (253)
La expedición Douglas (258)
Cóctel de champán (263)
Caribou (269)
Gin-tonic Mamani (275)
Royal Tannenbaum (286)
Valencia (289)
Gin Fizz de endrino (292)
Cóctel Brooklyn (híbrido) (302)
Kir (310)
La expedición de Frank Meyer (320)
Red Lion híbrido (323)
Sidecar con sanguina (326)
Negroni (328)
Ciao Bella (329)
Mai Tai (331)
Gin Fizz Ramos (332)
Café irlandés de Buena Vista (340)
Julepe de menta de Walker Percy (354)
Cóctel de champán con lavanda y saúco (358)
Martini de lavanda (359)
Jack Rose (367)
El caso Frézier (379)
Blushing Mary (381)

JARABES, INFUSIONES Y GUARNICIONES

Jarabe de higo chumbo (138)
Jarabe de capillaire (180)
Refresco de saúco (239)
Jarabe de goma (260)
Cerezas al marrasquino hechas en casa (299)
Nocino casero (343)
Jarabe simple con infusión del jardín (353)
Pon en salmuera tus propias olivas (364)
Granadina casera (366)
Vodkas en infusión (371)
Limoncello y otros licores (371)
Cócteles de jardín: un modelo para experimentar (376)
Encurtidos para el frigorífico (377)

APERITIVO

LA INSPIRACIÓN PARA ESTE LIBRO surge de un encuentro inesperado en una convención de autores de libros de jardinería en Portland, Oregón. Yo estaba en el vestíbulo del hotel con Scott Calhoun, un experto en agaves y cactus de Tucson. Acababan de regalarle una botella de Aviation, una ginebra local excelente.

—No soy un gran bebedor de ginebra —dijo él—. No sé qué hacer con ella.
Yo sí sabía qué hacer.
—Conozco la receta de un cóctel que conseguirá que te enamores de la ginebra —respondí.
Él me miró dubitativo, pero yo continué.
—Vamos a necesitar jalapeños frescos, un poco de cilantro, unos tomates cherry...
—¡Basta! —exclamó—. Con eso es suficiente. Me has convencido. Nadie nacido en Tucson puede resistirse a un cóctel que lleve jalapeños.

Pasamos la tarde recorriendo Portland en busca de los ingredientes. Por el camino, fui aleccionando a Scott sobre las muchas virtudes de la ginebra.

—¿Cómo alguien con un mínimo interés por la botánica puede no sentirse fascinado por esta bebida? —le dije—. Mira los ingredientes. ¡Enebro, una conífera, nada menos! Coriandro, que es, claro está, el fruto de la planta del cilantro. Todas las ginebras llevan además pieles de cítricos. Y ésta lleva también capullos de lavanda. La ginebra no es más que una extracción alcohólica de estas plantas alucinantes provenientes de todos los rincones del mundo: cortezas, hojas, semillas, flores y frutos...

Para entonces ya habíamos llegado a la tienda de licores, donde me puse a gesticular como una loca delante de los estantes que nos rodeaban.

—¡Todo esto, todas estas botellas, son pura horticultura!

Yo buscaba un ingrediente, un agua tónica buena, hecha con verdadera corteza de cinchona y auténtico *Saccharum officinarum*, no esa porquería artificial que corre por ahí. Mientras tanto, Scott echaba un vistazo a la selección de *Agave tequilana* embotellado. Él tenía la costumbre de recorrer México a pie en busca de agaves y cactus raros, y había encontrado muchos de sus preciados especímenes manando del extremo de un alambique casero en Oaxaca.

Antes de irnos, nos quedamos de pie en la puerta un momento y miramos a nuestro alrededor. No había ni una sola botella en aquella tienda a la que no pudiéramos asignar un género y una especie. ¿Bourbon? *Zea mays*, una planta de tallo largo. ¿Absenta? *Artemisia absinthium*, una hierba mediterránea muy incomprendida. ¿Vodka polaco? *Solanum tuberosum* —como la belladona, la patata pertenece a una de las familias de plantas más raras—. ¿Cerveza? *Humulus lupulus*, una trepadora muy pegajosa que ha resultado ser prima cercana del cannabis. De pronto, ya no estábamos en una simple tienda de licores. Estábamos en un invernadero maravilloso, el jardín botánico más exótico del mundo, uno de esos lugares extraños y frondosos que sólo existen en nuestros sueños.

El cóctel (Gin-tonic Mamani, p. 275) fue un éxito entre los escritores de jardinería. Esa noche, Scott y yo firmamos ejemplares de nuestros libros en la caseta de nuestra editorial y nos turnamos para dejar el bolígrafo a un lado y cortar chiles o picando cilantro. A grandes rasgos, la idea de este libro la concebí en aquel momento, mientras tomaba un par o tres de estos cócteles tan botánicos. Por tanto, lo correcto sería dedicar esta obra a la persona que regaló a Scott aquella botella de Aviation... Pero ninguno de los dos recuerda quién fue.

En el siglo xvii, el científico británico Robert Boyle, uno de los fundadores de la química moderna, publicó sus *Obras filosóficas*, un tratado en tres volúmenes de física, química, medicina e historia natural. Boyle

APERITIVO

comprendía perfectamente la conexión entre alcohol y botánica, que a mí también me fascina. Aquí tenemos una versión resumida de su opinión al respecto:

> *Los habitantes de las islas del Caribe nos suministran sustancias notables, aquí, donde la raíz venenosa de la mandioca se convierte tanto en pan como en bebida: al mascarla y luego escupirla en agua, pronto se purga de sus cualidades nocivas. Ellos, habiendo encontrado muy difícil en algunas de nuestras plantaciones americanas lograr un buen whisky con el maíz o grano indio, primero lo reducen a pan, y después hacen con él una buena bebida.*
> *En China hacen vino con la cebada; en las zonas del norte, lo elaboran con arroz y manzanas. En Japón también elaboran un vino fuerte del arroz. En Inglaterra, nosotros, del mismo modo, tenemos gran variedad de vinos hechos con cerezas, manzanas, peras y demás, que no son muy inferiores a los de procedencia extranjera. En Brasil, y en otros lugares, hacen un vino fuerte con agua y caña de azúcar, y en Barbados tienen muchos licores desconocidos para nosotros. Entre los turcos, donde el vino de la uva está prohibido por sus leyes, judíos y cristianos ofrecen en sus tabernas un licor hecho con pasas fermentadas. La sura, en las Indias Orientales, se consigue con el zumo que fluye del árbol de la palma, y los marineros a menudo se embriagan, en ese país, con licores hechos de los jugos fermentados obtenidos de la incisión de varios vegetales.*

Y así sucesivamente. Parece ser que alrededor del mundo no queda árbol o arbusto o delicada flor silvestre que no haya sido recolectado, destilado y embotellado. Todo avance en las investigaciones botánicas o en las ciencias hortícolas ha traído consigo la correspondiente mejora en la calidad de los espirituosos. ¿Botánicos alcoholizados? Si consideramos el papel que han tenido a la hora de crear las mejores bebidas del mundo, es un milagro que haya algún botánico sobrio.

Con este libro, espero ofrecer una perspectiva alcohólica de las plantas y además aportar un poco de historia, un poco de horticultura e incluso algún consejo agrícola para aquellos que queráis cultivarlas. Empiezo con las plantas que convertimos directamente en alcohol, como uvas y manzanas, cebada y arroz, caña de azúcar y maíz. Cualquiera de ellas, con la ayuda de una levadura, se puede transformar en embriagadoras moléculas de alcohol etílico. Pero esto no es más que el principio. Una gran ginebra o un buen licor francés están aromatizados con una gran variedad de hierbas, semillas y frutas, algunas añadidas durante la destilación y otras justo antes del embotellado. Y, en cuanto la botella llega al bar, se requiere la participación de una tercera gama de plantas o ingredientes, como la menta, el limón o (si la fiesta es en mi casa) los jalapeños frescos. He estructurado el libro en torno a este viaje desde la malta y el alambique hasta la botella y el vaso. En cada uno de los apartados, las plantas están ordenadas alfabéticamente por el nombre común.

Sería imposible enumerar todas y cada una de las plantas que alguna vez han aportado su aroma a una bebida alcohólica. Estoy segura de que en este preciso momento un destilador artesano de Brooklyn está recogiendo una semilla de una grieta en una acera y preguntándose si podría dar un buen aroma a una nueva línea de bíters. Marc Wucher, un destilador alsaciano de aguardiente, dijo una vez a un periodista: «Lo destilamos todo, excepto a nuestras suegras», y si alguna vez vas a Alsacia, te darás cuenta de que el hombre no exageraba.

De modo que me he visto obligada a hacer una selección entre todas las maravillas botánicas del planeta. Aunque he intentado incluir algunas de las plantas más desconocidas, exóticas y olvidadas que nos bebemos, además de algún brebaje extraño que requiere viajar al fin del mundo para probarlo, la mayor parte de las plantas que se encuentran en este libro resultarán familiares tanto a los bebedores norteamericanos como a los europeos. Hay ciento sesenta en total, pero podría haber incluido fácilmente varios cientos más. Muchas tienen una historia botánica, medicinal y culinaria tan vasta que unas pocas páginas no pueden hacerles justicia... Y, de hecho, algunas de ellas, como la quinina, la caña de azúcar, las manzanas, las uvas o el maíz, ya han recibido en esta obra el trato extenso que se merecen. Lo que espero ofrecerte aquí es una muestra de la increíblemente rica, compleja y deliciosa vida de las plantas que se encuentran en el interior de todas esas botellas que hay detrásde la barra del bar.

Antes de seguir adelante, debo eximirme de ciertas responsabilidades. La historia de las bebidas espirituosas está llena de leyendas, distorsiones, medias verdades y mentiras descaradas. Creía que ningún campo de estudio podía ser más proclive a mitos y malentendidos que la botánica, pero eso fue antes de empezar a investigar los cócteles. Los hechos tienden a deformarse tras una ronda de combinados, y las empresas licoreras no están obligadas a atenerse a la verdad: sus fórmulas secretas pueden seguir siendo secretas, y los sacos de arpillera con hierbas colocados en la destilería podrían estar allí sólo como decoración, o incluso para despistar. Si yo afirmo con rotundidad que un licor contiene cierta hierba aromática es porque me lo ha dicho el fabricante o alguien que tiene conocimiento directo y de primera mano del proceso. A veces a uno no le queda más remedio que deducir los ingredientes secretos de una bebida, de modo que he intentado dejar bien claro cuándo estoy haciendo una suposición. Y si la historia del origen de una bebida me parece dudosa o no puede verificarse más que con un recorte de prensa amarillento, también te lo haré saber.

Si tienes un interés más que pasajero en la destilación o la «mixología», te recomiendo mucha precaución a la hora de experimentar con plantas desconocidas. Como autora de un libro sobre plantas venenosas, te aseguro que echar unas gotas de la hierba equivocada en un alambique o en una botella para extraer sus ingredientes activos puede ser tu último acto creativo en este mundo. He incluido también algunas advertencias sobre «parecidos mortales» y parientes botánicos peligrosos. Recuerda que las plantas emplean sustancias químicas muy potentes para evitar lo que vas a hacer con ellas, es decir, arrancarlas del suelo y devorarlas. Antes de recoger hierbas sin ton ni son, cómprate una guía de campo fiable y síguela a rajatabla.

También es importante tener en cuenta que los destiladores suelen usar instrumentos muy sofisticados para extraer el sabor de una planta y dejar intacta la mayor parte de sus moléculas nocivas, pero un aficionado que macera un puñado de hojas en vodka no tiene el mismo control. Algunas de las plantas descritas en este libro son venenosas, ilegales o están estrictamente reguladas. Que un destilador pueda usarlas con toda seguridad no significa que vosotros podáis hacer lo mismo. Algunas cosas es mejor dejarlas a los expertos.

Finalmente, una llamada a la cautela con respecto a las plantas medicinales. La historia de gran parte de las hierbas, especias y frutas de este libro es la historia de la medicina. Muchas de ellas se usaban tradicionalmente —y se siguen usando— para tratar multitud de dolencias. Son historias fascinantes y por eso he incluido algunas, pero nadie debe leerlas como si fueran un consejo médico. Un digestivo italiano puede ser increíblemente efectivo para aliviar la pesadez estomacal o una cabeza embotada; aparte de eso, me niego a especular más.

Toda gran bebida empieza con una planta. Si eres jardinero, espero que este libro te inspire para organizar una fiesta con cócteles. Si eres barman, espero convencerte para que montes un pequeño huerto o al menos pongas una jardinera en la ventana. Me gustaría que todo aquel que camine por un jardín botánico o suba a una montaña vea no sólo hierbas, sino el verdadero elixir de la vida —el *aqua vitae*— que nos regala el mundo de las plantas. Siempre me ha parecido que la horticultura es un tema maravillosamente embriagador. Espero que a ti también te lo parezca. ¡SALUD!

SOBRE LAS RECETAS

CLÁSICAS Y SENCILLAS, ESTAS RECETAS SON LAS QUE MEJOR EXPRESAN EL MODO EN QUE UNA DETERMINADA PLANTA PUEDE UTILIZARSE EN UN CÓCTEL. HAY TAMBIÉN VARIAS RECETAS ORIGINALES, PERO NO DEJAN DE SER VERSIONES DE LAS CLÁSICAS. SI ERES NUEVO EN EL ARTE DE MEZCLAR BEBIDAS, AQUÍ TIENES ALGUNOS CONSEJOS.

CANTIDADES: Un cóctel no está concebido para ser una bebida enorme. La copa de martini moderna es una monstruosidad; llena hasta el borde, contiene nada menos que 240 mililitros de líquido. Eso equivale a beberse cuatro o cinco combinados, más de lo que nadie se pimplaría en una sola ronda. (Aunque sólo sea porque, antes de acabártela, la bebida ya se ha calentado.)

Una medida correcta para un cóctel son 45 mililitros, es decir, el extremo grande de un medidor estándar. (El lado pequeño, al que llaman poni, mide 20 mililitros.) Si incorporamos licor o vermut, un combinado de tamaño normal, no exagerado, debería contener el equivalente a 60 mililitros de alcohol fuerte.

Las recetas de este libro se ajustan a esa medida. Una bebida espirituosa bien proporcionada e ingerida mientras todavía está fría es una maravilla. Toma una segunda si te apetece, pero es mejor acostumbrarse a beber una cantidad pequeña y civilizada cada vez. Para ponértelo más fácil, mide todos los ingredientes y, por favor, tira esos vasos de cóctel inmensos (o resérvalos para bebidas que contengan sobre todo zumo de fruta) e invierte en unas copas de proporciones más modestas. Ah, y hablando de vasos, para hacer las recetas de este libro, te las arreglarás perfectamente con unas copas de champán tipo flauta, unas copas de vino y con éstos:

- **OLD-FASHIONED:** vasos cortos, anchos, con una capacidad de 180 a 240 mililitros.
- **HIGHBALL:** vasos más altos, pueden contener unos 360 mililitros; también sirve un vaso grande cualquiera (de 480 mililitros), o incluso una jarra tipo tarro de conserva.
- **DE CÓCTEL:** copas cónicas o en forma de cuenco, con pie; la típica copa de martini.

TÉRMINOS, INGREDIENTES Y CONCEPTOS QUE PODRÍAN NECESITAR MÁS EXPLICACIONES

AGUA TÓNICA: No estropees un espirituoso de gran calidad con una tónica mala. Busca marcas de primera categoría, como Fever-Tree o Q Tonic, elaboradas con ingredientes naturales, sin aromas artificiales ni sirope de maíz cargado de fructosa.

HIELO: No seas tímido a la hora de añadir hielo o un poco de agua a una bebida espirituosa. No la aguará, sino que la mejorará. En realidad, el agua aligera la presión del alcohol sobre las moléculas aromáticas, de modo que, en lugar de diluir el sabor, lo refuerza.

JARABE O SIROPE: Es una mezcla a partes iguales de agua y azúcar. Se lleva a ebullición para disolver el azúcar y luego se deja enfriar. Como el agua azucarada atrae bacterias, es mejor no preparar una gran cantidad, porque no durará mucho. Prepara un poco cuando lo necesites. Si no dispones de mucho tiempo, acelerarás considerablemente el hervido y el enfriado usando el microondas y el congelador.

MAZA DE MORTERO: Este instrumento romo de madera sirve para machacar hierbas o fruta en el fondo de una coctelera. Si no tienes uno, puedes usar una cuchara de madera. Los cócteles que llevan ingredientes mezclados de esa forma deben pasarse por un tamiz para que las hierbas machacadas no acaben en el vaso.

PRECAUCIONES HABITUALES CON LA CLARA DE HUEVO: Algunas recetas llevan clara de huevo cruda. Si te preocupa qué efectos puede tener sobre la salud el consumo de huevos crudos, no los pongas.

VISITA **DRUNKENBOTANIST.COM**
PARA VER MÁS RECETAS Y TÉCNICAS

PRIMERA PARTE

EXPLORAREMOS LA FERMENTACIÓN Y LA DESTILACIÓN, PROCESOS ALQUÍMICOS GEMELOS QUE GESTAN EL VINO, LA CERVEZA Y LOS ESPIRITUOSOS.

El mundo botánico produce alcohol en abundancia. O, para ser más precisos, las plantas fabrican azúcar, y cuando el azúcar se combina con la levadura, nace el alcohol. Las plantas se empapan de dióxido de carbono y luz solar, lo transforman todo en azúcar y exhalan oxígeno. No es una exageración decir que el proceso que nos proporciona los ingredientes crudos para el brandy y la cerveza es el mismo que sustenta la vida en el planeta.

LOS CLÁSICOS

EMPEZAMOS CON «LOS CLÁSICOS»,
LAS PLANTAS QUE MÁS COMÚNMENTE
HAN SIDO TRANSFORMADAS EN ALCOHOL,
SIGUIENDO DE MANERA ORDENADA
EL ALFABETO **DESDE EL AGAVE
HASTA LA UVA.**

Agave tequilana
AGAVÁCEAS (FAMILIA DEL AGAVE)

El agave es más conocido por lo que no es que por lo que es. Hay quien cree que se trata de una especie de cactus, pero en realidad forma parte del orden botánico de los Asparagales, siendo por tanto más parecido a los espárragos y a otros parientes igual de insólitos: la ornamental hosta de los jardines, tan amante de la sombra, el bulboso jacinto azul y la punzante yuca del desierto.

Otro malentendido surge al llamar a los agaves «plantas del siglo», sugiriendo con ello que florecen sólo una vez cada cien años. De hecho, muchos ejemplares lo hacen cada ocho o diez años, pero, claro, «plantas de la década» no suena tan romántico. Sin embargo, esta floración tan esperada tiene una importancia vital: produce los ingredientes necesarios para elaborar el tequila, el mezcal y muchas otras bebidas destiladas o fermentadas a partir de esta suculenta tan rara y amante del calor.

PULQUE

La primera bebida que se obtuvo del agave fue el pulque, una bebida ligeramente fermentada a partir de la savia o el «aguamiel». Por los restos encontrados en excavaciones arqueológicas sabemos que el agave —llamado «maguey» en México— ya se cultivaba, tostaba y comía hace ocho mil años; probablemente, también se bebía su dulce savia. En unas pinturas murales descubiertas en una pirámide de Cholula, México, que datan del 200 d. C., aparece gente bebiendo pulque. El códice azteca *Fejérváry-Mayer*, uno de los pocos libros precolombinos que los españoles no destruyeron, retrata a Mayahuel, diosa del agave, amamantando a sus hijos (los conejos borrachos) y ofreciéndoles lo que parece ser pulque en lugar de leche. La diosa tuvo cuatrocientos hijos en total, los Centzon Totochtin, conocidos como los dioses conejo del pulque y la embriaguez.

La prueba más extraña de la antigüedad del consumo de pulque y sus orígenes procede de un botánico llamado Eric Callen, que en la década de 1950 fue pionero en el análisis de coprolitos, o el estudio de las heces humanas halladas en las excavaciones arqueológicas. Sus colegas se burlaban de él por dedicarse a una especialidad tan rara, pero hizo unos descubrimientos asombrosos sobre la dieta de los pueblos antiguos. Callen aseguraba que podía confirmar la presencia de «cerveza de maguey» en unas heces de hace dos mil años sólo por el olor que desprendían las muestras rehidratadas en el laboratorio. Sin duda, demostró tener un poderoso sentido del olfato, o tal vez fuera el poderoso aroma de un pulque viejo de verdad...

Para hacer pulque, se corta el tallo floreciente del agave en cuanto empieza a brotar. La planta espera toda su vida ese momento, acumulando azúcares durante una década o más, preparándose para el nacimiento de ese único apéndice. Al cortarlo, se obliga a la base a expandirse, sin crecer en altura. En ese momento, se tapa la herida y se deja descansar unos meses para que se vaya acumulando la savia. Luego se pincha otra vez, para que el corazón se pudra. A continuación, se extrae ese núcleo descompuesto y se rasca el interior de la cavidad varias veces, con el objeto de irritar a la planta y que fluya la savia. Una vez que empieza a fluir en abundancia, la savia se recoge cada día con un tubo de goma, que en la antigüedad era una pipeta, hecha con una calabaza, llamada «acocote». (El «acocote», por si quieres fabricarte uno, solía hacerse con un trozo largo y delgado de *Lagenaria vulgaris*, la calabaza botella común que se usa también para elaborar cuencos e instrumentos musicales.)

Un solo agave puede dar cuatro litros de savia al día a lo largo de varios meses, en total, más de novecientos litros, mucho más de lo que la planta podría contener en un momento dado. Al final, la savia se seca y el agave se marchita y muere. (Los agaves son monocarpios, es decir, sólo florecen una vez y luego mueren, de modo que la cosa no es tan trágica como podría parecer.)

La savia necesita menos de un día para fermentar (antiguamente, la savia se almacenaba en barriles de madera, o en odres de piel de cerdo o de cabra, y fermentaba en estos recipientes) y luego ya está lista para beber. Suele añadirse una pequeña porción del lote anterior, la «madre», para iniciar el proceso. La savia fermenta tan rápidamente gracias a una bacteria que aparece de forma natural, la *Zymomonas mobilis*, que vive en el agave y en otras plantas tropicales con las que se hace alcohol, como la caña de azúcar, la palma y el cacao. (Estas bacterias generan etanol de una manera tan eficiente que hoy en día se usan para fabricar biocombustible.) Sin embargo, este microbio no debe aparecer en otros procesos de destilación. Es la causa, por ejemplo, de la «enfermedad de la sidra», una fermentación secundaria que puede estropear por completo dicha bebida. También puede malograr la cerveza, dejando un desagradable olor sulfúrico en los lotes contaminados. A pesar de todo, es el catalizador perfecto para convertir la savia de agave en pulque. La *Saccharomyces cerevisiae*, la levadura habitual para hacer cerveza, ayuda a la fermentación, igual que la bacteria *Leuconostoc mesenteroides*, que crece en las verduras y también fermenta los encurtidos y el chucrut.

Estos y otros microorganismos producen una fermentación rápida, espumosa. El pulque tiene poco alcohol, sólo alrededor de un cinco por ciento de graduación alcohólica volumétrica, y tiene un gusto ligeramente agrio, como las peras o los plátanos una vez pasado su punto de maduración óptimo. Es un sabor al que hay que acostumbrarse. El historiador español Francisco López de Gómara escribió en el siglo XVI: «No hay perro muerto ni bomba que pueda despejar tan bien un camino como el olor [del pulque].» Gómara quizá habría preferido el «pulque curado», que está aromatizado con coco, fresa, tamarindo, pistacho u otras frutas.

Como no se le añade ningún conservante, el pulque siempre debe servirse fresco. Las levaduras y bacterias siguen activas, y el sabor va cambiando con los días. Pueden encontrarse versiones envasadas y pasteurizadas, pero en ellas los microbios han muerto y el gusto se resiente. Al fin y al cabo, es la mezcla microbiana viva lo que asemeja al pulque con el yogur y la cerveza. Con su dosis de vitamina B, hierro y ácido ascórbico, el pulque se considera casi un alimento saludable. Aunque hace décadas que la cerveza es la bebida favorita de los mexicanos, el pulque se está poniendo de moda otra vez, y no sólo en este país, sino también en ciudades fronterizas, como San Diego.

MEZCAL Y TEQUILA

En muchos libros sobre tequila y mezcal se asegura que los españoles necesitaban una bebida fuerte para tonificarse antes de librar sus largas y sangrientas batallas en tierras mexicanas, de modo que introdujeron la destilación para convertir el pulque en un licor de una graduación más alta. Sin embargo, el tequila y el mezcal se elaboran a partir de una especie de agaves totalmente distinta a la del pulque. Y el método para cosechar la planta y preparar la bebida también es diferente.

Resulta muy difícil convertir el pulque en un licor más estable y fuerte. Las complejas moléculas del azúcar en el néctar del agave no se rompen con facilidad durante la fermentación, y el calor que produce la destilación provoca unas reacciones químicas nada convenientes que acaban creando sabores desagradables, como a azufre o a goma quemada. Extraer los azúcares del agave para la destilación requiere una técnica completamente distinta... una técnica que ya se había perfeccionado antes de la llegada de los españoles.

Las pruebas arqueológicas (entre las que se incluyen los mencionados análisis de coprolitos que llevaron a cabo Eric Callen y otros) demuestran que entre los pueblos que vivían en México antes de la invasión española existía la costumbre de tostar el corazón del agave para comerlo. Fragmentos de cerámica, herramientas primitivas, pinturas e incluso restos de agave digerido lo confirman sin lugar a dudas. Comer agave tostado es disfrutar de un manjar de alta cocina; imagínate una versión mucho más sabrosa y carnosa de un corazón de alcachofa. Sólo por eso ya habría sido un alimento excelente.

Pero también es posible elaborar un espirituoso de alta graduación a partir de los corazones tostados. El proceso del tostado rompe los azúcares de una manera distinta, liberando agradables sabores caramelizados que proporcionan un licor gustoso y ahumado. Cuando los españoles llegaron a la zona, observaron que los nativos cultivaban campos de agave y vigilaban con sumo cuidado sus plantas, cosechándolas hasta un punto preciso de su desarrollo, justo antes de que surgiera el brote de la base para formar un tallo florecido. En lugar de rascar el centro para obligar a fluir la savia, como se hacía para obtener el pulque, se cortaban las hojas de agave y se dejaba al descubierto una masa densa llamada «piña», parecida a una piña de verdad o a un corazón de alcachofa. Estas «piñas» se recogían y se tostaban en un horno de ladrillos o forrado de piedra enterrado en el suelo, y luego se cubrían para que se fueran cociendo en rescoldo durante varios días.

No cabe duda de que los nativos habían hallado un método para cultivar y tostar el agave. En México y la zona sur de Estados Unidos todavía se encuentran pozos de piedra precolombinos construidos para tal fin. Sin embargo, hoy en día algunos arqueólogos sugieren que estos vestigios primitivos son un indicio de que estos pueblos quizá no tostaban los agaves sólo para comérselos, sino que conocían ya métodos de destilación antes de su contacto con los europeos.

LOS AGRUPADORES, LOS SEPARADORES Y HOWARD SCOTT GENTRY

TAL VEZ NUNCA OS HAYÁIS INTERNADO EN EL DESIERTO MEXICANO ACOMPAÑADOS DE UN GUÍA con el objetivo de identificar agaves silvestres. Ni de lejos es un pasatiempo tan satisfactorio como, por ejemplo, la observación de aves, porque muchas especies de agave son casi imposibles de distinguir entre sí. En ocasiones, las que tienen un aspecto distinto resulta que no son tan diferentes desde el punto de vista biológico como para ser clasificadas en especies distintas... Quizá son simplemente otras variedades, sin más. Pensemos, por ejemplo, en los tomates: un cherry y un «corazón de buey» no se parecen ni en el aspecto ni en el sabor, pero ambos pertenecen a la especie del tomate, *Solanum lycopersicum*.

Lo mismo ocurre con los agaves. Howard Scott Gentry (1903-1993) fue la máxima autoridad mundial en agaves. Como explorador de plantas para el Departamento de Agricultura de Estados Unidos, recogió especímenes en veinticuatro países; estaba convencido de que los taxonomistas (a los que a veces se llama «agrupadores» o «separadores», por su tendencia o bien a agrupar demasiadas especies juntas, o bien a separar demasiadas variedades en distintas especies) habían separado demasiado en el caso de los agaves. Gentry afirmaba que las diferencias entre la *A. tequilana* y otras especies eran tan insignificantes que la *A. tequilana* quizá no fuera siquiera una especie aparte. Por eso estaba a favor de dividir los agaves según sus características florales, aunque eso obligara a los botánicos a esperar nada menos que treinta largos años para ver un espécimen en floración antes de poder identificarlo con precisión.

Sus colegas Ana Valenzuela-Zapata y Gary Paul Nabhan, que continuaron con el trabajo de Gentry después de que éste falleciera, afirman que algunas especies, como la *A. tequilana*, deberían incluirse, desde un punto de vista puramente científico, en una especie más amplia, la *A. angustifolia*. Aunque reconocen que la historia, la cultura y la codificación de la *A. tequilana* en las leyes que regulan la elaboración de bebidas alcohólicas en México lo hacen muy difícil. A veces la tradición sigue imponiéndose a la botánica, sobre todo en el desierto mexicano.

¿MEZCAL O MESCAL?

Aunque los norteamericanos y los europeos suelen preferir la forma «mescal», los mexicanos siempre lo llaman «mezcal». Por tanto, éste es su nombre legal según las leyes mexicanas.

Es una idea controvertida y discutida con vehemencia por los eruditos. Lo que sabemos con toda seguridad es que los españoles introdujeron una nueva tecnología. No obstante, muchos de los primeros alambiques hallados en México derivan del alambique filipino, un utensilio increíblemente sencillo y hecho por entero con materiales locales, sobre todo plantas. La razón de que el mérito se lo hayan llevado los españoles es que fueron ellos quienes llevaron filipinos a México, cortesía de los galeones que hacían la ruta Manila-Acapulco. Estos barcos «mercantes» aprovechaban los vientos favorables que permitían viajar directamente desde Filipinas hasta Acapulco en sólo cuatro meses. Durante doscientos cincuenta años, desde 1565 hasta 1815, esos barcos partían con especias, seda y otros productos de lujo de Asia rumbo al Nuevo Mundo y regresaban con plata mexicana para usarla como moneda. El intercambio cultural entre México y Filipinas sigue vivo a día de hoy, y el alambique filipino es sólo un ejemplo más de la conexión entre los dos países.

Este sencillo alambique consistía en colocar un tronco de árbol ahuecado (a menudo, el *Enterolobium cyclocarpum*, un árbol perteneciente a la familia de las *Fabaceae* llamado «guanacaste» u «oreja de elefante») encima de un horno excavado bajo tierra y forrado de ladrillos. La mezcla fermentada se metía dentro del tronco y se llevaba a ebullición. Entonces se colocaba un cuenco de cobre poco hondo encima del tronco, de modo que el líquido, al hervir, subía hasta el recipiente de cobre, como el vapor que queda concentrado bajo la tapa de una olla.

Este líquido destilado goteaba, a continuación caía por un conducto de madera colocado debajo del cuenco y luego salía del alambique a través de un tubo de bambú o una hoja de agave enrollada. Los alambiques de cobre españoles tradicionales, llamados «alambiques árabes», también fueron introducidos en una etapa temprana.

No sabemos con seguridad cuándo empezó la destilación en Latinoamérica, pero sí que la práctica estaba muy asentada en 1621. Aquel año, un sacerdote de Jalisco, Domingo Lázaro de Arregui, escribió que el corazón tostado del agave producía «un vino por destilación más claro que el agua y más fuerte que el alcohol de caña, que les gusta mucho».

¿Y LA MESCALINA?

A veces se confunde el mezcal con la mescalina, componente psicoactivo del cactus peyote *Lophophora williamsii*. En realidad, no tienen nada que ver, aunque el peyote se vendía en el siglo XIX como «botones de mezcal», lo que condujo a un malentendido lingüístico que ha perdurado hasta nuestros días.

A lo largo de los últimos siglos —y hasta la última década, más o menos—, los espirituosos procedentes del agave se consideraban bebidas bastas que no podían compararse en absoluto con un buen whisky escocés o un coñac. En 1897, un periodista de la *Scientific American* escribía: «Dicen que el mezcal sabe a una mezcla de gasolina, ginebra y electricidad. El tequila es aún peor, y aseguran que incita al crimen, al tumulto y a la revolución.»

Aunque la ginebra y la electricidad parecen ingredientes excelentes para cualquier cóctel, no se trataba de un elogio precisamente. Sea como sea, hoy en día hay destilerías artesanales en Jalisco y Oaxaca que combinan técnicas antiguas y modernas para elaborar unos espirituosos extraordinariamente suaves y refinados.

Un buen mezcal es un licor excelente que se produce de forma artesanal y en pequeñas cantidades en pueblos mexicanos en los que aún se usan técnicas antiguas y una gran variedad de agaves silvestres. Las «piñas» todavía se cortan y se tuestan poco a poco en hornos bajo tierra, donde se impregnan durante varios días de humo de roble, mezquite u otras maderas locales. Luego las trituran con un molino de piedra llamado «tahona». La rueda gira en torno a un hueco circular, y aunque antiguamente se propulsaba con la fuerza de un burro, hoy en día suele utlizarse una maquinaria más sofisticada. (Esta rueda, por cierto, se parece mucho a la que se usaba hace un tiempo en Europa para moler las manzanas y hacer sidra. Si fueron o no los españoles quienes introdujeron la tahona en México es una cuestión que sigue siendo objeto de arduos debates entre arqueólogos e historiadores.)

Una vez que se han molido las «piñas» tostadas, puede extraerse el jugo y fermentarse con agua y levadura silvestre —lo que da lugar a un mezcal de un sabor más suave—, o bien puede fermentarse toda la masa, incluyendo el agave triturado, con lo que se obtiene un mezcal mucho más intenso y ahumado que, sin duda, complacería a cualquier bebedor de whisky escocés. En algunos pueblos, la destilación se realiza todavía en alambiques tradicionales de arcilla y bambú. Otros destiladores usan unos recipientes de cobre un tanto más modernos, muy parecidos a los que utilizan las mejores marcas de whisky y brandy. Muchos mezcales pasan por una doble y hasta una triple destilación para perfeccionar su sabor.

Algunos destiladores son tan minuciosos en sus procesos que no dejan que una persona que haya usado jabones perfumados se acerque al alambique, porque temen que las moléculas de la fragancia contaminen su producto. Los mejores mezcales se etiquetan según la especie de agave utilizada y el pueblo de procedencia, igual que un buen vino francés. Hoy en día, y siempre según las leyes mexicanas, para que un licor lleve el nombre de mezcal sólo

MARGARITA CLÁSICO

45 ml de tequila
15 ml de zumo de lima recién exprimido
15 ml de Cointreau u otro licor de naranja de calidad
Un toque de sirope de agave o de jarabe simple
Una rodaja de lima

Usa un buen tequila cien por cien de agave. Uno blanco sería la elección clásica, pero se puede experimentar con tequilas envejecidos. Agita todos los ingredientes, excepto la rodaja de lima, con hielo y sirve inmediatamente en una copa de cóctel o en un vaso old-fashioned con hielo. Decóralo con la rodaja de lima.

puede haber sido elaborado en Oaxaca o en el estado adyacente de Guerrero, y en tres estados del norte: Durango, San Luis Potosí y Zacatecas.

Hay un ingrediente que puede hacer el mezcal distinto del whisky o del brandy: un pollo muerto. El «de pechuga» es un tipo de mezcal especialmente curioso y delicioso que incluye un fruto silvestre local, añadido en la destilación, para aportar un toque de dulzor, y una pechuga de pollo cruda, despellejada y lavada, que se cuelga en el alambique para que los vapores pasen por ella. Se supone que la carne de pollo equilibra el dulzor de la fruta. Sea cual sea su objetivo, el caso es que funciona: no dejes escapar la oportunidad de probar el «mezcal de pechuga».

¿Qué es lo que hace diferente el tequila? Durante siglos, el término «mezcal» se aplicaba a todos los licores mexicanos hechos con el corazón tostado del agave. En el siglo XIX, la palabra «tequila» se refería sencillamente al mezcal elaborado en la ciudad de Tequila o en sus alrededores, en el estado de Jalisco. Quizá se hiciera con una especie de agave distinta, pero el método solía ser el mismo.

En el siglo XX, el tequila se convirtió en la bebida que es hoy: un licor producido exclusivamente en una zona concreta de Jalisco a partir de una variedad de *Agave tequilana* llamada «Weber azul» —a menudo cultivada en grandes campos, en lugar de ser cosechada de forma silvestre— que se calienta y somete al vapor en lugar de tostarse despacio en un hueco bajo tierra. (Hoy en día no es difícil ver autoclaves de veinte toneladas en las destilerías de tequila.) Por desgracia, la definición de tequila se ha ido extendiendo también hasta incluir los «mixtos», es decir, tequilas destilados de una mezcla de agave y otros azúcares, de modo que hasta el cuarenta y nueve por ciento de la fermentación proviene de un azúcar que no es de agave. La mayoría de los tequilas que beben los norteamericanos en forma de margaritas son «mixtos»; la gente todavía no se atreve a pedir un tequila cien por cien de agave. Si decides hacerlo, vale la pena degustar unos cuantos. Algunos son dulces, como un ron muy añejo, o ahumados y con sabor a madera, como un buen whisky, y otros tienen unas inesperadas notas florales, como un licor francés. Son perfectos tal como están, no hay por qué estropear un tequila excelente, elaborado de forma artesanal, con zumo de lima y sal.

Ahora que el mezcal y el tequila tienen su propia denominación de origen (D.O.), otros espirituosos con base de agave están reclamando su territorio. La raicilla procede de la zona en torno a Puerto Vallarta; la bacanora, de Sonora, y el sotol, hecho con una planta de la familia del agave llamada «cuchara del desierto» o «planta de sotol» (*Dasylirion wheeleri*), de Chihuahua.

GUÍA DE CAMPO DEL TEQUILA Y EL MEZCAL

100 % AGAVE: Debe estar hecho enteramente con *Agave tequilana*, variedad «Weber azul», en la D.O. y sin azúcares añadidos. Y el productor debe embotellarlo en México. También puede recibir la denominación de «100 % de agave», «100 % puro de agave», o similares. En cuanto al mezcal, ha de estar elaborado con una de las especies aprobadas de agave, en la D.O. y sin azúcares añadidos.

TEQUILA: Si en la etiqueta de la botella sólo pone «tequila», se trata de un «mixto», y eso significa que puede estar hecho hasta con un cuarenta y nueve por ciento de azúcares que no son de agave. Además, puede haberse embotellado fuera de la D.O. en otras condiciones. Ahórrese un mal trago y prescinda de los mixtos.

BLANCO O PLATA: Sin envejecer.

JOVEN U ORO: Sin envejecer. En el caso del tequila, el sabor y el color pueden realzarse añadiendo colorante color caramelo, extracto natural de roble, glicerina y/o jarabe.

REPOSADO: Envejecido en barricas de roble francés o de roble blanco durante al menos dos meses.

AÑEJO: Envejecido al menos un año en barricas de seiscientos litros (o menos) de roble francés o de roble blanco.

EXTRA AÑEJO: Envejecido al menos tres años en barrica de roble francés o de roble blanco de no más de seiscientos litros.

PRESERVAR LAS PLANTAS

A medida que estos espirituosos se han ido popularizando, ha surgido un nuevo problema para los destiladores mexicanos: la preservación de las plantas y la tierra. Muchos de los licores que no son tequila se hacen con agaves silvestres. Algunos destiladores de estos espirituosos creen que la población de plantas silvestres es prácticamente ilimitada e imposible

¿QUIÉN PUSO EL «WEBER» A LA VARIEDAD DE AGAVE «WEBER AZUL»?

SI LEES ALGUNO DE LOS NUMEROSOS LIBROS QUE EXISTEN SOBRE EL TEQUILA (o hurgas en los rincones más alcohólicos de internet), descubrirás que a la *A. tequilana* le puso su nombre un botánico alemán llamado Franz Weber que visitó México en la década de 1890. Sin embargo, la literatura botánica no dice lo mismo. Los botánicos pueden estar en desacuerdo sobre la familia en la que debe clasificarse una planta o cómo debería llamarse, pero suelen estar de acuerdo en una cosa: la primera persona que la nombró y describió. El índice internacional de nombres de plantas (IPNI, por sus siglas en inglés) es un proyecto colaborativo en el que botánicos de todo el mundo publican la información básica de todas las plantas que se clasifican en el planeta. En esta lista aparece cada planta con su nombre científico y, detrás, entre paréntesis, la abreviatura habitual que usan los botánicos para describirla.

Gracias al IPNI, sabemos que Frédéric Albert Constantin Weber fue el primero en describir la *A. tequilana* (F. A. C. Weber) en un artículo publicado en una revista de historia natural parisina en 1902. Por su necrológica, escrita en 1903, sabemos que Weber nació en Alsacia, que completó sus estudios como doctor en medicina y publicó una tesis sobre la hemorragia cerebral en 1852 y que enseguida se unió al ejército francés, donde sus conocimientos fueron sin duda muy útiles. Bajo el reinado de Napoleón III, fue enviado a México cuando Francia, junto con Gran Bretaña y España, invadió el país centroamericano para cobrar las deudas acumuladas. La breve imposición del emperador austríaco Maximiliano I y su posterior ejecución ante un pelotón de fusilamiento no debieron de dejar al doctor Weber demasiado tiempo para dedicarse a su afición de recolectar plantas. Aun así, consiguió recoger y describir unos cuantos cactus y agaves, que catalogó en publicaciones botánicas al regresar a París. Más adelante, fue presidente de la Sociedad Nacional de Aclimatación de Francia, dedicada a la conservación de la naturaleza. Cuando en 1900 sus colegas bautizaron con su nombre la *A. weberi*, describieron su estancia en México con más detalle y confirmaron que estuvo allí entre 1866 y 1867 para ejercer un cargo oficial y que recolectaba plantas en su tiempo libre.

¿Qué ocurre entonces con ese tal Franz Weber? Si hubo alguna vez un botánico alemán con ese nombre trabajando en México en 1890, su nombre no ha quedado unido a ninguna planta en la literatura científica. Y, desde luego, no se le puede adjudicar el mérito de ponerle nombre a la *A. tequilana*.

de agotar, pero, por desgracia, esa misma creencia ha conducido a la destrucción de las secuoyas de la costa y otras poblaciones de plantas silvestres. Aunque algunos agaves se reproducen vegetativamente y producen «hijos», retoños que pueden crecer después de la cosecha, el proceso de recolección impide la floración. Al no permitir que las plantas florezcan, se reproduzcan y generen semillas, la diversidad genética se ve gravemente amenazada. Incluso la población de murciélagos silvestres que polinizaban los agaves ha disminuido al impedir la floración natural de las plantas.

La situación es aún peor para el tequila. En general, se utilizan plantas cultivadas para su elaboración, en lugar de recolectar plantas de origen silvestre. Y como para fabricarlo sólo puede usarse una especie (la *Agave tequilana*), ésta se ha convertido en un monocultivo, igual que las uvas en el norte de California. David Suro-Piñera, propietario del tequila Siembra Azul y defensor de la conservación de la historia del tequila y la sostenibilidad de la industria, afirma: «Hemos abusado de esta especie. Como no hemos

THE FRENCH INTERVENTION

Aunque muchas destilerías de mezcal se horrorizarían ante la idea de mezclar su bebida en un cóctel, los bármanes norteamericanos no han podido resistirse a la tentación. De hecho, el tequila y el mezcal combinan maravillosamente en cualquier cóctel que requiera whisky, centeno o bourbon. Esta mezcla de ingredientes franceses y mexicanos lleva el nombre de la invasión francesa de México de 1862, la que llevó al país al doctor Weber, que bautizó la *A. tequilana*.

45 ml de tequila reposado o de mezcal
20 ml de Lillet blanco*
Un toque de Chartreuse verde
Peladura de pomelo

Agita todos los ingredientes, excepto la peladura de pomelo, con hielo y sirve en un vaso de cóctel. Decóralo con la piel de pomelo.

(*) Marca de vermut blanco francés procedente de Burdeos.

SELECCIÓN DE AGAVES Y ESPIRITUOSOS CON BASE DE AGAVE

NO TODOS LOS AGAVES SON IGUALES. Algunos producen más savia y son más adecuados para la elaboración de pulque, mientras que otros tienen un corazón rico y fibroso, perfecto para tostar y destilar. Muchas especies de agave no se usan para nada porque contienen toxinas y saponinas, unos compuestos espumosos, como el jabón, con propiedades esteroides y hormonales, no adecuadas para el consumo. Aquí tenemos las especies que más se han empleado, algunas durante miles de años:

AGAVA	*A. tequilana* (fabricado en Sudáfrica)
BACANORA	*A. angustifolia*
100 % BLUE AGAVE SPIRITS	*A. tequilana* (fabricado en Estados Unidos)
LICOR DE COCUY	*A. cocui* (fabricado en Venezuela)
MEZCAL	Por ley, sólo pueden usarse las siguientes especies: *A. angustifolia* (maguey espadín), *A. asperrima* (maguey de cerro, bruto o cenizo), *A. weberi* (maguey de mezcal), *A. potatorum* (Tobalá), *A. salmiana* (maguey verde o mezcalero). Pueden usarse otros agaves no designados todavía para su uso en otra bebida bajo otra D.O. en el mismo estado.
PULQUE	*A. salmiana* (syn. *A. quiotifera*), *A. americana*, *A. weberi*, *A. complicate*, *A. gracilipes*, *A. melliflua*, *A. crassispina*, *A. atrovirens*, *A. ferox*, *A. mapisaga*, *A. hookeri*
RAICILLA	*A. lechuguilla*, *A. inaequidens*, *A. angustifolia*
SOTOL	*D. wheeleri* (de la familia de los agaves, llamado «cuchara del desierto»).
TEQUILA	Por ley, sólo puede usarse la *A. tequilana* («Weber azul»)

permitido que la planta se reprodujese de forma silvestre, se ha debilitado genéticamente y es muy vulnerable a las enfermedades. Estoy muy preocupado.» Él atribuye la debilidad de las plantas a un aumento en el uso de pesticidas, fungicidas y herbicidas. También el agua es un ingrediente importante en el tequila y otros licores, y el aumento del uso de productos químicos y la degradación del terreno pueden contaminar los suministros de agua.

CÓMO DEGUSTARLO

Un buen tequila o mezcal debe saborearse solo, en un vaso old-fashioned, quizá con un chorrito de agua o un cubito de hielo, como te beberías un buen whisky. El limón y la sal son innecesarios; su única función es disimular el sabor de los licores de mala calidad.

Ya ha habido plagas que han devastado las cosechas de agaves domesticados, de una forma similar a lo ocurrido en la catastrófica hambruna de la patata irlandesa o en la oleada de filoxera que destruyó los viñedos europeos. En el caso del agave, el gorgojo de hocico largo del agave (*Scyphophorus acupunctatus*) introduce bacterias y deposita huevos que se convierten en larvas diminutas que se alimentan de la planta, pudriéndola desde el interior. Como el gorgojo perfora desde dentro, los insecticidas son muy poco efectivos.

Para fortalecer las cosechas y preservar los agaves silvestres, será necesario potenciar el cultivo mixto (la práctica de intercalar agaves con otras plantas), proteger las zonas silvestres para incrementar la diversidad genética, reducir el uso de productos químicos y adoptar medidas para restablecer la riqueza del suelo.

BICHOS EN ALCOHOL: ¿QUÉ PASA CON EL GUSANO?

El gusano que a veces se encuentra en el fondo de la botella de mezcal es la larva del gorgojo de hocico largo del agave (*S. acupunctatus*) o la polilla del agave (*Comadia redtenbacheri*), y no, como se asegura a veces en libros sobre bebidas espirituosas, la *Hypopta agavis*, una polilla que se alimenta del agave, pero causa menos daño.

Estas larvas son un mero truco publicitario y no forman parte de la receta tradicional. Suelen ser una señal de mezcal de baja calidad, destinado a bebedores que no entienden demasiado. Los destiladores del buen mezcal han presionado, sin éxito, para que se elimine por completo el gusano, porque denigra la categoría del producto. Aunque es posible que el gusano no influya de forma evidente en el sabor del mezcal, un estudio de 2010 demostraba que el ADN de la larva estaba presente en el aguardiente con el cual se había embotellado, probando así que el «mezcal con gusano» sí que libera un poquito de gusano con cada sorbo.

Otro desafortunado truco publicitario es introducir un escorpión, después de quitarle el aguijón, en la botella de mezcal. Por suerte, el consejo regulador del tequila no permite tales tonterías en sus botellas.

Oryza sativa var. *japonica*
POÁCEAS (FAMILIA DE PLANTAS HERBÁCEAS)

Para ser una planta tan antigua e importante, el arroz nunca ha tenido un papel destacado en los gustos de los bebedores norteamericanos. En 1896, *The New York Times* decía que el sake era un «horrible vino de arroz» y que tenía «un efecto marcadamente venenoso» en los nativos hawaianos, que lo elegían por encima de «vinos californianos menos perniciosos».

Incluso hoy en día tendemos a pensar en el sake como esa bebida horriblemente caliente, agria y con sabor a levadura que un día probamos porque una tía nuestra se empeñó en llevarnos a un restaurante japonés en Kansas City. Pero tomar una decisión sobre el sake basándose en un mal recuerdo de aquel *futsu-shu* barato y de baja graduación sería como juzgar el vino basándonos en uno de supermercado envasado en tetrabrik. De hecho, el sake es tan diverso e interesante como el vino y tiene una historia todavía más larga. Y del mismo modo que la uva da lugar a un desfile interminable de alcoholes, el arroz se ha usado para una amplia gama de bebidas alcohólicas en todo el mundo. Se convierte en una Budweiser, es un ingrediente fundamental de muchos vodkas y su esencia, sorprendentemente floral, queda capturada en el *shochu* japonés.

NO ES UNA HERBÁCEA CORRIENTE

Las pruebas descubiertas por arqueólogos y genetistas moleculares señalan el valle del Yangtsé, en China, como origen de todas las variedades de arroz que crecen en el mundo. Allí fue domesticado hace entre ocho y nueve mil años. Uno de sus objetivos primordiales era obtener algún tipo de bebida: el arqueólogo Patrick McGovern encontró pruebas de una cerveza de ocho mil años de antigüedad —hecha de arroz, fruta y miel— en el asentamiento de Jiahu, en la provincia de Henan. (McGovern trabajó con la cervecería Dogfish Head para recrear esa bebida, que llamaron Chateau Jiahu.) Aunque costaría siglos de experimentos y errores desarrollar el intrincado proceso para crear el sake moderno, aquellos vinos de arroz primitivos ya iban en esa dirección.

Pero antes de que eso ocurriera, el arroz se diversificó y se extendió por todo el mundo. Se trata de una hierba a la que le gusta mucho el agua y que alcanza una altura de más de cinco metros en los campos inundados. Sin embargo, no es capaz de prosperar en agua estancada. Su peculiar método de cultivo, en arrozales, probablemente empezó cuando la gente se dio cuenta de que las plantas de arroz crecían mucho más sanas en las tierras inundadas durante la estación del monzón. Esto se debe a que las plantas tienen un sistema respiratorio muy desarrollado que lleva oxígeno desde la punta de las hojas hasta el final de las raíces, al igual que las plantas acuáticas. Sin este sistema, se pudrirían y morirían durante una inundación. Aun así, a diferencia de las plantas acuáticas, pueden crecer también en un terreno seco.

Cultivar arroz en campos inundados resultó una estrategia muy útil para los primeros campesinos de Asia y la India. Las zonas bajas, propensas a las inundaciones, eran inútiles para cualquier otro cultivo, pero perfectas para el arroz. Además, los campos inundados se mantenían milagrosamente libres de malas hierbas, ya que las hierbas terrestres son incapaces de vivir sumergidas en el agua, mientras que las variedades acuáticas no pueden sobrevivir cuando retroceden las inundaciones.

El arroz es polinizado por el viento y cuenta con una gran diversidad de variedades. A lo largo de los milenios, se han ido seleccionando nuevas cepas no sólo por su sabor y tamaño, sino también por su resistencia a determinados tipos de terreno y niveles de agua, y por la capacidad de los granos de adherirse al tallo después de madurar, para poder ser cosechados. Hay más de 110.000 variedades de arroz en todo el mundo, sin incluir al llamado «arroz salvaje», *Zizania* spp., una planta de la misma familia, originaria de Norteamérica y Asia. En lo concerniente a la elaboración de alcohol, sólo unas pocas variedades especializadas de *Oryza sativa* var. *japonica* han adquirido una importancia capital. Sin embargo, el arroz sólo es una parte de la historia. Para comprender cómo se convierte en una bebida como el sake, hay que conocer también el «moho».

SAKE

Como con cualquier cereal, la fermentación no puede empezar hasta que los almidones se han transformado en azúcar. Esto puede ocurrir por sí solo, dejando que el grano se humedezca, de forma que las enzimas convierten el almidón en azúcar para alimentar a las plantitas emergentes. Los cerveceros suelen acelerar ese proceso con cebada malteada, que posee esas enzimas en abundancia. Sin embargo, las culturas asiáticas encontraron otras maneras de hacerlo. El método japonés es sólo un ejemplo, aunque es el más conocido. Primero se muele el arroz para eliminar parte de la corteza exterior, llamada salvado. Hay que pulir con cuidado los granos sueltos y marrones para quitar el salvado sin aplastar el arroz. Dejar todos los granos intactos es muy difícil: el maíz, la avena, el trigo y otros cereales se muelen y se aplastan al mismo tiempo, para comerlos o hacer harina; el arroz, en cambio, para no machacar el grano al mismo tiempo, hay que molerlo de una forma distinta.

La tecnología usada para pulir el arroz ha cambiado poco a lo largo de los siglos. Aunque el equipo es más sofisticado, sigue consistiendo en pasar los granos de arroz entre unas piedras abrasivas cientos de veces para eliminar la corteza exterior, hasta dejar sólo una yema interior, blanca y prístina, de almidón. La única diferencia es que las máquinas actuales tienen más resistencia que los molinos accionados por humanos. Una fábrica moderna puede pulir el arroz durante cuatro días seguidos, y conseguir una eliminación muy suave y uniforme del salvado. Se cree que la calidad del sake es muchísimo mejor hoy en día que hace cien años, y todo ello gracias a la sofisticada tecnología de la molienda.

La variedad también es importante, igual que el tipo de uvas para hacer vino. En el buen arroz de sake, los nutrientes no están distribuidos de manera regular en el grano. Por el contrario, el núcleo de almidón puro del interior está envuelto por una capa de nutrientes, así que se puede pulir con más facilidad. Yamada Nishiki es la variedad de arroz superior más conocida para elaborar sake. Se creó en la década de 1930 a partir de dos cepas antiguas de arroz para sake, y se considera un arroz pleno, redondo, con un sabor muy suave. Otras variedades son el Omachi, valorado por sus sabores silvestres a hierbas y flores, el Miyama Nishiki, que tolera muy bien el frío, y el Gohyakumangoku, desarrollado en los años cincuenta para unos sakes más ligeros, hechos a máquina. Sake One —una fábrica justo al lado de Portland— y otros fabricantes norteamericanos de sake utilizan el ubicuo arroz Calrose, desarrollado en California en 1948 y cultivado en la costa oeste.

Más importante aún que la variedad de arroz es hasta qué punto se pule. Ésa es la forma de juzgar un buen sake: los mejores están hechos de un arroz que se ha pulido hasta dejarlo a la mitad de su tamaño original. Esto da al moho —al que llegaremos enseguida— menos proteínas, aceites y nutrientes con los que competir, de modo que puede ir directamente al núcleo de almidón del arroz y hacer su trabajo.

DISFRUTAR DEL SAKE

El buen sake nunca debe servirse caliente. La tradición de calentar el sake era una forma de ocultar el sabor de una bebida basta, mal hecha. Al mejorar la tecnología de la fermentación, se obtiene un sake de mejor calidad que casi siempre sabe mejor frío. Bébelo recién hecho: la mayoría de los elaboradores de sake aconsejan que no se guarde la botella más de un año. En cuanto se abra, durará en el refrigerador algo más que el vino, pero debería terminarse en un par de semanas. Como hay muchos tipos de sake, la mejor manera de conocerlos es ir a un bar de sake con amigos y pedir una degustación.

El arroz pulido se lava, se empapa en agua y a veces se pasa por vapor, para aumentar así el contenido en humedad. Luego se lleva a una habitación que parece una sauna japonesa: caliente, forrada de cedro y extraordinariamente seca. El arroz húmedo se extiende sobre un lecho enorme, y allí aparece el moho, una especie de hongo llamado *koji*, *Aspergillus oryzae*. El *koji* se domesticó en China hace tres mil años y viajó a Japón mil años después. Como la *Saccharomyces cerevisiae*, la levadura usada en Occidente para fermentar y hacer el pan, el *koji* es ahora una criatura totalmente domesticada. Además de su papel en la producción de sake, se usa para fermentar el tofu, la salsa de soja y el vinagre, de modo que se trata de un microorganismo básico en la cocina japonesa.

Las esporas del *koji* se extienden encima del lecho de arroz húmedo. Por lo general, el moho crecería sólo en la superficie (imaginen una rebanada de pan mohoso), pero la atmósfera seca lo obliga a crecer para penetrar

CÓCTEL DE SAKE N.° 1

En los últimos años, los restaurantes asiáticos de Estados Unidos se han visto obligados a crear cócteles con sake y *shochu*. Es una lástima, porque ambas bebidas son deliciosas solas y parece que se resisten a la mezcla... Los sabores, sencillamente, no combinan bien con los demás ingredientes de los cócteles. Aun así, después de mucho experimentar, aquí tenéis un cóctel que gusta en general a todo el mundo. Es fácil hacer una gran cantidad antes de una fiesta, y por eso se presenta en porciones, en lugar de mililitros. Haz la cantidad que necesites.

4 partes de sake nigori (sin colar)
2 partes de zumo de mango y melocotón (puede ser embotellado)
1 parte de vodka
Un toque de licor de jengibre Domaine de Canton
Unas gotas de bíter de apio

Mezcla todos los ingredientes con brío, excepto el bíter, y luego prueba. Quizá necesite un poquito más de licor de jengibre o de vodka. Mantenlo bien frío hasta que lleguen los invitados. Utiliza copas de cóctel y añade una gotita de bíter de apio en cada bebida antes de servirla.

en el lecho de arroz y en cada uno de los núcleos de los granos en busca de la humedad que precisa para sobrevivir. Allí, en el interior del grano húmedo y repleto de almidón, libera las enzimas que rompen el almidón y lo convierten en azúcar.

Al mismo tiempo, se prepara un lote separado de arroz, *koji*, agua y levadura para agilizar la fermentación. El *koji* sólo convierte el almidón en azúcar; la levadura tiene que comerse el azúcar y convertirlo en alcohol. En cuanto la levadura empieza a multiplicarse, los dos lotes se combinan a lo largo de tres o cuatro días, y cada día se añade más arroz al vapor, agua y *koji* a la levadura. En ese momento, los dos procesos ocurren simultáneamente en la misma cuba: el moho *koji* convierte el almidón en azúcar y, al liberarlo, la levadura se come el azúcar. Esta compleja mezcla de microbios hay que manejarla con muchísimo cuidado y detenerla justo cuando el sake está hecho. Como cada ingrediente se añade de forma gradual, la levadura no muere tan rápido como ocurriría, por ejemplo, en la fermentación del vino o la cerveza, de modo que sigue viviendo en la mezcla y excreta alcohol hasta que su contenido llega a un veinte por ciento.

Cuando el fabricante está satisfecho, toda la mezcla con la levadura y el moho se prensa y así se separa el sake de los sólidos. Luego se filtra y se pasteuriza con calor, para detener la fermentación. Algunas enzimas sobreviven y siguen trabajando en la bebida, de modo que el sabor mejoraa medida que va madurando en los tanques, durante unos cuantos meses más. Aunque la mayoría de los sakes se venden claros y con toda su fuerza, otros se diluyen para que el contenido alcohólico se acerque al del vino, o sólo se filtran un poco para que la bebida resultante quede turbia por los restos de levadura, *koji* y trocitos de arroz no digerido. El sake de alta calidad ha de tener un sabor limpio, intenso y vivaz, con aroma de peras y frutas tropicales o, en algunos casos, un sabor a tierra, casi a frutos secos.

NOMENCLATURA DEL SAKE

DAIGINJO	El sake de mayor calidad, con al menos un cincuenta por ciento del grano pulido.
GINJO	La siguiente designación por calidad, un grano al que han eliminado casi el cuarenta por ciento.
JUNMAI	No se requiere ningún nivel particular de molido, pero se debe indicar el porcentaje en la botella.
GENSHU	Sake fuerte, con hasta un 20 % vol. de alcohol.
KOSHU	Sake envejecido (poco común).
NAMA	Sake sin pasteurizar.
NIGORI	Sake turbio, sin filtrar. Agitar antes de servir.

LICORES DE ARROZ

Estos sabores característicos del sake están más concentrados aún en el *shochu*, una bebida destilada que empieza con una mezcla similar a la del sake. Se embotella sólo a un veinticinco por ciento de alcohol, y las lagunas en algunas leyes sobre la venta de alcohol en Estados Unidos permiten que se sirva en restaurantes que sólo tienen licencia para servir cerveza y vino. Eso ha hecho que se use el *shochu* en cócteles de inspiración asiática (como, por ejemplo, los martinis con hierba limón), aunque en realidad está mejor solo, con hielo. El *shochu* se hace también de cebada, boniatos, alforfón y otros ingredientes, pero la versión a base de arroz es la más común. Y decir «común» es quedarse corto: la marca más conocida de *soju* (la versión coreana del *shochu*), Jinro, supera en ventas a cualquier otra marca de espirituosos del mundo, con la posible excepción de algunas marcas chinas que no revelan sus cifras de ventas. Se vende más *soju* Jinro cada año que vodka Smirnoff, ron Bacardí y whiskey Johnnie Walker juntos... En total, 608 millones de litros.

En toda Asia se encuentran bebidas parecidas al *shochu* y el sake. Además del *soju* coreano, existe un vino de arroz chino similar al sake que se llama *mijiu*. En Filipinas el vino de arroz se llama *tapuy* y en la India, *sonti*. En Bali hacen *brem*, en Corea una versión dulce que se llama *gamju* y en Tíbet, *raksi*.

Además, en toda Asia se añaden pasteles de arroz fermentados al agua para elaborar bebidas caseras. Uno de los usos más interesantes de los pasteles de arroz lo describió el antropólogo Igor de Garine, que hizo trabajo de campo en la región malasia de Terengganu en la década de 1970. Como eran devotos musulmanes, los habitantes del pueblo donde vivía no tocaban jamás el alcohol. Pero tenían la tradición de hacer unos pasteles de arroz al vapor llamados *tapai*. Los pasteles se cocinaban combinándolos con la levadura local y luego se envolvían en las hojas de un árbol del caucho y se dejaban al calor durante varios días. Fermentaban tan bien que, cuando Garine probó uno, pensó que «alguien le había echado un poco de ginebra». Nunca mencionó aquel sabor tan familiar a sus huéspedes, que disfrutaban de los pasteles sin darse cuenta (o siendo perfectamente conscientes) de que contenían alcohol.

El arroz no se limita al sake, al *shochu* o a los pasteles de arroz fermentados. El *kirin* y otras cervezas japonesas también están hechas de arroz, como la Budweiser y otras cervezas norteamericanas. En los últimos años, han surgido vodkas de alta calidad destilados de arroz. En el otro extremo del espectro, un whiskey de arroz laosiano llamado *lao-lao* se promociona como el licor más barato del mundo, a un dólar la botella, que incluye una serpiente, un escorpión o un lagarto perfectamente conservados, un truco que humilla al gusano del mezcal.

Caña de azúcar

Saccharum officinarum
POÁCEAS (FAMILIA DE PLANTAS HERBÁCEAS)

Existe una especie de miel coagulada llamada sakcharon, *que se encuentra en los juncos de la India y Arabia la feliz, con una consistencia parecida a la sal y tan quebradiza que puede romperse con los dientes como la sal. Disuelta en agua, es buena para los intestinos y el estómago, y tomada como bebida ayuda a la vejiga o a los riñones doloridos. Frotándola, elimina aquellas cosas que oscurecen las pupilas.*

Este peculiar fragmento del libro de medicina de Dioscórides, *De Materia Medica*, en cinco volúmenes, describía una hierba dulce que sólo se conocía en Europa desde el 325 a. C., aproximadamente, cuando Alejandro Magno la trajo de la India. («Arabia la feliz», por cierto, se refiere al Yemen, que no debe confundirse con «Arabia la desértica» o «Arabia la pétrea», como se denominaba comúnmente a otras partes de Arabia Saudí.) La caña de azúcar y el azúcar cristalizado que se podía extraer de ella eran, por aquel entonces, una novedad para los griegos, aunque eran bien conocidos en la India y China, gracias en parte a una ventaja anatómica única que le permitía viajar y propagarse sin problemas.

EL NACIMIENTO DE LA CAÑA DE AZÚCAR

Los botánicos creen que la caña de azúcar se cultivaba en Nueva Guinea ya en el año 6000 a. C. Es probable que los juncos más jóvenes y tiernos se cortaran y se masticaran sin más para extraer su dulzor, pero las plantas más maduras servían para otros propósitos: podían usarse como material de construcción. Tras cortar unas cañas robustas y clavarlas en el suelo como soporte para una choza con tejado de paja, debieron de ver cómo de éstas salían enseguida raíces nuevas y continuaban creciendo. La caña de azúcar, como el bambú, resultaba increíblemente fácil de cultivar. No se requerían conocimientos especiales: sólo era preciso cortar un trozo, mantenerlo húmedo e introducirlo en el suelo en algún otro sitio.

Es fácil suponer, por tanto, que le resultó sencillo propagarse por el mundo. La caña de azúcar quizá llegó flotando a Indonesia, Vietnam, Australia y la India. De hecho, muchos de los primeros contactos comerciales y culturales ocurrieron así. Numerosas relaciones de la Antigüedad fueron el resultado de restos flotantes y balsas que el viento desviaba de su rumbo. Un junco resistente y ligero, adecuado tanto como material de construcción como para comer, habría viajado sin problemas de un lugar a otro.

China tenía su propia caña de azúcar, la *Saccharum sinense*. Aunque era más pequeña que la especie de Nueva Guinea, también era más dura y capaz de resistir temperaturas más frías, terrenos menos fértiles y sequías. La India también tenía una especie propia, la *S. barberi*. Entre estas especies y algunas silvestres más tempranas tuvo lugar algún tipo

VARIEDADES DE CAÑA DE AZÚCAR

Las variedades modernas de caña de azúcar reciben unos nombres muy poco románticos, como CP 70-1133, pero los coleccionistas de plantas tropicales aún cultivan algunas variedades antiguas. Muchas tienen colores vivos, rayas y nombres más interesantes, como los siguientes:

Asian Black	Creole	Pele's Smoke
Batavian	Georgia Red	Striped Ribbon
Bourbon	Ivory Stripes	Tanna
Cheribon	Louisiana Purple	Yellow Caledonia

de cruce, aunque los botánicos aún no se han puesto de acuerdo acerca de lo que ocurrió con exactitud. Lo que sabemos es que los híbridos se propagaron bien y prosperaron en los climas cálidos de Asia y Europa. Hacia el siglo xv los europeos tenían una caña de azúcar muy resistente, robusta y dulce, que se llevaron con ellos en las rutas de comercio de especias. Los portugueses la llevaron a las islas Canarias y al África occidental y Colón la llevó al Caribe.

Y en cuanto llegó al Nuevo Mundo, la caña de azúcar nos dio el ron, pero también algo más: la esclavitud. Empezó en el siglo xvi, cuando los barcos mercantes europeos navegaron hacia África occidental y desde allí a las plantaciones de caña de azúcar en el Caribe, entregando carga humana a sus socios comerciales e inaugurando así uno de los capítulos más monstruosos de nuestra historia. El trabajo en los campos de caña de azúcar no era agradable. Bajo un calor abrasador, había que cortar las cañas a mano utilizando unos machetes enormes, para luego introducirlas en unos potentes molinos y hervirlas en calderas gigantescas y burbujeantes. En aquellos campos anidaban serpientes, roedores y alimañas de todo tipo. Era un trabajo peligroso y agotador, un trabajo que deslomaba a cualquiera. La única forma de que alguien estuviera dispuesto a hacer aquello era secuestrándolo y obligándolo por la fuerza, bajo pena de muerte... Y eso fue exactamente lo que ocurrió. La esclavitud era detestable para algunos europeos y americanos: los abolicionistas británicos, por ejemplo, se negaban a tomar azúcar con el té como protesta por la forma en que se fabricaba. Sin embargo, casi nadie se negaba a beber ron.

LA BOTÁNICA DE UNA CAÑA

A simple vista, la caña de azúcar parece una planta sencilla. Es sólo una hierba alta y dulce. Pero, si la miramos de cerca, veremos que tienen lugar un montón de fenómenos en el interior de un solo tallo. La caña que sale del suelo está segmentada en fragmentos separados por nódulos, y cada uno de estos nódulos tiene «raíces primordiales» —un tejido que se puede convertir en raíz, bajo las circunstancias adecuadas— y una sola yema, lista para crecer y convertirse en tallo y hojas. Estas pequeñas bandas de tejido muy cargadas explican por qué la caña de azúcar es tan fácil de propagar. Simplemente, coloca bajo la tierra una sola unión con un nódulo intacto (esa parte así cortada se llama esqueje) y la planta desarrollará «raíces de esqueje» que proporcionarán una nutrición temporal. Luego saldrán unas «raíces de brote» más permanentes, que anclarán la caña en el suelo y la mantendrán viva. La yema se desarrollará poco después y se convertirá en una nueva caña.

DAIQUIRI

45 ml de ron blanco
30 ml de jarabe simple
20 ml de zumo de lima recién exprimido

Un daiquiri clásico no lleva más que estos tres ingredientes. Agítalos con hielo y sirve en una copa de cóctel.

El tallo está hecho de capas concéntricas, similares a los anillos de un árbol. La capa exterior, que es un anillo duro y ceroso, protege a la planta de las pérdidas de agua. Puede ser amarillo si se trata de un ejemplar joven, que está creciendo, o verde, a medida que empieza a aparecer la clorofila. Las antocianinas rojas y azules —pigmentos de la planta que, en el caso de la caña de azúcar, la protegen de los daños producidos por el sol— pueden volver los tallos de un color morado intenso o granate. Algunas variedades incluso tienen rayas, como si fueran bastones de caramelo.

En el centro del tallo se encuentran tejidos vegetales suaves y esponjosos que transportan el agua hacia arriba desde las raíces, y luego llevan hacia abajo el azúcar de las hojas. Ahí es donde se produce la magia. Cada sección o entrenudo madura por separado, es decir, que la que está más cerca del suelo madura hasta que contiene la mayor parte de sacarosa posible. La sección que está encima tiene un poquito menos, y la de encima de esta última un poco menos aún, y así sucesivamente. En condiciones ideales (una estación larga y cálida, con mucho sol y elevada humedad), la caña de azúcar se alarga con rapidez y se llena de azúcar. Los cultivadores lo llaman «el período de crecimiento». Al final de ese período, la caña se corta lo más cerca posible del suelo para obtener los entrenudos con mayor concentración de azúcar.

Si no se corta el tallo, la caña florece. Entonces produce un penacho flojo y plumoso que en algunos lugares se llama «flecha», y que se sitúa por encima de las hojas para exponerse a la brisa. Así es como se extiende el polen. Cada pluma alberga miles de diminutas florecillas que producen una pequeña semilla cada una, aunque en las plantaciones de azúcar se cosecha la caña antes de que pueda reproducirse y los esquejes nuevos se entierran en los campos para empezar así la nueva generación.

HACER RON

Abrirse paso a machetazos en un bosque denso de caña de azúcar no era fácil, sobre todo cuando las hojas estaban tan afiladas como cuchillas y podían cortar la piel de los trabajadores. Además, las criaturas que vivían en los campos —serpientes, ratas, ciempiés gordos y carnosos y avispones— también les daban sorpresas desagradables. Una solución era prender fuego a los campos antes de la cosecha, con lo que se conseguía expulsar a los bichos y eliminar la mayor parte de la vegetación. Esta práctica todavía se realiza en algunos campos de caña de azúcar, incluso en las granjas modernas que usan maquinaria pesada para cosechar.

> **BAGAZO:** *es el residuo del azúcar de caña que queda después de prensar el jugo del tallo, usado para combustible, para alimentar al ganado o para material de construcción y embalajes «compostables».*

Una vez cosechada, la caña es muy perecedera y debe llevarse enseguida al molino, antes de que las bacterias empiecen a comerse la sacarosa y roben su preciado producto a los fabricantes de azúcar. De modo que, en cuanto se corta, la caña se trocea, se aplasta y se muele para extraerle el jugo. En la isla caribeña francesa de Martinica, ese jugo fresco se fermenta y destila directamente para hacer un ron agrícola; y, en Brasil, el jugo de caña fresco se convierte en *cachaça* (pronunciado «cachasa»). Pero gran parte de lo que conocemos como ron viene de las melazas, y no del jugo de caña.

Cuando el azúcar se procesa, el jugo se filtra, se purifica y se calienta para cristalizar el azúcar. Lo que queda es un jarabe oscuro y espeso: la melaza. Si se va a hacer ron con ella, se fermenta entonces con agua y levadura, en una dilución que contiene de un cinco a un nueve por ciento de alcohol, y luego se destila. Originalmente, el destilado se realizaba en alambiques sencillos, pero después empezó a hacerse en alambiques de columna más sofisticados.

MANUAL DEL AZÚCAR

El azúcar —o el jarabe simple, que se hace calentando azúcar y agua a partes iguales— es un ingrediente fundamental para preparar cócteles. Sin embargo, hay muchos tipos de azúcar, y algunos son más adecuados que otros.

AZÚCAR CRUDO O TURBINADO: Se hace con la primera extracción de la caña de azúcar. Los gránulos tienden a ser más grandes y saben un poco a melaza. Con él se elabora un jarabe muy sencillo y rico, aunque puede costar más de cocer.

AZÚCAR EN POLVO: Contiene una pequeña cantidad de almidón o de harina para evitar que forme grumos. Esto es positivo cuando se usa para cocinar, pero forma pegotes en la bebida. Se debe evitar en los cócteles.

AZÚCAR MORENO: Es un azúcar refinado al que se añaden melazas para darle sabor y color.

AZÚCAR SUPERFINO (también llamado azúcar glas o molido): Es un azúcar corriente, granulado, que se ha molido finamente para que se disuelva con rapidez. Ideal para cócteles.

DEMERARA O AZÚCAR MOSCABADO: Son dos formas de azúcar en bruto, de grano grueso, con alguna cobertura de melaza o residuo.

En las plantaciones, el ron era una bebida barata para los trabajadores, y no estaba pensada para la exportación. Los propietarios de aquellas granjas probablemente bebían oporto o brandy, no ron. Sin embargo, los primeros colonos que llegaron a Nueva Inglaterra, al ver que carecían de una forma rápida y fácil de hacer alcohol, empezaron a importar melaza del Caribe para elaborar ron. De todos modos, se trataba de un acto desesperado y, más adelante, de desafío. Con la Ley de la Melaza de 1733, los británicos intentaron obligar a los colonos a comprar melaza británica, y no francesa, de manera que gravaron con impuestos elevados la importación de productos franceses. Tales leyes no hicieron más que avivar el descontento de los colonos y encender la llama de la Revolución americana. En una carta a su amigo William Tudor, en 1818, John Adams escribió: «No sé por qué debemos sonrojarnos al confesar que la melaza fue un ingrediente esencial en la independencia americana. Muchos grandes acontecimientos tienen su origen en causas muy pequeñas.»

Con el tiempo, el cultivo de caña de azúcar se convirtió también en una industria norteamericana. Crece en unas trescientas sesenta mil hectáreas de Florida, Luisiana, Texas y Hawái, aunque la mayoría del ron sigue procediendo del Caribe. Ello se debe, en parte, a una casualidad geográfica. Las destilerías más antiguas y conocidas tenían que estar situadas

GUÍA DE CAMPO PARA LOS ALCOHOLES DE CAÑA DE AZÚCAR

AGUARDIENTE: Término genérico en español para los espirituosos neutros y transparentes o el brandy; en muchos países sudamericanos hace referencia a una bebida alcohólica con base de caña de azúcar.

ALCOHOL O VODKA DE CAÑA DE AZÚCAR O MELAZA: Término genérico para un espirituoso transparente y neutro, de alta graduación, destilado de la caña de azúcar.

ARRACK DE BATAVIA: Espirituoso indonesio de alta graduación (50 % vol.), destilado de la caña de azúcar y fermentado con arroz rojo. Ingrediente clásico de las recetas de ponche.

CACHAÇA: Ingrediente principal de la caipirinha, este licor brasileño se destila a partir del jugo de caña de azúcar fresco. (Los otros ingredientes de la caipirinha son azúcar y zumo de lima.)

CHARANDA: Espirituoso mexicano, a menudo llamado «ron mexicano».

LAKANG HARI IMPERIAL BASI: Vino a base de caña de azúcar de Filipinas.

PUNCH AU RHUM: Licor francés hecho con base de ron.

RHUM AGRICOLE: Ron de las Indias Occidentales francesas, destilado del jugo de caña de azúcar y no de la melaza.

RON: Alcohol destilado a partir del jugo de caña de azúcar fermentado, jarabe, melaza u otros subproductos de la caña de azúcar, destilados a menos de un 80 % vol., y embotellados a un 40 % vol. o menos.

RUM-VERSCHNITT: Mezcla alemana de ron y otros alcoholes.

VELVET FALERNUM: Alcohol dulce a base de ron aromatizado con limas, almendras, clavos de olor y otras especias, ingrediente clave de bebidas tropicales a base de ron, como el Mai Tai.

necesariamente en los lugares donde más crecía la caña de azúcar. También se debe a una casualidad climática. Cuando el ron se introduce en un barril, se produce la misma interacción maravillosa que entre el alcohol y la madera que hace al whiskey tan suave y gustoso. Pero en los trópicos pasa muchísimo más rápido. Una barrica de ron (a menudo, usada antes con bourbon) pierde la enorme cantidad del siete al ocho por ciento de su alcohol por año, mientras la madera se expande y suaviza debido al calor asfixiante. Lo que podría tardar doce años en Escocia ocurre en Cuba en muy pocos años. Por ese motivo, el ron caribeño oscuro y bien envejecido es asombrosamente intenso y complejo tras un breve período de reposo en madera.

EL LICOR NAVAL

Aunque el ron es una bebida de las Américas, su historia está inextricablemente ligada a la de la Armada británica, hasta el punto que de la larga relación de la marina con su espirituoso favorito salieron un número sorprendente de recetas, coloquialismos y algunos inventos tecnológicos.

En el siglo xvi, a la tripulación se le daba cerveza para beber, en parte para tener a los marineros contentos y en parte porque el agua, sin alcohol alguno para matar las bacterias, en el mar se estropeaba rápidamente. Sin embargo, hasta la cerveza se echaba a perder en los viajes largos, de modo que pronto empezó a usarse también el ron. En cualquier caso, ofrecer a los marineros una pinta entera de ron no era buena idea, porque se la bebían y olvidaban sus tareas, de modo que la solución fue mezclarlo con agua, zumo de lima y azúcar, lo que mejoraba el sabor y combatía el escorbuto. Este «grog» (no era lo bastante fuerte para llamarlo daiquiri, aunque los ingredientes más o menos eran los mismos) se podía repartir dos veces al día sin poner en peligro el barco.

Es fácil imaginar a los marineros contrariados, preguntándose si su ron se había diluido demasiado y exigiendo pruebas de que les daban el ron al que tenían derecho. Entonces no había hidrómetros, el instrumento que mide la densidad de un líquido comparándolo con el agua y, por tanto, puede medir el contenido de alcohol, de modo que se desarrolló un método de comprobación con uno de los materiales que siempre estaba disponible a bordo de los barcos: la pólvora. Cierta cantidad de pólvora, mezclada con el ron, no se encendía si el licor estaba demasiado aguado. Tenía que contener al menos un cincuenta y siete por ciento de alcohol para prender. Así que, en presencia de la tripulación, el sobrecargo del barco mezclaba el ron y la pólvora y le prendía fuego, dando así «prueba» de su potencia (en inglés, *proof*, que significa también graduación alcohólica).

MOJITO Y MÁS

3 ramitas de menta fresca
20 ml de zumo de lima recién exprimido
30 ml de jarabe simple
45 ml de ron blanco
Agua con gas
Para la variante: vino espumoso (un cava español seco queda muy bien) y fruta fresca

En una coctelera, machaca ligeramente dos ramitas de menta y añade el zumo de lima y el jarabe. Incorpora el ron, agita con hielo y sirve el combinado en un vaso de whisky lleno de hielo picado. Completar con agua con gas y adornar con la ramita de menta que queda.

VARIANTE: El «mojito y más» incluye cualquier fruta de temporada disponible. Las mejores son: melocotones, ciruelas, albaricoques y frambuesas. Sigue la receta como de costumbre, pero llena el vaso de whisky con una mezcla de hielo picado y fruta cortada. Añade el ron y luego el vino espumoso en lugar del agua con gas (un cava español seco funciona muy bien). Tómatelo al sol.

La *proof* británica todavía se basa en lo mismo: una botella es 100 *proof* si contiene un cincuenta y siete por ciento de alcohol. En Estados Unidos, el cálculo es algo más fácil: 100 *proof* equivale a un cincuenta por ciento de alcohol.

En 1970, la marina británica dejó de proporcionar raciones de ron. Los marineros protestaron, se pusieron brazaletes negros y apelaron al príncipe Felipe, también marinero retirado, para que «salvara su copita». Aun así, no hubo nada que hacer. Eliminar las raciones ahorraba dinero y, sobre todo, aseguraba que los marineros que tripulaban los submarinos estaban tan sobrios como los civiles que conducen los coches. La tradición desapareció hace más de cuarenta años, pero algunos destiladores siguen ofreciendo una versión de ron «al estilo de la marina», embotellado con un cincuenta y siete por ciento de alcohol.

Remolacha azucarera

Beta vulgaris
QUENOPODIÁCEA (FAMILIA DE LA QUINOA)

EN 1806, NAPOLEÓN BONAPARTE SE ENCONTRABA EN UN APRIETO. Había promulgado una ordenanza, conocida como el Decreto de Berlín, que prohibía la importación de artículos británicos. Eso significaba que el pueblo francés se quedaba sin té, sin la calidez de la lana inglesa, sin tinte índigo y sin azúcar. En aquella época, la mayor parte de la producción de caña de azúcar del Caribe se hallaba bajo control británico. Consciente de que esa situación supondría un desastre para los pasteleros franceses, Napoleón concibió un plan para refinar el azúcar de la remolacha.

El emperador encargó al botánico Benjamin Delessert que desarrollase un método de refinado. Poco tiempo después, ya había seis instalaciones experimentales funcionando en toda Francia, con cientos de estudiantes aprendiendo el proceso. Se requirió a los agricultores que plantasen miles de hectáreas de remolacha y cuarenta fábricas empezaron a producir más de un millón trescientos mil kilos de azúcar. En 1811 Napoleón escribió que los británicos podían arrojar su caña de azúcar al Támesis, porque Europa ya no la necesitaría más. Sin embargo, tras su exilio, cambiaron los vientos políticos y la caña de azúcar volvió a Francia.

La remolacha de azúcar moderna es una variedad gruesa y blanca que se cultiva por su elevado contenido en sacarosa, un dieciocho por ciento, más que la mayoría de las variedades de caña de azúcar. Puede crecer hasta alcanzar más de treinta centímetros de largo y tener un peso de más de dos kilos. Pariente cercana de la acelga y el amaranto, la remolacha probablemente procede del Mediterráneo, donde se estableció como forma domesticada de la remolacha silvestre marina, *Beta vulgaris* subespecie *maritima*, también llamada «espinaca silvestre». Aunque los botánicos desarrollaron un método para hervirla y convertirla en jarabe a finales del siglo xvi, no se usó como edulcorante hasta que se consiguieron variedades con un nivel de azúcar más elevado. Ese gran adelanto, junto con los avances tecnológicos y la pura necesidad, finalmente hizo posible extraer una cantidad razonable de azúcar de la remolacha.

Hoy en día una cuarta parte del suministro de azúcar de todo el mundo procede de la remolacha, con Estados Unidos, Polonia, Rusia, Alemania, Francia y Turquía como principales productores. Un cincuenta y cinco por ciento del azúcar producido en Estados Unidos sale de las remolachas azucareras, que se cultivan sobre todo en los estados del medio oeste superior y del oeste. Estados Unidos consume todo el azúcar que cultiva, e importa más, sobre todo de Sudamérica y el Caribe, para satisfacer su naturaleza golosa.

El proceso es similar al de la caña de azúcar. El jugo se extrae con agua caliente —la planta, en este caso, no pasa por un molino—, después se filtra, se calienta y los cristales de azúcar se separan de las melazas. El azúcar extraído de la remolacha es idéntico al de la caña de azúcar, aunque la melaza es distinta: la de remolacha es más amarga y no tiene buen sabor, debido a los residuos no azucarados que deja. Se puede usar para alimentar al ganado, e incluso se ha pulverizado en las carreteras heladas para que la sal se adhiera mejor.

De todos modos, el hecho de que la melaza de remolacha se venda a productores de levaduras comerciales, que la mezclan con melaza de caña para proporcionar un medio azucarado con el fin de cultivar levaduras a gran escala, es interesante para los bebedores. Tras cultivarla con la melaza, la levadura se filtra, se comprime y se envía a destilerías, fábricas de cerveza u hornos de pan. Por tanto, de alguna manera, todo el alcohol empieza también con la remolacha azucarera.

Algunos espirituosos se producen a partir del azúcar de remolacha, aunque quizá no sea obvio: los llamados «alcoholes rectificados» o «alcoholes neutros» pueden hacerse con azúcar de remolacha y luego usarse como base para licores o para ajustar la graduación de un espirituoso. Los licores de naranja triple seco y muchas marcas de absenta y pastís están hechos con una base de alcohol de azúcar de remolacha. Además, en otras muchas partes del mundo, se elaboran rones con este azúcar, incluyendo el sueco Altissima y el austríaco Stroh 80. Ciertas destilerías artesanales de Estados Unidos lo han intentado también. La Northern United Brewing Company, de Michigan, produce una versión de ron basado en el azúcar de remolacha, y la Old Sugar Distillery, de Wisconsin, destila un *ouzo* con sabor a anís y un licor de miel a partir del azúcar de remolacha.

Cebada

Hordeum vulgare
POÁCEAS (FAMILIA
DE PLANTAS HERBÁCEAS)

Imagina un mundo sin cerveza, whisky, vodka o ginebra. ¡Imposible! Sin embargo, no exagero al decir que, sin cebada, ninguna de estas bebidas existiría. De todos los cereales, la cebada es el más adecuado para la fermentación, e incluso puede ayudar a fermentar otros granos, lo que permite extraer alcohol de la fuente más insospechada.

Para comprender los poderes casi milagrosos de la cebada, pensemos primero en que los cereales (la cebada, el centeno, el trigo, el arroz, entre otros) no contienen azúcares fermentables, como las manzanas o las uvas. Los granos están repletos de almidón, un sistema de almacenamiento que permite a las plantas guardar el azúcar que fabrican durante la fotosíntesis para su uso posterior. Así pues, para hacer alcohol con el grano, es preciso convertir primero el almidón en azúcar.

Afortunadamente, basta con un poco de agua para que una planta lleve a cabo ese «truco». Al fin y al cabo, cada grano es una semilla. Cuando esa semilla germina, necesita un poco de comida para mantenerse, hasta que es lo bastante grande para echar raíces, extender las hojas y hacerse su propia cena. Para eso sirve el azúcar almacenado. Lo único que necesita el cervecero es que el grano se humedezca —un proceso llamado malteado—, que inicie la germinación y que ésta provoque que las enzimas del interior del grano conviertan el almidón en azúcar, para alimentar esa semilla diminuta. Entonces se trata tan sólo de incorporar levadura para que devore el azúcar y excrete alcohol. Parece sencillo, ¿verdad? Pues no lo es tanto…

Los destiladores aprendieron a base de golpes que no todos los granos liberan su azúcar con tanta facilidad. Ahí es donde entra la cebada: posee unos niveles inusualmente elevados de esas enzimas que convierten el almidón en azúcar, y es posible mezclarla con otros cereales, como trigo o arroz, para impulsar el proceso también en esos granos. Por ese motivo, la cebada malteada es la mejor amiga del cervecero, y así ha sido en los últimos diez mil años.

LA BOTÁNICA DE LA CERVEZA

La cebada es un tipo de hierba alta, muy dura, a la que no le importan el frío, la sequía, ni los suelos pobres, de modo que se adapta muy bien en todo el mundo. En su estado silvestre, las espigas de grano se desprenden y caen en cuanto están listas para germinar, pero algunos de esos primeros humanos emprendedores observaron que, de vez en cuando, en una planta de cebada los granos permanecían firmemente sujetos. Ésta era una mutación genética común que no tenía demasiados beneficios para la planta pero sí para las personas: si los granos permanecían en el tallo, eran más fáciles de recoger.

Y así es como se produjo la domesticación de la cebada. Los humanos seleccionaron las semillas que poseían el rasgo que ellos querían, y esas semillas recorrieron el mundo. El primer lugar donde se domesticó esta gramínea fue Oriente Medio, luego se abrió camino hacia la península ibérica, alrededor del año 5000 a. C., y hacia China, en el 3000 a. C. La cebada se convirtió en un cereal básico de la alimentación en Europa. Colón la llevó a América en su segundo viaje, pero su cultivo no se estableció en el Nuevo Mundo hasta finales del siglo XVI y principios del XVII, cuando los exploradores españoles la llevaron a Sudamérica y los colonos ingleses y holandeses la transportaron a Norteamérica.

Es fácil imaginar el feliz accidente que hace miles de años condujo a la invención de la cerveza. Alguien dejó en remojo toda la noche un cubo lleno de cebada para reblandecer la corteza. La levadura silvestre consiguió llegar al cubo y alguien pensó en probar aquel líquido, extraño y espumoso, que había resultado del trabajo realizado por la levadura sobre todos aquellos azúcares. Y ahí estaba: ¡cerveza! Una cerveza con sabor a levadura, burbujeante y suavemente alcohólica. Las prioridades de la gente que habitaba la tierra en los últimos años de la Edad de Piedra debieron de cambiar rápidamente, como

¿DE DÓNDE SACAN EL COLOR LA CERVEZA Y EL WHISKY?

EL WHISKY NO SALE NECESARIAMENTE DEL BARRIL CON UN PROFUNDO COLOR ÁMBAR, y la cerveza no siempre es tan oscura en el tanque de fermentación como en la botella. Algunas marcas de cervezas y espirituosos usan colorante de caramelo para que el tono sea idéntico en todas las partidas. El color también se utiliza para indicar la edad de un embotellado: aunque un escocés de ocho años y uno de veinte quizá salgan del barril con el mismo color, el más viejo se tiñe de un color más oscuro para indicar un período de envejecimiento más largo. En el caso de la cerveza, el color va estrechamente asociado con el tipo: una «amber» se espera que sea roja, y una «stout», marrón oscuro.

Los puristas consideran que el colorante de caramelo es un aditivo innecesario y que se debería prescindir de él. El llamado «caramelo de cerveza», o caramelo clase III/150c, preparado con componentes del amonio, es uno de los dos tipos de caramelo que han recibido críticas por parte de asociaciones de consumidores, ante la posibilidad de que contengan carcinógenos. (El «caramelo de soda» clase IV también está hecho con componentes del amonio.)

El whiskey, por su parte, se colorea casi siempre con «caramelo espirituoso», o caramelo clase I/150a, que no se obtiene de componentes del amonio. Aunque no se considera dañino y, al parecer, no cambia el sabor de la bebida, algunos puristas del whiskey defienden el regreso al «whiskey real», sin coloreado innecesario. Highland Park Scotch presume de no añadir colorantes a sus whiskies, igual que muchas pequeñas destilerías artesanales, que también evitan el color caramelo. En Estados Unidos sólo se permite añadir caramelo a los whiskies «blended», pero no al «straight whiskey» o «straight bourbon».

sociedad organizada que se ve en la necesidad de reproducir ese glorioso accidente a gran escala. (No resulta sorprendente que la Edad de Bronce, con sus grandes recipientes de metal, viniera a continuación.)

Según los cálculos arqueológicos, el desarrollo de las sofisticadas técnicas de elaboración de la cerveza se produjo en poco tiempo. Patrick McGovern, arqueólogo del Museo de la Universidad de Pensilvania que estudia la historia de la fermentación y la destilación, analizó los residuos encontrados en fragmentos de cerámica en el yacimiento de Godin Tepe, en el oeste de Irán. Detectó residuos de cerveza de cebada en recipientes para beber y logró fecharlos entre el año 3400 y el 3000 a. C. Además, dicho arqueólogo considera que esa cerveza probablemente no fuera muy distinta de la que bebemos hoy en día, excepto que quizá no se filtrase tanto. Algunas pinturas rupestres y dibujos en piezas cerámicas muestran a gente sentada en torno a un gran recipiente de cerveza y, bebiendo con pajas largas. Las pajas se dirigían al centro de la bebida, para evitar los sedimentos que se hundían hasta el fondo o se acumulaban en la superficie.

La elaboración de cerveza se volvió más sofisticada en tiempos del Imperio romano. El historiador romano Tácito, describiendo a las tribus germanas, decía que «como bebida consumen un líquido hecho con cebada o trigo y que, por fermentación, adquiere cierta semejanza con el vino». No mucho después, quizá en el año 600 d. C., esa gente de las regiones donde crecía la cebada se dio cuenta de que, igual que el vino y la sidra, la cerveza se podía destilar y obtener con ella una bebida alcohólica mucho más potente. A finales del siglo XV, empezó a fabricarse whiskey en las islas británicas, que entonces se llamaba *aqua vitae*, un término genérico para los licores destilados.

CULTIVAR LA CEBADA PERFECTA

Aunque el debate entre irlandeses y escoceses sobre quién lo inventó no se ha zanjado, el hecho es que el whiskey nació en esa región precisamente porque su clima y su suelo son perfectos para cultivar cebada. Stuart Swanston, un especialista en estas gramíneas del Instituto de Investigación de Cosechas de Escocia, cree que el clima frío de este país es beneficioso para su cultivo más famoso: «La ventaja que tenemos sobre la costa este de Escocia es que estamos cerca del mar del Norte. Tenemos unos inviernos suaves y unos veranos pésimos... Es una estación larga, fría y húmeda. Eso significa que el grano almacena mucho almidón, lo que es idóneo para conseguir unos niveles altos de alcohol.» Sin embargo, cuando el tiempo no acompaña y el almidón no se forma bien en el grano, se utiliza para alimentar a los animales y las mejores destilerías escocesas se ven obligadas a importar cebada de Francia o Dinamarca para conseguir grano de óptima calidad.

El tipo de cebada más adecuado para hacer cerveza y destilar es objeto de cierta controversia. Esta gramínea se clasifica como de dos o de seis carreras: la de dos carreras tiene una hilera de granos a cada lado de la espiga y la de seis tiene tres hileras a cada lado. La cebada de seis

¿WHISKEY O WHISKY?
O CÓMO VOLVER LOCO A UN AUTOR
QUE ESCRIBE SOBRE CÓCTELES

EL TÉRMINO PROVIENE DE LA PALABRA EN GAÉLICO *uisgebeatha*, que significa «agua de vida». De ahí se pasó a algo parecido a *whiskybae* y a las versiones abreviadas como *whiskie* y *whiskee*, mucho más alegre, que se usaban a principios del siglo XVII. En el siglo XIX se empezó a escribir *whisky* tanto en Escocia como en Inglaterra, mientras que en Irlanda y Estados Unidos se prefería la palabra *whiskey*. (Aun así, en Estados Unidos las regulaciones sobre el alcohol hablan de whisky en todos los casos menos uno.) Se usa también el término *whiskey* en Canadá, Japón y la India.

Algunos escritores se preocupan mucho de escribir una u otra forma, incluso en la misma frase, dependiendo de a cuál se refieren. Otros se atienen a la grafía que se usa en su país, y aducen que un norteamericano nunca diría *colour* sino *color* para referirse al tono de una alfombra británica, y diría *aubergine* y no *eggplant* para decir que se comió una berenjena en Londres. En estas páginas, he usado «whisky» sólo para referirme específicamente a un producto destilado en uno de esos países que eliminan la «e».

carreras es el resultado de una mutación genética que se volvió muy popular en el Neolítico porque producía más grano por hectárea y contenía más proteínas. La de dos carreras contiene menos proteínas pero más almidón para convertir en azúcar. Esto hace que sea menos adecuada como alimento, pero perfecta para elaborar cerveza y destilar. Aunque entre los cerveceros y destiladores europeos es costumbre usar cebada de dos carreras, muchos norteamericanos prefieren la variedad de seis carreras, en parte porque es mucho más fácil de encontrar. La cebada de seis carreras también tolera una gama de climas muy amplia que abarca todo el país, de modo que resulta más fácil de cultivar a gran escala.

Esta gramínea se divide además en dos tipologías, de primavera y de invierno, según la estación de crecimiento. La cebada de invierno se siembra en otoño

CULTIVA TU PROPIA CEBADA

 Pleno sol    Poco riego   Resiste hasta -23 ºC

Ni siquiera los cerveceros más entregados a su trabajo cultivarían su propia cebada, pero es posible hacerlo. Un terreno de unos nueve metros cuadrados produciría unos cuatro kilos de cebada, lo bastante para un respetable lote de veinte litros de cerveza casera.

Otoño es la mejor época para empezar a preparar un pequeño campo donde cultivar gramíneas. Debes limpiar la zona de malas hierbas, pero sin cavarla, y luego cubrir la tierra con varias capas superpuestas de cartones o periódicos (usa cuadernillos enteros, así las capas tendrán al menos veinte hojas de grosor). Riégalo bien para que el papel quede pegado al suelo, y cúbrelo con varias capas de estiércol, compost, restos de césped, hojas secas, paja de arroz, o bien con una mezcla de abono para tierra envasada. Procura que la capa tenga treinta centímetros de grosor o más; se irá rebajando considerablemente a lo largo del invierno.

En primavera, arranca cualquier hierba que haya salido en el terreno y vuelve a cubrirlo con una fina capa de compost. Cuando la tierra esté seca, reparte las semillas, rastrilla un poco y riega. (Necesitarás unos trescientos gramos de semillas.) Riega el terreno hasta finales del verano, y luego espera a que las plantas se vuelvan de un marrón dorado.

Cuando el grano esté duro y seco, córtalo y forma gavillas con las espigas. Una vez que estén completamente secas, se pueden trillar echándolas en una superficie seca y golpeándolas con un instrumento de madera (el mango de una escoba, por ejemplo). La forma tradicional de limpiar el grano, que se llama «aventar», consiste en salir al exterior un día ventoso y verter el grano de un cubo a otro, dejando que el viento se lleve la paja seca.

RUSTY NAIL

El Drambuie es un licor intenso y maravilloso hecho de whisky escocés, miel, azafrán, nuez moscada y una mezcla misteriosa de especias. Como muchos brebajes similares, se ha visto marcado injustamente por una de esas leyendas que sólo gustan a los ejecutivos de mercadotecnia: en 1745, Carlos Eduardo Estuardo, más conocido como Bonnie Prince Charlie, intentó recuperar el trono después de que un grupo disidente hubiera destronado a su padre. Se refugió en la isla de Skye y, según la leyenda, entregó la receta de su bebida preferida a sus protectores como muestra de agradecimiento. Esta receta cambió de manos unas cuantas veces antes de convertirse en el producto comercial que es en la actualidad.

Príncipes destronados aparte, el Drambuie es un licor excelente solo, con hielo, como bebida digestiva y como ingrediente de uno de los cócteles más sencillos y deliciosos del mundo: el Rusty Nail. Se trata de una bebida de iniciación estupenda para cualquiera que no esté acostumbrado al vigorizante sabor «amaderado» del escocés. No hay que olvidar que los irlandeses también tienen su propio licor de whiskey. La historia de los orígenes del Irish Mist es incluso más neblinosa que la del Drambuie, y habla de un misterioso viajero que llevó a Irlanda un antiguo manuscrito, que luego pasó de generación en generación. Es un licor también dulce y especiado, y aunque no es tan popular como el Drambuie, los devotos del whiskey irlandés deberían probarlo.

Esta receta, que combina el escocés con licor elaborado a base de escocés, ilustra una astuta técnica de la coctelería: en lo posible, mezcla bebidas espirituosas con licores que tengan la misma base.

30 ml de Drambuie
30 ml de escocés

Pon los ingredientes en un vaso old-fashioned medio lleno de hielo y remueve. La versión irlandesa, el Black Nail, se hace con Irish Mist y whiskey irlandés.

y se cosecha en primavera, mientras que la variedad de primavera se siembra en esta estación y se cosecha en verano. La de primavera es la que tradicionalmente siembran los cerveceros, pero la genética moderna ha demostrado que, en realidad, existen pocas diferencias entre ambas.

Lo que importa es el clima y el suelo. Incluso el tipo de fertilizante usado en los campos puede suponer una diferencia: si hay demasiado nitrógeno en la tierra, también lo habrá en el grano, lo que aumentará el nivel de proteína y bajará el de almidón. «Demasiada proteína puede ser mala para elaborar las cervezas y los whiskies tradicionales —dice Swanston—. Pero, si cultivas una cebada malteada sólo para añadirla a otras gramíneas, cuanta más proteína mejor. Así tendrá incluso más enzimas de las que ayudan a romper el almidón en otros granos.»

SOBRE EL MALTEADO

Hay otro importante recurso natural que contribuye al carácter extraordinario del whisky escocés: la turba. En las ciénagas se forma turba, que es el resultado de miles de años de lenta descomposición de restos de plantas. Desde hace siglos se han usado ladrillos de turba cortados de las ciénagas como combustible, dado que el fuego los consume lentamente. Por tanto, desempeñan un papel clave en el malteado de cebada para la destilación.

Según el método tradicional, el grano de cebada húmedo se extiende por el suelo de una bodega de malteado y se deja brotar durante cuatro días. En este período de tiempo, las enzimas de los granos absorben el oxígeno para ayudarlos a romper los azúcares y liberan parte del carbono almacenado en los azúcares como dióxido de carbono. Durante este proceso el grano se calienta de forma natural, por eso los trabajadores lo rastrillan y le van dando la vuelta, para enfriarlo y evitar que las raíces jóvenes se enreden. En esta fase, la cebada se llama «malta verde».

Una vez que se ha humedecido y se ha dejado brotar, la cebada debe calentarse para detener la germinación, matando las plantas jóvenes y capturando el azúcar recién liberado. Un fuego hecho con turba secará suavemente los granos a lo largo de unas ocho horas, y el humo los impregnará de ese sabor delicioso, penetrante y terroso, por el cual es conocido el buen escocés. Al menos así es como se hacía antes. Sólo un puñado de destilerías —entre las que se incluyen Laphroaig, Springbank y Kilchoman— maltean todavía y pasan por turba su propia cebada, una práctica conocida como «malteado tradicional en suelo». Hoy en día, la mayoría de las destilerías escocesas compran su cebada a grandes casas comerciales de malteado, que hacen pasar humo de turba a través del grano al nivel que requiera la destilería en cuestión. Al usarse menos turba, se preservan las ciénagas. Si quieren conseguir ese sabor distintivo, los destiladores de whiskey de todo el mundo piden cebada ahumada con turba a Escocia.

En cuanto la cebada se ha malteado y secado, normalmente se deja reposar un mes o un poco más antes de mezclarla con agua y levadura para formar la malta. Fermenta en un par de días, y luego el líquido (que se llama mosto y es similar a la cerveza) se separa del grano desechado, es decir, del salvado. Va al alambique a un ocho por ciento de alcohol más o menos, y a partir de ahí se destila en whisky.

CULTIVAR UN GRANO MEJOR

Botánicos de todo el mundo están trabajando para desarrollar nuevas variedades de cebada que sean más adecuadas para hacer cerveza, whiskey o extracto de malta. El Instituto de Investigación de Cosechas de Escocia está intentando resolver el problema de las enfermedades del mildiu, como el *fusarium*, la misma enfermedad que causa las manchas negras en los rosales. Como los agricultores europeos tienen restringido el tipo de productos químicos que pueden pulverizar en las cosechas, una cebada resistente al mildiu sería enormemente útil. En la Universidad de Minnesota, los botánicos también se están enfrentando al problema del *fusarium* e introduciendo nuevas variedades para los cerveceros norteamericanos, que ya usan las cepas de cebada de la universidad en dos tercios de toda la cerveza que se produce en el país.

Los métodos de cultivo de hoy en día no son más que una continuación de los últimos diez mil años de intervención humana. Stuart Swanston dice: «Se cultiva cebada desde el norte de Escandinavia hasta los pies de las colinas del Himalaya, desde Canadá hasta los Andes. Esta planta ha hecho un magnífico viaje desde la Media Luna Fértil, y se ha extendido por todo el mundo con una adaptabilidad increíble.»

LA MAGIA DEL ESCOCÉS CON AGUA Y LA CONTROVERSIA SOBRE EL FILTRADO EN FRÍO

EN REALIDAD, LA MEJOR MANERA DE BEBER WHISKEY, o cualquier otro alcohol de alta graduación, es añadiéndole un poco de agua. Los entendidos recomiendan añadir cinco o seis gotas por cada 30 mililitros de escocés. Esto no diluye el sabor, todo lo contrario: lo realza.

Para comprender por qué, consideremos el hecho de que las moléculas con más sabor (moléculas grandes y grasas que aparecen casi al final de la destilación) tienden a separarse del alcohol en presencia de agua y a agruparse en suspensión, y esos grupúsculos de moléculas en suspensión son los que transmiten los sabores más intensos. (Si se añade un poco de agua a la absenta, se produce un enturbiamiento por el mismo motivo, pero eso ya lo veremos más adelante.)

Incluso almacenar whiskey a bajas temperaturas puede hacer que se enturbie. Esta bebida no se suele vender tal cual, por cierto: sale del barril a una graduación muy elevada, y se rebaja un poco, digamos a un 40 % vol., antes de embotellarlo. En cuanto se añade agua, es más probable que las moléculas ácidas y grasas se liberen bajo temperaturas más frías y formen una suspensión turbia en la botella que los destiladores llaman «bruma fría».

Para evitarla, muchos fabricantes someten el whiskey a un proceso de filtración en frío en el que la temperatura se baja deliberadamente, con el fin de obligar a esos ácidos grasos a agruparse y así poder tamizarlos con un filtro de metal. Aunque esto evita que se ponga turbio, algunos amantes del whiskey creen que la filtración en frío, como el coloreado con caramelo, es otro artificio innecesario que altera el sabor y que debe abandonarse definitivamente. En la etiqueta de Ardbeg, un escocés Islay, se asegura con rotundidad que el producto no está filtrado en frío, y en la de Booker's Bourbon también se presume de que la bebida no ha sufrido este tipo de filtración.

La próxima vez que estés sentado a la barra de un bar, demuestra tus habilidades químicas agregando agua al whiskey para comprobar la presencia de esas moléculas ácido-grasas de cadena larga, luego levanta el vaso y disfruta.

BICHOS EN ALCOHOL: GUSANOS DE TIERRA

Los amantes del escocés de vez en cuando tropezarán con un término extraño en las críticas de whisky. Un espirituoso especialmente acre, intenso y malteado se puede describir asegurando que tiene un inconfundible sabor a gusano. Como en el whisky escocés predomina el humo de turba, con ese sabor a tierra, es fácil imaginar que se hayan podido introducir en la mezcla unas cuantas lombrices o gusanos.

Sin embargo, para los destiladores, un «gusano» es una tubería de cobre retorcida y sumergida en agua. Esta técnica de condensación es otra manera de alterar sutilmente el sabor del whisky a través de la forma del alambique y el modo en que se extraen los sabores. Algunos destiladores aseguran que utilizar un «tubo de gusano» hace que el whisky tenga un sabor más carnoso, aunque para elaborarlo no se haya sacrificado realmente ningún gusano.

De todos modos, eso no significa que nunca se hayan usado gusanos para los tónicos alcohólicos medicinales. Esta receta de la década de 1850 para el tratamiento de los «Eyaws» (posiblemente se refiera a la *yaws* —frambesia o pian—, una infección bacteriana muy fea de la piel y las articulaciones), sacada de los archivos de un agricultor de Kentucky llamado John B. Clark, requiere no sólo lombrices, sino también otros ingredientes horribles. Si no te cura, seguro que por lo menos te dejará postrado en cama unos cuantos días.

Receta para los Eyaws

Coge unos 500 gramos de manteca de cerdo
1 puñado de lombrices
1 puñado de tabaco
4 vainas de pimienta roja
1 cucharada de pimienta negra
1 raíz de jengibre

Mézclalo todo bien. Antes de bebértelo, añade un chorro de alcohol de brandy a la receta.

Centeno

Secale cereale
POÁCEAS (FAMILIA DE PLANTAS HERBÁCEAS)

El centeno era un candidato muy poco adecuado para la domesticación. Sus granos son duros como una piedra, y no particularmente sabrosos para el ganado. Las cosechas son escasas y sufren de «germinación precoz», que significa que las semillas pueden brotar estando todavía en el tallo. En el peor de los casos, eso acaba estropeando el grano y, en el mejor, hace imposible que los cerveceros y panaderos trabajen con ellos, porque el proceso cuidadosamente controlado de hacer subir el pan o convertir el grano en alcohol se altera en cuanto empieza la conversión del almidón en azúcar.

El centeno también es bajo en gluten y rico en un carbohidrato llamado pentosano. Comparadas con las del trigo, las proteínas del centeno son muy solubles en agua, es decir, que se convierten en un líquido viscoso o un sólido gomoso cuando están húmedas. Por tanto, la masa es menos elástica y puede convertir la malta del cervecero en una sustancia pegajosa y horrible, de modo que ha de mezclarse con harina de trigo para que sea más fácil trabajarla. Los destiladores limitan la cantidad de centeno en sus preparaciones por el mismo motivo.

Plinio el Viejo no era muy aficionado al centeno. En su *Historia natural*, escrita en torno al año 77 d. C., escribió que era «un cereal muy inferior, usado sólo para evitar la hambruna». Decía que era negro y amargo, que debía mezclarse con espelta para ser aceptable y que, aun así, era «desagradable al estómago».

Esto podría explicar por qué el centeno fue uno de los últimos cultivos de cereales en ser domesticado. Sólo se cultiva desde el año 500 a. C., e incluso entonces únicamente se hizo popular en la zona de la actual Rusia y los climas europeos del norte y el este, donde su resistencia lo convertía en un grano de último recurso. Las semillas pueden germinar cuando las temperaturas del terreno se mantienen justo por encima de la congelación, lo que permite plantarlo a finales del otoño, ya que sobrevive a los inviernos duros y largos. También produce una cosecha en primavera, antes que cualquier otro grano. Además, mantiene a raya las malas hierbas y medra en los terrenos de mala calidad, donde apenas crece nada más.

NO HAY QUE CONFUNDIRLO CON EL BALLICO

La ballica o ballico es una hierba del género *Lolium* —no relacionada con el cereal al que llamamos centeno— que se planta para evitar la erosión y para el pastoreo. Es una causa importante de alergias estacionales. Una especie en concreto, la cizaña (*L. temulentum*), es muy similar al trigo e invade los campos de este cereal. También aloja un hongo venenoso, el *Acremonium*, que causa temblores e intoxicación en el ganado.

No resulta sorprendente, por tanto, que los europeos llevaran el centeno a las colonias norteamericanas. El trigo resultaba difícil de cultivar a causa de la corta estación de crecimiento de Nueva Inglaterra, pero el centeno podía aguantar inviernos inhóspitos. Los primeros whiskies norteamericanos se elaboraban con cualquier cereal que estuviera disponible, normalmente una mezcla de centeno, maíz y trigo.

EL FUNDADOR DESTILADOR

George Washington es el primer y más famoso destilador de whiskey de centeno de Norteamérica. Como muchos de los Padres Fundadores de la nación, se ganaba la vida cultivando la tierra. En 1797, menos de un año después de la conclusión de su segundo mandato como presidente, construyó una destilería a petición del capataz de su granja, un escocés llamado James Anderson. Anderson señaló que Washington poseía toda la cadena de suministros: cultivaba y cosechaba el grano en su propia tierra, lo molía y lo convertía en harina en su propio molino, y además podía transportar fácilmente sus productos hasta el mercado. Convertir ese grano en whiskey sería, por tanto, la manera más provechosa de venderlo, y Anderson tenía la experiencia suficiente para lograrlo.

El whiskey de George Washington era una mezcla de los cereales disponibles. La receta típica era un sesenta por ciento de centeno, un treinta y cinco por ciento de maíz y un cinco por ciento de cebada. No se embotellaba ni se etiquetaba, sino que se vendía en barriles como «whiskey común» para servirlo a los clientes en las tabernas de la cercana Alexandria. La empresa tuvo un éxito arrollador: cuando Washington murió en 1799, la suya era una de las destilerías más importantes del país, y producía más de treinta y siete mil litros de alcohol al año.

Tras la muerte de Washington, la destilería quedó abandonada y sufrió un incendio en 1814. Afortunadamente, el Consejo de Licores Destilados de Estados Unidos se interesó por aquel lugar histórico y financió la reconstrucción de la destilería con la colaboración de algunos arqueólogos y el Estado de Mount Vernon. Hoy en día se encuentra junto al molino, sigue funcionando como tal y produce whiskey de centeno usando el mismo equipo y los mismos métodos que James Anderson. Sólo hay una diferencia: el whiskey que sale de Mount Vernon en la actualidad no se vende como «whiskey común» sin envejecer. Se envejece en barricas de roble para hacerlo más gustoso, y después se embotella y se vende en cantidades limitadas cada año.

EL REGRESO DEL CENTENO

El whiskey de centeno tiene un punto especial. Plinio describía su sabor como amargo, pero sin duda sería más adecuado llamarlo «especiado» o «robusto». Aunque en otro tiempo quizá tuviera la reputación de ser un licor barato —un «matarratas»—, las sofisticadas técnicas de destilación y la maravillosa calidad de la maduración en madera han hecho que actualmente los mejores whiskies del mercado sean sobre todo de centeno.

Este cereal es el ingrediente de varias cervezas alemanas y escandinavas, y algunos destiladores artesanales norteamericanos también lo usan. Además, el centeno siempre ha sido un ingrediente básico de los vodkas rusos y del este de Europa, y en la actualidad también lo utilizan los destiladores norteamericanos de vodka. El vodka Square One está hecho enteramente de Dark Northern orgánico y de otras variedades de centeno de Dakota del Norte. En lugar de buscar las variedades más sabrosas, como las usadas para hacer pan, las destilerías tienden a elegir el centeno basándose en su contenido en almidón, y algunos de estos granos son las mismas variedades que se cultivan para alimentar el ganado. «En realidad, lo único que queremos es la molécula del almidón —dice la propietaria de Square One, Allison Evanow—. El sabor a frutos secos no es tan importante en un alcohol destilado transparente.» Un problema con el que ella se encuentra: los bichos. «Si se cultiva para alimentar al ganado, es normal que tenga bichos —explica Evanow—. Tuvimos que rechazar a un proveedor porque había demasiados saltamontes en el grano.»

WHISKEY DE CENTENO: *en Estados Unidos, para ganarse la etiqueta de «whiskey de centeno», el espirituoso debe tener al menos un 51 % de centeno, destilarse hasta no más de un 80 % vol. de alcohol y envejecer en barricas de roble nuevo quemadas a un nivel de alcohol de no más de un 62,5 % vol. Si ha envejecido al menos dos años, puede llevar la etiqueta de «straight rye whiskey».*

Los cultivadores de centeno se enfrentan a otro desafío: el grano es vulnerable a un hongo llamado *ergot* o cornezuelo (*Claviceps purpurea*). Las esporas atacan las flores abiertas, fingiendo que son un grano de polen, y eso les da acceso al ovario. Una vez dentro, el hongo ocupa el lugar del grano embrionario a lo largo del tallo, y a veces es tan parecido a un grano que resulta difícil detectar la planta infectada. Hasta finales del siglo XIX, los botánicos pensaban que estas extrañas excrecencias oscuras eran parte del aspecto normal del centeno. Aunque el hongo no mata a la planta, es tóxico para las personas, ya que contiene un precursor del LSD que sobrevive al proceso de fabricación de la cerveza o de elaboración del pan.

Aunque una cerveza psicoactiva pueda parecer algo atractivo, en realidad es horrible. El envenenamiento por cornezuelo del centeno puede provocar abortos, convulsiones y psicosis, e incluso llegar a ser mortal. En la Edad Media, los brotes del llamado «fuego de San Antonio» o «baile de San Vito» hacían enloquecer a la vez a pueblos enteros. Y como el centeno es un cereal

MANHATTAN

El Manhattan es un cóctel clásico que otorga al whiskey de centeno su máximo esplendor, al mezclarlo con vermut dulce para contrarrestar el gusto amargo del cereal. También es una buena base para realizar infinitas variantes: sustituye el centeno por escocés, y tendrás un Rob Roy; sustituye el vermut por Benedictine, y tendrás un Montecarlo. O simplemente pon vermut seco en lugar de dulce, añade un pedacito de limón, y tendrás un Dry Manhattan.

45 ml de whiskey de centeno
20 ml de vermut dulce
2 toques de angostura
1 cereza marrasquina

Agita todos los ingredientes con hielo, excepto la cereza. Sírvelo en una copa de cóctel y añade la cereza.

muy usado por los campesinos, los brotes de esta enfermedad eran más comunes entre la clase baja, alimentando revoluciones y levantamientos aldeanos. Algunos historiadores han especulado con que los juicios de brujas de Salem se produjeron porque unas chicas se envenenaron con cornezuelo y sufrieron convulsiones, lo que llevó a la gente del pueblo a concluir que estaban embrujadas. Afortunadamente, tratar el centeno para evitar la infestación de cornezuelo es bastante fácil: basta con aclararlo con una solución salada para matar el hongo.

Maíz

Zea mays
POÁCEAS (FAMILIA DE PLANTAS HERBÁCEAS)

En los primeros tiempos de la colonia Jamestown, las buenas noticias escaseaban. Los colonos padecían hambruna, enfermedades, sequía y accidentes horribles. Las cosechas fracasaban, y los suministros que llegaban desde Inglaterra tardaban mucho en llegar. Debió de ser bonito para John Smith, uno de los líderes de este asentamiento, recibir una carta en 1620 del colono George Thorpe que incluía estas líneas llenas de ánimos: «Hemos encontrado una forma de hacer una buena bebida con el maíz indio, y os aseguro que en varias ocasiones me he negado a beber una pinta de buena y fuerte cerveza inglesa porque he preferido beber lo otro.»
Al parecer, a pesar de sus escasas posesiones, disponía del cobre suficiente para construir un alambique. El whisky de maíz fue una de las primeras innovaciones que llegaron de la sufrida colonia de Virginia.

El maíz (llamado así por Colón, que quizá hubiera oído la palabra *mahis* al pueblo taíno, en el Caribe) fue una revelación para los europeos. En muchos países de Europa, se llamó al maíz «grano indio» para distinguirlo de otros granos, como el trigo, el mijo, el centeno, la cebada... Colón lo trajo de sus viajes, y enseguida se empezó a sembrar en Europa, África y Asia. Era fácil de cultivar, se adaptaba bien y —lo mejor de todo— las mazorcas se podían almacenar para el invierno. Y, además, como había descubierto Thorpe, se podía usar para hacer una buena bebida.

CHICHA Y VINO DE MAÍZ

En México, los vestigios arqueológicos han revelado que el maíz ya era el alimento básico diario en el año 8000 a. C. Su zona de influencia abarcaba partes de América central y del sur, donde cada cultura destinaba la planta para varios usos. Cuando llegaron los españoles, había dos bebidas fermentadas muy extendidas: la cerveza de maíz, hecha con los granos amarillos maduros, y el vino de tallos de maíz, elaborado con el zumo dulce del tallo. Cuándo se inició exactamente esa tradición y qué tipo de *Zea* silvestre se usaba son cuestiones que siguen intrigando a los arqueólogos.

El maíz fue domesticado hace tanto tiempo que su antepasado no ha sobrevivido. Los botánicos creen que las mazorcas antiguas eran mucho más pequeñas, del tamaño de un dedo. Debían de parecerse a sus primas del género *Zea*, que se asemejan a hierba alta común con unas semillas poco notorias. Estos parientes lejanos se llaman *teosinte* y no se parecen al maíz moderno. En lugar de producir un tallo central grueso, toman la forma de un matojo de hierba amplio y frondoso. Las espigas contienen de cinco a diez semillas en línea, a diferencia de los centenares de semillas que se disponen en torno a una mazorca.

Un equipo de arqueólogos dirigido por Michael Blake, de la Universidad de la Columbia Británica, cree que el maíz fue seleccionado y domesticado no por su grano, sino por su jugo. Se han encontrado tallos de maíz mascados —fragmentos de fibra de la planta que se masticaban y luego se escupían— en yacimientos arqueológicos que datan del 5000 a. C., lo que demuestra que la planta era muy apreciada por su dulzor. Un análisis de restos humanos encontrados en esos yacimientos indica que su dieta incluía «azúcar» de maíz, pero no demasiado «grano» de maíz.

Gracias a una combinación de las selecciones realizadas por el hombre, de hibridaciones azarosas y de mutaciones, el maíz ha llegado a parecerse a la planta que conocemos hoy. Cuando Colón la vio por primera vez, las panojas quizá fueran más pequeñas, pero debió de resultar obvio que su valor residía en los granos de la mazorca, y no en el azúcar del tallo. Colón llevó un nuevo edulcorante a las Américas, la caña de azúcar, y a partir de entonces el azúcar de maíz declinó en importancia.

Sin embargo, el vino de tallos de maíz no desapareció: varios siglos más tarde, Benjamin Franklin escribió que «los tallos, prensados como los de la caña de azúcar, producen un jugo dulce que, una vez fermentado y destilado, da un licor excelente». De ello se deduce que la práctica seguía viva. Hoy en día, algunas tribus, como los tarahumara del noroeste de México, elaboran el

>
>
> ## LA VIDA SEXUAL DEL MAÍZ
>
> La próxima vez que te saques un hilo de «seda» de entre los dientes cuando estés comiendo una mazorca de maíz fresca, recuerda que lo que acabas de escupir es una trompa de Falopio. Esta gramínea tiene una anatomía muy curiosa: la borla que se encuentra en la cúspide de la planta es la flor masculina. Cuando está madura, produce de dos a cinco millones de granos de polen. El viento se los lleva y los va transportando al azar.
>
> La espiga de maíz es en realidad un grupo de flores femeninas. Una espiga joven contiene unos mil óvulos, cada uno de los cuales podría convertirse en un grano. Esos óvulos producen una «seda» que recorre la planta hasta el extremo de la espiga. Si una de ellas capta un grano de polen, éste germina y forma un tubo que desciende, por la «seda», hasta el grano. Allí se encuentran el huevo y el grano de polen. Una vez fertilizado, ese huevo se hinchará y se convertirá en un grano regordete, que representa la próxima generación, o una botella de bourbon, dependiendo de la perspectiva.
>
>

vino como práctica tribal de una tradición ancestral. Los tallos se machacan sobre rocas para extraer el jugo, que se mezcla con agua y otras plantas, y luego se deja fermentar y se consume a los pocos días.

La cerveza de maíz, llamada chicha, fue la otra bebida hecha con esta gramínea que encontraron los europeos. Su origen es misterioso, pero el proceso, muy sofisticado, tenía varios siglos de vida cuando llegaron los españoles, y la tradición continúa. Como ocurre con otros granos, el almidón del maíz tiene que convertirse en azúcar fermentable antes de que la levadura empiece a trabajar en él. En Perú y las regiones colindantes se hace masticando primero el maíz triturado y sin cocer, y luego escupiéndolo y mezclando los bocados de maíz mascado con agua. Las enzimas digestivas de la saliva son muy efectivas a la hora de convertir el almidón en azúcar, así que la saliva forma parte del proceso.

El arqueólogo Patrick McGovern, que estudia los orígenes ancestrales de las bebidas alcohólicas, trabajó con la cervecería Dogfish Head, en Delaware, para fabricar un lote utilizando el método tradicional. El experimento parece el principio del típico chiste: un antropólogo, un cervecero y un periodista de The New York Times entran en un bar. Pero lo que ocurrió después no fue ninguna broma: tras la barra había un montón de maíz púrpura peruano machacado que pensaban masticar, escupir y mezclar en una receta tradicional de cebada, maíz amarillo y fresas. Masticar aquel maíz era muy desagradable; el periodista comparó su textura a la de la avena sin cocinar, y los bocados que escupían «se parecían a algo con lo que todo propietario de gato está familiarizado, si la arena de gato fuera de color morado». De aquel experimento salió una cantidad muy pequeña, y ahí acabó la cosa. Con una cervecería llena de utensilios modernos a su alcance, masticar maíz crudo no valía la pena.

Al parecer, Dogfish Head no es la única cervecería que ha llegado a esta misma conclusión. La chicha que se vende hoy en día en Latinoamérica se hace utilizando métodos más similares a la elaboración moderna de cerveza. Como el pulque, la cerveza basada en el agave, la chicha se produce a pequeña escala, se sirve fresca y a menudo se aromatiza con frutas y otros edulcorantes.

EL NACIMIENTO DEL BOURBON

De la cerveza de maíz al whiskey de maíz sólo había un pequeño paso. Los primeros colonos repararon en que el maíz era el cereal más fácil de cultivar en aquel terreno con el que estaban tan poco familiarizados. Por suerte, podían seguir el ejemplo de los expertos agricultores locales indios. Despejar los campos con herramientas sencillas hechas a mano debía de ser un trabajo agotador, de modo que se sentirían muy aliviados al enterarse de que el maíz se podía sembrar entre los tocones de los árboles. Transportar la cosecha al mercado, sin embargo, también era una tarea difícil, así que los granjeros tuvieron que encontrar una forma de usar su maíz cerca de casa. Una primitiva cerveza de maíz, quizá preparada con melaza importada del Caribe, fue una solución popular. De ahí nació un whiskey basto y áspero... Y no quedaba lejos el bourbon.

Como se trataba de un cultivo tan fácil, plantar un campo de maíz se convirtió en un método habitual de los colonos para reclamar tierras. Algunas de las primeras concesiones de parcelas, sobre todo en Kentucky, estaban supeditadas a que los colonos construyeran una estructura permanente o cultivaran maíz. Y ese detalle de la historia ha forjado el mito de la creación de Kentucky y el bourbon. A los destiladores y entusiastas de este espirituoso les gusta contar que Thomas Jefferson, como gobernador de Virginia, ofrecía sesenta acres de terreno (unas veinticuatro hectáreas) a cualquiera que plantase maíz. De hecho, la Ley de Tierras de Virginia, aprobada el mes antes de que Jefferson ocupara el cargo, ofrecía cuatrocientos acres (ciento sesenta hectáreas) a los colonos que fueran capaces de probar sus pretensiones. Y plantar una cosecha de maíz era una de las formas que tenían de demostrar que se habían asentado en aquellas tierras. Sin embargo, la idea de que un Padre Fundador prácticamente ordenase que Kentucky se convirtiera en la gloriosa patria del bourbon que hoy en día constituye una historia mucho más seductora.

Kentucky cumplía otros muchos requisitos, además de tener abundante maíz. Muchos de los primeros inmigrantes que llegaron al nuevo estado venían de Escocia e Irlanda, de modo que sabían usar un alambique.

TIPOS DE MAÍZ

CEROSO (*Zea mays* var. *ceratina*): Variedad descubierta en China en 1908, que contiene un tipo de almidón distinto. Se usa como adhesivo y para procesar alimentos como espesante y estabilizador.

CRISTALINO (*Zea mays* var. *indurata*): Con una capa exterior más dura y un endosperma más blando, este maíz tiene un rendimiento menor, aunque madura antes que las demás variedades.

DENTADO (*Zea mays* var. *indenata*): Cruce entre cristalino y harinoso, es un maíz más suave, con una muesca a cada lado del grano. También llamado «maíz de campo», el dentado es el tipo más cultivado en Estados Unidos.

DULCE (*Zea mays* var. *saccharata* o *Zea mays* var. *rugosa*): Maíz suave y con mucho azúcar, cultivado para enlatar o comer fresco.

HARINOSO (*Zea mays* var. *amylacea*): Maíz suave, cultivado sobre todo para hacer harina.

REVENTÓN (*Zea mays* var. *everta*): Este maíz tiene un endosperma grande que, cuando se calienta, explota y vuelve los granos de dentro hacia fuera, de modo que la cáscara traslúcida queda en el interior.

TUNICADO (*Zea mays* var. *tunicata*): Antigua variedad peruana, en la que el grano está protegido por su propia cáscara.

OLD-FASHIONED

45 ml de bourbon
1 terrón de azúcar
2 o 3 toques de angostura o de naranja amarga
1 cereza marrasquina o peladura de naranja (opcional)

En el fondo de un vaso old-fashioned, humedece el terrón de azúcar con la angostura y un chorrito de agua; luego machácalo con una mano de mortero. Agita la mezcla en el mismo vaso e incorpora el bourbon, hielo y remueve. Aunque en ciertos círculos se considera un sacrilegio poner fruta en esta bebida, una auténtica cereza marrasquina italiana complementa perfectamente el dulzor natural del bourbon.

(El intercambio de información funcionaba en ambos sentidos. El maíz, por ejemplo, se había convertido hacia 1860 en el grano preferido de las destilerías escocesas.) Además, la región tenía otra fuente de recursos naturales que se prestaba también a la fabricación de whiskey: unos ricos depósitos de caliza por los cuales fluía un agua limpia y fresca. Los colonos solían establecer sus campamentos cerca de algún manantial, de modo que no sorprende que muy pronto se construyeran allí destilerías. Entre los muchos beneficios del «agua caliza» estaba el hecho de que salía de la tierra a unos diez grados centígrados, la temperatura perfecta para el proceso de enfriamiento y condensación, en aquellos tiempos en que no existía la refrigeración. Por otro lado, el elevado nivel de PH del agua eliminaba las partículas de hierro que podían haber dado al whiskey un gusto amargo. Y es posible también que los elevados niveles de calcio, magnesio y fosfato estimulasen el crecimiento de lactobacilos, una bacteria que desempeña un papel fundamental en la fermentación. Aunque con el maíz se seguía elaborando un licor muy basto en todo el país, Kentucky aprovechó sus recursos naturales y empezó a crear una respetable industria del whiskey.

TÓMATE UN BUEN VASO DE MAÍZ

BOURBON: Un whiskey norteamericano hecho a base de maíz ha de envejecer en barricas nuevas de roble quemado. Debe contener como mínimo un 51 % de maíz. El «straight bourbon» se envejece al menos dos años, sin añadirle color, sabor u otras bebidas alcohólicas. El bourbon «blended» debe contener al menos un 51 % de «straight bourbon», pero puede contener también color, sabor u otras bebidas alcohólicas.

CERVEZA DE MAÍZ: Algunas cervezas contienen maíz como ingrediente complementario, que constituye un 10-20 % de la malta total. Algunos ejemplos de cervezas que contienen maíz son la cerveza Harbin, de China, la Corona Extra, de México, y la Kentucky Common Beer, un tipo de cerveza que incluye un 25 % de maíz, todavía fabricada en la actualidad por algunos cerveceros especializados.

CHICHA DE JORA: Cerveza sudamericana de maíz fermentado. La «chicha morada» es una versión no alcohólica.

MOONSHINE O WHITE DOG: Término que engloba todos los whiskies sin envejecer que, históricamente, se elaboraban a partir de maíz (y que todavía se hacen así).

PACIKI: Cerveza mexicana hecha con tallos de maíz.

QUEBRANTAHUESOS: Bebida mexicana de jugo de tallos de maíz fermentado, maíz tostado y semillas del falso pimentero peruano (*Schinus molle*).

TEJATE: Mezcla no alcohólica de maíz, cacao y unos cuantos ingredientes más, producida en Oaxaca y alrededores.

TEJUINO: Bebida fría mexicana fermentada (muy suave, poco alcohólica) hecha con masa de maíz, y que en la actualidad se vende mucho.

TESGÜINO: Cerveza de maíz tradicional del norte de México.

TISWIN: Bebida de los indios pueblo del sudoeste elaborada a partir de maíz, a veces combinada con frutos de cactus, jugo de agave tostado u otros ingredientes.

UMQOMBOTHI: Cerveza sudafricana hecha con maíz y sorgo.

VODKA DE MAÍZ: Las destilerías artesanas hacen excelentes vodkas a base de maíz. La Tito's Handmade Vodka, de Austin, Texas, es un buen ejemplo.

WHISKEY BLENDED (MEZCLADO): Aunque las definiciones varían en todo el mundo, los whiskies «blended» pueden contener algo de maíz. Las marcas Suntory Hibiki y Royal, por ejemplo, incluyen maíz y otros cereales.

WHISKEY DE MAÍZ: Es similar al bourbon, pero debe tener al menos un 80 % de maíz. Puede encontrarse sin envejecer, o envejecido en barricas de roble usadas o no tostadas.

Kentucky produce alrededor de un noventa por ciento del bourbon de todo el mundo, y el reciente aumento de su popularidad ha generado un mercado de exportación que está en plena expansión. Las destilerías funcionan al límite de su capacidad y el turístico Kentucky Bourbon Trail atrae a numerosos visitantes al estado. El agua sigue siendo uno de los motivos de su fama, aunque no todo el bourbon se elabora hoy en día con agua natural de manantial; de hecho, las fábricas más grandes usan agua depurada del río. Alan Fryer, un hidrólogo de la Universidad de Kentucky, ha analizado el papel del agua en el bourbon: cree que existe cierta base científica para asegurar que el agua de caliza es mejor, sobre todo en lo que respecta a inhibir el hierro del agua, pero en realidad su valor es difícil de cuantificar. «Corresponde a la idea del *terruño* —dice—. Nuestra agua se usa para cultivar el maíz, y también para enfriar y en la mezcla. Resulta casi imposible detallar cómo cambia exactamente el sabor, pero no cabe duda de que el cambio es significativo.» Los destiladores siempre alardean de la excelente agua de Kentucky: un experto de la industria del bourbon, James O'Rear, dijo una vez que «la caliza del bourbon hace que a la mañana siguiente te despiertes sintiéndote como un caballero».

ELEGIR EL MAÍZ PERFECTO

A pesar de que los vinos son conocidos sobre todo por las variedades de uvas utilizadas en su elaboración, las destilerías no han empezado a explorar hasta hace muy poco las variedades únicas del maíz tradicional. El grano se sigue viendo como una simple materia prima: el whisky suele elaborarse con el maíz de campo amarillo números 1 o 2, una designación estándar que mide sólo el color y el «buen estado» del grano (la cantidad de cereal en una fanega que no tiene daños ni infestaciones y está libre de desechos). Pero ¿por qué no usar variedades de maíz artesanales y tradicionales para hacer bourbon? El maestro destilador Chris Morris, el cerebro detrás de la

Woodford Reserve, marca de extraordinarios bourbons ganadores de numerosos premios, dice: «Sólo queremos un maíz grande, limpio y seco. El almidón es lo único que importa. El maíz es más o menos como el músculo que usamos para producir alcohol. Hemos hecho destilaciones de distintos tipos de maíz, y básicamente obtenemos lo mismo. Incluso hemos experimentado con grano orgánico, pero en realidad no se nota la diferencia.»

Sin embargo, Joel Elder, de Tuthilltown Spirits, en Gardiner, Nueva York, tiene otra opinión. «La gente dice que el artesanado radica en la destilería, pero yo no estoy de acuerdo. Mi opinión es que la destilación es la parte más fácil. Cuanto más se retrocede en el proce so (fermentación, manipulación y almacenamiento del grano, cultivo…), más artesanal se vuelve. Miren, si no, el vino. En él, hablamos casi exclusivamente de la uva. Nadie hace algo similar con el bourbon.» Elder ha experimentado con distintos maíces tradicionales, incluyendo el Wapsie Valley, conocido por producir mazorcas rojas. (En torno a esta variedad existe cierta leyenda. Se dice que, cuando se descascarilla el maíz, el hombre que encuentre una mazorca roja puede besar a la chica que elija, así que el Wapsie Valley puede convertir una reunión inocente en una buena fiesta.) También cultivan el Minnesota 13, un maíz dentado que se usaba mucho para fabricar alcohol ilegal durante la Ley Seca. «De éste sacamos un sabor muy fuerte, a mantequilla y palomitas —dice—. ¿Que si supone una diferencia la variedad del maíz? Puedo hacer destilaciones separadas de estas dos variedades y convertir en creyente a cualquiera.»

El alcornoque, o *quercus suber*, de origen portugués, proporciona otro ingrediente esencial para el vino y los espirituosos: el corcho del tapón. Este árbol vive más de doscientos años, y hacia los cuarenta ha producido la suficiente corteza gruesa y esponjosa como para dar una cosecha de cuatro mil tapones. Los árboles no sufren daños al ser despojados de su capa exterior de corcho, porque vuelve a crecer. De hecho, uno de los argumentos de los cultivadores de corcho es que la posibilidad de cosechar la corteza de este árbol es un incentivo económico para mantener intactos grandes bosques de alcornoques.

El aumento del uso de los tapones de rosca y sintéticos ha hecho mucho daño a la industria del corcho de Portugal, España y el norte de África, donde se encuentran la mayor parte de los bosques de alcornoques. Los cultivadores insisten en que los tapones de corcho natural no sólo son más auténticos y mejores para el vino, sino en que son más amables para el medio ambiente que sus sustitutos sintéticos.

LA PARTE DE LOS ÁNGELES: mientras el espirituoso está almacenado, una pequeña cantidad de alcohol se evapora y escapa de la barrica. Los destiladores llaman a ese alcohol perdido «la parte de los ángeles». Los fabricantes de whiskey y brandy estiman que los ángeles se llevan alrededor de un dos por ciento del alcohol de la barrica cada año, aunque esta cantidad puede variar dependiendo de la humedad y la temperatura. Afortunadamente, se pueden permitir perder algo, ya que la mayoría de los alcoholes se envejecen a una graduación más elevada que la que resulta en el embotellado final (se pierde también algo de agua, cosa que puede ayudar a mantener el porcentaje de alcohol total y evitar que caiga demasiado).

Una consecuencia de ese lento goteo de alcohol es que atrae a una extraña criatura raramente vista fuera de las destilerías. El hongo negro *baudoinia compniacensis* se alimenta de etanol y aparece como una mancha negra en las paredes de las bodegas y almacenes donde se guarda whisky y coñac. A los destiladores europeos no les molesta; de hecho, lo consideran una compañía amistosa y una señal de autenticidad.

***Quercus* spp.**
FAGÁCEAS (FAMILIA
DE LAS HAYAS)

NADA DOMESTICA MEJOR A UN ESPIRITUOSO ÁSPERO QUE UN ROBLE. La práctica de envejecer el whiskey o el vino en barricas quizá empezase como solución práctica a un problema de almacenamiento, pero pronto resultó obvio que ocurre algo maravilloso cuando el alcohol entra en contacto con la madera, y en especial con la de roble.

Los robles llevan unos sesenta millones de años en nuestro planeta. Surgieron como género diferenciado no mucho después de la extinción de los dinosaurios. Los taxonomistas difieren en cuanto al número exacto de especies de roble que existen. Dependiendo de a quin se pregunte, el número oscila de sesenta y siete a seiscientas. Sea como sea, aquí sólo nos ocuparemos del puñado de especies americanas, europeas y japonesas usadas por los fabricantes de barricas para vino y licores.

Los indicios arqueológicos muestran que las barricas de madera se usan desde hace al menos cuatro mil años, y el roble probablemente fue la elección natural desde el principio. Su madera es dura y densa, pero lo bastante flexible para doblarla y curvarla ligeramente. Se utilizaba para construir barcos y, sin duda, una de las primeras cargas que se estibó fueron unas barricas de vino para la tripulación.

Lo que quizá no supiera el primer tonelero es que la anatomía del roble está perfectamente diseñada no sólo para contener líquido, sino también para darle sabor. Los robles son una especie «de anillos porosos», lo que significa que los vasos internos que llevan el agua al árbol se encuentran en el anillo exterior de crecimiento. A medida que el árbol madura, los vasos más antiguos quedan taponados con estructuras cristalinas llamadas tílides, de modo que por el centro del árbol —el corazón— ya no circula el agua y, por lo tanto, resulta muy adecuado como madera para barricas estancas. Comparados con los europeos, los robles americanos son particularmente ricos en tílides. De hecho, a la hora de cortarlos, los árboles europeos deben separarse con mucho cuidado a lo largo de la veta para evitar romper los vasos y que la barrica pierda líquido.

La madera de los robles también produce una asombrosa gama de componentes que dan sabor y se liberan en presencia del alcohol. El roble europeo (*Quercus robur*) tiene muchos taninos, que dan al vino cierta redondez y mucho cuerpo. El roble blanco americano, por su parte, libera las mismas moléculas de sabor que se encuentran en la vainilla, el coco, el melocotón, el albaricoque y los clavos de olor. (De hecho, por su elevado nivel de vainillina, se hace vainilla artificial con un derivado del serrín.) Esos sabores tan dulces quizá no son los que busca un vinatero, pero en el bourbon hacen pura magia.

Sin embargo, la influencia más importante en un espirituoso envejecido en roble tal vez no provenga del árbol en sí, sino de los constructores de la barrica, llamados toneleros. Estos artesanos aprendieron que para conseguir que las duelas de roble adopten unas curvas suaves hacen falta dos cosas: tiempo y calor. El roble recién cortado se deja secar, lo que no sólo hace más fácil el trabajo, sino que también concentra esos sabores tan importantes. Las duelas se tuestan ligeramente para volverlas más flexibles a medida que se les va dando forma, y el fuego hace que algunos de esos sabores se caramelicen, de modo que emergen esencias de caramelo, *toffee*, almendra, pan tostado y humo cálido y boscoso.

Algunas barricas de whiskey se queman totalmente por el interior. Nadie sabe cuándo empezó esta práctica. Es posible que un tonelero, de manera accidental, alimentara el fuego más de la cuenta y decidiera usar la barrica de todos modos. Quizá unos destiladores ahorradores decidieran quemar el interior de unos viejos barriles utilizados para almacenar pescado en salazón o carne con la intención de eliminar el olor antes de llenarlos con whiskey. El caso es que la capa de madera carbonizada filtra y da sabor al whiskey, sobre todo cuando la madera se expande y se contrae con los cambios de temperatura. El método del condado de Lincoln, popularizado por Jack Daniels, lleva este paso un poco más lejos: quema la madera del arce de azúcar y filtra el whisky a través de tres metros de carbón antes de almacenarlo en la barrica.

Los toneleros hicieron una contribución más. Después de la Ley Seca, cuando se volvió necesario crear nuevas leyes que regulasen la industria del alcohol —legal a partir de entonces—, se encargaron de que, a partir del 1 de julio de 1936, el bourbon (y otro whiskey) tuviera que estar almacenado en contenedores nuevos de roble quemado para poder ostentar ese nombre. Así, como aseguraba la recién formada Administración Federal del Alcohol, se distinguiría el «whiskey al estilo americano» de los productos canadienses, que poseían un sabor más suave debido a que eran destilados con una graduación más elevada y almacenados en unos toneles reutilizados. Aunque la ley ha sufrido algunas revisiones y cuestionamientos, el requisito de usar barricas nuevas para cada lote de bourbon ha seguido en vigor desde entonces, con un breve descanso de 1941 a 1945 debido a la escasez en tiempos de guerra.

Como consecuencia de esta particularidad de la ley americana, hay una gran cantidad de barriles de bourbon usados listos para vender. Y a los destiladores de escocés les encantan: emplean una mezcla de barriles usados de bourbon, oporto y jerez para dar más complejidad a sus espirituosos. De hecho, la destilería Laphroaig presume de emplear exclusivamente barricas de Maker's Mark. Las barricas usadas de bourbon también se utilizan para envejecer ron y otras mezclas de whiskey.

GUÍA DE CAMPO DEL ROBLE

Q. ALBA: Roble blanco americano, crecido en el este de Estados Unidos y usado para whiskey y vino.

Q. GARRYANA: Roble de Oregón, usado por algunas vinaterías y destiladores del noroeste del Pacífico, parecido al roble francés.

Q. MONGOLICA: Roble japonés, popular entre los destiladores japoneses.

Q. PETRAEA: Sésil o roble francés, cultivado en los Vosgos y Allier. El preferido de los viticultores.

Q. PYRENAICA: Roble portugués, usado a menudo para el oporto, el madeira y el jerez.

Q. ROBUR: Roble europeo, cultivado en Lemosín. El favorito para el coñac y el armañac.

La peculiar forma en que el roble absorbe y libera un espirituoso ha llevado a realizar muchos experimentos. Algunos toneleros construyen barriles con árboles que han crecido en un clima o suelo concreto, lo que puede afectar tanto a la estructura de la veta como a los niveles de taninos y moléculas de sabor. Incluso se construyen barriles de albura, lo contrario del duramen, una madera mucho más densa y menos absorbente. Los destiladores están empezando a comercializar whiskey envejecido en barriles hechos con una parte u otra del árbol; saben que los entendidos lo recibirán con entusiasmo.

BICHOS EN ALCOHOL: QUERMES
Kermes vermilio

El quermes es un insecto diminuto que se agarra a una rama y se esconde dentro de su caparazón protector. Esta especie parasita el *Q. Coccifera*, una especie de roble del Mediterráneo. Las hembras succionan savia del árbol hasta que se vuelven grandes y redondas como una garrapata y segregan un sudor escarlata y gomoso. Un día de hace miles de años alguien debió de notar, al rascar los árboles para quitar los quermes, que el pigmento rojo teñía ropa y manos. De hecho, el médico griego Dioscórides hizo una extraña anotación en *De Materia Medica* (50-70 d. C.) acerca de estos pequeños insectos que crecen en los robles y tienen «una forma parecida a un caracol pequeño, que las mujeres de allí cogen con la boca». Dioscórides es conocido también por cometer algunos errores en sus transcripciones. Es muy improbable que las mujeres recogieran bichos de los árboles con la boca cuando podían hacerlo con un palito. Aun así, usando un palito, es una tarea bastante difícil: los insectos debían de cogerse más o menos intactos, luego se mataban (o bien sometidos al efecto del vapor o bien sumergiéndolos en vinagre) y se secaban para llevarlos al mercado, donde se vendían como tinte para la ropa.

Como la mayoría de las cosas raras e inusuales del mundo natural, el pigmento rojo de estos insectos consiguió llegar hasta los licores italianos. Es posible seguir la pista de la receta remontándonos hasta un tónico medicinal del siglo VIII llamado *confectio alchermes*, que requería coger un trozo de seda que hubiese sido teñida de rojo con el insecto, empaparla en zumo de manzana y agua de rosas para extraer el tinte, y añadir unas especias extraordinariamente raras que incluían ámbar gris (secreción biliar del cachalote), copos de oro, perlas trituradas, áloe y canela. A lo largo del tiempo, la receta fue cambiando e incluyó sabores más familiares, como clavos de olor, nuez moscada, vainilla y cítricos, y el tinte rojo empezó a proceder de la cochinilla, un insecto llegado de América cuyo tinte era de un color mucho más vivo y más fácil de recolectar.

En el siglo XIX, el licor rojo intenso conocido como alquermes (o alkermes) se elaboraba en varias destilerías italianas como digestivo, no como medicina. También se convirtió en aromatizante para un postre con varias capas de bizcocho llamado *zuppa inglese*. En Italia todavía puede encontrarse una versión moderna del licor en tiendas de especialidades. La antigua farmacia de Santa Maria Novella, en Florencia, elabora su propia fórmula. Desgraciadamente, el alkermes hecho con auténticos quermes es una cosa del pasado; el único tinte alimentario basado en insectos permitido hoy en día en la Unión Europea es el E120, procedente de la cochinilla.

Manzana

Malus domestica
ROSÁCEAS (FAMILIA DE LAS ROSAS)

La manzana ideal para hacer sidra y brandy es la que llamaríamos «de escupir». Es una fruta tan amarga y tánica que el primer impulso es escupirla y buscar algo dulce que llevarse a la boca, una cerveza de raíz, una magdalena, cualquier cosa. Imagina que muerdes una nuez verde, un caqui sin madurar o un puñado de virutas de lápiz. De ese tipo de manzanas hablamos. ¿Cómo descubrió alguien que una bebida tan fresca y chispeante como la sidra o una tan cálida y suave como el calvados podían obtenerse de una fruta semejante?

La respuesta se encuentra en la curiosa genética del manzano. El ADN de las manzanas es más complejo que el nuestro. Recientemente, se ha secuenciado el genoma de la Golden Delicious y se han descubierto cincuenta y siete mil genes, más del doble de los veinte a veinticinco mil con los que contamos los humanos. Nuestra diversidad genética asegura que nuestros hijos sean únicos y nunca una copia exacta de sus padres, pero que tengan al mismo tiempo un parecido con el resto de la familia. Las manzanas muestran una «heterocigosidad extrema», es decir, producen una progenie que no se parece en absoluto a sus padres. Planten una semilla de manzana, esperen unas décadas, y tendrán un árbol que dará una fruta con un aspecto y un sabor totalmente distinto de sus progenitores. De hecho, el fruto de una semilla será distinto, desde el punto de vista genético, de cualquier otra manzana que haya crecido en cualquier lugar del mundo y en cualquier momento de la historia.

Consideremos ahora que las manzanas llevan en el mundo de cincuenta a sesenta millones de años, ya que surgieron más o menos en la era en que se extinguieron los dinosaurios e hicieron su aparición los primates. Durante millones de años, los árboles se reprodujeron sin interferencia alguna de los humanos, combinando y recombinando esos genes complejos e intrincados igual que un jugador cuando tira los dados. Cuando los primates (y más tarde los primeros humanos) encontraban un manzano nuevo y mordían su fruto, no sabían con qué iban a encontrarse. Afortunadamente, nuestros antepasados imaginaron que incluso las manzanas malas podían dar un buen licor.

SIDRA

El primer brebaje alcohólico que se extrajo de las manzanas fue la sidra. Los norteamericanos se refieren al zumo de manzana sin filtrar como «sidra de manzana» y, por lo general, se lo beben caliente con un palito de canela. Sin embargo, si preguntamos en cualquier otra parte del mundo, veremos que mejora bastante: una bebida tan seca y burbujeante como el champán, y tan fría y refrescante como la cerveza. En Estados Unidos llamamos a esta bebida «sidra dura», para distinguirla de la versión no alcohólica, pero en otros lugares no hace falta establecer esa distinción.

En Grecia y en Roma ya dominaban el arte de elaborar la sidra. Cuando los romanos invadieron Inglaterra hacia el 55 a. C., descubrieron que los nativos ya disfrutaban de la sidra. Por aquel entonces, los manzanos hacía tiempo que habían migrado de los bosques de Kazastán y se habían extendido por toda Europa y Asia. Fue en el sur de Inglaterra, Francia y España donde se perfeccionó la técnica de fermentar (y más tarde de destilar) el fruto. Y la prueba de este arte tan antiguo puede encontrarse aún hoy en día en los campos europeos, donde todavía es posible ver, medio enterradas, las grandes piedras circulares que se usaban para moler el fruto.

Aun así, como los huertos frutales antiguos se cultivaban a partir de semillas —con lo cual recogían siempre un batiburrillo de manzanas nunca vistas antes—, la sidra antigua probablemente se hacía con una mezcla de todos los frutos del huerto, que sin duda no eran lo bastante dulces para comer. Cuando una variedad de manzana se volvía popular, la única forma de reproducirla era injertarla en la cepa de otro árbol, una técnica usada en algunos períodos ya desde el año 50 a. C. Los campesinos que cultivaban manzanas obtenían clones mediante injertos, y esas variedades populares eran bautizadas con algún nombre que las distinguía. A finales del siglo XVI, en Normandía había al menos sesenta y cinco manzanas con nombres distintos. Durante siglos, muchas de las mejores manzanas para hacer sidra procedían de esa región y eran apreciadas tanto por su productividad como por su equilibrio entre acidez, taninos, aroma y dulzor.

PRESERVAR LOS VIEJOS MANZANOS DE SIDRA

Conservar las mejores variedades de sidra del mundo no es sencillo. Durante la Primera Guerra Mundial, la línea del frente de batalla entre las fuerzas alemanas y los Aliados corría justo a través del famoso vivero de manzanos de Simon Louis-Frères, cerca de Metz, Francia. La batalla de Kursk, en 1943, devastó un vivero próspero y un huerto comercial al sur de Moscú. Hoy en día, los pomólogos de la Universidad de Cornell, que conservan cepas en huertos del norte del estado de Nueva York, participan en un movimiento global de catalogación y preservación de antiguas variedades de manzana.

El juego del dado genético continuó en Norteamérica con John Chapman, un hombre al que conocemos como Johnny Semillas de Manzana, quien a principios del siglo XIX estableció viveros de manzanos a lo largo de la frontera. Chapman consideraba que no era correcto cultivar un árbol mediante injertos, de modo que siempre lo hacía a partir de semillas, tal como lo había dispuesto la naturaleza. Los primeros colonos, por tanto, elaboraban la sidra con manzanas únicamente norteamericanas, y no con las variedades inglesas y francesas ya establecidas que se cultivaban al otro lado del Atlántico.

A los historiadores les gusta recitar las estadísticas del consumo de sidra antes del siglo XX para demostrar lo borrachines que eran nuestros antepasados. En las regiones donde se cultivan manzanas, la gente se bebía medio litro o más al día, pero lo cierto es que tenían pocas alternativas. El agua no era fiable, porque podía transmitir el cólera, la fiebre tifoidea, la disentería, la *Escherichia coli* y un montón de enfermedades y parásitos de lo más desagradables, que si bien no se comprendían del todo por aquel entonces, sí se sabía que provenían del agua. Una bebida alcohólica pero suave como la sidra era un líquido poco acogedor para los microbios, podía almacenarse durante un tiempo y era agradable y segura de beber, aunque fuera para desayunar. Todo el mundo la bebía, incluidos los niños.

CULTIVA TUS PROPIAS MANZANAS

Pleno sol   Riego abundante pero poco frecuente   Resiste hasta -32 ºC

ELEGIR UN MANZANO

En un buen vivero, encontrarás una selección de «manzanas de sidra» y te ayudarán a elegir la manzana adecuada para cada clima. Las distintas variedades de manzana requieren un número diferente de «horas de frío» (el número de horas entre noviembre y febrero por debajo de los 7 grados) para romper el letargo, de modo que es fundamental elegir el árbol según las condiciones climatológicas locales. En los viveros también te informarán de si un árbol requiere que haya otro cerca para realizar una polinización cruzada, porque no todas las variedades lo hacen.

CEPA

Los manzanos están injertados en una cepa, que es la parte que controla el crecimiento del árbol, regula la producción y resiste a las enfermedades. La M9 es una cepa enana muy popular, que permite que los árboles sólo crezcan unos tres metros de altura. La EMLA 7 permite que lleguen a los 4,5 metros.

ENTRESACAR Y PODAR

Si no se entresacan las ramas y se controla su acumulación en la copa, las manzanas de sidra tienden a dar fruto cada dos años. En los manzanares grandes, las flores de manzano se rocían con productos químicos después de que se hayan abierto casi todas, matando el exceso de flores y reduciendo de forma significativa el número de frutos que se llegan a producir. En los cultivos domésticos, sencillamente se quitan unas cuantas manzanas de cada grupo, cuando la fruta tiene el tamaño de una uva. Pide consejo al vivero o bien a la asociación agraria local para ver cómo tienes que entresacar y podar. Es posible que también ofrezcan talleres.

PESTICIDAS

Una gran ventaja de las manzanas de sidra es que los manzanos resisten de forma natural las plagas, y si experimentan daños a causa de los insectos da igual, porque la fruta se exprime.

«CUP» DE SIDRA

En la Edad Media se hacía una tosca bebida fermentada llamada *dépense* macerando manzanas y otras frutas en agua y dejando que el zumo fermentase de manera natural. Ésta es una versión mucho más refinada, lo bastante suave como para beberla durante una larga tarde de verano.

2 partes de «sidra dura»
Manzanas, naranjas, melones y otras frutas de estación cortadas a trozos
Frambuesas, fresas o uvas congeladas
1 parte de cerveza de jengibre o ginger-ale (no alcohólico)

En una jarra grande, deja reposar la sidra y la fruta cortada de 3 a 6 horas. Cuela la mezcla y separa la fruta. En unos vasos bajos, pon hielo y frambuesas, fresas o uvas congeladas; llena tres cuartas partes con sidra y el resto con cerveza de jengibre al gusto.

La sidra siempre ha sido una bebida baja en alcohol porque el fruto con el que se elabora tiene poco azúcar. Hasta las manzanas más dulces contienen menos azúcar que las uvas, por ejemplo. En una cuba de sidra la levadura se come el azúcar existente y lo convierte en alcohol y dióxido de carbono. Una vez que ha desaparecido el azúcar, la levadura muere por falta de alimento y deja una sidra fermentada que contiene sólo de un cuatro a un seis por ciento de alcohol.

En la actualidad, algunos fabricantes de sidra embotellan su producto e incorporan más azúcar y levadura, de este modo se forma dióxido de carbono dentro de la botella y se crean burbujas, al estilo del champán. En el otro extremo del espectro, están las llamadas sidras industriales, elaboradas a gran escala en destilerías comerciales. Éstas pueden contener edulcorantes que no procedan de la fermentación, como sacarina o aspartamo, para dar a la sidra el dulzor que exige el mercado de masas.

LICORES DE MANZANA

APPLEJACK: Otro nombre que se da en Estados Unidos al brandy de manzana. El «blended applejack» contiene al menos un 20 % de *applejack*, el resto es alcohol neutro.

BRANDY DE MANZANA: Nombre genérico para el licor destilado a partir de zumo de manzana fermentado o de manzanas machacadas, embotellado con un mínimo de un 40 % vol. de alcohol, normalmente envejecido en roble.

CALVADOS: Brandy de manzana elaborado en una región específica del norte de Francia con fruta de huertos muy concretos. Estos contienen al menos un 20 % de variedades locales, un 70 % de variedades amargas o agridulces y no más de un 15 % de variedades ácidas. El licor se embotella con un mínimo de un 40 % vol.

CALVADOS DOMFRONTAIS: Sigue las mismas normas que el calvados, pero este brandy de manzana debe contener al menos un 30 % de peras. Se destila solo en un alambique de columna y se envejece en roble durante al menos tres años.

CALVADOS PAYS D'AUGE: Específico de la región Pays d'Auge, sigue todas las reglas de los calvados, pero además debe someterse a una doble destilación en un alambique tradicional de cobre y envejecerse en roble durante al menos dos años.

EAU-DE-VIE: Licor transparente, hecho a partir de frutos fermentados, que no se envejece en roble y se embotella con un 40 % vol. o más. Es el equivalente frutal del «whiskey blanco».

LICOR DE MANZANA: Es posible obtener un aperitivo de manzana dulce, bajo en alcohol (con un 20 % vol.), de varias formas. Una sería añadir brandy de manzana a la sidra en fermentación, antes de que la levadura haya consumido todo el azúcar. El elevado contenido en alcohol mata la levadura y detiene la fermentación. Así se obtiene una bebida dulce, casi como un vino de postre con un fresco sabor a manzanas. Se puede envejecer en roble antes de embotellarlo.

POMMEAU: Deliciosa mezcla francesa de sidra sin fermentar y brandy de manzana embotellado con un 16 o 18 % vol.

VINO DE MANZANA: Aunque antiguamente se llamaba «vino de manzana» a la sidra, el término designa en la actualidad un tipo de sidra al que se han añadido azúcares y levaduras para aumentar el contenido alcohólico, normalmente hasta al menos un 7 % vol. Los vinos de manzana no suelen ser carbonatados.

CALVADOS Y «APPLEJACK»

Pero con las manzanas se pueden hacer más cosas, aparte de sidra. En 1555, un francés llamado Gilles de Gouberville escribió en su diario que un viajero le había sugerido una forma de obtener un licor limpio y muy alcohólico a partir de la sidra. Una vez fermentada, explicaba, la sidra podía calentarse, de modo que el alcohol subiría con el vapor y podría recogerse en un recipiente de cobre, de donde se extraería y se embotellaría. Un poco de tiempo en una barrica de roble aún lo haría mejor. Este licor quizá se llamó al principio «eau-de-vie de sidra» (*eau-de-vie* significa «aguardiente», y hace referencia a cualquier tipo de alcohol destilado), pero pronto se empezó a conocer como «calvados», por la región de Normandía en la que se elaboraba.

Los norteamericanos se lanzaron a hacer su propia versión de calvados sin perder tiempo. La Laird & Company Distillery de Nueva Jersey presume de tener la Licencia n.º 1, la primera licencia de destilerías emitida en Estados Unidos, en 1780. Según los registros de la familia, Alexander Laird llegó de Escocia en 1698 y empezó a cultivar manzanas y a hacer «licor de sidra», o *applejack*, para sus amigos y vecinos. Cuando Robert Laird se alistó en el ejército, bajo el mando de George Washington, la familia regaló *applejack* a las tropas. Los Laird aseguran que a Washington le gustó tanto que pidió la receta y empezó a producirlo también en su propia granja, aunque no existe constancia alguna de que se destilara *applejack* en Mount Vernon. En cualquier caso,

CLASIFICACIÓN DE MANZANAS PARA HACER SIDRA

DULCE	Pocos taninos, acidez baja (Golden Delicious, Binet Rouge, Wickson)
ÁCIDA	Pocos taninos, acidez alta (Granny Smith, Brown's, Golden Harvey)
AGRIA Y AMARGA	Taninos elevados, acidez alta (Kingston Black, Stoke Red, Foxwhelp)
AGRIDULCE	Taninos elevados, poca acidez (Royal Jersey, Dabinett, Muscadet de Dieppe)

EL ASUNTO VAVÍLOV

El botánico ruso Nikolái Vavílov lo arriesgó todo para preservar los antepasados silvestres del manzano. A principios del siglo XX, viajó por todo el mundo para identificar los orígenes geográficos de cultivos tan importantes como los de manzanas, trigo, maíz y otros cereales, y recogió semillas de cientos de miles de plantas para establecer un banco de semillas y hacer avanzar la ciencia de la genética. Su objetivo era mejorar las cosechas de los granjeros rusos, pero Josef Stalin lo consideró un enemigo del Estado. Stalin tenía unas ideas «científicas» de lo más absurdas: creía que la conducta de una persona podía cambiar su composición genética, de modo que los hábitos aprendidos en una vida entera podían transmitirse a través del ADN. Los científicos que no estaban de acuerdo iban a la cárcel.

Vavílov fue arrestado por sus creencias en 1940. Pasó sus últimos días dando conferencias sobre genética a los demás presos, muchos de los cuales probablemente desearon que Stalin hubiera encerrado con ellos a algunos cerrajeros o expertos en dinamita en lugar de a botánicos.

Esta versión de Old-Fashioned se compone de *applejack* y bourbon a partes iguales, combinando manzanas, maíz y distintos cereales en honor a Vavílov.

1 terrón de azúcar
2 toques de angostura
20 ml de applejack
20 ml de bourbon
2 rodajas de manzana ácida, como la Granny Smith o la Fuji

Pon el terrón en el fondo de un vaso old-fashioned y mójalo con los dos toques de angostura y unas gotas de agua; machácalo con el mortero. Añade hielo, el *applejack* y el bourbon y remueve bien. Usa un exprimidor de cítricos para exprimir encima el zumo de una rodaja de manzana. Decora el vaso con la otra rodaja.

sí se sabe que se preparaba sidra habitualmente para la familia Washington, el personal y los esclavos.

Los colonos que carecían de habilidades técnicas para construir un alambique de cobre hallaron otra forma de hacerlo: en invierno dejaban un barril de sidra a la intemperie, de modo que el agua que contenía se congelaba y podían trasvasar el alcohol, que no estaba congelado. El método de «destilación por congelación» era un tanto peligroso: como no podían extraer los compuestos tóxicos concentrados que suelen eliminarse durante la destilación, el alcohol contenía suficiente veneno para contaminar el hígado o causar ceguera. Tal vez por eso el *applejack* tiene una mala reputación inmerecida, pero por suerte pronto se impusieron métodos de destilación más sofisticados.

Con las manzanas también se elabora un buen aguardiente. En lugar de pasar el zumo de manzana fermentado por un alambique, el aguardiente se suele preparar aplastando manzanas enteras y haciendo un puré con ellas que se fermenta y destila hasta conseguir un alcohol limpio y de alta graduación. Según Ian Merwin, pomólogo de Cornell, si se usan manzanas enteras aplastadas se obtiene una mayor intensidad de aromas, que se transmiten al sabor del licor de manzana. «Un buen aguardiente hecho con puré fermentado sabe mucho más a manzana que el calvados», asegura este especialista. También contribuye el hecho de que habitualmente se destile en un alambique más sofisticado, de columna de fraccionamiento, que permite una retención mucho más precisa de los aromas. El calvados, según las leyes francesas, debe destilarse en un alambique, como en los viejos tiempos, que es un método de destilación más tradicional pero mucho menos riguroso.

Los aguardientes no se acaban en barrica, eso significa que su sabor procede enteramente de la fruta y no de la madera de roble. «Con el calvados —asegura Merwin— consigues un etanol a base de manzana, que es un disolvente, y por tanto al ponerlo en una barrica de roble extrae los sabores del roble, lo que no tiene por qué ser malo en sí mismo. Sin embargo, no queda demasiado sabor a manzana al sacarlo de la barrica.»

No le cuenten nada de esto a un entusiasta del calvados. Un calvados bien envejecido posee una especial tonalidad dorada y soleada que sólo puede venir de las manzanas. Es mejor disfrutarlo solo, antes o después de cenar, o incluso en medio de una comida. En Normandía, llaman *trou normand* o «agujero normando» a la copita de calvados que se sirve entre platos con el fin de crear un hueco en el apetito y hacer sitio para el resto de la comida.

(UNA HISTORIA DE AMOR)
Saccharomycetales spp.

EL SER VIVO MÁS ANTIGUO «DOMESTICADO» NO ES UN CABALLO NI UNA GALLINA, ni una mazorca de maíz ni una espiga de trigo. Se trata de una criatura unicelular y asexual capaz de conservar la comida, hacer que el pan suba y fermentar las bebidas. Es la levadura.

La levadura está en todas partes. Flota en el aire, vive en nuestro interior y recubre la piel de la fruta esperando extraer azúcar de ella. No hay necesidad de ir a recoger levadura silvestre: simplemente deja un cuenco de harina y agua en la encimera de la cocina y la levadura lo encontrará. Aun así, unas pocas especies de levadura (en especial, las que pertenecen al género *Saccharomycetales*) son tan efectivas a la hora de fermentar que la gente ha aprendido a mantenerlas vivas y a cultivarlas en grandes cantidades, para luego vendérselas a los fabricantes de vinos y destiladores. Existen laboratorios en todo el mundo que cultivan con minucioso rigor sus cepas de levadura. Las vinaterías, cervecerías y destilerías a menudo se muestran reacias a remodelar, mover o sustituir utensilios por miedo a destruir las levaduras nativas que se han aposentado en ellos y que dan a sus productos las características que los hacen únicos. Las pruebas hechas en idénticos lotes de sidra de manzana demuestran que una cepa determinada de levadura puede influir radicalmente en el sabor e introducir notas únicas frutales y florales en la bebida.

La ciencia de la fermentación es de una sencillez maravillosa. La levadura come azúcar y deja unos residuos concretos: alcohol etílico y dióxido de carbono. Si somos sinceros, debemos admitir que lo que ofrece una tienda de licores es, químicamente hablando, poco más que los cubos de basura de millones de organismos de levadura domesticados que fueron introducidos en bonitas botellas con precios de lujo.

Sin embargo, los residuos de la levadura son utilísimos. Primero nos ocuparemos del dióxido de carbono. Si la fermentación tiene lugar en una cuba, el dióxido de carbono sencillamente se escapa, aunque los cerveceros permiten que se quede dentro un poco de este gas para que la cerveza sea espumosa. Incluso suelen añadir un poco más durante la fase de embotellado. En el caso de los vinos espumosos, también se deja un poco de levadura en la botella, así tiene lugar una fermentación secundaria que genera burbujas y aumenta la presión bajo el corcho. (Los panaderos tienen mucho en común con los cerveceros: el dióxido de carbono es lo que hace subir la masa de pan.)

Pero ¿qué ocurre con el otro residuo, el alcohol etílico? Es lo que llamamos alcohol puro o etanol. Después de manipularlo un poco, acaba por crear una bebida estupenda, aunque no para la levadura. De hecho, cuando excretan este alcohol, las levaduras están cavando su propia tumba. No pueden sobrevivir en grandes concentraciones de sus propios residuos: si el contenido de alcohol supera el quince por ciento, la levadura muere. Eso explica por qué, hasta que se inventó la destilación, ningún ser humano había disfrutado nunca de una bebida más fuerte que el vino o la cerveza.

De modo que, para la levadura, todo termina ahí. O bien se quedan sin azúcar y mueren de hambre, o bien comen demasiado azúcar y el alcohol que producen acaba matándolas. Sea como sea, mueren haciendo lo que mejor saben hacer: bebidas para nosotros.

Si el etanol fuese el único producto excretado por la levadura en una cuba de fermentación de azúcares, los fabricantes de brandy y los destiladores de vodka del mundo entero lo habrían tenido facilísimo. Simplemente lo diluirían, agregarían sabor y lo embotellarían. Pero, al ser organismos vivos, las levaduras son imperfectas, y las uvas aplastadas o las manzanas hechas puré en las que viven también son sumamente imperfectas y complicadas. En una cuba llena de uvas, además de azúcar, hay otras cosas: taninos, componentes aromáticos, ácidos y formas de azúcar que las levaduras no pueden digerir (llamadas azúcares no fermentables) y que también andan por allí. Con tantas cosas dentro de un tanque de fermentación, lo más normal es que se produzcan errores.

Y muchos de esos «errores» tienen lugar cuando las enzimas que se encuentran en el interior de las células de levadura intentan hacer su trabajo, que es regular las reacciones químicas. Pensemos en una enzima como en una cerradura que busca una llave. En el tanque de fermentación las moléculas saltan de aquí para allá intentando «encajar» con una enzima, pero no coinciden del todo. El resultado de estos emparejamientos imperfectos son componentes... imperfectos a su vez. Y éstos hacen que las bebidas fermentadas sean complejas, inextricables y a veces hasta peligrosas.

Estos subproductos accidentales reciben el nombre de «congéneres», derivado de la palabra congénito, que significa que los componentes están presentes desde el nacimiento de la bebida fermentada. Algunos son bastante tóxicos, por lo que es preciso eliminarlos cuidadosamente en la destilación.

Si durante la fermentación se producen estos venenos, ¿por qué la cerveza o el vino no son bebidas mortales? En primer lugar, los cerveceros pueden controlar el proceso de fermentación eligiendo bien su equipo, las cepas de levaduras y la temperatura a la que permiten que suceda la fermentación. Y, al almacenar la bebida fermentada o al envejecerla en barricas de roble, como hacen los vinateros, también se producen reacciones químicas posteriores que pueden eliminar algunos de esos componentes.

Quedarán algunos «congéneres», inevitablemente, pero estarán presentes en una cantidad tan pequeña que el hígado es capaz de eliminarlos. Todos los que han bebido demasiado vino han experimentado alguna vez la consecuente resaca, debida en parte a la acumulación de esas toxinas, que el cuerpo no es capaz de eliminar con la suficiente rapidez.

Por tanto, el reto de la destilación es extraer alcohol etílico de una malta fermentada similar a la cerveza o el vino —lo que da como resultado un espirituoso con mucho más alcohol— que no contenga una dosis demasiado concentrada de «congéneres». Por suerte, cada uno de esos componentes tiene un punto de ebullición distinto, de modo que el secreto consiste en calentar la mezcla y separar las moléculas no deseadas a medida que se va calentando.

Si encendemos un fuego debajo de una cuba de cerveza o de vino, los aceites de fusel tóxicos se evaporan los primeros. Los destiladores lo llaman la «cabeza» de la destilación. Huele como el quitaesmaltes para la pintura de uñas, y en la destilería de ginebra Plymouth lo reciclan como producto de limpieza industrial. A continuación, a medida que la temperatura sigue aumentando, llega el «corazón», el alcohol etílico, que es el objetivo de la destilación. Al final del recorrido, llegan las moléculas más pesadas. Estas moléculas contienen toxinas adicionales, pero también algunos de los componentes más sabrosos, que hacen que el whisky y el brandy tengan ese sabor tan bueno. Esta parte, la «cola» de la destilación, también hay que eliminarla, aunque los destiladores pueden dejar un poco para dar sabor al espirituoso.

Saber dónde cortar la cabeza y la cola es lo que acaba distinguiendo a un buen destilador. El aguardiente casero, la ginebra de bañera y otros intentos de destilación de aficionados pueden ser mortales porque estos componentes peligrosos a veces no se extraen de la forma adecuada. Los alcoholes más baratos y elaborados industrialmente pueden producir también las peores resacas si esas toxinas no se han extraído o filtrado como es debido. Algunos espirituosos se someten a dobles o triples destilaciones, es decir, que el corazón se vuelve a introducir en el alambique para extraer más cabezas o colas. Otros, como el vodka, se filtran con carbón para eliminar la más ligera impureza y obtener un licor claro, casi inodoro y sin sabor, lo más parecido posible al alcohol etílico puro.

BICHOS EN ALCOHOL: UN SERVICIO DE ENTREGA DE LEVADURA CON SEIS PATAS

¿Bichos en el alcohol? Este problema viene de antiguo. La fermentación ha de realizarse obligatoriamente en tanques abiertos; de otro modo, la presión del dióxido de carbono alcanzaría niveles peligrosos. Y si en un viejo granero o un almacén se deja macerar zumo de fruta o pulpa de cereal en una cuba abierta, lógicamente, entrarán algunos bichos. Eso no siempre es malo: los cerveceros de Bruselas que elaboran *lambic* se han dado cuenta de que algunas de sus mejores cepas de levadura provienen de insectos que han caído de las vigas. De hecho, la levadura produce ésteres para atraer a los insectos y que éstos se la lleven consigo. Así pues, los bichos se convierten en cómplices involuntarios del baile entre el azúcar y la levadura.

Pyrus communis
ROSÁCEAS (FAMILIA DE LAS ROSAS)
¿CÓMO HAN METIDO ESA PERA EN LA BOTELLA?

La sidra de peras es deliciosa, pero difícil de encontrar. Las peras más adecuadas para hacer sidra tienden a ser pequeñas, amargas, secas y más tánicas que las peras de postre. La sidra de peras es menos común porque los perales pueden sufrir una infección bacterial muy difícil de controlar llamada «fuego bacteriano», una plaga que ha arrasado muchos campos de frutales viejos. Además, los perales crecen despacio y dan fruto en una etapa tardía, de modo que se trata de una inversión a largo plazo. Por eso los granjeros dicen: «Planta perales para tus herederos.»

Las peras, una vez cosechadas, deben fermentarse enseguida, no pueden almacenarse como las manzanas para sidra. Las peras contienen un azúcar no fermentable llamado sorbitol, que aporta dulzor, pero actúa como laxante para la gente con un organismo sensible. Una variedad de peras inglesa muy popular, la Blakeney Red, recibe el nombre de «pera rayo» por su forma de actuar en nuestro organismo. Esta peculiaridad ha acuñado otro refrán sobre las peras de sidra: «La sidra de peras entra como el terciopelo, pasa como el trueno y sale como el rayo.»

Dicho esto, vale la pena probar la auténtica sidra de pera (que no tiene nada que ver con la sidra de manzana con sabor a pera añadido). Es dulce, pero no demasiado empalagosa, y no tiene la aspereza ni la acidez de algunas sidras de manzana.

El brandy o el aguardiente de pera se hacen de la misma manera que el de manzana, destilando pulpa de pera o zumo fermentados. Poire Williams es un popular brandy francés hecho con peras Williams, conocidas en Estados Unidos como Bartlett. Hacen falta unos trece kilos de peras para obtener una sola botella. Y por si eso diera poco trabajo, algunas de estas marcas de brandy se venden con una pera dentro de la botella. Cuando aún es pequeña, la fruta se introduce con cuidado en la botella, que se cuelga de una rama cercana a modo de apoyo, por lo que resulta bastante complicado ocuparse de los frutales mientras las peras maduran dentro de las botellas colgadas de los árboles.

Patata

Solanum tuberosum
SOLANÁCEAS (FAMILIA DE LA HIERBA MORA)

El 3 de junio de 1946, un titular en *The New York Times* decía así: «La patata puede acabar con la sequía de los bebedores.» La escasez de cereales en tiempos de guerra había sido dura para los bebedores norteamericanos de cerveza y whiskey. El Departamento de Agricultura dedicaba el grano a usos más importantes: comida, forraje para el ganado y producción de alcohol industrial para la manufactura de goma. Las restricciones continuaron después de la guerra; las tropas reducían de forma paulatina sus operaciones y seguían enviándose cargamentos de ayuda a la devastada Europa de posguerra.

A causa de la escasez, a las destilerías se les daba un solo período de diez días de elaboración por mes, pero limitando la cantidad de centeno o de otros cereales que podían añadir a la mezcla. Con tan poca materia prima para trabajar, los destiladores se volvieron creativos. Pidieron una cuota del suministro de patatas, también estrictamente racionado, y argumentaron que podían usar las patatas de peor calidad para hacer con ellas whiskies «blended», ginebras o licores, dejando las de mejor calidad para la alimentación. Esta iniciativa, según señalaba el Departamento de Agricultura, podía «cambiar los hábitos de bebida de los americanos y popularizar las bebidas elaboradas con este tubérculo, como el vodka».

En aquellos tiempos, el vodka era prácticamente un desconocido para los bebedores norteamericanos. En 1946, los estadounidenses bebían sólo unos cuatro millones de litros de vodka, menos de un uno por ciento de todos los licores consumidos en el país. Hacia 1965, esa cifra había aumentado a ciento trece millones. El vodka siempre se ha elaborado a partir de centeno, trigo y otros cereales además de patatas, pero los norteamericanos consideraban que aquel licor era una bebida exótica, hecha sobre todo a base de este tubérculo.

EL TESORO DE LOS INCAS

Los antepasados de la patata son de origen peruano. Las patatas silvestres (*Solanum maglia* y *S. berthaultii*) crecían a lo largo de la costa occidental sudamericana hace al menos trece mil años, cuando los glaciares aún cubrían las mesetas más elevadas. Sin embargo, hacia el 8000 a. C., los glaciares empezaron a retroceder y la costa se volvió más seca y desértica, de modo que los pobladores se trasladaron poco a poco a zonas más elevadas. Fue allí, en el altiplano y las montañas de la cordillera de los Andes, donde los antiguos peruanos empezaron a cultivar patatas. Las condiciones eran difíciles e impredecibles, y el tiempo cambiaba sin cesar en las elevaciones rocosas, de modo que se cultivaban miles de variedades distintas, cada una con su propio nicho ecológico.

Los primeros españoles que llegaron al imperio inca en 1528 se encontraron con una civilización asombrosamente sofisticada. Tenían un sistema de calzadas que se extendía a lo largo de más de veintidós mil kilómetros, la arquitectura era muy avanzada y existía también un sistema de impuestos y de obras públicas, y las técnicas de cultivo permitían comparar el Imperio inca con el romano. Francisco Pizarro y sus hombres se quedaron tan deslumbrados por el oro y las joyas de los incas que no les pareció que valiera la pena recoger esos tubérculos rechonchos para llevarlos a España. Tuvieron que pasar unas cuantas décadas para que las patatas llegaran a Europa, donde no empezaron a cultivarse como alimento habitual hasta finales del siglo XVII.

De hecho, los europeos no se fiaban de la patata porque pertenecía a la peligrosa familia de las solanáceas. Otros miembros de esa familia del Viejo Mundo, entre los que se incluyen el beleño y la belladona, eran muy tóxicos, y eso les dio motivos para temer a las solanáceas que encontraron en el Nuevo Mundo, como los tomates, el tabaco y, por supuesto, la patata. (También era sospechosa la berenjena, una solanácea originaria de la India.) Y, de hecho, la planta de la patata florece y produce unos frutos pequeños y venenosos parecidos a los de otras solanáceas. Si se exponen a la luz, esos deliciosos tubérculos repletos de almidón pueden acumular niveles tóxicos del alcaloide solanina (se trata de una reacción defensiva destinada a proteger a la vulnerable y desenterrada patata de los predadores).

Al tratarse de una solanácea, y al ver que la comían los llamados pueblos primitivos de Sudamérica, la patata se veía en el mejor de los casos como un alimento para dar de comer a los esclavos y, en el peor, como una raíz sucia y maligna que causaba escrófula y raquitismo. Y el hecho de que los irlandeses la adoptaran como alimento contribuyó a convencer a los ingleses de que era comida de baja estofa, sólo apta para campesinos. Sin embargo, la patata acabó estableciéndose en toda Europa, y los exploradores también la llevaron a Asia, África y las nuevas colonias de Norteamérica.

EL NACIMIENTO DEL VODKA

Pregunta a cualquier persona cómo se inventó el vodka y te dirá que está hecho de patatas y que viene de Rusia. Sin embargo, ninguna de las dos afirmaciones es del todo cierta. El vodka ya se destilaba a partir de cereales mucho antes de que la patata llegase a Europa. El lugar de nacimiento de este tipo de aguardiente está sujeto a discusiones interminables entre Rusia y Polonia; cada país lo reclama como propio de su tierra. Lo que se sabe seguro es que este alcohol transparente, de alta graduación, destilado a partir de cereales, se producía en ambas zonas en el siglo xv. El término polaco *wodki*, que significa «agua pequeña», ya fue usado por Stefan Falimirz en su tratado médico de 1523, titulado *Sobre las hierbas y sus poderes*, mucho antes de que las patatas se pudieran usar para hacer *wodki*. Por aquel entonces, se acababan de descubrir en Sudamérica, y aún no habían llegado a Europa.

Hacia el siglo xviii las patatas ya eran un alimento básico en el este de Europa, y los destiladores empezaron a experimentar con ellas en 1760. Esas primeras pruebas debieron de ser difíciles. Al fin y al cabo, las patatas son simplemente unos tallos engrosados que crecen bajo tierra y que almacenan comida y agua para la siguiente generación. A diferencia del almidón de los cereales, el almidón de la patata no está destinado a convertirse en azúcar de inmediato para alimentar a una semilla que germina. Por el contrario, se va liberando poco a poco, a lo largo de toda una estación de crecimiento, para nutrir a la joven planta. Se trata de una estrategia de supervivencia brillante para este tubérculo, pero no ayuda al destilador.

Un panfleto polaco titulado *El perfecto destilador y cervecero*, publicado en 1809, describía el proceso de destilar vodka de las patatas, con la advertencia de que era el peor tipo de vodka, por detrás del elaborado con remolacha azucarera, cereales, manzanas, uvas y bellotas. De hecho, las patatas sólo se convirtieron en un ingrediente común del vodka polaco porque eran baratas y abundantes, no porque produjeran un aguardiente de alta calidad. Daban lugar a una pasta espesa y pegajosa en el tanque de fermentación, su almidón

Ipomoea batatas
CONVOLVULÁCEAS (FAMILIA DE LAS CAMPANILLAS)

EL BONIATO NO TIENE NADA QUE VER CON LA PATATA; de hecho, esta raíz de trepadora es pariente cercana de las campanillas. Asimismo, tampoco tiene nada que ver con el ñame, que es un tubérculo con mucha fécula del género *Dioscorea* que se cultiva en África. (Los estadounidenses suelen llamar «ñame» a los boniatos dulces y de color naranja, pero los auténticos ñames apenas se venden en Estados Unidos.)

Los boniatos son originarios de Centroamérica y viajaron por el mundo con los exploradores europeos. Una de las primeras bebidas alcohólicas hechas con este tubérculo era el *mobbie*, una bebida fermentada de boniatos, agua, zumo de limón y azúcar que se describió en Barbados en 1652. Fue una «bebida corta» muy popular durante más de un siglo, hasta que una plaga de escarabajos acabó con las cosechas de boniatos. Las plantaciones de caña de azúcar ocuparon su lugar, y el ron se convirtió en la bebida más popular.

Los brasileños también preparaban una bebida fermentada con estos tubérculos, a la que llamaban *caowy*. No era muy del gusto de los europeos: en 1902, el viticultor norteamericano Edward Randolph Emerson decía que los portugueses mejoraban el sabor de esta bebida llamándola *vinho d'batata*, «que suena mucho mejor, y a veces el nombre hace mucho».

El alcohol de boniato más conocido es el *shochu* japonés, una bebida destilada con más de un 35 % vol. de alcohol que puede elaborarse con boniatos, arroz, alforfón y otros ingredientes. El *soju* coreano también se hace a veces con boniatos.

En toda Asia, el término «vino dulce de boniatos» se refiere a un brebaje casero no muy distinto del que bebían los isleños en Barbados. En Carolina del Norte y en Japón se produce una «cerveza de boniatos», y también están apareciendo vodkas de boniato.

no se convertía fácilmente en azúcar y producían unos niveles de metanol tóxico y aceites de fusel mucho más elevados. Los elaboradores de vodka rusos miraban con desdén el barato vodka polaco de patata, y hoy en día siguen insistiendo en que el mejor vodka se hace de centeno o de trigo.

PATATAS ARTESANAS

En 1946, cuando los destiladores norteamericanos quisieron usar las patatas sobrantes para sus mezclas de whiskeys, el vodka se preparó para su retorno. Los soldados que volvían a casa desde Europa habían bebido poco en tierras extranjeras, y estaban dispuestos a probar algo nuevo. Con la prosperidad de la posguerra, llegó una nueva era para los cócteles. Las bebidas combinadas, como el Mula de Moscú y el Bloody Mary, se ganaron a los bebedores que preferían el vodka como ingrediente neutro y válido para todo. No importaba mucho si estaba hecho de cereales o de patatas. En la segunda mitad del siglo XX, el vodka se convirtió en la bebida favorita para los cócteles.

Hoy en día, el vodka de patata está adquiriendo un nuevo impulso debido al entusiasmo de los *gourmets* por los vegetales cultivados artesanalmente. El Chopin, un vodka polaco de patata lanzado en Norteamérica en 1997, se convirtió enseguida en una marca popular. Y le siguieron muchos otros vodkas polacos. Los destiladores artesanos de Idaho, Nueva York, la Columbia Británica e Inglaterra seleccionan variedades específicas de patata, igual que un viticultor elige una uva, y producen sus propios vodkas locales.

Pero ¿realmente supone alguna diferencia la variedad de patata usada? No hay mucho consenso al respecto entre los destiladores. Los vodkas de patata tienen lo que se describe como un gusto aceitoso, con mucho cuerpo, al menos si se comparan con los de cereal, pero, si pruebas el Russet Burbank o el Yukon Gold, todo queda entre tú y tu paladar.

Tyler Schramm, de la destilería Pemberton, en la Columbia Británica, usa una mezcla de cinco variedades de patatas, pero las selecciona más por su contenido en almidón que por el sabor. «Hice mi tesis doctoral sobre la destilación de la patata —dice—, y probé destilaciones de una sola variedad. Nuestro vodka es una bebida que debe beberse sin mezclarse, de modo que ha de tener sabor. Sea como sea, sabemos que en realidad no se puede apreciar ninguna diferencia de sabor de una variedad de patata a otra.» De mayor importancia para él es la responsabilidad ambiental y el papel que tradicionalmente ha adquirido el destilador al usar un alimento que, de lo contrario, se desperdiciaría. Una sola botella de su vodka Schramm requiere siete kilos de patatas, de modo que él sólo se queda con la parte de la cosecha que no se considera adecuada para ser vendida como alimento. Para ello, compra únicamente a agricultores de cultivo ecológico, y les pide las patatas contrahechas o de medidas raras que no podrían vender.

Además, Schramm considera que el clima de la Columbia Británica también trabaja a su favor. «A diferencia de los cereales, las patatas no se almacenan bien —explica—. Aquí podemos hacerlo porque el clima es muy frío, pero no funcionaría en todas partes.»

El vodka Karlsson's Gold, de Suecia, se destila de una cuidadosa selección de siete variedades: Celine, Gammel Svensk Röd, Hamlet, Marine, Princess, Sankta Thora y Solist. El vodka se destila una sola vez y se embotella con un filtrado mínimo, para que el sabor de las patatas se note bastante. El maestro elaborador Börje Karlsson, que también creó Absolut, cree que ha producido un vodka que puede saborearse solo. «Bébetelo tal cual —proclama en una entrevista—. Si no te gusta, no lo bebas.» De hecho, su bebida estrella, la Black Gold, parece inspirada en las patatas al horno. Lo único que le falta es un poco de mantequilla.

BLACK GOLD

45 ml de vodka Karlsson's Gold
Pimienta negra machacada

Llena un vaso old-fashioned con cubitos de hielo y el vodka. Espolvorea pimienta machacada por encima del hielo.

Sorghum bicolor
POÁECAS (FAMILIA DE PLANTAS HERBÁCEAS)

El 21 de febrero de 1972, el presidente Nixon, su personal y algunos miembros de los medios de comunicación estadounidenses asistieron a un banquete en Pekín para marcar el principio del histórico viaje de Nixon a China. La bebida ceremonial de aquella noche fue el *mao-tai*, un licor de sorgo con un contenido alcohólico de más del cincuenta por ciento. Alexander Haig, que había probado la bebida en una visita anterior, telegrafió advirtiendo de que «bajo ninguna, repito, bajo ninguna circunstancia, el presidente debe beber de su copa como respuesta a los brindis del banquete». Nixon ignoró el consejo y bebió siguiendo a su anfitrión, estremeciéndose pero sin decir nada cada vez que daba un sorbo. Dan Rather decía que sabía a «cuchillas de afeitar líquidas».

El *mao-tai* forma parte de una amplia familia de bebidas de sorgo chinas conocidas como *baijiu*. Es posible usar otros cereales —como el mijo, el arroz, el trigo, la cebada, etc.—, pero el sorgo tiene una larga historia en Asia, donde los primeros espirituosos destilados de este grano se elaboraron hace dos mil años.

SUPERVIVENCIA DEL MÁS APTO

¿Por qué sorgo? Sin duda, no por el sabor: las cervezas *baijiu* y de sorgo no ganarían ninguna medalla en una competición. Sin embargo, el sorgo es increíblemente resistente a la sequía y fácil de cultivar en terrenos pobres; puede esperar en los períodos difíciles y rebrotar enseguida. Una cutícula fina y cerosa evita que la planta se agoste, y los taninos naturales la protegen de las plagas de insectos. Como respuesta a la sequía, los brotes jóvenes producen cianuro, que es mortal para el ganado, pero protege a la planta en tiempos críticos.

El sorgo es, en resumen, un superviviente. Esto lo convierte en el cereal de las hambrunas y la pobreza. Ha mantenido viva a la gente en épocas en las que no crecía nada más. Su sencilla presencia en zonas densamente pobladas y azotadas por la miseria en todo el mundo lo convierte en el grano por defecto de los brebajes caseros.

El sorgo y el mijo a menudo se mencionan en la misma frase. El motivo es que mijo es un término genérico para denominar al menos a ocho especies de cereales —incluyendo al sorgo— que producen panículos, o pequeñas semillas en racimos sueltos. Algunos mijos se llaman «de escoba». La forma de escoba es una descripción muy útil. Como la mayoría de los mijos, el sorgo es una hierba densa y dura que puede crecer hasta cinco metros.

El sorgo es originario del noreste de África, en torno a Etiopía y Sudán, y fue domesticado en el año 6000 a. C. Como se trataba de una fuente de alimentación muy útil, se extendió por toda África, llegando a la India hace unos dos mil años. De allí pasó a China a través de las rutas comerciales de la seda. Hay más de quinientas variedades, que en general se clasifican en «sorgo dulce» y «sorgo de grano». Si lo que se pretende es producir alcohol, el sorgo dulce es mejor para obtener azúcar machacando los tallos y destilando con él una bebida parecida al ron; el de grano, en cambio, es mejor para la cerveza o el whiskey.

El grano no resulta especialmente útil para hacer pan, ya que carece del gluten que permite a la masa estirarse y subir, pero se usa para preparar tortas tradicionales. La exquisita *injera* etíope se elabora con sorgo o con *teff*, otro grano semejante al mijo.

La principal ventaja del sorgo es que contiene mucha fibra y vitaminas del grupo B, y por tanto suministra los nutrientes necesarios si escasea la comida. Cuando el maíz se extendió por todas partes, fue especialmente importante: una dieta basada sólo en el maíz puede causar pelagra, una deficiencia peligrosa e incluso mortal de vitamina B. Si se combina el sorgo con el maíz, se evita la pelagra.

CERVEZA DE SORGO

La forma más sencilla de usar el grano es utilizarlo para hacer gachas, y por ese motivo las primeras bebidas fermentadas de sorgo eran simplemente unas gachas claras que se dejaban fermentar unos días, hasta que el

¿ES LA PLANTA QUE MÁS SE BEBE EN EL MUNDO?

RÁPIDO: ¿QUÉ PLANTA SE ENCUENTRA EN MÁS CÓCTELES, CERVEZAS Y VINOS? La cebada es una buena candidata, y también las uvas. Pero el sorgo está tan extendido en las bebidas alcohólicas de Asia y África que también podría serlo. Es difícil hacer una estadística, porque gran parte del *baijiu* chino y la cerveza de sorgo africana se elaboran en casa, a menudo en zonas rurales remotas, pero piensa en esto: la producción oficial china de *baijiu* se dice que es de nueve mil millones de litros al año, aunque los alambiques caseros pueden producir con facilidad unos cuantos miles de millones más... Y esta cifra no incluye la cerveza china hecha con sorgo. (China, el mayor mercado de cerveza del mundo, consume alrededor de cuarenta mil millones de litros, casi el doble que Estados Unidos.)

Y luego está África: la cantidad de cerveza a base de sorgo bebida en las naciones africanas cada año se estima en unos diez mil millones de litros, aunque otras estimaciones menos comedidas llegan incluso a los cuarenta mil millones. Por tanto, sólo en China y África se beben probablemente de veinte a cuarenta mil millones de litros de cerveza y licor a base de sorgo. Y no incluimos aquí el sorgo usado en bebidas comerciales en el resto del mundo.

Consideremos que el consumo mundial de vino llega a unos veinticinco mil millones de litros al año y que el brandy y otros espirituosos a base de uvas sumen quizá otros mil o dos mil millones más. Los bebedores de cerveza consumen unos ciento cincuenta mil millones de litros al año, y el whiskey y el vodka a base de grano añaden otros nueve mil o diez mil millones, aunque estos están hechos de una mezcla de cereales, incluido el sorgo. De modo que la uva y los cereales como la cebada y el arroz están claramente por delante. Sea como sea, si tuviéramos una manera de calcular con precisión las vastas y complejas prácticas de bebida de todo el mundo, resultaría sin lugar a dudas que el sorgo es una de las plantas que más se bebe.

contenido de alcohol llegaba al tres o cuatro por ciento. Hoy en día las cervezas de sorgo africanas tradicionales se siguen elaborando igual que se ha hecho durante miles de años. Se cortan los tallos y se muele el grano golpeándolo en una plataforma de madera, o sobre una alfombrilla de metal, y luego los granos se empapan durante un día o dos para empezar el proceso de germinación. Suelen extenderse en una alfombrilla de hojas verdes y luego se cubren para que germinen durante unos cuantos días más. Las enzimas del grano se ponen en funcionamiento y convierten los almidones en azúcar. Luego los granos malteados se combinan con agua caliente y sorgo molido, y se dejan enfriar. Al cabo de unos días de fermentación natural, la mezcla puede llevarse de nuevo a ebullición y se deja enfriar otra vez, luego se añade más malta y la fermentación continúa unos días más. En cuanto la cerveza está lista, se filtra sólo ligeramente, lo que dará como resultado una bebida turbia y velada.

La elaboración de la cerveza de sorgo a menudo recae en las mujeres. Los grupos de ayuda internacionales nunca han querido disuadirlas de esta práctica, porque aporta un poco de dinero a la familia y también algo de nutrición. A los niños les dan los posos de la cerveza de sorgo para beber. Estos restos espesos, con sabor a levadura, llevan poco alcohol, generalmente están libres de bacterias dañinas y contienen muchos nutrientes. De hecho, el único peligro real que presenta la cerveza de sorgo viene de los contenedores usados para preparar cada lote. Aunque algunos africanos están predispuestos genéticamente para no asimilar un exceso de hierro, usar bidones u ollas de hierro para realizar la mezcla, sumado al hierro que se encuentra de forma natural en el sorgo, puede dar como resultado una cerveza con una proporción peligrosamente elevada de este mineral. Los contenedores sin lavar, donde antes ha habido pesticidas y otros productos químicos, también han provocado envenenamientos accidentales por beber cerveza, aunque no podemos culpar de ello a la cerveza en sí.

Hace cincuenta años, este tipo de cerveza casera representaba un ochenta y cinco por ciento de todo el alcohol consumido en el continente africano. Esto es algo que parece estar cambiando con rapidez. Los ingredientes ya preparados (harina de sorgo, paquetes de levadura, enzimas para la mezcla) son baratos y accesibles, igual que las mezclas para hacer cerveza a las que sólo hay que agregar agua. Un peldaño por encima de las bebidas caseras está el Chibuku, una cerveza fresca de sorgo que se vende en envases de cartón. La cerveza sigue fermentando en el cartón, de modo que hay que ventilarla para permitir que escape el dióxido de carbono, porque si no explotaría. SABMiller, una compañía cervecera internacional, ha comprado una de esas marcas, la Chibuku Shake-Shake, lo que demuestra cuánto dinero se puede hacer con esa amarga y turbia cerveza de sorgo.

De hecho, SABMiller está trabajando para mejorar el uso del sorgo como ingrediente de la cerveza. La empresa ha contratado a miles de agricultores sudafricanos y de otros países africanos para que cultiven el sorgo que necesitan en sus fábricas. De este modo, la empresa puede elaborar «cervezas claras» embotelladas, parecidas a las cervezas occidentales, y venderlas localmente por menos de un dólar cada una. Todavía se hacen cervezas caseras que se venden a unos pocos peniques, pero las empresas cerveceras esperan que los africanos que disponen de algunos dólares se los gasten en una cerveza de una calidad un poco mejor.

SORGO NORTEAMERICANO

El sorgo es muy conocido en el sur de Estados Unidos. De hecho, es el cuarto cultivo en importancia del país, por detrás del maíz, el trigo y la soja. Parte de ese sorgo se cultivaba ya en el siglo XVIII, pero el cereal que conocemos en la actualidad no se empezó a cultivar allí hasta que se hicieron una serie de experimentos en 1856, cuando el editor de la revista *American Agriculturist* plantó una hilera de sorgo de más de veinte metros de largo a partir de unas semillas importadas de Francia. La cosecha que recogió (unos trescientos kilos en total) se repartió en pequeños paquetes entre sus treinta y un mil suscriptores. Repitió la proeza dos años más tarde. La Oficina de Patentes de Estados Unidos también distribuyó grandes cantidades, incluyendo

GOTA DE MIEL

Esta receta, que recibe el nombre de una variedad muy popular de sorgo, es un postre que se sirve en una copa.

15 ml de jarabe de sorgo
45 ml de bourbon (si no te gusta el bourbon, pruébalo con ron negro)
15 ml de amaretto

Como el jarabe de sorgo quizá sea demasiado espeso para verterlo y medirlo, es mejor añadirlo con un medidor y calentarlo en el microondas diez segundos con una pequeña cantidad de agua, sólo lo suficiente para que te resulte fácil de verter. (O bien añade una cucharadita de jarabe en la coctelera, a ojo.) Agita todos los ingredientes con hielo y sirve en una copa de cóctel.

variedades que procedían de China y África. Como las semillas llegaban gratis por correo, los granjeros no tardaron en empezar a cultivarlas como pienso y para grano, y poco más tarde se dieron cuenta de que con ellas también podían producir un buen alcohol casero.

En 1862, la *American Agriculturist* publicó un anuncio de «vino de sorgo», elaborado con el sirope obtenido de los tallos prensados, cuyo eslogan decía «difícil diferenciarlo de los mejores vinos de Madeira». Recordando sus días como oficial confederado en la Guerra Civil, Zebulon Vance, gobernador de Carolina del Norte y senador de Estados Unidos, hablaba de una bebida hecha de «sorgo *caña de azúcar*». Afirmaba que «su sabor y sus efectos eran, realmente, más terribles que un ejército con sus estandartes», insinuando con ello que era peor que el fuego enemigo. Sin embargo, eso no significa que Vance se opusiera a las bebidas alcohólicas caseras. Desaprobaba los impuestos al whiskey y a los agentes fiscales que perseguían a los destiladores ilegales. En 1876, se quejaba de que «se ha llegado a un punto en que un hombre honrado no puede tomar un trago con tranquilidad sin que le persiga una tropa de inspectores de hacienda».

El vino de sirope de sorgo siguió produciéndose ilegalmente. En 1899, unos destiladores ilegales de Carolina del Sur fueron arrestados por elaborar un licor de sorgo llamado *tussick*, nombre que posiblemente derivaba de *tussock*, un pequeño matorral. También recibía el nombre de «whiskey de pantano», por el agua pantanosa que se usaba para su elaboración. Los destiladores ilegales de Carolina del Norte se referían a su licor de «sorgo *azúcar de caña*» como «ron de mono». Aunque el término tiene unas connotaciones racistas muy desagradables, algunos escritores de la época aseguraban que se llamaba así porque la persona que lo bebía quería subirse a un cocotero.

La fabricación ilegal de bebidas espirituosas de sorgo siguió hasta bien avanzado el siglo xx. En 1946, cuando la escasez de grano debida a la posguerra suponía un problema tanto para los destiladores ilegales como para las destilerías oficiales, explotó un alambique de quince mil litros en Atlanta y el fuego destruyó once mil litros de jarabe de sorgo que se iba a destilar. En 1950 se usaron unas ochocientas mil toneladas de sorgo para elaborar alcoholes destilados legales, pero ese número bajó a sólo ochenta y ocho toneladas en la década de 1970, la última vez que se realizó un estudio estadístico. Entre los años treinta y los setenta (los únicos en que se publicaron las cifras) se destiló más sorgo que centeno.

A pesar de la tradición estadounidense en la elaboración de alcoholes de sorgo, y de que ahora mismo los agricultores de Estados Unidos producen de quince

CUIDADO CON LA HIERBA BRUJA

EL SORGO ES VULNERABLE A LOS ATAQUES de una extraña planta parasitaria llamada «hierba bruja» o *Striga* spp. (Los fans del licor italiano Strega reconocerán esa forma latina de decir «bruja».) Las semillas de la hierba bruja sólo pueden germinar en presencia de unas fitohormonas, las estrigolactonas, que se obtienen de las raíces del sorgo. Cuando las semillas detectan esa hormona, envían una estructura diminuta parecida a un pelo para que penetre en las raíces, que son rápidamente colonizadas. De modo que, cuando la planta de la *Striga* emerge por encima de la tierra, el sorgo ya está casi muerto.

La hierba bruja florece junto a su anfitrión moribundo y produce bonitas flores rojas mientras el sorgo amarillea y muere. Una sola *Striga* puede producir de cincuenta mil a medio millón de semillas, suficientes para diezmar una cosecha de sorgo. Los botánicos están trabajando para crear nuevas variedades de sorgo que no produzcan esa hormona, lo que dejaría impotentes a las semillas de la hierba bruja.

---

a veinte millones de litros de jarabe de este cereal, hay pocos espirituosos de sorgo en el mercado. En 2011, la empresa Colglazier & Hobson Distilling, con base en Indiana, empezó a producir un ron de jarabe de sorgo que llaman Sorgrhum (legalmente no puede recibir la denominación de ron, porque esta bebida, por ley, sólo puede obtenerse de la caña de azúcar, de modo que en la etiqueta aparece la muy poco romántica descripción de «licor de melaza de sorgo», o bien la de «licor destilado de melaza de sorgo»). La Old Sugar Distillery, de Madison, Wisconsin, fabrica pequeños lotes de Queen Jennie Sorghum Whiskey. Esto, además de la cerveza de sorgo que se comercializa para los bebedores de cerveza intolerantes al gluten, puede representar el inicio de un renacimiento del sorgo en Estados Unidos.

UN INCIDENTE INTERNACIONAL

El grano de sorgo siempre ha sido un ingrediente importante de la cerveza china. Los chinos también aprendieron a prensar los tallos de las variedades más dulces para extraer el jugo y hacer vino. Sin embargo, el licor destilado conocido como *baijiu* es la bebida de sorgo más consumida de China. Al parecer, la que bebió el presidente Nixon, el *mao-tai*, tiene su origen en la provincia de Guizhou hace unos ochocientos años. La historia de este «incidente internacional» (que suele contarse a menudo, aunque es imposible de verificar) empieza cuando el *mao-tai* fue enviado a la Exposición Universal Panamá-Pacífico de San Francisco, en 1915. Un oficial chino, temiendo que el producto nacional no obtuviese la suficiente atención, tiró una botella al suelo y la rompió, consiguiendo con ello que el olor impregnase toda la sala de exposiciones. Eso atrajo la atención de la gente, desde luego, y el producto acabó obteniendo una medalla de oro. (De todos modos, no hay constancia de este incidente ni de la medalla de oro en los archivos de la exposición.)

El *mao-tai*, y sobre todo una marca de primera calidad llamada Moutai, es la bebida predilecta para banquetes y celebraciones. Su nombre incluso apareció en los medios de comunicación a principios de 2011, cuando en China alcanzó el precio de doscientos dólares por botella, mientras que en Europa y Estados Unidos se vendía por la mitad de precio. La destilería la lleva el Estado, de modo que la subida de precios provocó las protestas de los ciudadanos, que creían que su bebida nacional debía ser más asequible para ellos. (Mientras tanto, por supuesto, la gente seguía elaborando sus propias bebidas en alambiques caseros.) Aunque el secretismo del Gobierno hace especialmente difícil analizar los mercados chinos, los expertos de la industria del alcohol creen que, si las marcas más populares de *baijiu* informasen de sus ventas, dejarían atrás sin dificultad a las otras marcas que más venden del mundo, incluyendo al líder actual, el *soju* Jinro, y a otras marcas populares, como las de vodka Smirnoff y ron Bacardí.

El *mao-tai* que se sirvió al presidente Nixon seguramente era el mejor que podía ofrecer China. En aquel banquete oficial, el primer ministro Chou En-lai acercó una cerilla encendida a su vaso para demostrar al presidente que el licor se podía quemar, un hecho que Nixon tuvo en cuenta por si podía usarlo en el futuro. En 1974, el Consejero de Seguridad Nacional, Henry Kissinger, contó a otro funcionario chino que el presidente intentó repetir el truco delante de su hija cuando volvió a casa. «Así que cogió una botella, vertió el licor en un cuenco y le prendió fuego —explicaba Kissinger—. Pero el cuenco de cristal se rompió, el *mao-tai* se vertió por la mesa y la mesa empezó a arder. ¡Así que ustedes casi quemaron la Casa Blanca!»

Trigo

Triticum aestivum
POÁCEAS (FAMILIA DE PLANTAS HERBÁCEAS)

Al ser uno de los cereales más antiguos, el trigo parece el candidato lógico al título de ingrediente tradicional por excelencia de la cerveza. Se domesticó hace más de diez mil años en Oriente Medio y llegó a China hacia el 3000 a. C. Como fuente de alimentación, lo tiene todo: proteínas, sabor, duración y una elasticidad maravillosa que hace posible que suba el pan. Sin embargo, algunas de las cualidades que lo convierten en un producto bueno para comer lo hacen difícil de fermentar. De hecho, cerveceros y destiladores lo consideran uno de los ingredientes más difíciles con los que trabajar.

Para entender este problema, pensemos en ello desde la perspectiva de la planta. Un grano de cualquier tipo es una semilla: representa la siguiente generación de plantas, su posibilidad de ser inmortal. Para asegurar el éxito de la semilla, la planta almacena azúcar junto al embrión en forma de almidón. Pero el azúcar no basta: una planta necesita también proteínas. De modo que, incrustada en el almidón, se encuentra una matriz de proteína. Cuando la semilla cae al suelo y encuentra un poco de humedad, las enzimas empiezan a trabajar rompiendo el almidón para que la semilla tenga algo de azúcar que comer. Aunque primero tienen que pasar por la proteína.

Al trigo se le da muy bien recoger el nitrógeno, uno de los componentes de la proteína. Esas proteínas de trigo son bastante flexibles, es decir, que pueden tomar nitrógeno extra cuando lo consiguen. Eso hace que se forme una matriz muy fuerte en torno al almidón. Para los panaderos, el resultado es estupendo: una saludable cantidad de proteínas da una buena hogaza de pan. Ante la presencia de agua, esas proteínas del trigo se unen y forman gluten, ese material pegajoso y elástico tan importante para la masa.

Por eso, durante miles de años los campesinos han seleccionado variedades de trigo con elevadas cantidades de proteínas ansiosas de recoger todo el nitrógeno que encuentren. Su proceso de selección, sin embargo, no resulta igual de beneficioso para los cerveceros.

En la malta de un cervecero, el almidón está tan estrechamente ligado a la matriz de la proteína que en parte resulta inaccesible. La ecuación es sencilla: más nitrógeno significa más proteína, lo que también quiere decir menos azúcar y, por tanto, menos alcohol. Complica más el tema el hecho de que el trigo puede volverse gomoso en una cuba de malta, de modo que los trocitos sueltos de proteína que quedan después de la fermentación pueden enturbiar la bebida.

UN TOQUE DE TRIGO

Aunque el trigo formaba parte de las bebidas más antiguas, nunca se usó solo. Los egipcios mezclaban el trigo con cebada, sorgo y mijo, para obtener una fórmula con la que se pudiera trabajar mejor. En Alemania se desarrolló una estupenda tradición de cerveza de trigo que empezó en la Edad Media, pero incluso esas cervezas contenían sólo un cincuenta y cinco por ciento de

ALFORFÓN

EL ALFORFÓN (*FAGOPYRUM ESCULENTUM*) NO ES TRIGO, EN ABSOLUTO, sino una planta con flores de la familia de los seudocereales que está estrechamente relacionada con las romazas y las acederas, dos hierbas silvestres europeas. Las semillas grandes y triangulares están contenidas en una cáscara que representa una cuarta parte del tamaño de la semilla. Cuando se quita la cáscara, lo que queda se llama alforfón.

Además de usarlo como harina para tortitas y fideos, y como cereal (es el caso del *kasha* europeo), en Japón se emplea para hacer un espirituoso llamado *shochu*, y se utiliza también para vodkas y cervezas como alternativa sin gluten. La Distillerie des Menhirs francesa asegura que hace el único whiskey de alforfón del mundo, llamado Eddu Silver.

> ### ¿QUÉ PASA CON LA RODAJITA DE LIMÓN?
>
> Las cervezas de trigo se suelen servir con una rodajita de limón para realzar sus sabores cítricos naturales, pero algunos aficionados a la cerveza lo consideran un sacrilegio. Aseguran que la buena cerveza no requiere aromatizantes externos. Presta atención a tu acompañante: una rodajita de limón junto a un vaso de cerveza de trigo puede crear o destruir una amistad. Es tu bebida, así que haz lo que quieras, pero quedas advertido.

trigo, y el resto del grano era de cebada. Los destiladores rusos hicieron los primeros vodkas con una mezcla de trigo, cebada y centeno, y los destiladores de whiskey irlandés y de escocés perfeccionaron el arte de elaborar whiskey con una mezcla similar, a la que añadían un poco de maíz. Sin la ayuda de esos otros cereales, el trigo nunca habría dado una bebida decente.

Pero ¿por qué molestarse con el trigo si es tan difícil de manejar? Prueba una cerveza alemana Hefeweizen y encontrarás la respuesta. Tiene un singular aroma a pan y a galleta que es imposible no adorar. Además, el trigo es delicado, redondo y complaciente, y combina con los sabores que lo rodean. Las cervezas alemanas de trigo son conocidas por su carácter especiado, cítrico, que procede no tanto del lúpulo como de unas cepas especiales de levadura que trabajan en los azúcares del trigo y producen unos sabores únicos. Esas cervezas también son conocidas por su cabeza espesa y espumosa, que consiste sobre todo en proteína de trigo disuelta. De hecho, muchos cerveceros añaden un toque de trigo a su mezcla de cereales para que haga espuma.

En el vodka y el whiskey, el trigo contribuye a elaborar un espirituoso ligero y suave, y da un resultado maravilloso. Cualquier bebedor de bourbon te dirá que ha probado bourbons sofisticados y que, sin embargo, vuelve siempre al Maker's Mark. ¿Por qué? Por el trigo. La mayoría de los bourbons contienen un poco de centeno añadido al maíz y la cebada, pero Maker's usa trigo en lugar de centeno. Ese sabor suave y dulce, muy distinto del sabor especiado del centeno, explica por qué Maker's gusta tanto a tanta gente.

BÉBETE EL TRIGO

Hay miles de variedades de trigo en todo el mundo. La mayor parte del que se vende a cerveceros y destiladores está etiquetado simplemente por su tipo, por ejemplo, «trigo blando rojo de invierno». Aquí tienes algunas de las variedades específicas que puedes encontrar en tu botella.

WHISKEY	CERVEZA
Alchemy	Andrew
Claire	Crystal
Consort	Gambrinus
Glasgow	Madsen
Istabraq	
Riband	
Robigus	
Zebedee	

La influencia del trigo es más obvia todavía en algunos de los nuevos whiskies norteamericanos «puro trigo» («straight wheat» en sus etiquetas), en los cuales el trigo supone al menos un cincuenta y uno por ciento de la mezcla. Y la excelente «embocadura» del trigo es más evidente aún en tres de los vodkas más famosos del mundo: Grey Goose, Ketel One y Absolut.

Hasta hace poco, las necesidades de cerveceros y destiladores eran ignoradas por los cultivadores de trigo. Plantar un trigo duro, con muchas proteínas, y fertilizarlo con mucho nitrógeno es una buena estrategia para un agricultor que quiere alimentar al planeta. Pero, si lo que quiere el granjero es un buen vaso de whiskey al acabar la jornada, debería cultivar trigo blando. Las variedades de trigo se distinguen por su estación de crecimiento (invierno frente a primavera), por el color (ámbar, rojo o blanco) y por el contenido en proteínas, siendo el trigo blando el más bajo en proteínas. Hoy en día, los cultivadores están más concentrados en ofrecer variedades bajas en proteínas, y los granjeros que quieren cultivar para los cerveceros usan menos fertilizantes con nitrógeno en sus campos. El trigo para hacer cerveza y destilar podría representar sólo una pequeña fracción de los casi setecientos millones de toneladas producidos en todo el mundo, pero, sin él, la cerveza, el whiskey y el vodka no serían lo mismo.

Uva

Vitis vinifera
ITÁCEAS (FAMILIA DE LAS UVAS)

Rápido: nombra una fruta con la que se elabore una bebida alcohólica. ¿Qué es lo primero que te viene a la cabeza? Probablemente, la uva. Pero, lo creas o no, la existencia de la uva ha pasado por momentos críticos, lo que resulta curioso. Los hallazgos fósiles demuestran que las uvas se establecieron en Asia, Europa y el continente americano hace cincuenta millones de años. Sin embargo, cuando empezó la última glaciación, en el Pleistoceno, hace unos dos millones y medio de años, enormes sábanas de hielo cubrieron gran parte del territorio de la uva, y casi la extinguieron. Las vides que consiguieron superar aquel trance en los rincones no congelados del mundo fueron las únicas que quedaron cuando llegaron los primeros humanos. Es muy posible que las uvas que florecían antes de la glaciación fueran mucho más diversas e interesantes que las que cultivamos en la actualidad.

Sin embargo, aquellos vinos primitivos quizá no procedieran de estos racimos abundantes de frutos dulces del tamaño de una canica que conocemos hoy en día. Sabemos que las vides que sobrevivieron a la glaciación eran dioicas, es decir, que cada planta era macho o hembra (lo que dificultaba más aún el éxito de la supervivencia de las uvas). Como las vides dependían de los insectos para transportar el polen, si una hembra estaba demasiado lejos de un macho, la fecundación, sencillamente, no ocurría. El fruto de esos emparejamientos era también impredecible. La vid, como el manzano, puede producir una progenie cuyo fruto sea muy distinto del de sus padres. Algunas de esas uvas quizá fueran pequeñas, amargas y llenas de pepitas desagradables.

Entonces, ¿qué fue lo que mejoró las perspectivas de supervivencia de la uva? Una mutación que cambió la orientación sexual de la planta. En las plantas dioicas, las hembras son hembras porque un gen suprime la formación de anatomía masculina, y viceversa. Pero a veces esos genes

PODREDUMBRE NOBLE

EL HONGO *BOTRYTIS CINEREA* CONTAGIA A LAS UVAS UNA ENFERMEDAD MUY DESAGRADABLE llamada botritis o moho gris. Si la plaga ataca a la vid a principios de la primavera, puede hacer que las hojas se marchiten y las flores caigan. En el fruto joven e inmaduro, forma unas lesiones marrones muy feas que se vuelven negras y abren la uva. Los racimos podridos caen al suelo llenos de hongos, donde éstos esperan una nueva oportunidad para reinfectar la planta. Los botánicos se refieren al fruto muerto e infestado como «momia».

Sin embargo, con las condiciones climatológicas adecuadas, la botritis ataca a veces más tarde y produce un efecto muy curioso. Si las temperaturas permanecen entre los 20 y 25 grados centígrados, y además la humedad es muy elevada y los racimos están lo bastante maduros, las uvas quedan infectadas por los hongos, pero no destruidas. Luego, para que se produzca la magia, la humedad debe caer hasta un sesenta por ciento. En otras palabras, tiene que hacer frío y llover, y luego dejar de llover cuando las uvas están madurando.

Si todo eso ocurre en el momento adecuado, el hongo deshidrata la uva y concentra los azúcares, pero no la destruye. Esto recibe el nombre de «podredumbre noble», y es responsable de algunos de los mejores vinos botríticos del mundo. El Sauternes, elaborado en una región particular de Burdeos con uvas semillón, sauvignon blanc y muscadet, es la mejor expresión de lo que puede hacer la podredumbre noble a una uva. Estos vinos son dulces, pero levemente especiados, con un característico sabor a miel y a pasa. Además, pueden ser caros: la podredumbre noble es impredecible, cada uva debe ser recogida a mano, y una vid entera puede que sólo produzca el equivalente a un vaso de vino. También hay vinos botríticos procedentes de Alemania, Italia, Hungría y otras regiones vinícolas de todo el mundo, pero como el hongo es tan impredecible y peligroso, pocos viticultores están dispuestos a correr el riesgo y permitir que colonice sus vides.

se extravían y la naturaleza crea un hermafrodita. Las vides resultantes de esas mutaciones tienen entonces una anatomía masculina y femenina en la misma planta. Y como el polen no tiene que viajar tan lejos, las vides producen un fruto más abundante. Los primeros agricultores quizá no comprendían bien por qué determinadas vides eran más prolíficas, pero probablemente las seleccionaron para cultivarlas en sus asentamientos. Ese proceso de selección empezó hace más o menos unos ocho mil años, y a partir de ahí fue sencillamente cuestión de elegir los frutos más sabrosos y coger esquejes para criar un clon genético. Por fortuna, también se inventó la alfarería más o menos por la misma época, dándose la feliz circunstancia de que el fruto aplastado se almacenaba en recipientes lo bastante grandes como para que las levaduras silvestres los encontraran.

Otra azarosa coincidencia hizo posible el vino. Una especie de levadura silvestre que se alimenta de la transpiración de la corteza de roble consiguió introducirse en las cubas de los primeros mostos, hace unos cinco mil años, y llevar a cabo un excelente trabajo de fermentación. Seguro que había otras levaduras viviendo de forma natural en la piel de la uva, pero no habrían sido ni de lejos tan adecuadas para esa labor. Sea como sea, el caso es que la levadura de roble dio con la mezcla.

¿Cómo se produjo algo así? Los científicos tienen algunas teorías. Pudo ser que algunas vides se enroscaran ocasionalmente en torno a un roble y allí recogieran la levadura. También es posible que la gente recogiera bellotas y uvas al mismo tiempo, mezclándose así los microorganismos de cada una, o que los insectos recogieran las levaduras de un roble y las llevaran a un racimo de uvas porque se sintieran atraídos por el azúcar de la fruta. Ocurriera como ocurriese, esa especie de levadura, llamada *Saccharomyces cerevisiae*, encontró la forma de llegar hasta el vino. En la actualidad, es una criatura totalmente domesticada que apenas se encuentra en estado natural y que se cría en cepas especializadas usadas en todo el mundo para hacer subir el pan y fermentar el vino y la cerveza.

EL PRIMER VINO

El arqueólogo Patrick McGovern dedicó parte de sus investigaciones a analizar antiguos fragmentos de cerámica en todo el mundo, y en Oriente Medio encontró pruebas de elaboración de vino que datan de hace seis mil años. Un equipo de la Universidad de California en Los Ángeles descubrió en Armenia un pequeño complejo en el que se elaboraba vino, datado en el mismo período. En China, McGovern también detectó posibles residuos de uvas en fragmentos de cerámica del año 7000 a. C. La única cultura que no desarrolló

ADVERTENCIA: NO AÑADIR AGUA

Durante la Ley Seca, los cultivadores de uvas de California con cierta capacidad emprendedora siguieron comercialmente activos vendiendo «ladrillos de fruta», es decir, bloques de uvas secas y comprimidas que se empaquetaban con levadura para hacer vino. Una etiqueta advertía a los compradores que no disolvieran el ladrillo de fruta en agua caliente y añadieran el paquete de levadura, ya que eso daría como resultado la fermentación y creación de alcohol, que era ilegal.

una tradición importante de fabricación de vino con uvas locales fueron los nativos norteamericanos, aunque podría ser que lo hicieran y consiguieran ocultar muy bien las pruebas. Los indios del sur y el centro de América elaboraban alcohol de maíz, agave, miel, frutos del cactus, vainas y cortezas, pero raramente, o nunca, introducían uvas en la mezcla.

Con el tiempo, egipcios, griegos y romanos se convirtieron en los viticultores más sofisticados del mundo. Muchos avances científicos de la Antigüedad cayeron en el olvido durante la Edad Media, pero la tecnología de la elaboración del vino sobrevivió gracias a los esfuerzos de los monjes y a los profundos lazos entre el vino y la religión. En el siglo XVI, el cultivo de viñedos pasó del dominio eclesiástico al privado, casi siempre bajo el control de la nobleza. Durante los siglos siguientes, los británicos consiguieron olvidar que estaban en guerra con Francia lo bastante a menudo como para comprar cantidades enormes de los excelentes vinos de sus enemigos. A todas luces, ya florecía un sólido mercado del vino europeo cuando los colonos llegaron por primera vez al Nuevo Mundo.

LA INVENCIÓN DEL BRANDY

En aquella época, la tradición de destilar vino para hacer brandy ya se había consolidado. Textos españoles e italianos del siglo XIII muestran que el vino se «hervía» hasta convertirlo en un licor más fuerte. Los holandeses lo llamaban *brandewijn*, o «vino quemado», y ese término, abreviado, derivó al brandy actual. Los comerciantes holandeses construían alambiques en los puertos donde se hacía vino, sobre todo si éste era mediocre y se aprovecharía mejor en forma de brandy. Uno de esos lugares era la región de Cognac. Los vinos blancos de aquella zona no eran demasiado malos, sólo un poco sosos. Los holandeses pensaron que reducirían los costes de envío destilándolos y convirtiéndolos en un licor de alta graduación que más tarde se pudiera mezclar con agua, como sustituto del vino. Y, a veces, en la confusión y el caos de un puerto ajetreado, esos licores permanecían en los barriles más tiempo del previsto... ¿El resultado? Un coñac intenso, complejo y envejecido. Más tarde quedó claro que incluso los restos de los racimos podían fermentarse: pellejos aplastados, tallos y pepitas, todo iba al tanque de fermentación para hacer un licor de alta graduación, como la grapa o el orujo.

A medida que los brandys de uva y los aguardientes florecían en toda Europa, los viticultores españoles y portugueses observaron que a los británicos les gustaban los vinos dulces fortificados con brandy. Añadir alcohol al vino era una manera fácil de detener el proceso de fermentación (la levadura no puede vivir en una solución muy alcohólica), pero ese alcohol también ayuda a que sobreviva un tipo de levadura distinta.

CÓCTEL DE VERMUT

Este cóctel clásico es una buena base para experimentar con vinos aromatizados. Si se mezcla Punt e Mes y Bonal Gentiane Quina, por ejemplo, se obtiene una bebida deliciosa. Y el Lillet combina muy bien con casi todo.

30 ml de vermut blanco seco
30 ml de vermut rojo dulce
Un toque de angostura
Un toque de bíter de naranja
Piel de limón
Agua con gas (opcional)

Agita el vermut blanco y el rojo, el bíter y la angostura con hielo. Sirve el combinado en una copa de cóctel, con hielo o con agua con gas. Decóralo con la piel de limón.

GUÍA DE CAMPO PARA LOS VINOS FORTIFICADOS

Los vinos fortificados o «generosos» son vinos a los que se ha añadido un alcohol de alta graduación. Los más famosos son los siguientes:

JEREZ: Vino blanco español mezclado con brandy después de que se haya completado la fermentación.

MADEIRA: Vino portugués «oxidizado», fortificado con alcohol neutro de uva.

MARSALA: Vino italiano fortificado, hecho en la región de Marsala.

MUSCATEL O MOSCATEL: Vino dulce de moscatel fortificado, producido sobre todo en Portugal.

OPORTO: Vino portugués fortificado con alcohol de uva antes de que acabe la fermentación, dejando los azúcares residuales en la mezcla. (En Estados Unidos, un vino de esas características producido en cualquier lugar del mundo se puede llamar *port*, pero sólo la versión portuguesa puede llevar la etiqueta «oporto».)

VINS DOUX NATURELS: Vino dulce francés fortificado, hecho a menudo con uva moscatel.

En la región de Jerez, en el sur de España, el vino blanco se envejecía tradicionalmente en barriles que sólo estaban medio llenos. Una cepa particular de la levadura *S. cerevisiae* colonizaba esos barriles y formaba una capa gruesa encima del vino. Los españoles lo llaman «flor», y los científicos *velum*. A diferencia de otras cepas de levadura, la flor prefiere un contenido mucho más elevado de alcohol, de un quince por ciento aproximadamente, de modo que los vinateros podían fortificar el vino y mantener vivas las levaduras.

Se dice que estos vinos (que los británicos llaman *sherry*, quizá como una corrupción de palabra «jerez») envejecen biológicamente, porque la levadura cambia el sabor a lo largo del tiempo. El sistema de solera para su envejecimiento aporta más complejidad al jerez. Las barricas se almacenan en pilas de cuatro, y el jerez terminado está en la de abajo, que se rellena con jerez de la barrica de encima, y así sucesivamente. El vino nuevo sólo se añade a la barrica de arriba. Algunas soleras llevan

RELACIONES ACCIDENTALES

Carole P. Meredith, profesora emérita del Departamento de Viticultura y Enología en la Universidad de California en Davis, ha analizado la genética de algunas de las uvas más populares y ha determinado su parentesco. ¿Los resultados? La cabernet sauvignon es hija de la cabernet franc y de la sauvignon blanc. Una antigua variedad llamada traminer dio origen a la pinot noir, que a su vez se emparejó con una antigua uva campesina llamada gouais blanc y produjo la chardonnay. Estos emparejamientos probablemente ocurrieron por accidente en los viñedos franceses en el siglo XVII, mucho antes de que los vinateros usaran las técnicas modernas de cultivo.

doscientos años funcionando sin cesar, lo que da al producto acabado una profundidad y un sabor extraordinarios.

Otras regiones han desarrollado sus propios vinos fortificados. Los vinateros portugueses añadían brandy a un vino medio fermentado para evitar que la levadura se comiese todo el azúcar. Tras unos años en tanques o barriles, el resultado es un vino dulce y con sabor a pasa: el oporto. El madeira, también de Portugal, se elabora de manera similar, por lo general con uva blanca, y luego se expone al aire y se somete a temperaturas extremas, las mismas que debieron de encontrar los primeros barriles en los largos viajes oceánicos. Este maltrato deliberado le da su peculiar sabor oxidizado, seco y afrutado, y significa que envejece bien y que seguirá siendo bebible más de un año después de abrirlo. El Marsala, de origen italiano, se fortifica y se envejece de una forma similar, y lo mismo ocurre en las regiones vinícolas de todo el mundo.

Otra tradición europea que tiene siglos de antigüedad —la de dar sabor al vino con hierbas y frutas— llevó a la invención de los vermuts y vinos de aperitivo, también llamados «aromatizados» o «fortificados». Es posible que al principio se destinaran a usos medicinales (un vino que había tenido en infusión ajenjo, quinina, genciana u hojas de coca, con el que se pretendía tratar los parásitos intestinales, la malaria, la indigestión o la falta de apetito, respectivamente), pero a finales del siglo XIX se habían convertido en bebidas respetables por derecho propio. El vermut se elabora con vino blanco (el vermut rojo no se hace con tinto sino con blanco, que luego se colorea y se endulza con caramelo) y se fortifica ligeramente con brandy o aguardiente, dándole así un contenido alcohólico de un dieciséis por ciento más o menos.

EL EXPERIMENTO NORTEAMERICANO

Con una tradición vinícola tan notable y diversa, debió de ser bastante difícil para los europeos hacerse a la mar rumbo a un continente que quizá no fuera adecuado para cultivar uvas. Los primeros viñedos fracasaron, y por eso los Padres Fundadores importaban vino o bebían brebajes producidos en casa con cereales, maíz, manzana y melaza. Thomas Jefferson, por ejemplo, gastaba pródigamente en vino francés, e intentó encontrar en Norteamérica una uva autóctona adecuada para elaborar vino cultivando viñedos en su casa de Monticello. Sin embargo, ni las variedades norteamericanas ni las europeas que plantó produjeron nunca un vino decente.

¿Qué ocurría? Las variedades norteamericanas, sencillamente, no eran adecuadas para hacer vino... Pero hablaremos de eso enseguida. El fracaso de las vides europeas era un auténtico misterio. Lo que Jefferson no sabía (y nadie supo hasta finales del siglo XIX) era que las robustas vides norteamericanas eran resistentes a unos diminutos insectos áfidos llamados filoxeras (*Daktulosphaira vitifoliae*) que también eran autóctonos. Las uvas europeas no tenían tal resistencia, y eso explicaba por qué las vides importadas plantadas en terreno norteamericano se marchitaban en poco tiempo.

Sin embargo, antes de darse cuenta de eso, los norteamericanos enviaron como regalo unas vides autóctonas a Francia. Desgraciadamente, aquellas vides estaban infestadas de filoxera, que se puso a trabajar de inmediato atacando los viñedos locales. Esa diminuta plaga norteamericana siguió devastando la industria del vino francés a lo largo de todo el siglo XIX.

Al principio, nadie sabía qué estaba matando las vides. De hecho, costó décadas llegar a comprender qué tipo de criatura originaba la plaga, y ya no digamos averiguar la forma de matarla. Su ciclo vital no se parecía a ninguno que hubiesen visto los científicos hasta entonces. Primero nace una generación de filoxeras hembras que nunca se aparean ni han salido nunca con nadie, pero que son capaces de tener descendencia de todos modos. Después llega otra generación igual, y otra, de modo que nace una

LOS VINOS AROMATIZADOS SALEN A LA LUZ

PUEDE QUE NI SIQUIERA LOS BEBEDORES DE VINO MÁS EXPEDITIVOS hayan explorado el notable mundo de los vinos aromatizados. A estos vinos les añaden hierbas, frutas u otros sabores, y a veces también están fortificados con alcohol. El vermut es el ejemplo más conocido. Si no te crees que un vaso de vermut puede ser estupendo tomado solo, pruébalo. Pero recuerda que, como otros vinos, se estropea con rapidez, por lo que debe ser refrigerado después de abrirlo. El alcohol extra que contiene ayuda a que dure un poco más que el vino, pero bébetelo antes de que pase un mes, más o menos.

MISTELA: Una mezcla de zumo de uva no fermentado o parcialmente fermentado y alcohol, a veces usado como base para vinos aromatizados. Prueba éstos:

- **Bonal Gentiane Quina:** Una mistela de base aromatizada con genciana y quinina. Muy buena sola, o como sustituto del vermut rojo en cócteles.
- **Pineau de Charentes:** Mistela no aromatizada y envejecida en barril con coñac. Elaborada en el sudoeste de Francia. Inolvidable.

QUINQUINA: Vinos fortificados con quinina y otros sabores añadidos. Dos buenos ejemplos son:

- **Cocchi Americano:** Vino fortificado italiano con quinina, hierbas y cítricos, usado en cócteles clásicos, pero perfecto también solo.
- **Lillet:** Un mezcla de vinos de Burdeos, peladuras de cítricos, quinina, licor de frutas y otras especias. Disponible en blanco, rojo y rosado. Los tres son maravillosos.

VERMUT: Hecho con vino fortificado con alcohol, junto con ajenjo, hierbas y azúcar. Embotellado con un volumen de alcohol del 14,5 al 22 %. Estos dos te convertirán sin duda en un bebedor de vermut:

- **Dolin Blanc Vermouth de Chambéry:** A medio camino entre el vermut seco y el dulce, el Dolin Blanc es una mezcla fina y equilibrada de notas frutales, florales y agradablemente amargas. Bébelo con hielo, con un toque de limón.
- **Punt e Mes:** Un vino tinto maravillosamente intenso, sofisticado y aromatizado con sabores de frutos secos y cereza, que también es lo bastante bueno para beber solo. Considéralo un sustituto más complejo y adulto del vermut dulce.

ESPIRITUOSOS CON BASE DE UVA DE ALREDEDOR DEL MUNDO

BRANDY es el término genérico para un licor de vino (o de otras frutas) normalmente destilado a un 80 % vol. de alcohol o menos, y luego embotellado a un 35-40 % vol. de alcohol. Los tipos de brandy de uvas incluyen:

Aguardiente	Brandy portugués. Este término describe también los espirituosos neutros de uva.
Armañac	Elaborado en la región de Armañac. A diferencia del coñac, que se destila en alambiques sencillos, el armañac se destila en un alambique continuo, con una graduación más baja. Ambos se hacen con unas variedades de uvas especiales, y luego se envejecen en roble.
Arzente	Brandy italiano.
Brandy de Jerez	Este y otros alcoholes etiquetados sencillamente como «brandy» vienen de España.
Coñac	Hecho en la región de Cognac, en Francia.
Metaxa	Brandy griego.

El **EAU-DE-VIE** es un espirituoso transparente, de alta graduación, hecho de frutas; cuando se elabora con la casca (hollejos, raspas, pepitas y otros restos de la fermentación del vino) se llama «pomace brandy» o:

Bagaceira	en Portugal
Grappa	en Italia
Marc	en Francia
Orujo	en España
Trester	en Alemania
Tsikoudia	en Grecia

La **GINEBRA CON BASE DE UVA** es un vodka de uva que contiene en infusión enebro y otras hierbas. G'Vine es una ginebra francesa hecha con las mismas uvas que se usan para el coñac, más un extracto de flores de vid recién abiertas y otras hierbas y especias.

El **VODKA DE UVA** es un licor de alta graduación, sin envejecer, como un aguardiente, concebido para tener un carácter neutro. Un buen ejemplo es el Hangar One Vodka de St. George Spirits, hecho con una mezcla de uvas viognier y trigo; las uvas le dan la esencia de fruta más ligera. Ciroc, elaborado con uvas francesas, es otra marca popular.

El **PISCO** recibe este nombre por la ciudad portuaria de Pisco, en Perú, donde los viajeros del siglo XVIII se detenían para aprovisionarse del alcohol local. Madura en cristal o en acero inoxidable, no en roble. En Perú se embotella con toda su potencia, con un 38-48 % vol. de alcohol. Los chilenos hacen una versión utilizando una variedad de uva distinta y algo de maduración en madera.

Acholado	Proviene de una mezcla de variedades de uva.
Musto verde	Se destila de los tallos de la uva, semillas y hollejos, parcialmente fermentados.
Pisco puro	Se hace con una sola variedad de uva.

generación tras otra sólo de hembras. Cuando, una vez al año, aparece por fin un lote de machos, lo hace sólo para aparearse y morir. Las pobres criaturas ni siquiera tienen tracto digestivo, así que estos machos no disfrutan de una sola comida en su breve vida llena de sexo. Una vez que completan su trabajo, las hembras continúan sin ellos durante varias generaciones más. Su hábitat también cambia: en una etapa de su ciclo vital, inducen a las hojas a formar agallas —una especie de excrecencias protectoras de las plantas, que ocultan a los insectos—, y en otra se ocultan bajo tierra para atacar las raíces.

Cuando finalmente consiguió analizarse la filoxera, la industria vinícola de Francia casi había quedado borrada del mapa. La salvación llegó a través de la misma planta que había causado el problema en primer lugar: la resistente vid americana. Injertar las excelentes y antiguas vides europeas en las rudas cepas americanas permitió a los viticultores replantar y volver a levantar su industria, aunque les preocupaba mucho que el sabor de los vinos y licores se resintiera. La mayoría de los entendidos estarían de acuerdo en que a los vinos franceses les ha ido la mar de bien, a pesar de los inconvenientes, pero todavía buscan vinos «prefiloxera», hechos con aquellos reductos de vides europeas que consiguieron sobrevivir con sus propias raíces. Chile, por ejemplo, produce vino prefiloxera, porque los misioneros españoles llevaron allí las uvas y la filoxera nunca llegó hasta esas tierras.

LOS CLÁSICOS

PISCO SOUR

El cóctel nacional de Perú.

45 ml de pisco
20 ml de zumo de limón o lima recién exprimido
20 ml de jarabe
1 clara de huevo
Angostura

En una coctelera, agita todos los ingredientes —excepto la angostura—, sin hielo, al menos durante diez segundos. El «agitado en seco» deja la bebida espumosa. Luego añade hielo y agita al menos cuarenta y cinco segundos más. Sirve en una copa de cóctel y salpícale un poco de angostura por encima.

En los peores momentos de la plaga, como el vino escaseaba, la absenta se convirtió en la bebida de moda en los cafés. Los rumores de su toxicidad se han exagerado muchísimo: aunque está aromatizada con ajenjo (*Artemisia absinthium*), no era la planta en sí lo que volvía locos a los bebedores. Era su graduación alcohólica, extremadamente elevada. La absenta se embotellaba a un 70 % vol., casi el doble que el brandy. Fuera cual fuese la razón de la maldad que se le atribuía desde el punto de vista social, los viticultores se unieron encantados al movimiento antialcohólico francés que defendía la prohibición de la absenta pero protegía el vino, contemplado como una bebida mucho más saludable y moralmente íntegra.

A pesar de que la industria francesa del vino se recuperó, los agricultores norteamericanos siguen intentando averiguar cómo hacer buen vino con sus uvas autóctonas. La dificultad parece tener algo que ver con la genética de la uva en sí. La *V. vinifera* europea disfrutaba de casi diez mil años de una cuidadosa selección por parte del hombre —que fue eligiendo el fruto más grande y sabroso y favoreciendo las vides hermafroditas por encima de las dioicas—, mientras que en Norteamérica, al parecer, la selección llevada a cabo por el hombre ha sido casi inexistente. Sin embargo, los pájaros sí que la hicieron. Selectivamente, fueron picoteando las variedades de piel azul

—un color poco atractivo para el vino— porque las veían mejor… Y elegían también el fruto más pequeño, en lugar del más grande, porque podían comérselo de un solo bocado.

Gracias a ello, la *V. riparia*, una de las especies norteamericanas más extendidas, es muy resistente al frío, las plagas y las enfermedades, pero esos pequeños frutos azules no impresionaron a los viticultores tanto como habían impresionado a los pájaros. Tras cien años de experimentación, los botánicos norteamericanos están empezando a elaborar vino con las uvas autóctonas. Los investigadores de la Universidad de Minnesota han cruzado la *V. riparia* con vides europeas, produciendo así nuevas variedades, como frontenac y marquette, que dan unos vinos sorprendentemente buenos, incluso con el clima frío del norte. Se trata de vinos intensos, robustos y bastante bebibles, con un ligero toque herbáceo y silvestre que los hace genuinamente norteamericanos.

BREBAJES EXTRAÑOS

ES POSIBLE HACER UNA BEBIDA FUERTE CON ALGO MÁS QUE CEBADA Y UVAS. A LO LARGO DE LOS SIGLOS, SE HAN DESTILADO LAS PLANTAS MÁS EXTRAORDINARIAS Y MISTERIOSAS.

ALGUNAS DE ELLAS, POCAS, SON PELIGROSAS, **OTRAS SON RARÍSIMAS**, Y HAY UNA QUE ES TAN ANTIGUA COMO LOS DINOSAURIOS...

PERO CADA UNA REPRESENTA UNA CONTRIBUCIÓN CULTURAL ÚNICA A LA HISTORIA UNIVERSAL DE LA BEBIDA.

Araucaria

Araucaria araucana
ARAUCARIÁCEAS (FAMILIA DE LAS ARAUCARIAS)

La poeta Marianne Moore la llamaba «conífera creada a imitación de la glíptica de los tallistas de jade y piedras duras / una verdadera rareza en el apartado del coleccionista de rarezas». Y es cierto, la araucaria es una curiosidad, una rareza de las que tanto gustaban a los coleccionistas de plantas de la época victoriana. También es, con toda probabilidad, la planta más antigua del mundo de la que se obtiene una bebida alcohólica.

La araucaria tiene su origen en Chile y Argentina. Sus antepasados se remontan al menos a 180 millones de años, lo que la sitúa justo en el período Jurásico. El árbol mismo evoca formas vagamente reptilianas: las hojas duras, romboidales, dispuestas en espesos remolinos geométricos, recuerdan las escamas de un lagarto. Si nos alejamos un poco para verlo mejor, el árbol ofrece un perfil bien curioso en medio del paisaje. De un tronco solitario emergen unas ramas retorcidas de manera salvaje que le dan un aspecto disparatado, como si hubiera salido de un dibujo del doctor Seuss.

Un cirujano y naturalista escocés llamado Archibald Menzies viajó por todo el mundo como médico naval a finales del siglo XVIII; en uno de esos viajes, le sirvieron los frutos de la araucaria. Guardó unas pocas semillas y las cultivó, dando lugar a una verdadera locura por la araucaria en el Reino Unido. Una de ellas consiguió sobrevivir casi un siglo en los jardines de Kew. En inglés se llama *monkey puzzle* («enigma de los monos»), aunque en su tierra natal no hay monos. El nombre se lo dieron los ingleses, quienes pensaban que incluso a sus supuestos parientes pobres, es decir, los monos, les costaría mucho trepar a un árbol semejante.

La araucaria alcanza más de cuarenta metros de altura y puede vivir hasta los mil años. Una araucaria tarda veinte años en alcanzar la madurez sexual, y es dioica. El polen viaja de machos a hembras con el viento y, en cuanto se poliniza, las piñas tardan dos años en madurar. Cuando caen del árbol, son del tamaño de un coco y contienen unas doscientas semillas, cada una de ellas más grande que una almendra.

En su entorno silvestre, ratas y periquitos cogen las semillas y las dispersan a partir de la planta madre. Aunque si hay humanos cerca, sobre todo los pehuenche, que viven en la misma zona de los Andes, las semillas se recolectan enseguida. Éstas pueden comerse crudas o tostadas, molerse para hacer harina y pan, o bien para elaborar una bebida ceremonial moderadamente alcohólica llamada *mudai*. Para preparar esta bebida, las semillas se hierven y se dejan fermentar de forma natural unos pocos días. Si se quiere acelerar el proceso, pueden masticarse y escupirse de nuevo en la mezcla, añadiendo así enzimas de la saliva para romper los almidones. En cuanto la mezcla deja de burbujear, se vierte en unos cuencos o tarros especiales de madera para las festividades.

El Gobierno chileno ha declarado la araucaria monumento nacional. Desde entonces, el *mudai* se ha convertido probablemente en la única bebida alcohólica del mundo que proviene de un monumento nacional.

Bambú de la sabana

Oxytenanthera abyssinica (sin. O. braunii)
POÁCEAS (FAMILIA DE PLANTAS HERBÁCEAS)

También llamado «bambú del vino», este miembro de la familia de las herbáceas, de rápido crecimiento, se usa para setos, herramientas, cestas, para el control de la erosión… y para elaborar alcohol. En Tanzania, los brotes más jóvenes se cortan y se golpean dos veces al día durante una semana para herir a la planta y hacer que fluya la savia. El bambú fermenta de forma natural en sólo cinco horas. El vino de bambú, llamado *ulanzi*, únicamente se elabora en la estación lluviosa primaveral, cuando los brotes están creciendo. Las mujeres preparan lotes para venderlo a litros en sus pueblos. No es raro que los viajeros reciban una muestra gratis mientras siguen su ruta de un pueblo a otro. Los puestos de bambú quedan desatendidos cuando la savia fluye en los contenedores. Es difícil resistir la tentación de hacer un alto en el camino y servirse un vaso.

BREBAJES EXTRAÑOS

Chirivía

Pastinaca sativa
APIÁCEAS (FAMILIA DE LAS ZANAHORIAS)

*Si quisiera convertirse la cebada en malta,
tal cosa nunca habría de parecernos mal,
porque sabemos hacer licores sin falta,
con calabazas, nabos o astillas de nogal.*

EDWARD JOHNSON, 1630

Esta cancioncilla histórica nos demuestra que los colonos que llegaron al Nuevo Mundo estaban dispuestos a probar cualquier cosa con tal de llevarse un trago a la boca, aunque eso significara convertir chirivías en vino. Esta hortaliza, pariente de las zanahorias nacidas en el Mediterráneo, era un alimento básico desde los tiempos de los romanos. Antes de que las patatas —procedentes del Nuevo Mundo— fueran introducidas en Europa, las chirivías eran las hortalizas de raíz con fécula, nutritivas y de invierno, a las que recurría la gente para alimentarse. No es extraño que los colonos consideraran una prioridad plantar chirivías cuando llegaron a Nueva Inglaterra.

Y, desde luego, los colonos no sólo pensaban en el puré de chirivías y mantequilla que se iban a comer en invierno. También tenían en mente el vino de chirivía, una antigua tradición inglesa. Es uno de los muchos «vinos campesinos» populares en la Inglaterra rural y, de hecho, en toda Europa.

> ## ADVERTENCIA: NO TOCAR
>
> La chirivía silvestre es una mala hierba en gran parte de Norteamérica y Europa. Sus hojas pueden provocar sarpullidos de cierta gravedad. Las variedades domesticadas tienen mejor sabor, pero las hojas también son irritantes. Si manipulas chirivías, ponte siempre guantes.

Cualquier cosa que tuviera un poco de azúcar o almidón —desde las grosellas hasta el ruibarbo o las chirivías— era buena para hacer alcohol casero.

El vino de chirivías tradicional se preparaba hirviendo la hortaliza para ablandarla; luego se añadía azúcar y agua. Las levaduras silvestres empezaban la fermentación. El vino se almacenaba de seis meses a un año antes de beberlo. Era ligero, dulce y claro, aunque lo mejor que podía decir de este vino el *Cassell's Dictionary of Cookery* («Diccionario de cocina de Cassell») es que resultaba «muy apreciado por aquellos que están acostumbrados a los vinos caseros».

Chumbera

Opuntia spp.
CACTÁCEAS (FAMILIA DE LOS CACTUS)

El fruto de la chumbera, llamado «tuna» en México e «higo chumbo» en España, no es fácil de comer. Primero hay que rascar, socarrar o hervir las afiladas espinas o gloquidios. Luego se puede quitar la pulpa de debajo de la piel y comérsela fresca o bien exprimirla para hacer zumo. Todo ese esfuerzo vale la pena: el fruto ha sido una importante fuente de vitaminas y antioxidantes desde hace siglos. También se ha fermentado para hacer vino. El pueblo chichimeca, por ejemplo, de la zona central de México, viajaba siguiendo el ciclo de florecimiento de los cactus y hacía así su licor estacional.

Los exploradores y misioneros españoles se dieron cuenta de que la chumbera era una fuente de alimento importante en el desierto, y no sólo por su fruto. También se podían pelar sus carnosas paletas verdes, cortarlas a tiras y comerlas como verdura, llamadas «nopales». Pronto se plantaron cactus en torno a las misiones y se transportaron a España, y desde allí al resto del mundo.

La chumbera ha estado mucho tiempo agrupada junto con la cholla, pero recientemente los botánicos las han separado y las chumberas tienen su propio género. Se han identificado unas veinticinco especies de Opuntias, y algunas especies, como la *Opuntia humifusa*, crecen no sólo en el desierto, sino también en la parte oriental de Estados Unidos.

Hoy en día se encuentra con cierta facilidad zumo, jarabe y mermelada de higo chumbo, y podemos ver mojitos y margaritas de higo chumbo en los menús de cócteles de todo el Sudoeste de Estados Unidos. Los destiladores también trabajan con este fruto: en Malta se hace un licor de higo chumbo llamado Bajtra; un destilador de Santa Helena lo destila y elabora un licor llamado Tungi; en Arizona también se produce un vodka de higo chumbo, y Voodoo Tiki vende un tequila hecho con la infusión de estos higos.

ESPIRITUOSOS DEL FRUTO DEL CACTUS

COLONCHE	Bebida fermentada hecha con el zumo o la pulpa del fruto de la chumbera, *Opuntia* spp.
NAVAI'T	Bebida fermentada similar al vino, elaborada con el fruto del majestuoso saguaro, *Carnegiea gigantean*.
PITAHAYA O PITAYA	Vino hecho con la fruta o bien de la pitahaya, *Stenocereus thurberi*, o bien de varias especies de *Hylocereus*, conocida también como «fruta del dragón».

BICHOS EN ALCOHOL: COCHINILLA
Dactylopius coccus

La chumbera hizo otra importante contribución al universo de las bebidas alcohólicas: el tinte carmín. Ese bicho blanco y peludo que se encuentra en los cactus *Opuntia* es en realidad un insecto escamoso llamado cochinilla. Son insectos chupadores que se agarran a una planta y se alimentan de su savia, escondidos bajo una cobertura cerosa parecida a la de las garrapatas. La cochinilla es muy fácil de localizar, ya que se cubre con un material blanco y peludo para ocultar a su progenie y evitar que se sequen. Bajo esa pelusa blanca, los insectos secretan ácido carmínico, a modo de defensa química, para disuadir a las hormigas y otros predadores. Este ácido es de un color rojo intenso.

JARABE DE HIGO CHUMBO

Si tienes la suerte de vivir en un sitio donde haya chumberas, haz jarabe con los higos chumbos y guárdalo en el frigorífico. (Si no, también se vende zumo y jarabe de higo chumbo en tiendas especializadas.) Puedes añadir una cucharada a un vino espumoso, incluirlo en la receta del Margarita, o bien experimentar con cualquier cóctel que requiera fruta y azúcar.

De 10 a 12 higos chumbos
235 ml de agua
225 g de azúcar
30 ml de vodka (opcional)

Los higos chumbos que se venden en los mercados normalmente ya vienen sin espinas. Si has cogido los frutos tú mismo, manipúlalos con unas pinzas largas de metal, porque unos guantes no serán protección suficiente. Con un estropajo de metal, elimina todas las espinas. Luego corta ambos extremos de la fruta y haz un corte de arriba abajo. Así podrás quitar la piel con facilidad.
Corta la fruta a trozos grandes, añade agua y azúcar, y lleva la mezcla a ebullición. Con un colador, separa las semillas y la pulpa del jarabe. Guarda el jarabe en un bote en el refrigerador.
Si le pones un poco de vodka, evitarás que el jarabe se congele y quede sólido, sin que cambie significativamente el carácter de la bebida que vayas a preparar.

En México, los exploradores españoles se preguntaban de dónde salían esos tintes rojos tan intensos que usaban los nativos para teñir las mantas y otros elementos textiles. Al principio, pensaron que el color procedía del mismo fruto de la chumbera, de un rojo vivo. Fernández de Oviedo escribió en 1526 que, si comías el fruto, la orina se volvía de un color rojo intenso (lo que o bien era una mentira pura y dura, o bien una señal de un problema médico mucho más grave). Pero los españoles pronto se enteraron de que el tinte venía de las cochinillas. Para hacerlo, había que rascar las cochinillas del cactus, secarlas y luego mezclarlas con agua y alumbre (una especie de fijador natural). Los españoles tenían ya cierta experiencia en el uso de insectos como tinte (ya usaban otro insecto, el kermes, con un propósito similar), pero la cochinilla producía un rojo mucho más intenso.

Desde el siglo XVI, el tinte de carmín basado en la cochinilla se ha usado como colorante para dulces, cosméticos, textiles y licores. Daba al Campari su color rojo intenso hasta 2006, cuando los representantes de la empresa anunciaron que lo habían eliminado debido a problemas de suministro. Tras hacerse público que algunas personas con alergia entraban en *shock* anafiláctico, y que sentían gran aprensión debido a la presencia de insectos en productos alimentarios, se requirió un nuevo etiquetado en Estados Unidos y la Unión Europea. En Europa, todo producto coloreado con cochinilla debe estar indicado en la etiqueta. Se puede llamar E120, Rojo Natural 4, o bien carmín o cochinilla. (En otras épocas, el color también provenía de la cochinilla polaca, *Porphyrophora polonica*, pero el insecto está en grave peligro de extinción y ya no se usa.) En Estados Unidos debe indicarse en la etiqueta «extracto de cochinilla» o «carmín».

SANGRÍA DE HIGO CHUMBO

Cortar la fruta en láminas finas: limón, lima, naranja, higo chumbo, mango, manzana, etc.

120 ml de brandy o vodka
60 ml de triple seco o cualquier otro licor de naranja
Una botella de vino blanco seco, como por ejemplo un Rioja español
60 ml de jarabe de higo chumbo (véase la p. 138)
Un benjamín de unos 180 ml de cava u otro vino espumoso (opcional)

Macera la fruta en el brandy y el triple seco durante al menos cuatro horas. Mezcla el vino y el jarabe de higo chumbo en una jarra de cristal; remueve vigorosamente y añade más jarabe si deseas que el color sea más intenso. Incorpora la mezcla de fruta. Sirve con hielo y, por último, si te apetece, añade un poco de cava. (Para seis vasos.)

Madroño

Arbutus unedo
ERICÁCEAS (FAMILIA DEL BREZO)

El fruto rojo y de piel gruesa del madroño, perfectamente redondo y del tamaño de una cereza, no es tan sabroso como éstas. De hecho, los botánicos creen que el nombre de la especie, *unedo*, procede del latín *unum edo*, que significa «me como uno». Sólo uno.

Pero los destiladores (la mayoría de ellos sin licencia y trabajando con equipos que podrían parecer salidos directamente de la Edad Media) convierten el fruto en un licor muy popular llamado «aguardiente de *medronho*». Aunque se puede comprar en las tiendas, es más común compartirlo entre familiares y venderlo a los vecinos, sobre todo en la región de Algarve, al sur de Portugal.

En lugar de florecer en primavera, como ocurre con la mayoría de los árboles que producen fruto, el madroño lo hace en otoño, cuando el fruto del año anterior todavía está madurando. En Portugal y España, el proceso empieza en septiembre. Los recolectores cogen sólo el fruto más maduro y vuelven una vez al mes, hasta diciembre, para completar la cosecha.

Una vez recogido, el fruto se exprime o se sumerge entero en agua y fermenta durante tres meses. Sólo entonces, normalmente en febrero, se hierve en un fuego de leña y se destila en un alambique de cobre, con una tubería que recorre un barril de agua y que hace las veces de condensador. El resultado es un licor de alta graduación, en general por encima del 45 % vol. Puede embotellarse inmediatamente, o bien dejarse envejecer en roble seis meses o

ESTE OSO NO ESTÁ BORRACHO

El escudo de armas de Madrid muestra a un oso de pie sobre los cuartos traseros, y comiendo el fruto del madroño. También podemos encontrar una estatua que representa esta escena en el centro de la ciudad, en el extremo occidental de la Puerta del Sol. Aunque los madrileños aseguran que el oso se está emborrachando con el fruto fermentado del árbol, la fruta, de hecho, no fermenta en el árbol hasta el punto de embriagar a un animal tan grande como un oso. Probablemente se trate de otra leyenda más de embriaguez animal.

un año. En España se elabora un aguardiente llamado «licor de madroño» —mucho más dulce y de baja graduación— macerando el fruto en alcohol de alta graduación con azúcar y agua.

El madroño se divide en catorce especies, distribuidas por Europa y Norteamérica. La mayoría de estos árboles son pequeños y bonitos, con las hojas brillantes y estrechas y una corteza rojiza que se desprende poco a poco. Ninguno de ellos produce un fruto especialmente gustoso, aunque es pariente de los arándanos negros y rojos. Por eso el *A. unedo* se cultiva en climas cálidos de todo el mundo como árbol ornamental. Se considera que la variedad llamada Elfin King, que puede cultivarse incluso en maceta, produce los frutos más sabrosos.

Mandioca

Manihot esculenta
EUFORBIÁCEAS (FAMILIA DE LOS EUFORBIOS)

La raíz de mandioca ha sido desde siempre una fuente de alimentación esencial para los habitantes de zonas empobrecidas y proclives a la hambruna de todo el mundo. Incluso hoy en día la mandioca alimenta a cuatrocientos millones de personas en África, Asia y Sudamérica. Las raíces, con gran contenido en fécula, crecen hasta un metro de longitud y pesan varios kilos. Además, son bastante nutritivas, sobre todo por su contenido en vitamina C y calcio. Sin embargo, son venenosas si no se procesan de forma adecuada. Para filtrar y eliminar el cianuro, las raíces han de sumergirse primero en agua y luego cocinarse y golpearse hasta convertirlas en harina para extenderlas en el suelo durante varias horas, de modo que el cianuro se descomponga y se disuelva en el aire. Las llamadas variedades dulces no se han de procesar tanto como las más nutritivas —pero también más venenosas— variedades amargas. Ninguna, sin embargo, se puede comer cruda sin correr ciertos riesgos.

A pesar de esas dificultades, la mandioca es un alimento básico porque tolera muy bien las sequías y es bastante fácil de cultivar. En las zonas caribeñas y en Sudamérica, especialmente en Brasil, Ecuador y Perú, se elabora además cerveza de mandioca (llamada *ouicöu* en las islas) pelando y cortando la raíz, hirviéndola en agua y luego masticando la pulpa y escupiéndola en la malta. Así se introduce la amilasa, una enzima de la saliva que ayuda a convertir el almidón en azúcar. Sólo entonces se vuelve a hervir y se puede añadir azúcar, miel o frutas para ayudar a incrementar el contenido de alcohol y mejorar el sabor.

EL CASSAREEP

Es un jarabe espeso y oscuro que se hace hirviendo la raíz de la mandioca y añadiendo especias, como clavos, cayena, canela, sal y azúcar. se usa como salsa para la carne y para dar sabor a un estofado de guayana llamado «pepperpot». No parece que nadie haya tenido el ingenio o el valor de inventar un cóctel que contenga cassareep como ingrediente... al menos hasta ahora.

La mandioca, una planta autóctona de Sudamérica, fue domesticada en Brasil en torno al 5000 a. C. A pesar de que los portugueses la introdujeron en África oriental en 1736, no se llevaron a cabo grandes cultivos en la zona hasta el siglo XX. Cualquier tradición de elaboración de cerveza de mandioca en África es, por tanto, relativamente reciente. La empresa multinacional de cerveza SABMiller, conocida por sus marcas Coors Light y Henry Weinhard's, anunció hace poco su plan de elaborar cerveza de mandioca en Angola. Su intención es comprar los ingredientes a los productores locales y vender la cerveza a bajo coste, con la esperanza de crear no sólo trabajo, sino también un nuevo mercado para la cerveza entre los africanos empobrecidos y sedientos.

BICHOS EN ALCOHOL: ABEJAS
Apis spp.

Ningún insecto es más importante para la historia del alcohol que la abeja melífera. Casi todas las frutas fermentables (desde las uvas hasta las manzanas, pasando por el tamarindo, extraño y delicioso) las polinizan las abejas, lo cual significa que sin ellas nos arriesgamos a quedarnos sobrios de repente y de la manera más traumática, por no mencionar el escorbuto y la hambruna. Pero hay una ruta más directa que va de las abejas a la embriaguez: la miel.

Hasta que se empezaron a domesticar las abejas, en tiempos de los egipcios, la única miel que se recogía era la silvestre. Hay pinturas rupestres que datan del neolítico y del mesolítico en las que se ven cazadores de abejas trepando por acantilados para robar los panales de miel. Las primeras colmenas, llamadas *decurias*, estaban hechas con unas cestas sencillas. Eso permitía colgarlas en el lugar más conveniente y ahorraba largas caminatas por el bosque en busca de miel.

La forma más primitiva de vino de miel, o hidromiel, probablemente se descubrió por casualidad, cuando se recolectó casi toda la miel de un panal y luego éste se sumergió en agua para aprovechar el resto. Esa agua con miel disuelta pudo haber fermentado de manera natural en presencia de alguna levadura silvestre. Más adelante, cuando los apicultores se dieron cuenta de que podían conseguir una miel mucho más ligera y dulce si colocaban las colmenas junto a ciertas plantas —como tréboles, alfalfa y cítricos—, la miel silvestre, que se recogía en los bosques, empezó a utilizarse para elaborar hidromiel, mientras que la miel cultivada —mucho más dulce y refinada— se prefería para endulzar.

Los griegos utilizaban la palabra *kykeon*, que significa «mezcla», para referirse a una extraña bebida que combinaba cerveza, vino e hidromiel. En la *Odisea* de Homero, la tripulación de Odiseo fue embriagada con *kykeon* por Circe, una hechicera que luego los convirtió en cerdos. Los métodos tradicionales de elaboración de hidromiel de griegos y romanos se extendieron por toda Europa, pero los africanos tenían sus propios métodos. La tribu de los azande, en el África central y del norte, hacía hidromiel, y en Etiopía aún se consume una especie de hidromiel llamada *tej* o *t'edj*. La receta requiere seis partes de agua y una parte de miel. Tras unas pocas semanas de fermentación, normalmente en un cántaro de barro o en una calabaza, la bebida alcanza el contenido de alcohol del vino y está lista para beber. A veces se aromatiza con las hojas amargas de un arbusto, el espino cerval (*Rhamnus prinoides*) o con *khat* (*Catha edulis*), una hoja que se mastica como estimulante suave. En el África subsahariana, se suele añadir tamarindo y otras frutas a la mezcla de miel y agua para crear una bebida todavía más dulce.

En Paraguay, la tribu de los abipón sencillamente mezclaba miel y agua y luego dejaba reposar la mezcla unas cuantas horas, produciendo así una bebida alcohólica suave fermentada con levaduras silvestres. Los sirionó, de Bolivia, ponían miel a una mezcla de gachas de maíz y raíz de mandioca o boniato, y la dejaban fermentar unos cuantos días hasta que se volvía tan fuerte como la cerveza. Incluso los primeros europeos que llegaron a América hacían su propio hidromiel, un mejunje turbio y oscuro del cual los primeros colonos afirmaban que era tan fuerte que oías zumbar a las abejas.

Los hidromieles de alta calidad de hoy en día tienen un sabor brillante y floral que a veces se ve realzado con frutas, hierbas o lúpulos para cambiar un tanto el carácter de la bebida. Hay cerveceros artesanos que elaboran una cerveza y un hidromiel híbrido llamado *braggot*; el Beowulf Braggot, de Dogfish Head Brewery, es uno de ellos. El hidromiel también puede destilarse para convertirlo en un licor más fuerte (a veces llamado *honeyjack*), pero se trata de un producto muy poco común. Hidden Marsh, una destilería de Seneca Falls, Nueva York, elabora con miel su Bee Vodka; es sorprendentemente suave, con un toque muy leve de dulzor. Sin embargo, el sabor a miel más auténtico se puede encontrar en un licor alemán llamado Bärenjäger, que viene incluso en una botella con tapón en forma de colmena.

Manzana de anacardo

Anacardium occidentale
ANACARDÁCEAS (FAMILIA DEL ANACARDO)

La mayoría de la gente nunca ha sacado un anacardo de su cáscara. Y existe un buen motivo para ello: el árbol del anacardo es pariente cercano de la hiedra venenosa, el roble venenoso y el zumaque venenoso. Como sus primos, excreta un desagradable aceite llamado *urushiol* que produce urticaria. Las cáscaras deben abrirse al vapor, con mucho cuidado, para extraer la nuez que se alberga en su interior, comestible y sin *urushiol*.

La nuez cuelga de un pequeño fruto llamado «manzana de anacardo». (En términos botánicos, la manzana de anacardo es en realidad un seudofruto, porque no contiene semillas: el fruto auténtico es la nuez de anacardo que cuelga por debajo.) Este fruto, que tampoco contiene el aceite nocivo, se usa en la India para elaborar una bebida fermentada llamada *feni*.

El árbol del anacardo, originario de Brasil, fue descrito en 1558 por el botánico francés André Thevet. En un grabado, Thevet representó a unas personas exprimiendo el fruto todavía colgado del árbol. Los exploradores portugueses se llevaron varios ejemplares de este árbol para cultivarlos en sus colonias de Mozambique y la costa este de la India. Con el tiempo, los gustos alcohólicos de los europeos requirieron un nuevo uso para los anacardos: en 1838, un artículo sobre los hábitos de la gente de las Indias Occidentales a la hora de tomar bebidas espirituosas incluía la descripción de un ponche, presumiblemente a base de ron, aromatizado con el zumo de la manzana de anacardo.

Estos árboles achaparrados, de crecimiento rápido, que pueden alcanzar los doce metros de alto y extienden su copa en un perímetro que dobla su altura, se plantaron en la India con la idea de que podrían controlar la erosión. Hoy en día se encuentran anacardos en África oriental y en toda América central y del sur, pero el mayor suministro mundial de nueces de anacardo viene sobre todo de Brasil y la India.

Todavía se elabora *feni* de manzana de anacardo (a veces *fenny* o *fenni*) en el diminuto estado indio de Goa, ocupado por Portugal desde 1510 hasta 1961. Es un lugar de vacaciones muy popular entre los turistas europeos, a quienes, por supuesto, les gusta tomar esta bebida local durante su estancia.

Cuando están maduras, las manzanas se caen del árbol por sí solas o bien se desprenden muy fácilmente con la mano. Deben exprimirse de inmediato porque se estropean enseguida. Para hacer el *feni*, se separa la manzana de anacardo —a la que llaman *caju*— de la nuez. El fruto se coloca en un lagar improvisado y se pisa, a veces lo hacen niños con botas de goma. El zumo se guarda para hacer una bebida de verano ligeramente fermentada llamada *urak*. Parte de esta bebida fermentada se destila entonces en un alambique de cobre hasta un cuarenta por ciento de graduación alcohólica. Esta bebida fuerte y clara es lo que recibe el nombre de *feni*. La gente de la zona la disfruta con limonada, agua con gas o tónica.

Marula

Sclerocarya birrea* subsp. *caffra
ANACARDÁCEAS (FAMILIA DEL ANACARDO)

El árbol de la marula, pariente del mango, el anacardo, la hiedra venenosa y el roble venenoso, procede de África. Su fruto blanco amarillento, del tamaño de una ciruela, tiene un sabor similar al lichi o la guayaba. Por su elevado contenido de vitamina C, es básico en la dieta tradicional de África del sur y occidental. Se puede convertir en vino, llamado «cerveza de marula», empapándolo en agua y dejándolo fermentar. También se destila y se mezcla con nata para elaborar Amarula Cream, una bebida de postre parecida a un licor de crema irlandés.

Desde al menos el año 10000 a. C., este árbol ha tenido muchos usos en la cultura tradicional africana —comida, medicina, cuerdas, madera, forraje para el ganado, aceite y resina, etc.—, por lo que se han realizado campañas para protegerlo. Distell, los fabricantes de licores de Sudáfrica, compran el fruto a los recolectores locales y además donan dinero para proyectos comunitarios. Los expertos en desarrollo creen que las ventas internacionales de Amarula Cream pueden ser un incentivo económico para las familias más desfavorecidas y un aliciente para preservar los árboles.

El elefante que se ve en la botella de Amarula Cream recuerda a los bebedores una leyenda muy popular sobre la marula, aunque se ha desmentido por completo: que los elefantes se emborrachan comiéndose los frutos demasiado maduros, fermentados, que han caído del árbol. Las leyendas sobre elefantes borrachos empezaron a circular en torno a 1839 y continúan hoy; en algunos vídeos de internet se muestran elefantes supuestamente borrachos, dando tumbos. Sin embargo, los científicos han demostrado que no es cierto: los elefantes no comen fruta podrida del suelo, sino que seleccionan la fruta madura del árbol. Además, para que un elefante se emborrache tendría que tomar al menos dos litros de alcohol puro, es decir, unos cuatrocientos frutos de marula en descomposición, algo que ningún elefante ha intentado por el momento.

Palmera datilera

Phoenix dactylifera
ARECÁCEAS (FAMILIA DE LAS PALMERAS)

En 2005, un arqueólogo de Israel tuvo una idea sencilla pero asombrosa: ¿por qué no intentar hacer germinar las semillas de palmeras datileras de dos mil años de antigüedad que se habían conservado almacenadas? Aunque ya se habían hecho brotar algunas semillas de excavaciones arqueológicas, nunca se había intentado resucitar algo tan antiguo. Aun así, tenía un elemento a su favor: las palmeras datileras producen lo que los botánicos llaman «semillas ortodoxas», es decir, que siguen siendo viables mucho después de que se hayan secado. (Lo contrario de una semilla ortodoxa es una semilla «recalcitrante», que sólo puede brotar mientras está fresca y húmeda. Los aguacates, por ejemplo, producen semillas recalcitrantes.)

Esta semilla tan antigua procedía de una excavación de Masada, en Israel, el mismo lugar donde en el 73 d. C. los zelotes judíos prefirieron suicidarse en masa antes que someterse a Roma. La semilla se encontró allí y se almacenó cuidadosamente hasta el día en que los arqueólogos decidieron hacerla brotar. Si las plantas tuvieran la capacidad de sorprenderse, ésta se habría quedado pasmada al despertar, tras un sueño de casi dos mil años, en un invernadero moderno, cobijada en una maceta de plástico y regada por goteo. Esa variedad particular de palmera, llamada «palmera datilera de Judea», se extinguió más o menos en torno al año 500 d. C., con lo cual su resurrección de entre los muertos resultaba mucho más asombrosa aún. Sus cuidadores todavía están esperando a ver si lo que ha brotado es niño o niña; esperan que sea una niña, porque así podrán probar un fruto que había desaparecido del mundo hace mucho tiempo.

El fruto de la palmera datilera es un alimento básico de la cocina mediterránea, árabe y africana. El vino de dátiles, sin embargo, no viene de la fruta, sino de la savia azucarada del árbol. Es una bebida antigua, representada en pinturas que se remontan al menos al año 2000 a.C. El proceso de elaboración no ha cambiado demasiado a lo largo de los siglos. Para que fluya la savia, se sangra el árbol, normalmente por «decapitación de la inflorescencia», que es el término técnico para decir que se corta una flor. En algunas culturas se lleva a cabo un complejo ritual en el que se dobla, se retuerce, se golpea y se patea la flor antes de la decapitación. Todo este maltrato conduce a una producción de savia mucho más abundante.

Otras especies de palmera, entre las que se incluye el cocotero (*Cocos nucifera*), se usan también en Asia, la India y África para extraer la savia, y por supuesto para cada árbol existe una técnica distinta. A veces se corta el árbol entero. Otras se hace un agujero en el tronco, en la parte superior del árbol, dejándolo al borde de la muerte, y en ocasiones incluso se mata. Y en muchos casos se hace sólo una hendidura o una herida en el árbol, como se haría con un arce.

En cuanto se recoge la savia de la palmera datilera, puede usarse como edulcorante o cocinarla para formar un bloque de azúcar llamado *jaggery* (azúcar moreno de palmera). Si se deja, empieza a fermentar casi de inmediato, gracias a las levaduras silvestres que hay en el aire y en las calabazas usadas para recolectarla. Al cabo de unas horas ya tenemos una bebida dulce, suave y alcohólica, lista para beber. La fermentación puede continuar unos días más, lo que permite aumentar ligeramente el contenido de alcohol, pero al final la levadura deja paso a las bacterias… Y la fermentación bacteriana produce vinagre, no vino. Durante la fermentación, la bebida alcanza el equilibrio perfecto entre alcohol, dulzura y una ligera acidez, y debe consumirse de inmediato. No busques vino de palmera datilera en una tienda de licores, porque no dura lo suficiente para embotellarlo. El vino también se destila para convertirlo en un alcohol más fuerte, al que suele llamarse «arrack», que es el término con que se alude a los espirituosos de savia azucarada.

Sólo en África occidental más de diez millones de personas disfrutan del vino de palmera datilera, aunque no sólo les gusta a los seres humanos. En Bangladesh y la India, los murciélagos de la fruta visitan las calabazas y se beben la savia fresca que se recoge en ellas. Estos pequeños mamíferos transmiten una grave enfermedad llamada «virus nipah», que pueden dejar en la savia de la palmera datilera, y ésta ha sido la causa de la transmisión del virus de los murciélagos a los humanos. ¿Solución? Las autoridades sanitarias están intentando encontrar una forma de sangrar la palmera datilera sin permitir que los murciélagos den un solo trago.

Plátano

Musa acuminata
MUSÁCEAS (FAMILIA DE LAS BANANAS)

En realidad, el platanero no es un árbol, sino una enorme hierba perenne. No se lo considera un árbol porque su tallo no contiene tejido leñoso. La mayoría de nosotros ha comido sólo un tipo de plátanos, los Cavendish, que son los que venden en los supermercados, pero hay cientos de variedades, entre las que se incluyen las bananas cerveceras de Uganda y Ruanda. Los agricultores de esos países prefieren cultivar estos plátanos (y no los que se usan para cocinar, también conocidos como plátanos macho) porque pueden procesar el fruto y obtener una cerveza mucho más aprovechable. De hecho, aunque dura poco tiempo, no es tan perecedera como los frutos. Además, transformados en cerveza, los plátanos son más fáciles de llevar al mercado.

El método tradicional es apilar plátanos maduros y sin pelar en un agujero o en una cesta. Luego se pisan para sacar el jugo, igual que se hace con las uvas. El zumo se filtra toscamente a través de hierba y se deja fermentar en una calabaza (a la mezcla se le puede añadir flor de sorgo). Al cabo de un par de días, la cerveza, turbia, dulce y agria, está preparada para ser bebida. Se puede embotellar y almacenar dos o tres días como máximo.

Aunque la cerveza de plátano de Uganda suele ser casera, los cerveceros han elaborado también versiones comerciales. Chapeau Banana es una *lambic* belga. La empresa británica Wells & Young's Brewing Company elabora cerveza Wells Banana Bread, y la cervecería Mongozo, en Holanda, ofrece una cerveza hecha al estilo africano con plátanos de comercio justo.

Tamarindo

Tamarindus indica
FABÁCEAS (FAMILIA DE LAS LEGUMINOSAS)

El tamarindo procede de Etiopía, y se abrió camino hasta Asia a través de antiguas rutas comerciales. Hoy crece en climas tropicales, sobre todo en África oriental, el sudeste asiático, Australia, Filipinas, Florida, el Caribe y Sudamérica.

El árbol puede alcanzar veinte metros de altura, con un dosel de pequeñas hojas plumosas que dan una sombra muy apreciada. El fruto es una vaina larga con una pulpa comestible marrón, algo dulce y ligeramente ácida. Se usa en curris, encurtidos, golosinas y como aromatizante en la salsa Worcestershire, y puede encontrarse en el Bloody Mary o la «michelada», una bebida mexicana que combina cerveza con zumo de tomate (o Clamato), zumo de lima, especias y salsas. Aunque hay más de cincuenta variedades, son difíciles de distinguir. Los viveros de plantas tropicales las clasifican como variedades «dulces» o «agrias». La dulce se come cruda, pero es la agria la que se usa en las bebidas y para cocinar.

El vino de tamarindo se hace quitando la cáscara seca de la vaina, raspando la pulpa y exprimiendo el jugo, que se fermenta con una mezcla de agua y azúcar. Este vino todavía se bebe en Filipinas, sobre todo en Batangas. El tamarindo da sabor a licores como el Mauricia Tamarind Liqueur, una bebida a base de ron de la isla de Mauricio, al sur de Madagascar. Los destiladores de tequila han creado «licores de tamarindo». La pasta o jarabe de tamarindo, que se encuentra en tiendas de alimentación especializadas, se está convirtiendo en un ingrediente popular para cócteles, sobre todo en el Margarita, al que aporta las mismas notas agridulces que el zumo de lima.

Yaca

Artocarpus heterophyllus
MORÁCEAS (FAMILIA DE LAS MORAS)

La yaca quizá sea la fruta más grande con la que se elabora una bebida alcohólica. Puede alcanzar un metro de longitud y pesar hasta cincuenta kilos. La fruta es muy rara, con un exterior gomoso cubierto de una especie de pinchos en forma de cono (de hecho, cada uno de esos pinchos es una flor marchita). En su interior, hay una semilla por cada flor que ha florecido en su superficie; de una sola yaca pueden salir nada menos que quinientas semillas. Cuando está madura, la fruta desprende un olor desagradable de la corteza, pero la pulpa es suave y dulce. Da sabor a postres, curris y *chutneys*.

El árbol, pariente cercano del árbol del pan, crece en toda la India y también en algunas zonas de Asia, África y Australia. En la India se hace vino empapando la pulpa en agua, a veces con azúcar añadido, y dejando que fermente de forma natural durante más de una semana. En ese momento, la bebida contiene un siete u ocho por ciento de alcohol y tiene un sabor algo ácido, pero es ligera y afrutada.

SEGUNDA PARTE

A CONTINUACIÓN, INUNDAREMOS NUESTRAS CREACIONES CON UN SURTIDO ASOMBROSO DE PRÓDIGOS REGALOS DE LA NATURALEZA.

En una botella de licor hay algo más aparte de alcohol. Cuando un aguardiente abandona el alambique, está sujeto a interminables experimentos con hierbas, especias, frutas y frutos secos, cortezas, raíces y flores. Algunos destiladores aseguran que utilizan más de cien elementos botánicos en sus recetas secretas. Aquí tenemos algunas de las plantas que probablemente encontrarás en tu cóctel de esta noche.

EMPEZAMOS CON

HIERBAS Y ESPECIAS

HIERBA
LA PARTE TIERNA Y VERDE,
O FLORECIDA, DE UNA PLANTA.
SE UTILIZA PARA AROMATIZAR.

ESPECIA
LA PARTE SECA Y LEÑOSA DE UNA PLANTA
(CORTEZAS, SEMILLAS, TALLOS O RAÍCES),
Y EN ALGUNOS CASOS EL FRUTO.
SE USA PARA ADEREZAR.

Ajenjo

Artemisia absinthium
ASTERÁCEAS (FAMILIA DEL ÁSTER)

A cualquiera que haya probado la absenta le habrá sorprendido comprobar que su sabor no tiene nada que ver con el de la *Artemisia absinthium*. El ajenjo, una hierba mediterránea, acre y plateada, produce unos aceites volátiles y algunos componentes amargos que proporcionan un amargor mentolado a vinos y licores aromatizados, aunque no suele ser el sabor primario de ninguno de ellos. De hecho, la absenta sabe mucho más a regaliz gracias a otro de sus ingredientes principales: el anís. Sea como sea, el ajenjo es lo que le da su reputación.

Carlos Linneo, padre de la taxonomía moderna, dio a la planta su nombre latino cuando publicó su *Species Plantarum* en 1753. Ya se usaba la palabra «absenta» para describir la planta, de modo que, cuando Linneo la nombró, no estaba haciendo otra cosa que formalizar su nombre tradicional. Unas décadas más tarde, la bebida conocida como absenta empezó a aparecer en los anuncios de licor. Además de ajenjo y anís, tradicionalmente contenía hinojo, y a veces otros ingredientes, según las preferencias del destilador, como coriandro, angélica, enebro o anís estrellado.

El uso del ajenjo en vinos y licores data al menos de tiempos de los egipcios. Se mencionaba en el papiro Ebers —un antiguo texto médico del año 1500 a. C. que quizá fuese una copia de trabajos anteriores fechados varios siglos antes—, donde se recomendaba para matar las lombrices intestinales y tratar los problemas digestivos. Más o menos en el mismo período, en China también se producían vinos con ajenjo, lo que se ha confirmado con los análisis químicos de vasijas para beber encontradas en algunos yacimientos arqueológicos.

Al final, la gente se dio cuenta de que añadiendo ajenjo al vino y otros licores destilados se mejoraba mucho el sabor, o al menos se disimulaba el desagradable olor del alcohol basto y mal elaborado.

Como muchos tónicos medicinales, el vino de ajenjo acabó convirtiéndose en una bebida recreativa: el vermut. Antes de que se usara el lúpulo, el ajenjo también aportaba un componente amargo (y antimicrobiano) a la cerveza. Y aún está presente en una amplia gama de licores italianos y franceses.

Aunque la *A. absinthium* es la más popular, también se utilizan otras especies originarias de los Alpes, conocidas genéricamente como *génépi*, para elaborar licores (entre los que se incluye uno llamado *génépi*, que es quizá el que capta mejor el sabor real de la hierba). Estas plantas tienden a ser pequeñas y resistentes, algunas de sólo unos centímetros de altura, pero capaces de trepar por lugares muy rocosos y difíciles. Las especies silvestres están protegidas y sólo pueden recolectarse en condiciones muy limitadas.

Los rumores del peligro del ajenjo se han exagerado muchísimo: aunque las plantas contienen un compuesto llamado tujona —que podría causar convulsiones y la muerte en dosis muy elevadas—, la concentración de este componente en la absenta y los licores es muy baja. En realidad, las historias en las que se aseguraba que la absenta causaba alucinaciones y una conducta desordenada en los bohemios franceses de finales del siglo xix son falsas: lo más probable es que esos efectos los provocara el elevado contenido alcohólico de la absenta que ingerían. Tradicionalmente, se embotellaba a 70 u 80 % vol. de alcohol, de modo que es el doble de fuerte que la ginebra o el vodka.

En la actualidad, la absenta es legal en Europa, Estados Unidos y muchos lugares del mundo. Algunos gobiernos regulan la cantidad de tujona que puede encontrarse en el producto terminado, a pesar de que otras muchas plantas culinarias, como la salvia, contienen aún más tujona y no están sometidas a ninguna regulación.

BAILANDO CON EL HADA VERDE

Olvídate de prender fuego a terrones de azúcar empapados en absenta. La forma tradicional de beber absenta incluye sólo agua fría, con un terrón de azúcar si se quiere más dulce. (Los destiladores modernos y artesanales desaprueban que se agregue azúcar.)

Al añadir agua se produce una reacción química que libera sabores y cambia el color. Este fenómeno se conoce como *louche*, aunque también puedes pensar que se trata de la llegada de la famosa «hada verde».

30 ml de absenta
1 terrón de azúcar (opcional)
120 ml de agua helada mezclada con cubitos de hielo

Llena de absenta una copa de flauta transparente. Coloca una cucharilla encima de la copa, atravesada. (Si es posible, usa una cucharilla con una ranura de metal, o una cucharilla tradicional para absenta.) Si te apetece, pon el terrón de azúcar en la cucharilla. (Prueba con medio terrón si lo quieres menos dulce, o no pongas azúcar.)

A continuación, vierte el agua helada muy despacio encima del terrón de azúcar, pocas gotas cada vez, dejando que el terrón se vaya disolviendo poco a poco y vaya goteando agua azucarada en el vaso. Si no pones azúcar, simplemente vierte el agua, gota a gota, en el vaso.

Como los aceites esenciales de las plantas son muy inestables en la solución alcohólica, al añadir agua helada se rompen las ligaduras químicas y se liberan los aceites. La absenta cambia y adquiere un color verde pálido y lechoso a medida que se van liberando esos aceites: eso es la *louche*. Las moléculas de sabor se liberan a diferentes niveles de dilución y, como sucede muy despacio, los sabores emergen poco a poco.

Deja caer gota a gota el agua, lo más despacio posible, hasta que se haya mezclado una parte de absenta con tres o cuatro de agua. Bebe al mismo ritmo pausado, sin hacer esfuerzos por mantenerlo fresco. A medida que la bebida se va calentando, emergen nuevos sabores.

CULTIVA TU PROPIO AJENJO

 Pleno sol   Poco riego   Resiste hasta -29 ºC

Todo aquel que sienta curiosidad por la absenta debería tratar de cultivar un poco de ajenjo, no para beber, ya que para hacer una absenta mínimamente decente se requiere un alambique, sino porque es una planta muy bonita e interesante.

En los centros de jardinería, o en viveros especializados que las envían por correo, se encuentran muchas especies. Todas tienen unas hojas exquisitas, finamente talladas. El que buscas no suele etiquetarse como ajenjo; pídelo por su nombre latino (*Artemisia absinthium*). La planta puede sobrevivir a temperaturas invernales muy bajas (-29 ºC), pero prefiere un clima mediterráneo cálido. Plántala a pleno sol y no te preocupes si la tierra no es muy rica: aunque el terreno sea pobre, le basta si está bien drenado y se seca bien. La planta alcanza en su madurez un metro de altura y de anchura, más o menos, pero puede quedar un poco zanquilarga si no se poda. Para mantener una forma bonita y ordenada, en junio el follaje debe podarse hasta la mitad.

El ajenjo no está recomendado para hacer cócteles porque su sabor es muy intenso y difícil de controlar en una bebida. De todos modos, si estás organizando una velada para beber absenta y has invitado a un poeta o un pintor, corta unas ramitas de ajenjo para decorar tu casa e invocar al espíritu del hada verde.

GUÍA DE CAMPO DE LAS ESPECIES DE ARTEMISIA USADAS EN LICORES

Ajenjo, *A. absinthium*	Génépi amarillo, *A. umbelliformis*
Ajenjo glaciar, *A. glacialis*	Génépi blanco, *A. rupestris*
Ajenjo romano, *A. pontica*	Génépi negro, *A. genipi*
Escobilla parda, *A. campestris*	

Aloe

Asfodeláceas
(FAMILIA DEL ALOE)

Como su primo, el agave, el aloe se confunde a veces con un cactus. En realidad, está mucho más cerca de las liliáceas y los espárragos que de los cactus. Sin embargo, igual que a los cactus, le gusta el calor y el tiempo seco. Y aunque la gente que bebe jugo de aloe ni siquiera lo sospecha, esta planta contiene uno de los sabores más amargos del mundo. Por ese motivo aparece en más de una botella detrás de la barra del bar.

El aloe viajó desde su hábitat original en la África subsahariana a Asia y Europa en el siglo xvii. Hasta el día de hoy se han identificado en todo el planeta casi quinientas especies, que crecen en climas tropicales donde las temperaturas invernales permanecen siempre por encima de los 10 grados centígrados.

Como otras suculentas, los aloes dependen de un tipo de fotosíntesis que requiere que abran sus poros (*stomata*) sólo por la noche para respirar. Entonces toman el dióxido de carbono y almacenan una parte para usarla al día siguiente, lo que les permite contener el aliento todo el día. Cuando respiran, liberan la menor cantidad de agua posible a través de esos poros, confiando en que las temperaturas nocturnas sean más frescas para que la pérdida de agua sea más lenta.

Y, por supuesto, almacenan agua en las hojas, lo que explica esa gruesa capa de gel jugoso, que seguramente conocerás si has recibido una pequeña cura al aire libre. Aunque el gel es útil para proteger las heridas (un látex producido por la planta cubre la herida y le permite respirar al mismo tiempo), su uso como medicina no tópica no está probado del todo. Algunas especies incluso son venenosas, por lo cual es importante pensárselo dos veces antes de ingerir el jugo de un aloe que no nos sea familiar.

El componente más amargo del aloe, llamado aloína, se encuentra en el látex, justo debajo de la superficie de la hoja. Hace poco se ha descubierto que un gen alelo en particular hace a algunas personas muy sensibles al amargor de la aloína, y que en cambio otras personas, que carecen de ese alelo, ni siquiera lo notan, excepto en concentraciones muy elevadas. Eso podría explicar por qué a algunas personas les encanta el bíter italiano, también llamado *amaro*, mientras que otras no lo soportan.

El aloe es uno de los ingredientes que da a los *amaros* al estilo Fernet —como el Fernet Branca— su cualidad vigorizante. Otras plantas como la quinina y la genciana se usan también para proporcionar amargor, pero añaden al mismo tiempo un ligero sabor vegetal o incluso floral. El aloe, en cambio, no contiene esas notas extra. Si el amargor tuviera un color, el aloe sería negro como el carbón.

El zumo de aloe se hace extrayendo el líquido del centro de la hoja y filtrándolo para eliminar la aloína y el color oscuro que proporciona. De este modo, el zumo adquiere un sabor más agradable, y quizá también se vuelve más seguro: la aloína fue en otro tiempo un ingrediente de los laxantes, pero durante una evaluación rutinaria de ingredientes que nunca habían sufrido revisiones de seguridad modernas, la agencia reguladora de los medicamentos en Estados Unidos (la Food and Drug Administration; a partir de ahora aparecerá por sus siglas en inglés, FDA) prohibió su uso en fármacos y demás productos laxantes, aunque no porque se hubiera demostrado que era peligrosa, sino porque ninguna compañía farmacéutica se ofreció a demostrar su seguridad y efectividad usando métodos modernos. Aun así, su uso tradicional como laxante podría explicar por qué los componentes amargos del aloe se usaban en recetas para digestivos.

Alcachofa

Cynara scolymus (sin. *Cynara cardunculus* var. *scolymus*)
ASTERÁCEAS (FAMILIA DEL ASTER)

La alcachofa empezó como cardo. Su antepasado frondoso, *C. Cardunculus*, probablemente es originario del norte de África o el Mediterráneo. Lo cultivaron con intensidad egipcios, griegos y romanos, y de sus esfuerzos surgió una nueva especie, la alcachofa. Las dos plantas son muy similares, con hojas largas, plateadas y serradas, y flores como las de los cardos. Ambas pueden incluso cruzarse si se plantan muy juntas. Los tallos de los cardos se consideran tanto un alimento como una medicina, mientras que las alcachofas se cultivan más bien por sus enormes capullos florales. Las dos plantas se extendieron por toda Europa en el siglo xv y se convirtieron en parte fundamental de la cocina italiana.

Las alcachofas y los cardos tienen una larga historia como ingredientes de tónicos digestivos. De hecho, investigaciones recientes demuestran que estimulan la producción de bilis, protegen el hígado y bajan los niveles de colesterol. Sus componentes activos son la cinaropicrina y la cinarina, que se encuentran en gran cantidad en las hojas. Las alcachofas también tienden una trampa a las papilas gustativas: inhiben de forma temporal su capacidad de percibir los sabores dulces. Lo siguiente que llega al paladar (un sorbo de agua, un trocito de comida) tiene un sabor inusualmente dulce cuando esos receptores empiezan a funcionar de nuevo en la lengua. Debido a este fenómeno, es muy difícil maridar las alcachofas con el vino; sin embargo, esa extraña mezcla de amargo y dulce es perfecta para un cóctel.

Varios *amaros* italianos se elaboran con alcachofas y cardos. El aperitivo llamado Cynar es el mejor ejemplo; es maravilloso solo o con agua con gas,

CARDO BENDITO

Antiguamente, el cardo bendito recibía el nombre de *Cnicus benedictus*. *Cnicus* viene del griego y el latín *cnicos*, nombre que incluía varias plantas similares. Hoy en día, esa denominación se ha sustituido por *Centaurea benedicta*. Esta hierba, que es pariente cercana de alcachofas y cardos, alcanza los sesenta centímetros de alto, tiene flores amarillas y parece un diente de león peludo. Y, como los dientes de león, es herbáceo y amargo a la vez. Todas las partes de estas plantas se usan en tónicos digestivos, vermuts y licores herbáceos; el ingrediente activo parece ser un componente llamado *cnicina*, que se valora mucho por sus propiedades antitumorales.

y funciona muy bien como sustituto del Campari en un Negroni. El Cardamaro Vino Amaro, hecho en la región de Piamonte, Italia, es una infusión con base de vino que lleva cardo, cardo bendito y otras especies; tiene un bajo contenido en alcohol (17 % vol.) y un dulzor oxidado parecido al del jerez o el vermut dulce. Otras versiones regionales se etiquetan sencillamente como «Amaro del Carciofo».

Alcaravea

Carum carvi
APIÁCEAS (FAMILIA DE LAS ZANAHORIAS)

Los destiladores noruegos no recurren a mitos de príncipes perdidos ni a recetas antiguas para explicar los orígenes misteriosos de su bebida más típica. Por el contrario, cuentan la historia de una expedición comercial que acabó saliendo mal. Según los productores de Linie Aquavit, en 1805 un barco mercante partió rumbo a Indonesia llevando en sus bodegas unas barricas de jerez usadas llenas de un aguardiente perfumado con alcaravea. Los comerciantes no consiguieron vender su bebida nacional en Indonesia, de modo que regresaron a casa con ella.

Al llegar a Noruega, vieron que, tras esa larga y movida travesía por mar, el aguardiente había mejorado muchísimo. Más adelante, para reproducir ese sabor, almacenaron el aguardiente en barricas de jerez. Sin embargo, pronto se dieron cuenta de que no era lo mismo. El brutal viaje en barco, con etapas de navegación en mares ecuatoriales y en frías aguas nórdicas, combinado con el movimiento y la agitación del mercante, hizo que las barricas se expandieran y se contrajeran de tal manera que el sabor del roble se había liberado mucho más. Por ese motivo, las barricas de Linie siguen navegando cuatro meses y medio por todo el mundo en las bodegas de los barcos mercantes, cruzan el Ecuador dos veces y visitan treinta y cinco países. Años atrás, el destilador guardaba en secreto este método tan extraño de envejecer el licor, pero ahora se imprime un cuaderno de bitácora del viaje en cada etiqueta.

Este aguardiente se aromatiza con alcaravea, una hierba anual que es pariente cercana del perejil y el cilantro. Lo que la gente considera semillas en realidad es un fruto que contiene dos semillas, junto con aceites esenciales que le dan un sabor especiado y tostado. Casi siempre se asocia su sabor con el del pan de centeno, pero también se usa mucho en el *sauerkraut*, la *coleslaw* y algunos quesos holandeses. La alcaravea es originaria de Europa. Indicios arqueológicos en la zona de la actual Suiza demuestran el uso de las semillas como especia nada menos que desde hace cinco mil años. Existen dos tipos de alcaravea: uno bienal, de invierno, que se siembra en primavera u otoño y se cosecha en el invierno siguiente, y otro anual, que se siembra en primavera y se recoge en otoño. La del tipo invernal es la que se suele usar en Europa oriental, y la que se encuentra con mayor facilidad en los almacenes de las empresas que venden semillas.

El aguardiente se hace con una base de vodka de patata. La alcaravea es el sabor predominante, aunque también se añade hinojo, eneldo, anís, cardamomo, clavos y algunos cítricos. Otros licores basados en la alcaravea son el *allasch*, un licor de Letonia hecho también con anís, y uno más conocido, el *kümmel*, una bebida dulce, elaborada a base de cereales, que se remonta a la Holanda del siglo XVI y que normalmente se sirve con hielo después de la cena.

CONFUSIÓN ENTRE ALCARAVEA Y COMINO

La alcaravea y su pariente cercano, el comino (*Cuminum cyminum*), a menudo se confunden, aunque el segundo tiene un sabor mucho más fuerte y picante. El nombre común de las dos plantas ha sido históricamente el mismo o casi el mismo en muchas lenguas de Europa del Este. En Alemania, por ejemplo, comino es *Kreuzkümmel*, y alcaravea es *Kümmel*. Aunque el comino es una de las especias más populares del mundo, no suele usarse para aromatizar licores.

Angélica

Angelica archangelica
APIÁCEAS (FAMILIA DE LAS ZANAHORIAS)

La angélica, una hierba medieval originaria de Europa, es un sabor que aparece, por lo visto, en las fórmulas secretas del Chartreuse, el Strega, el Galliano, el Fernet, el vermut y quizá incluso el Benedictine y el Drambuie. La raíz seca de angélica era un remedio primitivo para los problemas digestivos.

Esta hierba está relacionada con el perejil y el eneldo, del cual saca su sabor chispeante, refrescante e intensamente herbáceo. También es pariente de la cicuta, que es venenosa, y de otras plantas tóxicas. De hecho, de las más de veinticinco especies de angélica, muchas no se han evaluado para comprobar su toxicidad, y algunas se parecen mucho a sus parientes más cercanas, de modo que recolectar la planta silvestre resulta un tanto arriesgado. Por suerte, en viveros y en empresas de semillas está disponible la comestible *Angelica archangelica*, a veces vendida como *A. officinalis*. En general, se cultiva a partir de las semillas, porque las plantas que tienen una raíz principal larga, como la angélica, no se trasplantan bien. La planta alcanza los dos metros de alto y resulta muy vistosa, con sus hojas grandes y finamente dentadas y sus flores blancas y en forma de umbela, similares a las de la zanahoria.

Aunque los tallos se han usado para hacer angélica confitada, son las semillas y las raíces secas lo que da sabor a los vinos y licores. La angélica es bienal, es decir, que las semillas tardan dos años en germinar, crecer y convertirse en plantas maduras que producirán flores y otra generación de semillas. Si se cultiva por las raíces, generalmente se cosechará en otoño de

> ## LAS ALEGRÍAS DEL LICOR STREGA
>
> **AUNQUE EL STREGA, UN LICOR AMARILLO DE ORIGEN ITALIANO,** puede combinarse en un cóctel y casa bien, por ejemplo, con la ginebra en variantes con martini, no hay motivo para complicarse tanto la vida. El Strega está delicioso solo.
>
> Sus fabricantes aseguran que la receta data de 1860, año en que se le dio el nombre de Strega —que significa «bruja» en italiano— en referencia a las legendarias brujas de la ciudad de Benevento, justo al sur de Nápoles. La destilería sigue allí hoy en día.
>
> El Strega es un licor dulce, complejo y herbáceo, perfecto para después de cenar, servido solo o con hielo. El destilador confiesa unos pocos de sus setenta ingredientes: canela, lirio, enebro, menta, piel de cítricos, clavos de olor, estrellas de anís y mirra, junto con azafrán para darle color. Algunos visitantes de la destilería han contado que también han visto nuez moscada, macis, eucalipto e hinojo, aunque se cree que la angélica es uno de sus sabores fundamentales. Pruébalo y decide por ti mismo.

su primer año, mientras la raíz todavía está tierna y no ha sido colonizada por los insectos. (A algunas plantas se les permite pasar el invierno y florecer el segundo año para guardar las semillas.) Un análisis químico de la raíz de angélica fresca muestra que contiene cierto número de sabrosos componentes destinados a repeler los ataques de los insectos: el cítrico limoneno, el amaderado pineno y el claramente herbáceo betafelandreno son los sabores que la hacen especialmente adecuada para los licores.

Asperilla

Galium odoratum
EUBIÁCEAS (FAMILIA DE LA RUBIA)

Esta planta perenne de crecimiento lento tiene unas hojas muy bonitas en forma de estrella pequeña. En primavera le brotan unas flores, aún más pequeñas y blancas, también con forma de estrella. Aunque podría pasar desapercibida fácilmente, como una insignificante planta de sotobosque —pues es una amante de la sombra—, produce una fragancia muy dulce e intensa, lo que muchas veces indica que contiene niveles tóxicos de cumarina. Por ese motivo, esta planta no se considera un aditivo alimentario seguro en Estados Unidos, excepto como aromatizante para bebidas alcohólicas.

La asperilla es un ingrediente típico del vino de mayo (o *Maiwein*), una bebida aromatizada alemana que se prepara macerando en el vino unas ramitas de asperilla a principios de primavera, antes de que la concentración de cumarina de la planta sea excesiva y peligrosa para la salud. Suele servirse con fruta en los festivales de mayo.

Cálamo aromático

Acorus calamus
ACORÁCEAS (FAMILIA DEL CÁLAMO)

El cálamo es una hierba o junco muy fragante que crece en zonas pantanosas de toda Europa y Norteamérica. El rizoma tiene un sabor complejo, especiado y algo amargo, que se presta a elaborar *amaros* como el Campari y licores como el Chartreuse, así como ginebras y vermuts. Su sabor se ha descrito como amaderado, a cuero y también cremoso. El perfumista Steffen Arctander lo comparaba a oler un camión de transporte de leche dentro de una tienda de reparación de calzado.

Algunas variedades de la planta contienen un compuesto potencialmente carcinógeno llamado beta-asarona. Por ese motivo, la FDA lo ha prohibido como aditivo alimentario. Sin embargo, no todo el cálamo aromático es igual de peligroso. La variedad norteamericana —llamada *A. calamus* var. *americanus* o *A. americanus*— no lleva una cantidad significativa de la posible toxina y las cepas europeas contienen unos niveles relativamente bajos. La Unión Europea reconoce que la planta se usa mucho en bíters, vermuts y licores, y ha establecido unos límites para regular la cantidad de beta-asarona que pueden contener las bebidas alcohólicas y promover el uso de las variedades menos tóxicas. En Estados Unidos los destiladores eluden la prohibición produciendo licores con unos niveles indetectables de la toxina.

Camedrio

Teucrium chamaedrys
LAMIÁCEAS (FAMILIA DE LA MENTA)

Esta hierba perenne procedente del Mediterráneo, de crecimiento lento, es conocida por los jardineros como planta de bordura en los jardines clásicos. Con un porte erguido y recto, hojas oscuras, brillantes y estrechas, seguidas de espigas con pequeñas flores de color rosa, el camedrio es perfecto para colocarlo alineado en paisajes formales. De las hojas emana una fragancia herbal muy intensa, similar a la de la salvia, una pariente cercana. Los boticarios medievales la prescribían para numerosos padecimientos, y con el tiempo se ha convertido en un saborizante amargo para vermuts, bíters y licores.

Cardamomo

Elettaria cardamomum var. *Minor* o var. *Major*
ZINGIBERÁCEAS (FAMILIA DEL JENGIBRE)

Si nunca has visto la planta del cardamomo, imagínate un macizo de orquídeas frondosas y altas. Como miembro de la familia del jengibre, el cardamomo produce la tercera especia más cara del mundo, tras el azafrán y la vainilla. Su alto precio se debe en parte a que la planta prefiere climas tropicales, pero también a que el fruto es muy difícil de cosechar.

El cardamomo silvestre se recoge desde hace cientos de años, pero se empezó a cultivar en el siglo XIX. La planta alcanza casi los seis metros de altura y florece durante una larga estación, lo que hace necesario que los recolectores vuelvan una y otra vez a la misma planta para recoger los frutos uno a uno. Además, deben recogerse mientras todavía están un poco verdes, y luego han de secarse y abrirse con cuidado para extraer las semillas que contienen en su interior. Las vainas también se venden intactas, con las semillas dentro, porque así conservan mejor su sabor.

El cardamomo de la India se considera el de mejor calidad, aunque Guatemala se ha convertido también en un productor importante. Existen dos tipos: el Malabar, que tiene un ligero sabor a eucalipto, y el Mysore, más cálido y especiado, con notas cítricas y florales. Una especie relacionada, la *Amomum subulatum*, también llamada «cardamomo grande» o «cardamomo negro», suele secarse en una fogata, y por ello tiene un sabor mucho más ahumado.

Esta especia contiene altos niveles de linalol y acetato de linalilo, que son componentes muy aromáticos también presentes en la lavanda, los cítricos y una amplia gama de flores y especias. Unos científicos japoneses han demostrado hace poco que estos ingredientes reducen el estrés, como se ha comprobado directamente en la respuesta del sistema inmunitario de los sujetos participantes en el estudio. Es un motivo tan bueno como otro cualquiera para incorporarlo a una bebida.

El cardamomo aromatiza una enorme gama de espirituosos, incluyendo ginebras, licores de café y de nuez, vermuts y los *amaros* italianos. La mejor forma de incorporarlo a un cóctel es calentar semillas verdes de cardamomo en un jarabe simple y experimentar con él añadiéndolo a bebidas especiadas, tropicales y a base de frutas.

Centaura menor

Centaurium erythraea
GENCIANÁCEAS (FAMILIA DE LA GENCIANA)

Esta hierba anual, con flores rosas, es una pariente de la genciana. Originaria de Europa, se ha extendido por Norteamérica, África y algunas zonas de Asia y Australia. Los tallos y hojas secos se utilizan de forma tópica para tratar heridas y también como infusión y tónico digestivo. Hoy en día, el amargor de los glucósidos iridoides de la planta —poderosos compuestos que usa para defenderse— la hacen útil como ingrediente en bíters y vermuts.

Clavo

Syzygium aromaticum
MIRTÁCEAS (FAMILIA DEL MIRTO)

Un clavo no es una semilla ni un fruto ni forma parte de la corteza de un árbol. De hecho, es un capullo de flor muy apretado, que se coge de un árbol indonesio y se deja secar al sol antes de fermentar (de la misma manera que fermentaría cualquier cosa, al parecer, si la dejásemos mucho tiempo al aire libre).

Los clavos provienen de las islas indonesias de Ternate, Tidore, Bacan, Makin y las islas Maluku. Estas islas son el origen de las especias que se han usado en Asia y Europa desde al menos el siglo III a. C. Los romanos comerciaron de buen grado con los mercaderes árabes para obtener algunas de las exóticas plantas de esas islas, y en el siglo XVII holandeses y portugueses lucharon por ese territorio. En un intento de controlar el mercado, los holandeses incluso llegaron a cortar los árboles del clavo de todas las islas, excepto de las que ellos controlaban. Unos comerciantes franceses y británicos consiguieron al final apoderarse de algunas semillas y las llevaron a sus propias colonias tropicales, incluyendo Sri Lanka, la India y Malasia. Por desgracia, esto acabó con la rica diversidad genética que quizá había existido entre los árboles de clavo silvestres. En los únicos árboles silvestres que quedan no hay rastro de eugenol, el sabor distintivo que se extrae de los clavos modernos. Eso sugiere que un segundo antepasado silvestre, que producía eugenol, fue eliminado por completo por los comerciantes de especias.

El árbol de clavo es muy bonito: sus hojas van adquiriendo un color dorado pálido que pasa al rosa y luego al verde al cambiar la estación. Los capullos también cambian de color al florecer y deben cosecharse en el preciso instante en que viran al rosa claro. Debido a este ciclo de florecimiento tan largo, las flores se recogen nada menos que ocho veces en cada estación y un ejemplar sólo produce unos cuatro kilos y medio de clavos al año. Los tallos de clavo a veces se usan como sustituto barato de las yemas, y también puede extraerse aceite de clavo de las hojas y las ramas.

Las variedades de clavos que se venden hoy en día son Zanzíbar, Siputih y Sikotok (el Siputih es el más grande y oloroso de los tres). El extracto de clavo se ha usado a lo largo de la historia —y se sigue usando en la actualidad— como anestésico dental, pues tiene efectos adormecedores y analgésicos. De hecho, el olor característico de las consultas de los dentistas en parte viene de los clavos.

Sea como sea, hay formas mucho más agradables de disfrutar de los clavos que visitando la consulta de un dentista. Combinado con otras especias, su sabor es maravilloso. Intensifica el sabor de la vainilla y aporta complejidad a los cítricos. Muchos licores picantes o con sabor a frutos secos se basan en el clavo para apoyar y amplificar otros sabores, incluidos el *amaretto*, el alkermes y algunos vermuts y *amaros*.

Coca

***Erythroxylum* coca**
ERITROXILÁCEAS (FAMILIA DE LA COCA)

Ninguna planta simboliza mejor la interminable guerra contra las drogas que este pequeño arbusto andino de un verde oscuro. Al masticar las hojas, actúan como un estimulante suave y pueden ofrecer cierta protección contra el mal de altura. Los arqueólogos han encontrado pruebas de que los peruanos usaban las plantas de ese modo ya en el año 3000 a. C. y de que seguían utilizándolas cuando llegaron los españoles en el siglo XVI. La Iglesia católica intentó prohibirla, pero las autoridades se dieron cuenta enseguida de que los peruanos esclavizados trabajaban mucho mejor si tenían coca, de modo que siguió formando parte de su cultura.

Los europeos, siempre en busca de alguna planta nueva a la que se pudiera dar un uso médico o recreativo, encontraron la forma de extraer el alcaloide puro de la cocaína, creando una droga con un efecto mucho más potente que las hojas solas. La cocaína se convirtió en remedio para el dolor, antiséptico, tónico digestivo y panacea universal. A Freud le gustaba; en 1895, escribió que «la cocainización del agujero izquierdo de la nariz me ha ayudado hasta un punto sorprendente».

Las hojas se usaban también en vinos y tónicos. El más famoso de ellos es el francés Vin Mariani, cuyos anuncios aseguraban que era un «activador efectivo y duradero de las fuerzas vitales». En 1893, la empresa publicó un precioso libro ilustrado con testimonios sobre su producto. La obra empezaba con una introducción a la planta de la coca («no coco, ni cacao», insistían), en la cual aseguraban que «la forma más efectiva de administrar la coca es la vinosa».

Las recomendaciones venían de celebridades como Sarah Bernhardt, quien declaraba que el vino «me ayuda a tener la fuerza necesaria para cumplir los arduos deberes que me he impuesto a mí misma». El cardenal francés Charles Lavigerie, que supervisaba las misiones en África, decía que «vuestra coca de América da a mis "padres blancos", hijos de Europa, el coraje y la fuerza necesarios para civilizar Asia y África». La mejor recomendación venía del controvertido político francés Henri Rochefort, quien dijo que «vuestro preciado Vin Mariani ha reformado por completo mi constitución; deberían ofrecérselo al Gobierno francés».

La coca sigue floreciendo en su lugar de origen, las montañas andinas. Los arbustos crecen hasta más o menos unos dos metros y medio de altura y producen pequeñas flores blancas y semillas. Sólo se cosechan las hojas recientes y jóvenes, normalmente tres veces al año, empezando en la estación lluviosa, en marzo. Hay siete especies en total, y al menos una más (*Erythroxylum novogranatense*) que contiene el alcaloide de la cocaína. La *E. rufum*, o falsa cocaína, no tiene el alcaloide, y se cultiva en algunos jardines botánicos de Estados Unidos.

Aunque a los fabricantes de vino, tónica y refrescos ya no se les permite incluir cocaína en sus fórmulas, siguen usando todavía el extracto de sabor de la planta, sin cocaína. La FDA ha aprobado la «coca (descocainizada)» como aditivo alimentario, y un fabricante norteamericano, Stepan Company, de Nueva Jersey, ha conseguido la licencia para comprar legalmente las hojas de la Compañía Nacional de Coca de Perú. El fabricante separa el alcaloide de cocaína, para su uso como anestésico tópico, y vende el aromatizante que queda a empresas como Coca-Cola. Para no ser menos, el Gobierno boliviano ha subvencionado la creación de cierto número de refrescos y otros productos aromatizados con coca, alegando que es hipócrita que Estados Unidos no sancione el uso de las hojas en refrescos que fabrican empresas estadounidenses y que no vea con buenos ojos los productos locales elaborados con la misma planta.

Aunque es totalmente legal aromatizar espirituosos con el extracto descocainizado de las hojas de coca, pocos destiladores lo hacen. Un ejemplo notable es el licor de hierbas Agwa, que se vende mucho en Estados Unidos y Europa con una etiqueta muy llamativa en la que se anuncia su controvertido ingrediente. (También lleva otros ingredientes, como semillas de guaraná, un estimulante sudamericano con un compuesto similar a la cafeína, y ginseng.) En los países productores de coca se vende también «licor de coca» y «vino de coca» en los mercados locales.

Coriandro

Coriandrum sativum
APIÁCEOS (FAMILIA DE LA ZANAHORIA)

El coriandro es un ingrediente muy apreciado por los destiladores. Se encuentra en casi todas las ginebras y en muchos licores herbáceos, como la absenta, el *aquavit*, el pastís y el vermut. Aun así, quien haya masticado alguna vez la hoja de una planta de coriandro (llamada cilantro en América) se preguntará por qué raramente encuentra ese sabor tan característico en esas bebidas.

El motivo es que el fruto (unas semillas redondas, marrones) experimenta unos cambios químicos al secarse y pierde por completo su intenso sabor. El aceite esencial que se encuentra en las hojas frescas y en la superficie del fruto sin madurar es reconocible al instante, y no gusta a todo el mundo, debido en parte a diferencias genéticas que afectan a la forma de percibir los sabores. Algunas personas dicen que es fétido, otras dicen que huele a bichos. De hecho, la palabra griega *koris*, que significa «chinche», es la raíz de su antiguo nombre griego, *koriandron*.

Sin embargo, en el interior del fruto se encuentra otro aceite que se extrae con facilidad, una vez que el fruto está seco y el sabor característico del cilantro se ha evaporado. Ese aceite, dominado por el linalol, el timol y el acetato de geranilo, un compuesto que se encuentra en los geranios, es perfecto para el alcohol. Combina las notas amaderadas del tomillo, la intensidad del perfume del geranio y el aroma brillante, floral y cítrico del linalol. Sabe, en otras palabras, a buena ginebra.

Existen dos variedades de especies en el mercado: el coriandro ruso, de alta calidad, *C. sativum* var. *microcarpum*, que es más pequeño pero contiene más aceite esencial, y el de fruto grande, *C. sativum* var. *vulgare*, que a veces recibe el nombre de coriandro indio, marroquí o asiático. Este último se cultiva por sus hojas y es más fácil de encontrar por sus usos en jardinería. (Muchas variedades de las que se venden a los jardineros se crían para que florezcan lo más tarde posible y produzcan así más hojas para la cocina.) Al parecer, el aceite de mayor calidad procede de plantas cultivadas en zonas con veranos fríos y húmedos, y por eso Noruega y Siberia son los máximos exportadores internacionales de coriandro.

Cubeba

Piper cubeba
PIPERÁCEAS (FAMILIA DE LA PIMIENTA)

Esta vid trepadora y leñosa originaria de Indonesia produce un fruto que en el pasado fue mucho más popular que su pariente más conocida, la *Piper nigrum* o pimienta negra. Aunque los frutos secos se parecen a la pimienta negra, por lo general se venden con los tallos unidos a ellos, de modo que es fácil distinguirlos. Su sabor cáustico procede de un componente llamado piperina, aunque en realidad contiene niveles mucho más elevados de limoneno, ese sabor ubicuo que se encuentra en una amplia gama de cítricos y hierbas. Eso puede explicar por qué la cubeba es tan popular como ingrediente de la ginebra, en la que especias y cítricos disfrutan de un matrimonio feliz.

En la época victoriana, se vendían cigarrillos «medicados» con cubeba como tratamiento para el asma. Las empresas tabacaleras modernas que han hecho públicos sus ingredientes siguen utilizándola como aromatizante. Ludovico Maria Sinistrari, un sacerdote italiano del siglo XVII que escribió extensamente sobre el uso de plantas para realizar exorcismos, prescribía un tónico a base de brandy aromatizado con cubeba, cardamomo, nuez moscada, aristoloquia, aloe y otras raíces y especias para mantener alejados a los demonios.

Culantrillo

Adiantum capillus-veneris
PTERIDÁCEAS (FAMILIA DE LOS HELECHOS)

Con sus delicadas hojas en forma de abanico y sus llamativos tallos negros, el culantrillo (o cabellera de Venus) es una pieza codiciada en cualquier invernadero desde la época victoriana. Especie cosmopolita, oriunda de América del Norte y del Sur, Europa y algunas zonas de Asia y África, este helecho lleva el tiempo suficiente entre nosotros para figurar en el herbario de la medicina tradicional. Un producto de este tipo, el *capillaire*, o «jarabe de culantrillo», pasó de tónico medicinal a ingrediente de cóctel.

Nicholas Culpeper, un herborista del siglo XVII, recomendaba el jarabe de culantrillo para tratar la tos, la ictericia y los problemas de riñón. A lo largo del tiempo, el helecho fue convirtiéndose en un ingrediente menos importante, y el término *capillaire* acabó por referirse simplemente a un sirope de azúcar, agua, claras de huevo y agua de azahar. Hoy en día este sirope ha vuelto a ponerse de moda al ser un ingrediente clave en varias recreaciones de cócteles y ponches *vintage*, como el clásico Regent's Punch de Jerry Thomas.

Aunque el helecho culantrillo, en general, no se considera tóxico y, de hecho, está incluido en la lista de la FDA de aditivos aprobados para la alimentación, muchas otras especies de helechos son venenosas y pueden causar graves problemas gastrointestinales. Algunas, como las del género de los *Pteridium*, también contienen carcinógenos. Además, los culantrillos son conocidos por su notable capacidad para absorber toxinas de la tierra, como el arsénico, y por tanto no deben recogerse en el campo, donde no podemos saber en qué tipo de terreno han crecido. El jarabe de culantrillo hecho en casa ha de tomarse siempre con precaución.

REGENT'S PUNCH DE JERRY THOMAS

700 ml de té verde fuerte
700 ml de zumo de limón
700 ml de jarabe de culantrillo
475 ml de ron
475 ml de brandy
475 ml de arrack (véase la nota)
475 ml de curaçao
1 botella de champán
Una rodaja de piña

Combina todos los ingredientes en un cuenco de ponche. En esta receta, la original, quizá haya demasiado zumo de limón; reduce la cantidad al principio e intenta usar limones dulces tipo Meyer. También mejora si se añade a cada vaso un poquito más de champán. (Para 30 vasos.)

NOTA: «Arrack» es una palabra genérica que se refiere a los espirituosos elaborados a partir de la destilación de la savia azucarada del coco o la palma. No es fácil de encontrar, pero el arrack de Batavia, hecho de caña de azúcar y arroz rojo, tiene una buena distribución. Aunque el sabor puede ser algo diferente, el arrack de Batavia es un ingrediente perfecto para este y otros ponches.

VARIANTE: En lugar de los 700 y los 475 mililitros de la receta anterior, pon 45 y 30 mililitros respectivamente y prepara un cóctel para dos. Añade unos 120 mililitros de champán.

JARABE DE CAPILLAIRE

Varias ramitas de helecho culantrillo fresco
500 ml de agua
30 ml de agua de azahar
300 g de azúcar

Lleva el agua a ebullición y viértela sobre el helecho en un cazo. Deja reposar 30 minutos. Cuélalo y añade agua de azahar y azúcar. Vuelve a calentarlo, si es necesario, para disolver el azúcar. Se conservará varias semanas en el frigorífico, y más aún en el congelador.

Este jarabe se puede usar en cualquier receta que requiera un sirope simple, pero puedes hacer un experimento avalado por la historia si sigues la receta de Regent's Punch del famoso manual de Jerry Thomas, *La guía del barman*, de 1862.

Damiana

Turnera difussa
TURNERÁCEAS (FAMILIA
DE LA DAMIANA)

En 1908, unos funcionarios federales confiscaron una botella etiquetada como «ginebra de damiana» que iba a enviarse desde Nueva York a Baltimore. La etiqueta anunciaba las cualidades afrodisíacas de aquel espirituoso, pero los federales tenían sus sospechas. Un análisis de laboratorio reveló su contenido en estricnina y brucina (ambos venenos derivados del árbol de la estricnina), así como en ácido salicílico, un compuesto similar al de la aspirina que se extraía de los sauces y que puede ser peligroso en grandes dosis.

Dados sus ingredientes tóxicos, las «falsas y engañosas» afirmaciones de las cualidades afrodisíacas de aquella bebida y el hecho de que en realidad no fuera ginebra, se consideró que la botella violaba la Ley de Pureza de Alimentos y Medicamentos de 1906. Su propietario, un hombre llamado Henry F. Kaufman, fue multado con cien dólares por enviar un producto que transgredía la ley. Aun así, la reputación de la damiana se ha mantenido intacta.

Este arbusto sumamente aromático, de dos metros de alto, tiene unas flores amarillas diminutas y unos frutos pequeños. Crece de forma silvestre en México, donde tiene la reputación de estimular el apetito sexual. En el siglo XIX, los médicos la prescribían como tónico sexual. Un doctor escribía en 1879 que era factible administrársela a las pacientes femeninas «para producir en ellas el importante, aunque no absolutamente esencial, orgasmo».

Por curioso que pueda parecer, todas estas afirmaciones tienen alguna base científica. Un estudio de 2009 demuestra que la planta puede acelerar el tiempo de recuperación en «ratas macho sexualmente exhaustas», lo que les permite realizar un segundo acto amatorio al cabo de un intervalo de tiempo muy breve. (No se reveló cuál fue el método usado para agotar sexualmente a las ratas.)

A pesar de esta intrigante investigación, no se han llevado a cabo análisis clínicos que determinen los efectos de la damiana en los humanos. Es un aditivo alimentario legal en Estados Unidos. Y las hojas y los tallos secos dan sabor a la Damiana, un licor de hierbas mexicano que se vende en una botella en forma de... la diosa de la fertilidad. ¡Cómo no!

Díctamo de Creta

Origanum dictamnus
LAMIÁCEAS (FAMILIA DE LA MENTA)

El «díctamo de Creta», de nombre misterioso, no es otra cosa que un tipo de orégano un poco raro. Por sus hojas redondas, plateadas y vellosas, y las brácteas de flores de un rosa amoratado, se ha convertido en una ornamental típica en los jardines mediterráneos y por eso su hábitat ya no se limita a una sola isla griega. Se ha ganado el nombre de «lúpulo mejorana» porque su flor se parece a la del lúpulo, pero la fragancia de la planta es muy semejante a la del tomillo y otros oréganos. Las hojas se han usado para aromatizar tónicos medicinales desde al menos los albores de Grecia, y hoy en día se siguen usando en vermuts, bíters y licores de hierbas.

Enebro

Juniperus communis
CUPRESÁCEAS (FAMILIA DE LOS CIPRESES)

Los historiadores de los cócteles compiten por descubrir el precursor más antiguo de la ginebra en la literatura médica. Franciscus de le Boë Sylvius, un médico holandés del siglo XVII, se mantuvo un tiempo en cabeza, al usar extractos de enebro en pociones medicinales. Sin embargo, en la actualidad ocupa la primera posición el teólogo belga Thomas van Cantimpré, cuyo *Liber de Natura Rerum*, del siglo XIII, fue traducido al holandés por un contemporáneo, Jacob van Maerlant, en su obra *Der Naturen Bloeme*, de 1266. El texto recomendaba hervir bayas de enebro en agua de lluvia o vino para tratar el dolor de estómago. No es ginebra, pero cualquier cosa que combine enebro y alcohol significa un paso en la dirección correcta.

No queremos decir con esto que los holandeses descubrieran el uso del enebro como medicina. El médico griego Galeno decía, en el siglo II d. de C., que las bayas de enebro «limpian el hígado y los riñones y, sin duda, aclaran cualquier jugo espeso y viscoso, y por ese motivo se utilizan en medicamentos para la salud». Por supuesto, esto sugiere una mezcla de bayas de enebro y alcohol, aunque desde luego su sabor no se habría parecido en nada a las soberbias ginebras que bebemos en la actualidad.

Los enebros son miembros de la antigua familia de los cipreses. Datan del Triásico, hace 250 millones de años. Esto los sitúa en la Tierra en un momento en que la mayoría de las masas terrestres estaban agrupadas en un solo continente, Pangea, y explica por qué una misma especie, *Juniperus communis*, puede ser autóctona de Europa, Asia y Norteamérica.

CONOCE LAS DISTINTAS CLASES DE GINEBRA

GENEVER: Un tipo de ginebra holandesa destilada de una malta similar a la que se usa para el whisky. La *oude* es la más antigua, tiene un color más oscuro y un sabor a malta más intenso. La *jonge* es la más moderna, más ligera en sabor y color, normalmente debido a unas técnicas de destilación más refinadas. Las dos pueden presentarse envejecidas en barrica o sin envejecer.

GINEBRA: Alcohol tipo vodka, de alta graduación, aromatizado con enebro y otros sabores naturales o «idénticos a la naturaleza».

GINEBRA DE ENDRINO: Espirituoso producido por la maceración de bayas de endrino en ginebra, embotellado a un 25 % vol. de alcohol o superior.

GINEBRA DESTILADA: Alcohol que se ha «redestilado» con enebro y otras aportaciones botánicas, con aromatizantes añadidos.

GINEBRA LONDON (o London dry gin): Espirituoso destilado con enebro y otras aportaciones botánicas, sin adición de otros ingredientes que no sean agua o alcohol etílico.

GINEBRA OLD TOM: Antiguo estilo británico de ginebra endulzada que está volviendo a usarse entre los aficionados a los cócteles clásicos. En otros tiempos se despachaba en «palacios de la ginebra», al estilo de las máquinas expendedoras automáticas, cuyo distintivo era un gato de aspecto estilizado. En 1875 el periodista británico James Greenwood lo describía así: «Old Tom era simplemente el nombre de un animal que, debido a su naturaleza feroz y a los efectos agudos y duraderos de sus dientes y garras en todo aquel que se aventuraba a combatir con él, había sido seleccionado como el emblema adecuado para ese líquido potente llamado ginebra.»

GINEBRA PLYMOUTH: Un tipo de ginebra similar al estilo London dry, que sólo se puede elaborar en Plymouth, Inglaterra.

MAHÓN: Ginebra destilada del vino. Sólo se elabora en la isla de Menorca, en la costa mediterránea española.

Como los enebros llevan tanto tiempo por aquí, han aparecido varias subespecies. El enebro más usado en ginebras es el *J. Communis communis*, un arbolito o arbusto pequeño que puede vivir hasta doscientos años. Es dioico, es decir, que cada ejemplar es macho o hembra.

El polen de un arbusto macho puede viajar con el viento más de cien kilómetros hasta llegar a una hembra. Una vez polinizada, las bayas, que en realidad son piñas de escamas tan carnosas que parecen la piel de una fruta, tardan dos o tres años en madurar. Cosecharlas no es fácil: una sola planta puede albergar bayas en todos los estadios de madurez, de modo que hay que recolectarlas varias veces al año.

Los destiladores de ginebra prefieren las bayas de enebro de la Toscana, Marruecos y Europa del Este. Gran parte de esas bayas se cogen todavía de arbustos silvestres: por ejemplo, Albania y Bosnia y Herzegovina juntas producen más de setecientas toneladas de bayas de enebro por año, gran parte de las cuales son silvestres y recogidas por recolectores individuales que venden sus cosechas a una gran empresa de especias. El método, de tecnología muy sencilla, requiere mucho tiempo: los recolectores colocan una cesta o lona impermeable bajo una rama, la van golpeando con un palo e intentan coger sólo las bayas maduras, de un azul oscuro, dejando el fruto más joven y verde en el arbusto. Una vez recogidas, las extienden en un lugar frío y oscuro para que se sequen. Demasiado sol o calor hace que pierdan sus aceites esenciales, llenos de sabor, y un entorno demasiado húmedo puede provocar la aparición de moho.

Las bayas contienen alfapineno, que aporta un aroma a pino o a romero, así como mirceno, que también puede encontrarse en el cannabis, el lúpulo y el tomillo silvestre. El limoneno, ese intenso sabor a cítrico común en varias hierbas y especias, también está presente. No es de extrañar que el enebro se mezcle con coriandro, peladura de limón y otras especias para hacer la ginebra. Los mismos componentes de sabor se encuentran en otras muchas plantas, pero en distintas combinaciones.

Los holandeses ya destilaban ginebra para algo más que un uso medicinal cuando se rebelaron contra los españoles, un conflicto que empezó en 1566 y duró, de una forma u otra, hasta 1648. Cuando los soldados británicos fueron a ayudar a los holandeses, disfrutaron de un poco de ginebra en el campo de batalla, a la que llamaron «valor holandés» por la fuerza que daba a las tropas. Edmund Waller se refiere a ello en un poema de 1666 titulado «Instrucciones para un pintor»: «Los holandeses pierden su vino y todo su brandy / y quedan desarmados de aquello que alienta su valor.»

Una vez que los ingleses se hicieron con la ginebra, no hubo quien los parase. Las bayas de enebro aparecían como ingrediente en recetas de los destiladores ingleses ya en 1639. En el siglo XVIII, cuando fabricar ginebra sin licencia era legal en Inglaterra, una ginebra muy basta y fuerte reemplazó a la cerveza como bebida preferida. Una serie de reformas llevaron a la aplicación de leyes e impuestos sobre las destilerías de ginebra, y hacia el siglo XIX Inglaterra empezó a producir versiones primitivas de las excelentes ginebras, intensas y secas, por las cuales es conocida hoy en día.

En realidad, la ginebra no es más que un vodka aromatizado cuyo sabor predominante es el enebro, de modo que los bebedores de ginebra que dicen no beber vodka no conocen bien la naturaleza de su adicción. El licor base normalmente es una mezcla de cebada, centeno y quizá trigo o maíz. El enebro y otros aromatizantes se pueden macerar en el alcohol y «redestilarlo», suspendidos en «bandejas botánicas» en el alambique o extraídos por separado y mezclados con el licor acabado. Cada proceso extrae unos aceites distintos de las plantas y produce un resultado diferente.

El alcohol de enebro se elabora fermentando bayas de enebro y agua, creando así un «vino» de enebro que luego se destila. En Europa del Este, a veces se vende como brandy de enebro. La destilería St. Nicolaus, de Eslovaquia, por ejemplo, vende un brandy de enebro, así como un licor llamado Jubilejná Borovička que se embotella con una ramita de enebro. Su publicidad dice que transmite el dudoso «placer de beberse una ramita de enebro».

Algunos destiladores norteamericanos están experimentando con enebros locales, en un intento de sustituir las fuentes europeas tradicionales. Bendistillery, en Oregón, cosecha bayas de enebro silvestre para su ginebra: de hecho, el propietario dice que el motivo por el que empezó a hacer ginebra

INGREDIENTES DE LA GINEBRA COMÚN

Bayas de enebro	Granos del paraíso	Lavanda
Cardamomo	Hinojo	Piel de cítricos
Coriandro	Hojas de laurel	Raíz de angélica
Cubeba	Jengibre	Raíz de orris

fue para usar la cosecha de enebro del nordeste del Pacífico. Washington Island, en Wisconsin, es también hogar de una buena cosecha de enebro: los turistas pueden hacer una excursión en la que se recolecta enebro para Death's Door, una destilería local de ginebra muy popular.

Pero no todos los enebros son adecuados para cosechar. El sabina (*J. Sabina*), el ashe (*J. Ashei*) y el de bayas rojas (*J. Pinchotii*) son especies tóxicas; de muchas otras no se ha estudiado la posible toxicidad. Quien quiera experimentar con infusiones de enebro hará bien en conseguir la *J. Communis communis* de una fuente fiable.

La pérdida de su hábitat y el hecho de no haber replantado las cepas antiguas han causado que las bayas de enebro escaseen en Inglaterra. La organización conservacionista Plantlife UK ha lanzado una campaña para salvar los enebros ingleses, apelando al cariño de los británicos por su gin-tonic para promover la conservación y restauración del hábitat de este arbusto.

EL MARTINI CLÁSICO

La antigua broma de que un martini ha de combinarse sólo con un toque de vermut merece ser ignorada. Los bármanes que ponen unas gotas de vermut en una copa para hacerlo girar por ella y luego desecharlo y, acto seguido, llenar la copa de ginebra no están preparando un combinado: simplemente, te venden una copa de ginebra. El vermut es un tipo de vino y, mientras esté fresco, recién abierto y refrigerado, es un elemento excelente para combinar. Una botella rancia de vermut, abierta hace meses, es mejor tirarla.

Un martini debe ser una bebida pequeña, servida en una copa pequeña y muy fría. En algunos bares ponen 120 o 150 ml de ginebra en un vaso de cóctel descomunal, obligando a los bebedores a enfrentarse a una cantidad enorme de ginebra tibia y sin diluir, y eso no es un cóctel.

45 ml de ginebra
15 ml de vermut blanco seco
Una aceituna o una peladura de limón

Agita la ginebra y el vermut vigorosamente con hielo. Cuela la mezcla en una copa de cóctel. Decora con la aceituna.

Énula

Inula helenium
ASTERÁCEAS (FAMILIA DEL ASTER)

Un macizo de énulas silvestres podría confundirse fácilmente con dientes de león muy crecidos. Y, de hecho, las dos plantas están emparentadas. Aunque la énula es originaria del sur de Europa y algunas zonas de Asia, a día de hoy crece silvestre en gran parte de Norteamérica, Europa y Asia. También se cultiva y se vende como hierba medicinal para tratar la tos. Alcanza los dos metros y medio de altura y tiene unas flores pequeñas, amarillas, con forma de margarita. La raíz, amarga y con sabor a alcanfor, es un ingrediente común en vermuts, bíters, absenta y licores de hierbas.

Fenogreco

Trigonella foenum-graecum
FABÁCEAS (FAMILIA DE LAS LEGUMINOSAS)

Hacia el año 2005, las personas que vivían en determinadas zonas de Nueva York tenían de pronto el antojo, rarísimo, de comer tortitas. Un olor a sirope de arce flotaba por encima de la ciudad. No ocurría muy a menudo, pero, cuando sucedía, el Ayuntamiento recibía numerosas llamadas que preguntaban por el origen de ese aroma misterioso, aunque no desagradable.

PIMM'S CUP

1 parte de Pimm's n.º 1
3 partes de limonada
Rodajas de pepino, naranja y fresas
Hojas de menta
Flores u hojas de borraja (opcional)

Llena una jarra o un vaso con hielo con todos los ingredientes. Remueve bien. Las hojas y las flores de borraja son una guarnición tradicional pero no siempre fácil de encontrar, a menos que las cultives tú mismo.

Finalmente, en 2009, los funcionarios del Ayuntamiento encontraron una respuesta: el fenogreco. Las semillas de esta planta diminuta, parecidas a las judías, se muelen y mezclan para elaborar curris, pero también las procesa una empresa de Nueva Jersey que vende fragancias y saborizantes industriales. La nota de caramelo o de sirope de arce que aportaba el fenogreco se usaba como aromatizante en licores y también para imitar el sirope de arce y otros dulces.

El fenogreco proviene del Mediterráneo, el norte de África y algunas zonas de Asia. Desde hace siglos, forma parte de la cocina tradicional india y de Oriente Medio. Aunque nunca tiene un papel estelar en las recetas de espirituosos, se usa como fondo para dar una nota especiada y dulce, y por ese motivo los bármanes lo utilizan a veces en infusiones caseras. Algunos aficionados al Pimm's n.º 1, licor a base de ginebra con el que se prepara el clásico cóctel veraniego británico conocido como Pimm's Cup, juran que notan un sabor a fenogreco en su misteriosa (y supersecreta) mezcla de especias.

Galangal

Alpinia officinarum
ZINGIBERÁCEAS
(FAMILIA DEL JENGIBRE)

El sabor intenso y especiado de este pariente del jengibre es muy popular en la cocina china, tailandesa e india. Y lo lleva siendo desde hace siglos. Su uso tradicional como digestivo hizo que se incluyera en los primeros tónicos medicinales, que más tarde se convirtieron en licores populares. Hoy en día aún se encuentra en algunos vermuts y bíters y en licores de hierbas de Europa del Este, como el licor Herbert.

Como ocurre con otros jengibres, los rizomas se usan en el comercio de especias. Se permite crecer a la planta durante seis años para que alcance unos dos metros y medio de altura y forme un grupo de tallos altos coronados por hojas correosas. Así puede cosecharse toda la base de la raíz de golpe, o bien extraer por los bordes unos pocos rizomas cada vez para que la planta siga viva.

Aunque se llama galangal a varias plantas de la misma familia, el llamado galangal menor, *Alpinia officinarum*, es la especie reconocida como ingrediente seguro por la FDA. Otras especies incluyen el galangal mayor, *A. galangal*, y la *Kaempferia galangal*, a veces llamada lirio de resurrección. Las tres crecen en climas tropicales y producen unos capullos rosa y blanco que parecen un racimo de orquídeas o de tuberosas.

Genciana

Gentiana lutea
GENCIANÁCEAS (FAMILIA DE LA GENCIANA)

Sin esta flor alta y amarilla que crece de forma silvestre en las praderas alpinas francesas, muchos cócteles clásicos no existirían. El Manhattan, el Negroni y el Old Fashioned dependen del amargor de la genciana. La angostura —ingrediente fundamental que se encuentra incluso en los bares peor provistos— contiene genciana y hasta lo anuncia en la etiqueta. Muchos de los famosos *amaros* y licores europeos abandonan su secretismo y proclaman abiertamente que la genciana es uno de sus ingredientes fundamentales. El Campari, el Aperol y el Suze, el Amaro Averna y el que tiene un nombre tan adecuado como Gentiane son sólo unas pocas de las centenares de bebidas alcohólicas que dependen de esa planta para su amargor.

Su uso medicinal se remonta por lo menos a hace tres mil años. Algunos papiros egipcios del año 1200 a. C. documentan su uso como medicina, y desde entonces no se ha dejado de utilizar. Plinio el Viejo escribió que la genciana debe su nombre al rey Gentius, gobernador de una provincia romana que hoy en día forma parte de Albania desde el año 181 hasta el 168 a. C.

La genciana no es fácil de cultivar. Cada especie prefiere un clima y un tipo de terreno específico; muchas detestan la tierra de jardín, fértil y arcillosa, y se resisten al trasplante. De hecho, de las más de trescientas especies identificadas, sólo alrededor de una docena se adapta bien a los jardines. La genciana amarilla en particular prefiere las praderas alpinas a las tierras de cultivo; está protegida en algunas partes de Europa y la recolección de la planta silvestre está sujeta a controles estrictos. (La *Veratrum album*, una variedad muy tóxica en cantidades mínimas, también hace que ir en busca de genciana sea una empresa peligrosa para los aficionados.)

Uno de los motivos por los que la genciana silvestre requiere protección es que, al usarse la raíz en licores y medicinas, no hay forma de recolectarla sin arrancar la planta entera. Los componentes amargos incluyen el genciopicrósido y la amarogencina, que los investigadores modernos han estudiado por su capacidad de aumentar la salivación y los jugos gástricos. (Por tanto, no es raro que sea un ingrediente de tantos aperitivos.)
La genciana incluso es beneficiosa para las personas que están llevando a cabo tratamientos contra el cáncer, a las que les cuesta saborear o tragar la comida, y también se están investigando sus propiedades como droga antimalaria y antifúngica.

«SUZE AND SODA» DE LA DOCTORA STRUWE

La doctora Lena Struwe, botánica de la Universidad de Rutgers, ha convertido la genciana en el proyecto de su vida. Estudia la taxonomía, la biodiversidad y los usos medicinales de la planta, y colecciona también botellas *vintage* y carteles que anuncian la planta. Éste es su cóctel favorito basado en la genciana.

60 ml de Suze
De 60 a 120 ml de agua con gas o tónica
Un rizo de limón

Mezcla el Suze con hielo y agua con gas al gusto y un rizo de limón. ¡SALUD!

La planta suele recolectarse a los cuatro o cinco años de edad, cuando sus raíces largas y tuberosas pesan varios kilos. Cada año se recogen unas ocho toneladas sólo en los Pirineos, y también se recogen grandes cantidades en los Alpes y en las cercanas montañas de Jura. Los componentes amargos llegan a su punto álgido en primavera y son más intensos en la genciana que crece a gran altura, de modo que resulta fundamental programar bien el momento y el lugar de la recolección.

El amargor de la genciana, fuerte y tonificante, la hace muy atractiva para los espirituosos. Es un complemento ideal de los sabores azucarados y florales, dando a los cócteles como el Negroni el cuerpo que requieren. Los antioxidantes amarillos llamados xantonas aportan a los licores de genciana un color dorado natural. Así se ve en bebidas como el Suze, un aperitivo elaborado con genciana y vino blanco que es muy apreciado en Francia. En los últimos años, ha empezado a venderse en Estados Unidos.

La genciana es también el ingrediente clave de la Moxie, un refresco que en otro tiempo fue más popular incluso que la Coca-Cola. El ensayista y autor de *La telaraña de Carlota*, E.B. White, escribió una vez en una carta: «Todavía encuentro Moxie en un diminuto supermercado que está a diez kilómetros de aquí. La Moxie contiene raíz de genciana, que es el camino hacia una buena vida. Ya era conocida en el siglo II a. C., y para mí es una gran ayuda hoy en día.»

Granos del paraíso

Aframomum melegueta
ZINGIBERÁCEAS (FAMILIA DEL JENGIBRE)

Las semillas negras de esta planta de África occidental son pequeñas y tienen un sabor picante, a pimienta, junto con una nota más intensa y especiada parecida al cardamomo y a sus demás parientes de la familia del jengibre. Llegó a Europa con las primeras rutas comerciales de las especias y se usó para dar sabor no sólo a la comida sino también a la cerveza, el whiskey y el brandy, a veces para disfrazar el sabor de alcoholes de baja calidad o diluidos. Todavía se encuentra en algunas cervezas (Samuel Adams Summer Ale es un ejemplo popular), y sigue siendo un elemento importante en el *aquavit* y en algunos licores de hierbas y ginebras, incluida la Bombay Sapphire.

Como otras plantas de la familia del jengibre, no tiene un aspecto impresionante: los tallos, delgados como juncos, alcanzan un metro de altura y producen unos racimos de hojas largas y estrechas. Los capullos, de color morado y en forma de trompeta, dan paso a unos frutos rojizos y alargados que contienen de sesenta a cien de esas pequeñas semillas marrones.

Sus propiedades medicinales han ayudado a resolver un grave problema de los zoológicos. Los gorilas en cautividad de las tierras bajas occidentales sufren a menudo enfermedades del corazón; de hecho, es la causa de muerte de un cuarenta por ciento. En libertad, los granos del paraíso constituyen de un ochenta a un noventa por ciento de su dieta, lo que indica que las propiedades antiinflamatorias de la planta los mantiene saludables. De modo que algunos zoológicos han puesto en marcha un programa de salud para gorilas, con la intención de mejorar su bienestar, que contempla la posibilidad de suministrarles granos del paraíso auténticos (no ginebra).

Haba tonka

Dipteryx odorata
FABÁCEAS (FAMILIA
DE LAS HABAS)

Este árbol tropical, originario de los suelos húmedos de las orillas del río Orinoco, en Venezuela, produce unas bayas dulces y cálidamente especiadas. Los exploradores europeos vieron el potencial de la baya y la llevaron a Londres, donde la cultivaron en sus invernaderos tropicales de los jardines de Kew. Con notas de vainilla, canela y almendra, era muy útil como ingrediente de perfumes y como especia para cocinar. También se usaba para disimular el desagradable olor del yodoformo, uno de los primeros antisépticos, y hasta hace poco se agregaba al tabaco con el mismo fin. El tabaco de mascar en concreto se pulverizaba con una solución hecha al macerar las habas en alcohol.

Fue inevitable que un haba tan sabrosa acabara en bíters y licores. Una marca en concreto, Abbott's Bitters, es probable que obtuviera gran parte de su sabor del haba tonka, según un análisis químico de botellas antiguas. También se rumoreaba que era el ingrediente principal del Rumona, un licor jamaicano a base de ron. Sin embargo, en 1954, la FDA prohibió la tonka como ingrediente alimentario porque tiene una gran concentración de cumarina. Los espirituosos que contenían haba tonka desaparecieron del mercado, pero costó varias décadas que se eliminara como ingrediente del tabaco, quizá porque las empresas tabacaleras no estaban obligadas a revelar cuáles eran sus ingredientes. Todavía se encuentra como adulterante en la vainilla mexicana de imitación, y por eso la FDA aconseja a los turistas que no traigan ese tipo de productos si viajan a México.

A pesar de todo, el haba tonka se está recuperando. Los europeos pueden encontrarla en el Van Wees Tonka Bean Spirit holandés, el licor alemán Michelberger 35 % y el pastís francés Henri Bardouin. También lo usan, a veces a escondidas, algunos chefs y bármanes que creen que la dosis minúscula de cumarina que se obtiene al rallar finamente la especia en una bebida o un postre no puede causar ningún daño. Y, de hecho, según argumentan, la canela de casia también contiene una concentración elevada de cumarina y, en cambio, no se enfrenta a semejantes restricciones. Las bayas, que son planas, arrugadas y negras, como uvas pasas grandes, se han convertido en una especie de producto de contrabando tanto en las cocinas como en las coctelerías.

Hierba de búfalo

Hierochloe odorata
POÁCEAS (FAMILIA DE PLANTAS HERBÁCEAS)

Esta hierba dura y perenne, también llamada hierba dulce, es muy apreciada por su fragancia, similar a la de la vainilla. Es originaria tanto de Norteamérica como de Europa, y los indígenas norteamericanos la usaban para hacer cestas e incienso. Es el ingrediente esencial de un aromático vodka tradicional polaco llamado Żubrówka. La hierba todavía crece de forma silvestre en el bosque de Białowieża, entre Polonia y Bielorrusia, donde alimenta a las manadas de bisontes europeos, un animal que está en peligro de extinción.

Sólo se puede recoger una cantidad limitada de esta hierba silvestre cada año para hacer Żubrówka. Una vez recolectada, se seca y se macera en vodka de centeno. En cada botella flota una ramita de hierba solitaria. Este alcohol no está disponible en Estados Unidos desde 1954, ya que la hierba contiene cumarina, una sustancia prohibida que puede actuar como un anticoagulante sanguíneo en el laboratorio o en presencia de determinadas especies de hongos. Aunque la conversión de la cumarina en anticoagulante puede evitarse, la prohibición de cualquier cosa que la contenga sigue en vigor. Sin embargo, Polmos Białystok, los fabricantes del vodka Żubrówka, han encontrado recientemente una forma de eliminar la cumarina para que su bebida vuelva a ser legal en Estados Unidos.

La forma tradicional de beberla es mezclar una parte de Żubrówka y dos partes de zumo de manzana claro y frío. La siguiente receta no es más que una variante de esa tradición.

CÓCTEL DE HIERBA DE BÚFALO

45 ml de Żubrówka
15 ml de vermut seco
15 ml de zumo de manzana

Agita todos los ingredientes con hielo y sirve en una copa de cóctel.

Hierba luisa

Aloysia triphylla
VERBENÁCEAS (FAMILIA DE LA VERBENA)

Este arbusto de fragancia intensa, pero que resulta tan familiar, tiene una historia muy interesante. En el siglo XVIII, llegó a Europa proveniente de su Argentina originaria, pero nunca fue descrita de forma adecuada en la literatura botánica. Quizá por ello, un botánico llamado Joseph Dombey la recogió de nuevo durante una expedición fatídica a Sudamérica en 1778, ya que en 1780 tuvo serios percances al encontrarse en medio de una guerra civil en Perú. Tras sobrevivir a la guerra, a un brote de cólera y a un naufragio, llegó por fin a España en 1785, aunque se encontró con que su colección de especímenes curiosos de plantas, que representaba años de trabajo, fue retenida en un almacén de la aduana hasta que las plantas se pudrieron y murieron. Una de las pocas que sobrevivió a la prueba fue la hierba luisa. Esta vez sus colegas tomaron nota, y la planta al menos fue debidamente identificada y descrita.

Por desgracia, los problemas de Dombey no acabaron ahí. El Gobierno francés lo envió a otra expedición, esta vez en Norteamérica, pero, cuando llegó a la isla caribeña de Guadalupe, fue arrestado por el gobernador, que seguía siendo leal a la monarquía y sospechaba del Gobierno francés republicano recién constituido, que había organizado la expedición de Dombey. El explorador consiguió demostrar su neutralidad, pero fue expulsado de la isla, lo que de todos modos convenía a sus propósitos. Sin embargo, su barco fue capturado casi de inmediato, y de nuevo se vio encerrado en prisión en la cercana isla de Montserrat, donde murió en 1796.

Un traguito de licor de hierba luisa quizá no le habría ofrecido demasiado consuelo al señor Dombey, pero la herbácea perenne que ayudó a introducir aporta un intenso sabor a limón a muchos de los licores tradicionales amarillos y verdes del sur de Francia e Italia, sobre todo el Verveine du Velay,

CULTIVA TU PROPIA HIERBA LUISA

 Pleno sol    Poco riego   Resiste hasta -9 ºC

La hierba luisa fresca no es el tipo de hierba que suele venderse en las tiendas de alimentación, de modo que vale la pena que la cultives tú mismo si el clima te lo permite. La planta es sensible al frío y se muere a la primera helada. Si la cubres con paja, puede sobrevivir a temperaturas de hasta -12 ºC. Lo único que debes hacer es dejar las ramas en la planta en invierno y cortarlas en primavera, cuando salgan las hojas nuevas. Algunos jardineros de climas fríos cogen esquejes en otoño y los cultivan en el interior en invierno, trasplantándolos en el exterior en primavera.

Aparte de esta protección del frío, la hierba luisa necesita muy pocos cuidados. No requiere ningún fertilizante especial y, como muchas hierbas, en realidad prefiere los terrenos pobres, muy drenados y más bien secos. Plántala a pleno sol; si le da la sombra, no tendrá tanto sabor. El sabor se extrae de las hojas, que en otoño llegan a su punto álgido de contenido en aceite. Crece hasta adquirir el tamaño de un árbol pequeño en los climas sin heladas; de otro modo, alcanza de 2,5 a 3 metros de alto en una sola estación, y produce tallos floridos cubiertos de diminutos capullos blancos.

hecho por Pagès Védrenne en Le Puy-en-Velay, en la parte sur y central de Francia. También es ingrediente de algunos *amaros* italianos. En las botellas de licor, puede identificarse como *verveine* en Francia y como *cedrina* en Italia.

LA ÚLTIMA PALABRA DE DOMBEY

En honor a Joseph Dombey, una vuelta más al clásico cóctel «La última palabra». Esta versión sustituye el Chartreuse por un licor perfumado más intensamente con hierba luisa, y la lima por limón. Dado el torbellino político en el que se encontró metido Dombey, parece adecuado que este cóctel combine ingredientes de tres países que también estaban en permanente agitación política: Inglaterra, Francia e Italia.

15 ml de ginebra (Plymouth u otra ginebra London dry)
15 ml de Verveine du Velay
15 ml de licor de marrasquino Luxardo
15 ml de zumo de limón recién exprimido
1 ramita de hierba luisa fresca

Mezcla todos los ingredientes, excepto la ramita de hierba luisa, con hielo. Cuela y sírvelo en una copa de cóctel. Frota una hoja de hierba luisa por el borde del vaso y decóralo con otra hojita. Si no encuentras Verveine du Velay, el Chartreuse verde es un sustituto excelente.

Hoja de betel

Piper betle
PIPERÁCEAS (FAMILIA DE LA PIMIENTA)

Esta pequeña trepadora de color verde oscuro, pariente cercana de la trepadora que produce la pimienta negra, es más conocida por ser el envoltorio en el que se coloca la nuez de betel, *Areca catechu*. Las dos forman un paquetito llamado *paan*. Al ingerirlo se produce un efecto estimulante, suave y adictivo, del que disfrutan cuatrocientos millones de personas en todo el mundo, sobre todo en la India y el sudeste de Asia. Por desgracia, estas hojas también provocan cáncer, ponen los dientes negros y producen un flujo constante de saliva roja que quienes las mastican a menudo escupen en la calle.

La hoja de betel también se usa para envolver otras cosas. El «*paan* dulce» se refiere a la hoja de betel rellena con frutas y especias. Se sirve a los invitados después de cenar, como postre (no es un estimulante). Las hojas de betel también se pueden rellenar de tabaco, otra costumbre que preocupa mucho a las administraciones sanitarias por su relación con las elevadas tasas de cáncer oral.

En Sikkim, una región fronteriza con Nepal, se hace licor de *paan*. Aunque tanto los productores caseros como los destiladores comerciales son reacios a divulgar sus recetas, los habitantes de la zona creen que este licor lleva hojas de betel en maceración (al parecer, el licor se destila a partir de ellas, y quizá también de la nuez). Hay varios licores de *paan* que se distribuyen internacionalmente y, aunque los destiladores no indican cuáles son los ingredientes, es bastante improbable que esas marcas usen hoja de betel.

Ni la hoja ni la nuez son ingredientes alimentarios aprobados por la Unión Europea o por Estados Unidos. De hecho, ambos se incluyen en la base de datos de plantas venenosas de la FDA. (Eso no quiere decir que sea ilegal cultivarlas: algunos viveros tropicales las venden.) En 1995, en *Los Angeles Times* se informaba del lanzamiento del Sikkim Paan Liquor, que al parecer no contiene hojas de betel sino cardamomo, azafrán y madera de sándalo (su sabor recuerda a una combinación entre el Drambuie y una tienda de especias india).

La hoja puede tener algunas cualidades que la redimen. Un estudio médico publicado en 2011 en la revista *Food & Function* investigaba diversas especias para analizar sus posibles efectos contra las lesiones producidas en el hígado por el alcohol. Algunas especias y hierbas indias parecían prometedoras, incluida la cúrcuma, el curri, el fenogreco, el té... y las hojas del *Piper betle*.

Jengibre

Zingiber officinale
INGIBERÁCEAS (FAMILIA DEL JENGIBRE)

Esta planta tropical quizá no tenga un aspecto muy vistoso —apenas florece, y produce unos tallos verdes como juncos, de más de un metro de altura, con hojas correosas—, pero su raíz es una de las especias más antiguas del mundo. Originario de China y de la India, el jengibre constituía un ingrediente importante de la medicina oriental y fue adoptado para su uso medicinal en Europa después de llegar al continente en las primeras rutas comerciales. Se ha usado como saborizante desde la Edad Media, y aporta una nota cálida y picante a los licores de hierbas, bíters y vermuts. Domaine de Canton, Snap y King's Ginger son sólo unos pocos licores modernos que dan un punto de sabor de jengibre a los cócteles.

En la actualidad, se cultiva jengibre en todo el mundo, sobre todo en Nigeria, la India, Tailandia e Indonesia. La forma de cultivar, cosechar y almacenar la planta tiene una influencia determinante en su sabor. Las raíces cosechadas al cabo de cinco a siete meses son bastante suaves, pero el contenido en aceite aumenta rápidamente a partir de entonces y tiene su punto álgido más o menos a los nueve meses. Las plantas que crecen a la sombra tienden a tener más sabor cítrico que las que han crecido al sol. Si la raíz se cosecha y se seca en lugar de venderla fresca, se evapora alrededor de un veinte por ciento del aceite, llevándose con él parte de su característico sabor intenso y cítrico y dejando más zingibereno, el compuesto que le aporta un sabor más picante. Hoy en día se cultivan docenas de variedades para el comercio de especias, y cada una tiene una reputación distinta.

La cerveza de jengibre fue en tiempos pasados una bebida suavemente alcohólica hecha con agua, azúcar, jengibre, limón y levadura. En su encarnación moderna no alcohólica, también llamada *ginger ale*, tiene un papel estelar en muchos cócteles clásicos. Una *shandy* es una mezcla a partes iguales de cerveza y un agua con gas chispeante, como un refresco de limonada, por ejemplo. Una *shandygaff* es una bebida hecha con cerveza de jengibre. Un Dark and Stormy es una mezcla de dos partes de ron oscuro y tres partes de cerveza de jengibre, servido con hielo. Gosling's ha explotado comercialmente el nombre Dark and Stormy, y recomienda, cosa nada sorprendente, que se mezcle con su propia marca de ron negro y su propia marca de cerveza de jengibre.

MULA DE MOSCÚ

½ *lima*
45 ml de vodka
1 cucharadita de jarabe simple (opcional)
1 botella de cerveza de jengibre (la Reed's u otro refresco de jengibre natural, que no sea demasiado dulce)

Pon el hielo en una jarra de cobre o un vaso de whisky. Exprime la lima encima del hielo y viértelo en un vaso. Añade el vodka y el jarabe y, si te apetece, acaba de llenar el vaso con cerveza de jengibre.

El Mula de Moscú, inventado en 1941 por un distribuidor de vodka, no sólo aprovechó bien la cerveza de jengibre, sino que también introdujo el vodka en Estados Unidos, contribuyendo a que las ventas de Smirnoff se triplicaran en unos pocos años. Tradicionalmente, se servía en una jarra de cobre, pero no se trata más que de un truco de mercadotecnia. Se dice que un distribuidor de vodka y un barman se inventaron esa bebida para dar salida a la cerveza de jengibre, que no se vendía, y para impulsar las ventas de vodka. Al parecer, la novia del barman tenía una empresa que manufacturaba jarras de cobre, así que este recipiente pasó a formar parte también de la receta.

Laurel

Laurus nobilis
LAURÁCEAS (FAMILIA DEL LAUREL O DEL AGUACATE)

En las antiguas Grecia y Roma, las hojas de este árbol mediterráneo adornaban las coronas de los ganadores en las competiciones deportivas, pero también se usaban para dar sabor a estofados, salsas y platos de carne. Las pequeñas bayas negras son un ingrediente tradicional de la cocina francesa. Los aceites esenciales de la planta incluyen el eucaliptol, que explica su fuerte esencia de eucalipto. La presencia de linalol y terpineol, aunque sea en cantidades pequeñas, le imprime un carácter herbáceo y especiado, áspero y un tanto picante, hasta el punto de evocar el olor del pino.

Las bayas de laurel dan sabor a vermuts, licores herbáceos, *amaros* y ginebras. Un destilador francés, Gabriel Broudier, hace un licor de peras y hojas de laurel llamado Bernard Loiseau Liqueur de Poires Laurier. El licor holandés Beerenburg contiene una destilación de hojas de laurel con genciana y bayas de enebro.

A veces se usa como sustituto el laurel de California (también llamado «mirto de Oregón»), *Umbellularia californica*. Sin embargo, otras plantas que también se llaman laurel, como el laurel cerezo (*Prunus laurocerasus*) y el laurel de montaña (*Kalmia latifolia*) son extremadamente venenosas, de modo que no es aconsejable hacer una infusión casera de cualquier planta de laurel al azar. Por suerte, el auténtico laurel crece en toda Europa y parte de Norteamérica, y tanto las hojas como las bayas se venden como especias de cocina.

Melisa

Melissa officinalis
LAMIÁCEAS (FAMILIA DE LA MENTA)

Aunque esta pariente de la menta huele mucho a limón, la variedad más común tiene una nota de citronela que recuerda más a un friegasuelos con olor a limón que a algo que pueda tener buen sabor en un cóctel. La variedad *Melissa officinalis* «Quedlinburger Niederliegende» tiene un porcentaje de aceite esencial suficientemente elevado para gustar a los destiladores. Esos aceites incluyen citral y citronela, linalol y geraniol, lo que le da una ligera fragancia a geranio rosa. Las hojas y flores superiores se destilan al vapor para extraer su potente sabor, que va a la absenta, al vermut y a los licores de hierbas. Se sospecha que la melisa es uno de los ingredientes secretos del Chartreuse y del Benedictine.

El nombre de género *Melissa* proviene de la palabra griega que significa «abeja», debido a que sus diminutas flores resultan muy atractivas para estos insectos.

Nuez moscada y macis

Myristica fragrans
MIRISTICÁCEAS (FAMILIA DE LA NUEZ MOSCADA)

Los holandeses siguieron una estrategia muy perversa para hacerse con el control del suministro de nuez moscada en todo el mundo. Se dieron cuenta de que las islas Banda, en Indonesia, estaban gobernadas por caudillos locales que desde siempre habían competido entre ellos para vender especias a los comerciantes árabes. Los holandeses presentaron a cada caudillo un tratado donde se les ofrecía protección contra las tribus competidoras a cambio del monopolio de sus productos, sobre todo de la nuez moscada. Como resultaba muy difícil cumplir con lo acordado en los tratados, los colonos acabaron masacrando a la mayoría de los habitantes de las islas y esclavizaron al resto. En poco tiempo, estas islas se convirtieron en plantaciones de nuez moscada controladas por completo por los holandeses.

De hecho, lograron mantener su monopolio durante todo el siglo XVIII, llegando incluso a quemar un almacén lleno de nuez moscada en 1760 para retener el suministro y subir los precios. A principios del siglo XIX, comerciantes franceses y británicos consiguieron sacar de contrabando unos retoños y establecieron plantaciones en la Guayana francesa y la India, donde en la actualidad se produce la mayoría de la nuez moscada.

La planta objeto de tantas guerras y maquinaciones es un árbol perenne muy frondoso; alcanza más de diez metros de altura y produce un fruto parecido al albaricoque. El hueso —la semilla que hay dentro de la fruta— es lo que conocemos como nuez moscada. Una corteza ribeteada, de color rojo y llamada arilo, envuelve la semilla. En el comercio de especias se conoce como macis.

El macis tiene un sabor más fuerte y amargo y un color más ligero, pero es más caro: sólo puede extraerse medio kilo de macis de cincuenta kilos de nuez moscada. Los componentes aromáticos se evaporan tan rápido que hay que molerlo al momento.

La nuez moscada es un ingrediente clave en los licores especiados, y esto resulta especialmente obvio en el Benedictine. Es deliciosa recién rallada y añadida a cócteles otoñales hechos con brandy de manzana o ron.

Iris pallida
IRIDÁCEAS (FAMILIA DE LOS IRIS)

La farmacia y perfumería de Santa Maria Novella, fundada por los frailes dominicos en Florencia en el año 1221, se hizo famosa por usar profusamente el rizoma del iris en sus perfumes, tónicos y polvos. Aunque no fueron los primeros (escritos griegos y romanos ya lo mencionan), sus fórmulas contenían dosis muy generosas de esta rara sustancia tan apreciada.

El orris se hizo popular no tanto por su fragancia (aunque contiene un componente llamado irona que desprende un leve perfume de violeta) como por su capacidad fijadora. De hecho, cuando se añade a una solución, es capaz de retener la esencia de otras fragancias y sabores al aportar un átomo que les falta, impidiendo con ello que la suspensión sea volátil y proclive a desprenderse de los perfumes que contiene.

Al principio, perfumistas y destiladores no entendían este proceso químico, ni por qué los rizomas tenían que secarse dos o tres años antes de volverse efectivos como fijadores. Ahora sabemos que les cuesta tanto porque debe desarrollarse un lento proceso de oxidación, gracias al cual se produce el cambio químico que hace posible que se formen las ironas a partir de otros componentes orgánicos presentes en el rizoma.

Sólo se cultivan unas setenta hectáreas de orris en todo el mundo. La mayor parte del orris cultivado es *I. pallida* «Dalmática», en Italia, o su descendiente *I. germanica* var. *Florentina*, en Marruecos, China y la India. La *I. germanica* «Albicans» se usa también en la producción de orris.

Para extraer este producto tan delicado, primero hay que pulverizar el rizoma y luego destilarlo al vapor. Con ello se consigue una sustancia cerosa llamada «mantequilla de orris», o *beurre d'iris* en francés. Luego se le añade alcohol para extraer un «absoluto» (así llaman los perfumistas a la versión más fuerte de un aceite esencial).

El orris se encuentra en casi todas las ginebras y en muchos otros espirituosos. Su popularidad en el ámbito de la perfumería se debe a que no sólo fija la fragancia, sino que se adhiere también a la piel. Aun así, es un alérgeno muy común, y eso explica por qué quienes padecen alergias son sensibles a muchos cosméticos y fragancias, así como a la ginebra.

Pimienta de Jamaica

Pimenta dioica
MIRTÁCEA (FAMILIA DEL MIRTO)

Los aficionados a los cócteles clásicos están acostumbrados a encontrar ingredientes raros, y con los que están poco familiarizados, en los libros de recetas antiguos, pero pocos son más extraños que el *pimento dram*. ¿Una bebida elaborada con esas cosas carnosas de color rojo que a veces se usan como relleno en las aceitunas? ¿Qué sabor puede tener algo semejante?

Por suerte, el *pimento dram* no está hecho con los mismos pimientos que contienen las aceitunas. Se trata de un licor fabricado con ron, azúcar y pimienta de Jamaica. Y el motivo de que la pimienta de Jamaica y los pimientos rojos tengan un nombre tan parecido es un accidente de la historia.

Los exploradores españoles que viajaban por las Indias Occidentales y América central veían que la gente echaba pequeñas bayas oscuras a sus recetas de comida tradicional y al chocolate. Parecían aportar calor y un sabor especiado al plato, así que los españoles supusieron que era una especie de pimienta. Por ese motivo dieron a la planta el nombre de pimienta. En 1686, el naturalista británico John Ray la describía en su obra monumental en tres volúmenes *Historia Plantarum* como «dulce y aromática pimienta de Jamaica». Y como se utilizaba en una amplia variedad de platos, también la llamó «especia universal».

El árbol de la pimienta de Jamaica florece en las regiones tropicales de América y en la isla que le da nombre. Produce unas bayas en forma de guisante que tienen cada una dos semillas. Las bayas se recogen verdes, a mediados del verano, y se esparcen en el suelo para secarlas al sol, o se calientan en hornos a fuego suave. El sabor es similar al de los clavos de olor, y, de hecho, los dos árboles, que están estrechamente relacionados, producen el aceite aromático llamado eugenol.

Los primeros comerciantes en especias intentaron plantar semillas de pimienta de Jamaica en todo el mundo, pero descubrieron que era imposible hacerlas germinar. Con el tiempo, se descubrió que las semillas debían pasar a través del sistema digestivo de un murciélago que se alimenta de fruta, de una paloma calva o de alguna otra ave local, para que pudieran adquirir el calor suficiente y se ablandaran hasta poder germinar. Hoy en día,

EL BAY RUM

Para hacer «Colonia Bay Rum», se añade un extracto de hojas y bayas de la *Pimenta racemosa* —una pariente cercana de la pimienta de Jamaica— al ron jamaicano de alta graduación. Aunque el ingrediente suena delicioso (y las personas que llevan la colonia huelen de maravilla), el extracto botánico concentrado libera una dosis inusualmente elevada de eugenol que sería tóxica si se ingiriese. Ponte la colonia, pero, para beber, usa el árbol de *Pimenta* en esta otra versión. Esta bebida es dulce, aunque no es para niños, y libera el resplandor pálido, color mandarina, de un crepúsculo caribeño. El Velvet Falernum es un sirope de Barbados espeso, maravilloso y especiado, disponible en las mejores licorerías, pero, si no lo consigues, un simple jarabe también servirá.

45 ml de ron oscuro
15 ml de St. Elizabeth Allspice Dram u otro pimento dram
15 ml de Velvet Falernum o jarabe simple
Un toque de angostura
Zumo fresco de un gajo de naranja o mandarina (se puede experimentar con lima u otros cítricos)

Agita todos los ingredientes con hielo y sirve *on the rocks* en un vaso old-fashioned.

y gracias a los pájaros, el árbol se ha convertido en una especie invasiva en Hawái, Samoa y Tonga.

En la época victoriana, el hombre casi acaba con todos los árboles de pimienta de Jamaica, que se cortaban no por la especia, sino por la madera. Entonces causaban furor las sombrillas y los bastones de paseo fabricados a partir de aquellas ramas pálidas y aromáticas, porque eran muy resistentes a la curvatura y a las grietas. Se talaron millones de árboles. Para protegerlos, en 1882 Jamaica prohibió estrictamente la exportación de retoños de pimentero.

La pimienta de Jamaica es un ingrediente tanto de perfumes como de licores. A veces se encuentra en algunas ginebras, en cordiales franceses e italianos, y se cree que forma parte de las misteriosas fórmulas del Benedictine y el Chartreuse.

El *pimento dram*, también llamado *allspice dram*, es un ingrediente de los clásicos cócteles tiki, y últimamente se ha hecho muy popular en bebidas cálidas y otoñales, en las que contribuye a dar un sabor especiado de fondo al calvados o al licor de manzana.

Pimienta rosa

Schinus molle
ANACARDIÁCEAS (FAMILIA DE LOS ANACARDOS)

Este fruto procede del árbol peruano de la pimienta, que forma parte de una de las familias de plantas más interesantes del mundo. Entre las anacardiáceas se encuentran los mangos, los anacardos, la laca… Y la hiedra venenosa, el zumaque venenoso y el roble venenoso. Por tanto, se trata de una familia a la que uno debe aproximarse con precaución: la gente que es muy sensible a la hiedra venenosa, por ejemplo, puede que sufra una erupción cutánea con sólo acercarse a la piel del mango. Por suerte, si eliminamos la cáscara, tanto la pulpa del mango como la nuez del anacardo son absolutamente seguras. Y mientras el *Schinus molle*, que crece en todas las regiones cálidas de Estados Unidos, es una especie segura, su pariente la *S. terebinthifolius*, que se encuentra en toda Sudamérica, puede causar una crisis alérgica. (Son fáciles de distinguir: la *S. molle* tiene las hojas largas y delgadas, y las hojas de la *S. terebinthifolius* son ovaladas y brillantes.)

La historia de la pimienta rosa como ingrediente para bebidas empezó en torno al año 1000, en la «cervecería» de Cerro Baúl, en el antiguo Perú. Hay pruebas arqueológicas de que los wari se establecieron en la zona alrededor del año 600 y construyeron instalaciones para hacer cerveza a base de maíz que aromatizaban con esta pimienta. Las mujeres ostentaban el gran honor de ser maestras cerveceras. Los wari quemaron su cervecería en el año 1000 d. C., probablemente huyendo de la guerra, pero los primeros frailes españoles que llegaron varios siglos después informaron del uso de la pimienta para hacer vino, lo que indica que sus tradiciones sobrevivieron. Hoy se usa como aromatizante en cervezas, ginebras, vodkas aromatizados y bíters.

HIERBAS CON SABOR A REGALIZ

UN PASTICHE DE PASTÍS

REGALIZ: RAÍZ SECA DE UNA PLANTA LEGUMINOSA EUROPEA CON HOJAS PINNADAS Y ESPIGAS DE FLORES AZULES, CUYO EXTRACTO SE USA EN MEDICINAS, LICORES Y DULCES; SE USA PARA HACER CARAMELOS CON SABOR A REGALIZ O COMO SUSTITUTO DEL ANÍS. TAMBIÉN SE APLICA A VARIAS PLANTAS EN LUGAR DE USAR REGALIZ AUTÉNTICO.

REGALIZ: Y AHORA UNA LECCIÓN DE QUÍMICA

El sabor a regaliz en el pastís y otros espirituosos similares puede provenir en realidad de varias plantas que, sorprendentemente, no tienen ninguna relación entre ellas. Lo único que tienen todas en común es el anetol, una molécula con sabor a regaliz y unas características únicas. El anetol es soluble en alcohol, pero no en el agua, de modo que las bebidas con sabor a regaliz suelen tener un contenido en alcohol mucho más elevado para evitar que las moléculas de anetol escapen de la mezcla. Sin embargo, cuando se añade agua a estas bebidas (sobre todo agua fría, como se acostumbra a hacer para beber pastís o absenta), el anetol se separa del alcohol y forma una nube de un blanco lechoso o de un verde pálido en el líquido, llamada *louche* en el caso de la absenta.

El motivo de que el anetol no se limite a flotar en la superficie formando una burbuja aceitosa cuando se añade agua (como ocurre, por ejemplo, con el aceite de oliva o la mantequilla, que quedan flotando en la superficie del bol de sopa) es que esta molécula tiene lo que los químicos llaman una «tensión interfacial baja». Imagínate dos gotas de agua que se encuentran una junto a la otra. Si se acercan mucho, fácilmente se unirán entre sí y se convertirán en una sola gota. Las gotas de agua tienen un elevado nivel de tensión superficial y tienden a unirse con facilidad. Imagínate, en cambio, dos burbujas de jabón. Pueden adherirse la una a la otra, pero no necesariamente unirse entre sí para formar una burbuja de mayor tamaño. Eso se debe a que tienen una tensión superficial más baja. La baja tensión superficial del anetol hace que la velocidad a la cual las gotitas se unen para formar una masa aceitosa sea mucho más lenta. De ese modo, el pastís o la absenta quedan uniformemente enturbiados cuando se añade agua al vaso, porque el anetol se rompe pero se resiste a unirse entre sí.

Algunos destiladores usan el filtrado en frío para eliminar esas moléculas grandes e inestables que enturbiarían la bebida en presencia de agua o incluso en bajas temperaturas, y por eso hay bebidas con sabor a regaliz que no se enturbian. Y existen también moléculas de sabor, aceitosas y extraídas de las plantas, que son transparentes, lo que significa que cuando se rompen en suspensión no enturbian la bebida, como haría el anetol.

Anís

Pimpinella anisum
APIÁCEAS (FAMILIA DE LAS ZANAHORIAS)

Esta hierba pequeña y etérea, originaria del Mediterráneo y el sudeste de Asia, tiene un aspecto muy similar al de sus parientes cercanos, el hinojo, el perejil y la zanahoria silvestre. Produce unos frutos diminutos, las semillas de anís, que contienen niveles muy elevados de anetol y se usan mucho en licores, vermuts y un aperitivo amarillo italiano, el Galliano. El anís se denomina a veces «pimpinela menor saxífraga», aunque no es ni una pimpinela (planta pequeña de la familia de las rosas) ni una saxífraga (planta alpina de lento crecimiento que medra en suelos rocosos).

Anís estrellado

Illicium verum
ESQUISANDRÁCEAS (FAMILIA DE LAS ENREDADERAS)

El anís estrellado es el fruto de un pequeño árbol perenne chino relacionado con la magnolia. Los frutos, en forma de estrella, que se cosechan cuando todavía no están maduros y se dejan secar al sol, tienen de cinco a diez puntas, cada una de las cuales contiene una sola semilla. Los aceites se concentran no en las semillas propiamente, sino en la cáscara en forma de estrella, llamada pericarpo. El aceite es más fácil y más barato de extraer del anís estrellado que del anís, de modo que es más habitual que se use este tipo de anís tanto para hacer pastís como para licores de hierbas. En los últimos años, sin embargo, la industria farmacéutica ha comprado nada menos que el noventa por ciento de la cosecha mundial de anís estrellado, porque se utiliza para elaborar el Tamiflu, el fármaco con el que se combaten las pandemias de gripe.

Este árbol crece en China, Vietnam y Japón. El anís estrellado japonés (*Illicium anisatum*), pariente cercano, es sumamente tóxico y ha envenenado a muchas personas que lo han cogido por error, así que no es prudente recolectar uno mismo este fruto en estado silvestre.

EL PASTÍS PERFECTO

1 billete de avión a París
1 tarde de verano
1 café con mesitas en la acera

Al llegar a París, localiza un café que parezca frecuentado por parisinos. Procúrate un asiento y pide un «pastis, s'il vous plaît». Si te lo sirven solo, con una jarrita de agua al lado, se espera que lo mezcles tú mismo, añadiendo agua hasta conseguir una proporción satisfactoria; normalmente, de tres a cinco partes de agua por una de pastís.

Foeniculum vulgare
APIÁCEAS (FAMILIA DE LA ZANAHORIA)

Esta hierba perenne, alta y llamativa, con un follaje como de encaje fino y flores de un amarillo intenso, se usa en varias cocinas del Mediterráneo, el norte de África y Asia. El bulbo, las hojas y los tallos son comestibles, pero es el fruto

—que a menudo se llama semilla, aunque las semillas en realidad se encuentran en el interior de sus frutos diminutos y alargados— lo que se utiliza para dar sabor a la absenta, el pastís y otros licores.

Una variedad llamada hinojo de Florencia (*Foeniculum vulgare* var. *azoricum*) se cultiva más bien por el bulbo, pero también produce semillas con niveles altos de anetol y limoneno, que le confieren un sabor dulce y a limón. Otra variedad, el hinojo dulce (*F. vulgare* var. *dulce*), también con concentraciones destacadas de esos sabores, se usa para hacer aceite esencial y para destilar. La variedad dulce tiene la ventaja adicional de que contiene muy poco eucaliptol, que si tuviera más presencia le daría un gusto desagradable, medicinal y alcanforado a los espirituosos. El polen de hinojo también contiene estos aceites en dosis elevadas, pero es difícil recolectarlo en cantidades significativas.

Hisopo

Hyssopus officinalis
LAMIÁCEAS (FAMILIA DE LA MENTA)

Esta menta con flores azules o rosa, también llamada hierba hisopo, es originaria del Mediterráneo y un ingrediente de la absenta, los licores de hierbas y los remedios naturales para la tos. A pesar de su popularidad en licores con sabor a regaliz, el análisis químico muestra que, en realidad, tiene más componentes con sabor a alcanfor y a pino. El extracto puede provocar convulsiones si se toma en grandes cantidades, pero las dosis bajas que se usan en los licores se consideran seguras.

Hisopo de anís

Agastache foeniculum
LAMIÁCEAS (FAMILIA DE LA MENTA)

A pesar de su nombre y su sabor anisado, esta planta originaria de Norteamérica y parecida a la menta no contiene en realidad cantidades significativas de anetol. Su sabor procede más bien del estragol, otro componente que también se encuentra en el estragón, la albahaca, el anís, el anís estrellado y otras hierbas. Aunque algunos destiladores lo usan, habitualmente se utiliza para combinar. Su nombre engaña un poco, ya que no tiene nada de anís ni de hisopo, plantas usadas también por su sabor a regaliz.

Perifollo oloroso

Myrrhis odorata
APIÁCEAS (FAMILIA DE LAS ZANAHORIAS)

Las hojas y los tallos de esta planta contienen suficiente anetol como para convertirla en un ingrediente muy útil a la hora de dar sabor a regaliz al *aquavit* y otros licores. Como otros miembros de la familia de las zanahorias, se trata de una planta perenne de hojas plumosas, con flores blancas en forma de umbela. Aunque a veces se llama mirra británica, no hay que confundirla con el árbol llamado mirra, del cual se extrae una potente resina.

SAZERAC

Este clásico cóctel de Nueva Orleans es la bebida introductoria perfecta para aquellos que no estén acostumbrados a los cócteles con sabor a regaliz.

1 terrón de azúcar
2 o 3 toques de bíter Peychaud
45 ml de Sazerac de centeno o cualquier otro whiskey de centeno
7 ml de Herbsaint, absenta o pastís
Peladura de limón

Esta bebida requiere una técnica un poco especial, pero vale la pena aprenderla. Llena un vaso bajo con hielo, para enfriarlo. En un segundo vaso, también bajo, machaca el terrón de azúcar y el bíter, y luego incorpora el whiskey de centeno. Coge el primer vaso, desecha el hielo; da unas vueltas al Herbsaint en este mismo vaso y luego tíralo. Pon la mezcla de whiskey de centeno en el vaso perfumado con la capa de Herbsaint y decóralo con una peladura de limón.

Glycyrrhiza glabra
FABÁCEAS (FAMILIA DE LAS LEGUMINOSAS)

Esta pequeña planta perenne del sur de Europa es en realidad un tipo de judía, pero a diferencia de la mayoría de las judías sólo alcanza de sesenta a noventa centímetros de alto y no es trepadora. La raíz es la parte de la planta que se cosecha por su sabor. Además del anetol, contiene concentraciones elevadas de un edulcorante natural llamado glicirricina, que puede subir la presión arterial y producir otros efectos peligrosos si se toma en grandes cantidades. El regaliz se usa en los cigarrillos, para enmascarar los sabores más duros y retener la humedad, y también en dulces y licores.

HAY BEBIDAS AROMATIZADAS CON REGALIZ POR TODO EL MUNDO

ABSENTA	Francia
AGUARDIENTE	Colombia
ANESONE	Italia
ANÍS	España, México
ANÍS ESCARCHADO	Portugal
ANISETE	Francia, Italia, España, Portugal
ARAK	Líbano, Oriente Medio
HERBSAINT	Estados Unidos
MISTRA	Grecia
OUZO	Grecia, Chipre
PASTÍS	Francia
PATXARAN	España
RAKI	Turquía, países balcánicos
SAMBUCA	Italia

Reina de los prados

Filipendula ulmaria
ROSÁCEAS (FAMILIA DE LAS ROSAS)

Esta planta perenne, alta y amante de los pantanos, forma una densa alfombra de hojas coronadas por unas inflorescencias de un blanco crema que miden de medio metro a un metro. Es originaria de Europa y de algunas zonas de Asia, donde se ha venido usando como ingrediente de tónicos medicinales al menos desde la Edad Media. De hecho, la planta contiene elevados niveles de ácido salicílico y fue un ingrediente importante en las primeras fórmulas de la aspirina.

Como agente aromatizante, la reina de los prados desprende una deliciosa fragancia, mezcla de gaulteria y almendra. Existen indicios arqueológicos de que se usaba para aromatizar la cerveza, junto con otras hierbas, desde el año 3000 a. C. Recientemente, se ha integrado como ingrediente en ginebras, vermuts y licores.

Rocío de sol

Drosera rotundifolia
DROSERÁCEAS (FAMILIA DEL ROCÍO DE SOL)

Las plantas carnívoras no suelen aparecer en los cócteles… O, al menos, no hasta ahora. Sin embargo, si al bourbon se le puede agregar una infusión de beicon y las ortigas pueden dar sabor a un jarabe simple, tal vez las plantas comedoras de insectos estén preparadas para volver a las cartas de bebidas.

Una diminuta carnívora llamada rocío de sol se usó en el pasado en los tónicos medicinales. Es originaria de Europa, el continente americano y partes de Rusia y de Asia, donde en verano medra en los pantanos y se acurruca a la espera durante el largo y frío invierno. El rocío de sol, un pequeño rosetón de hojas rojas y estrechas, sobrevive a base de atraer insectos hacia su néctar, dulce y pegajoso, y luego usa sus enzimas digestivas para extraer los nutrientes de sus víctimas.

El tónico que se elaboraba con la planta se llamaba rosolio, un término que hoy en día se utiliza para designar cualquier licor hecho con frutas y especias maceradas en un alcohol, a veces mezclado con vino. Los estudiosos no se ponen de acuerdo sobre el origen de la palabra rosolio (algunos creen que, de hecho, se refiere a una infusión de pétalos de rosa en alcohol), pero podría provenir de la forma antigua de nombrar al rocío de sol, *rosa-solis*. Sir Hugh Plat, en 1600, ofrecía una receta para el rosolio que se refería claramente a la planta carnívora, e incluso recomendaba extraer los bichos que pudiera haber antes de hacer la infusión, un paso que los bármanes modernos también deberían en seguir: «Coged la hierba Rosa-Solis, recolectada en julio —un galón—, y quitad todos los bichos negros de las hojas; luego conseguid dátiles

—media libra—, canela, jengibre y clavos —de cada uno, una onza—, granos —media onza—, azúcar fino —una libra y media—, y hojas de rosa roja, verdes o secas —cuatro puñados—. Entonces dejadlo macerar todo en un galón de buena Aqua Composita en una vasija, bien sellada con cera, durante treinta días, y sacudidlo bien todo junto una vez cada dos días.»

Aunque hoy en día el rocío de sol raramente se encuentra detrás de las barras de los bares, existe un licor alemán, el Sonnentau Likör, que asegura llevarlo como ingrediente. Recolectar una cantidad suficiente de rocío de sol de los pantanos y quitarle todos los bichos puede suponer más esfuerzo del que un amante de los cócteles esté dispuesto a asumir, a pesar de que en este caso la misión no es peligrosa. El rocío de sol no tiene toxicidad conocida, e incluso se atisba una posible utilidad como tratamiento contra la tos y como antiinflamatorio… Lo que demuestra, una vez más, que los herboristas medievales quizá sabían lo que hacían.

Sasafrás

Sassafras albidum
LAURÁCEAS (FAMILIA DEL LAUREL)

Imagínate la situación en la que se encontraron los colonos europeos cuando llegaron a Norteamérica por primera vez. Se llevaron toda la comida y las medicinas que pudieron, pero, al alcanzar las costas del Nuevo Mundo, ya habían consumido gran parte de sus provisiones o se habían estropeado. Allí encontraron plantas y animales que no habían visto jamás y no tenían otra elección que emprender el peligroso juego de ensayo y error para averiguar qué podían comer y beber. Cualquier baya, hoja o raíz podía salvarlos o matarlos.

Una de esas plantas era el sasafrás, un árbol pequeño y muy aromático originario de la costa este. Las hojas y la corteza de sus raíces se usaron como medicina de inmediato. En 1773 se contaba una antigua historia de las colonias que decía que el sasafrás se usaba «para promover la sudoración, atenuar los humores gruesos y viscosos, eliminar obstrucciones y curar la gota y la parálisis». El Godfrey's Cordial, un «curalotodo» muy famoso del siglo XIX, llevaba melaza, aceite de sasafrás y láudano, una tintura de opio.

El «filé», u hojas de sasafrás molidas, se convirtió en un ingrediente básico del gumbo. La corteza de raíz se usaba en el té y en la primera zarzaparrilla y cerveza de raíz, que debía de tener muy poco o nada de alcohol. Era una especia clásica en la cocina norteamericana, pero en 1960 la FDA la prohibió porque uno de sus componentes, el safrol, era cancerígeno y tóxico para el hígado. Hoy sólo puede usarse como aditivo alimentario si se extrae primero el safrol. Por suerte, las hojas tienen una concentración mucho más baja de este componente, así que los cocineros acadianos pueden emplearlo.

La empresa Art in the Age of Mechanical Reproduction, de Pensilvania, ha recuperado la receta tradicional de las bebidas elaboradas a base de sasafrás con su licor Root, un brebaje con un intenso sabor a cerveza de raíz que contiene corteza de abedul, té negro y especias, pero no sasafrás. La planta originaria se ha sustituido con una mezcla de cítricos, menta verde y gaulteria, pero el sabor sigue siendo increíblemente fiel al árbol del sasafrás.

Nicotiana tabacum
SOLANÁCEAS (FAMILIA DE LA HIERBA MORA)

Los fumadores insisten en que nada va mejor con una copa que un cigarrillo, pero ¿mezclarlos dentro de la botella? El licor de tabaco es un mejunje extraño que sólo podía haberse inventado en Norteamérica. En el libro *De la miel a las cenizas*, de 1973, escrito por Claude Lévi-Strauss, se describe la costumbre de empapar tabaco en miel como una práctica habitual en Colombia, Venezuela y Brasil. Como las bebidas de miel fermentada se conocían también en Sudamérica, es fácil suponer que la gente bebiera alguna forma de tabaco fermentado.

Los nativos llevaban más de dos mil años cultivando y fumando hojas de tabaco, pero los europeos nunca habían oído hablar de esta planta (y de hecho, tampoco habían fumado) hasta que los exploradores la trajeron del Nuevo Mundo. La planta se extendió enseguida por la India, Asia y Oriente Medio. Al principio, se tomaba como una medicina: la gente pensaba que curaba las migrañas y que protegía de la peste, además de atenuar la tos y curar el cáncer.

El ingrediente activo de la planta, una neurotoxina llamada nicotina, mata a los insectos, pero también a los humanos. En el siglo XIX se generalizó el uso de un «licor de tabaco» como pulverizador para matar insectos, aunque tenía poco que ver con los licores de tabaco que se comercializan hoy.

El más conocido de todos estos licores es el Perique Liqueur de Tabac, destilado en la fábrica Combier, en Francia, mediante un proceso que, según los destiladores, no deja rastro de nicotina en la botella. (La nicotina tiene un punto de ebullición tan elevado, de 245 °C, que quizá no suba a través del alambique.) Este licor, hecho con un alcohol de aguardiente de uvas y envejecido en roble durante más de un año, es dulce, aromático y sin duda diferente. Proviene de una cepa de tabaco especialmente fuerte y sabrosa, que sólo se encuentra en St. James Parish, Luisiana.

Los nativos llevaban más de mil años cultivando tabaco Perique en esa región, y los colonizadores siguieron cultivándolo y procesándolo doscientos años más. Las hojas se procesan de un modo que cualquier destilador apreciaría: se secan un poco, se atan en paquetes y luego se introducen en barriles de whiskey, donde el jugo que queda va fermentando poco a poco. Eso aporta un sabor a tierra, amaderado y frutal al tabaco. De hecho, un estudio ha identificado hasta trescientos treinta componentes de sabor, cuarenta y ocho de los cuales eran desconocidos previamente en esta solanácea. Este tabaco ha experimentado un resurgimiento a medida que el interés por los ingredientes artesanales y tradicionales se ha extendido también entre los fumadores. Se vende como tabaco de pipa de gama alta.

El licor Perique no tiene el mismo sabor a tabaco fuerte y tostado que un buen escocés. La mejor manera de describirlo es decir que sabe tal como huele el tabaco de pipa dulce y húmedo. Es el único licor de este tipo que puede encontrarse con cierta facilidad. Historias y Sabores, una destilería de Mendoza, Argentina, produce un licor de tabaco. Aparte de éste, el uso más común del tabaco en cócteles se encuentra en un bíter casero hecho con cigarros, una infusión de tabaco y especias en un alcohol de alta graduación que aparece en las cartas de algunos bares lujosos. Sea como sea, tales experimentos pueden ser peligrosos para los bármanes, ya que, sin unos controles científicos que no suelen practicarse en los bares, pueden servir a los clientes una dosis demasiado elevada de nicotina en la bebida.

Vainilla

Vanilla planifolia
ORQUIDÁCEAS (FAMILIA DE LAS ORQUÍDEAS)

Cuando los conquistadores españoles probaron por primera vez la vainilla, probablemente no se dieron cuenta de lo rara que era la especia que acababan de encontrar. La baya de la vainilla es el fruto de una especie de orquídea originaria del sudeste de México y es especialmente difícil de cultivar. Como la mayoría de las orquídeas, es una epifita, lo que significa que sus raíces necesitan estar expuestas al aire, no a la tierra. Se agarra a los troncos de los árboles y escala por las ramas hasta unos treinta metros por encima del suelo. La planta sólo desarrolla una flor al día durante un período de unos dos meses, a la espera de ser polinizada por una especie de abejas diminutas y sin aguijón, las *Melipona beecheii*. Si la flor se poliniza, se desarrolla una vaina a lo largo de los seis u ocho meses siguientes. Y, aunque la vaina contiene miles de diminutas semillas, las pepitas no germinarán a menos que se hallen en presencia de una micorriza (hongo) concreta.

Por si la cosa no fuera lo bastante complicada, las vainas en sí no tienen demasiado sabor cuando se recolectan. De hecho, han de fermentar primero para activar unas enzimas que liberan el sabor de la vainilla. La forma tradicional de conseguir esta fermentación es sumergiendo las vainas en agua, extendiéndolas luego al sol y envolviéndolas en una tela para que «suden» por la noche. El resultado, sin embargo, compensa tanto esfuerzo: las bebidas de chocolate caliente aromatizadas con vainilla fueron uno de los descubrimientos más maravillosos de los españoles.

No es de extrañar que los primeros intentos de transportar las orquídeas de la vainilla a Europa y cultivarlas en invernaderos fracasaran. Hasta mediados del siglo XIX, nadie sabía cómo polinizar las plantas. Al final, consiguió desarrollarse un método usando un palillo diminuto de bambú, pero aun así no era nada fácil: como las flores sólo se abren un día, tiene que haber siempre alguien de guardia, preparado para hacer el trabajo que correspondería a la abeja. Incluso hoy en día, cuando la mayor parte de la vainilla procede de Madagascar, es preciso polinizar artificialmente las flores, porque es imposible exportar la abeja autóctona. Por tanto, es lógico que la vainilla compita con el azafrán por el título de ser la especia más cara del mundo.

Se han detectado más de cien componentes volátiles en la vainilla, y eso explica por qué el sabor del extracto puro es tan complejo: notas de madera, balsámicas, de cuero, fruta seca, hierbas y especias redondean el dulzor de esta orquidácea. Es un sabor extraordinariamente versátil, útil para perfumes, cocina y bebidas de todo tipo. Cuando Coca-Cola elaboró su fallida New Coke, se publicó en *The Wall Street Journal* que la economía de Madagascar casi se hunde debido al descenso súbito en la demanda de vainilla. La compañía se negó, como siempre, a hablar de su fórmula secreta, pero se dedujo que la receta original de la Coca-Cola contenía vainilla, al contrario de lo que ocurría con la nueva fórmula.

Hoy en día, la vainilla de mejor calidad procede de Madagascar y México, aunque algunas personas prefieren el sabor más afrutado de la vainilla de Tahití. Podemos encontrar esta especia en una gama amplísima de licores, desde los aromatizados con cítricos y especias hasta licores de café y de frutos secos, o bebidas con nata y chocolate. Kahlúa, Galliano y Benedictine son tres ejemplos de productos en los que domina el sabor a vainilla.

Zarzaparrilla

Smilax regelii
ESMILACÁCEAS (FAMILIA DE LOS BEJUCOS)

Muchas personas saben que la zarzaparrilla es un refresco antiguo parecido a la cerveza de raíz. De hecho, la bebida llamada zarzaparrilla se elaboraba con sasafrás, corteza de abedul y otros sabores, pero no con zarzaparrilla auténtica. La trepadora espinosa que realmente recibe este nombre se ha usado en la medicina tradicional de Centroamérica, de donde procede, y en otros tiempos se consideró incluso un remedio contra la sífilis. También desempeñó un papel fundamental en el desarrollo de las píldoras para el control de la natalidad: en 1938, el químico Russell Marker descubrió que un esteroide vegetal derivado de la zarzaparrilla podía alterarse químicamente para que fabricara progesterona. Este proceso era demasiado caro para llevarlo a cabo a gran escala, de modo que encontró otra planta con la que era más fácil trabajar: un ñame silvestre de México. Sus descubrimientos ayudaron a lanzar la píldora para el control de la natalidad y, por consiguiente, contribuyeron a la revolución sexual. (También corrían rumores de que la zarzaparrilla contenía testosterona natural y que aumentaba la potencia sexual. Ninguna de estas afirmaciones es cierta.)

La raíz de *Smilax regelii*, molida y seca, se comercializa como especia y puede usarse como ingrediente de licores y otros alcoholes, pero la raíz terrestre de otra trepadora, la zarzaparrilla india (*Hemidesmus indicus*), también es popular en el comercio de especias por su sabor dulce, especiado y avainillado. La ginebra Aviation, de Oregón, obtiene de la zarzaparrilla india ese intenso y profundo sabor a cola que, según los destiladores, ayuda a destacar sus notas más altas y le aporta ese toque tan distintivo.

PASAMOS A LAS

FLORES

FLOR
ÓRGANO COMPLEJO QUE SE ENCUENTRA EN LOS ANGIOSPERMAS; ESTÁ FORMADO POR LOS ÓRGANOS REPRODUCTORES Y SUS FUNDAS; NORMALMENTE INCLUYE UNO O MÁS ESTAMBRES O PISTILOS, UNA COROLA Y UN CÁLIZ.

Amapola del opio

Papaver somniferum
PAPAVERÁCEAS (FAMILIA
DE LAS AMAPOLAS)

Esta bella flor anual, de pétalos enormes con textura de papel de seda arrugado, ha sido prohibida en todo el mundo porque sus vainas producen una savia lechosa cargada de opio. Aunque la droga se usa como analgésico —la morfina, la codeína y otros opiáceos derivan de esta planta—, también puede utilizarse para producir heroína, y por ese motivo la planta está clasificada como un narcótico de grado II en Estados Unidos. Eso no ha evitado que los jardineros la cultiven, aun violando la ley, y hoy en día es una planta bastante corriente. Sólo pueden venderse legalmente las semillas, usadas por reposteros y panaderos. Gracias a esa laguna legal, también pueden venderlas los viveros y los catálogos de semillas.

QUEDAN ADVERTIDOS

En esta época de infusiones y bebidas hechas en casa, podría resultar tentador dar un paseo por el lado oscuro, de la mano de las amapolas del opio. Sin embargo, esta planta es ilegal y sus derivados bastante peligrosos. No lo hagas.

Quizá la descripción más antigua de un cóctel hecho con opio proceda de la *Odisea* de Homero, donde un elixir llamado *nepente* permite a Helena de Troya evadirse de sus penas. Aunque no se menciona específicamente el opio, muchos especialistas creen que el vino mezclado «con una hierba que destierra toda preocupación, dolor y mal humor» se refiere, sin duda, a una bebida con opio.

Esta poción continuó usándose como bebida medicinal y anestesia quirúrgica en la época victoriana. En aquel momento, el láudano, un tónico medicinal a base de opio empapado en alcohol, se utilizaba para calmar el dolor y aliviar el sufrimiento que producían una amplia gama de padecimientos. Para mitigar los síntomas de la gota, al rey Jorge IV le gustaba echar unas gotas de láudano en su brandy... Y luego un poquito más, y un poquito más, hasta que el adictivo narcótico terminó por dominar su voluntad.

En 1895 apareció un jarabe de opio que consiguió cierta respetabilidad, cuando Bayer lo vendió con el nombre de Heroína. El jarabe se prohibió en la década de 1920, y los cócteles de opio se convirtieron en una reliquia del pasado.

Azafrán

Crocus sativus
IRIDÁCEAS (FAMILIA DE LOS IRIS)

Para tratarse de una especia tan antigua e importante, el azafrán es muy difícil de cultivar, pero más aún de cosechar. El croco que conocemos hoy en día como azafrán es un triploide —es decir, que tiene tres conjuntos de cromosomas en lugar de dos— y es estéril; sólo puede reproducirse creando más cormos (una estructura similar al bulbo), nunca mediante semillas. Es probable que sea un mutante cultivado sin interrupción desde el año 1500 a. C., aproximadamente.

Cada cormo produce una única flor morada sólo durante un período de dos semanas, en otoño. Esa flor se abre y muestra el precioso estigma tripartito que conocemos como «hebras de azafrán». Se necesitan cuatro mil flores para recolectar cincuenta gramos de azafrán. Y, para asegurarse una buena cosecha, cada pocos años hay que desenterrar los cormos, dividirlos y replantarlos. (Aunque los crocos de azafrán florecen en otoño, no hay que confundirlo nunca con el narciso de otoño o azafrán silvestre, *Colchicum autumnale*, que es muy tóxico.)

El azafrán tiene unos componentes de sabor y aroma muy intensos. Su amargor procede sobre todo de la picrocrocina, que se rompe después de cosecharlo y libera un aceite llamado safranal. Esta sustancia suscita mucho interés entre los científicos, que han comprobado que si el azafrán se ha usado como hierba medicinal desde hace tanto tiempo es por razones objetivas. Algunos estudios demuestran que puede eliminar tumores y que ayuda a la digestión y a recuperar los radicales libres.

Además de sazonar platos indios, asiáticos y europeos, se utiliza como saborizante para cerveza y espirituosos desde hace siglos. El arqueólogo Patrick McGovern cree que en la antigüedad el azafrán se usaba como ingrediente amargante, y trabajó con Dogfish Head para crear la Midas Touch, una bebida hecha con moscatel blanco, cebada, miel y azafrán, basada en los análisis de los residuos de las vasijas encontradas en la tumba del rey Midas. En la actualidad, el azafrán se cultiva en Irán, Grecia, Italia, España y Francia. La producción mundial se estima en unas trescientas toneladas, y treinta gramos de azafrán alcanzan un precio de unos trescientos dólares al por menor, aunque los precios varían mucho según la calidad. (El azafrán de mejor calidad es el resultado de unas condiciones de cultivo y variedades óptimas; vale la pena pagar un poco más y conseguir el mejor.) Su pigmento anaranjado procede de un componente carotenoide llamado alfacrocina. Esta sustancia otorga un tono amarillo a la paella y a muchos licores tradicionales amarillos y verdes, al estilo Chartreuse, que se hacen en España, Francia e Italia. Los fabricantes de Benedictine han revelado muy pocos de los ingredientes que lo componen, pero reconocen que lleva una infusión de azafrán.

El rumor popular dice que el Fernet Branca, extraordinariamente amargo, debe gran parte de su sabor al azafrán, y por lo visto la empresa controla las tres cuartas partes de la producción mundial de azafrán. Quizá no sea más que una leyenda. Si la producción anual del licor es de 8,85 millones de cajas, como se informa en las publicaciones del sector de la industria de bebidas alcohólicas, eso supondría unos cinco gramos de azafrán por botella, casi veinticinco dólares de valor, al por menor. Si una botella de Fernet cuesta en las tiendas de veinte a treinta dólares, parece poco probable que contenga una cantidad tan enorme de esa especia tan cara, ni siquiera teniendo en cuenta los descuentos de las ventas al por mayor.

Camomila

Matricaria chamomilla
y *Chamaemelum nobile*
ASTERÁCEAS
(FAMILIA DEL ÁSTER)

Hay dos plantas de la familia del áster que reciben el nombre de camomila. La camomila romana, o *Chamaemelum nobile*, es una planta perenne de crecimiento lento que crece en praderas y pastizales, mientras que la camomila alemana, *Matricaria chamomilla*, es una planta erecta anual. La alemana se usa mucho más como hierba culinaria y medicinal. También es menos probable que produzca reacciones alérgicas, un problema habitual con las especies romanas.

El centro redondo y amarillo de la flor es en realidad un conjunto de muchas florecillas diminutas juntas, una característica común en el girasol y otras asteráceas. La especie alemana se llama a menudo *M. recutita*; la palabra latina *recutita* o *recutitus* significa «circuncidada», lo que nos hace pensar que la forma de su cabeza redondeada le resultaba familiar a algún botánico del pasado. Un componente de la camomila alemana, el camazuleno, es el que da ese sorprendente azul verdoso a los extractos de camomila.

Las flores de camomila contienen una rica mezcla de componentes aromáticos y medicinales que resultan mucho más fuertes justo después de que maduren y se sequen las flores) que aportan sus conocidas cualidades sedantes. Además, algunos estudios farmacológicos han demostrado que también tienen efectos antiinflamatorios y antisépticos y que la infusión de las flores es muy adecuada para aliviar los trastornos estomacales.

Los fabricantes de Hendrick's aseguran que la camomila es uno de los ingredientes de su ginebra, y algunos destiladores la han convertido en el ingrediente principal de sus espirituosos. J. Witty Spirits, de California, produce un licor de camomila, y la destilería italiana Marolo macera camomila en grapa y obtiene un digestivo dulce, calmante y sorprendentemente floral. También es un ingrediente clave del vermut; de hecho, es una de las pocas plantas que los elaboradores de esta bebida reconocen que usan cuando haces una visita a sus instalaciones.

Sambucus nigra
CAPRIFOLIÁCEAS (FAMILIA DE LA MADRESELVA)

Las flores del arbusto de saúco proporcionan un sabor que hasta hace muy poco era casí desconocido para los paladares norteamericanos. Así fue hasta que, en 2007, un licor amarillo pálido llamado St. Germain entró en la escena de los cócteles. Aunque se comercializaba como un elegante licor francés, su sabor probablemente resulte más familiar a los británicos, que beben vino y refrescos (sin alcohol) de saúco desde hace muchos años.

El arbusto de saúco florece por toda Europa y Reino Unido. Es una planta de seto clásica que crece de forma silvestre en el campo. Cada año nacen brotes nuevos de su enorme raíz base. El arbusto produce unas bayas diminutas, de un negro tirando a morado, que se exprimen para hacer zumo, mermeladas o vino casero. El vino de saúco tiene un sabor robusto, afrutado, que no es del gusto de todo el mundo, pero en el siglo XIX había comerciantes de vino con pocos escrúpulos que sabían que podían usarlo para alargar el vino y el oporto, y que nadie notaba la diferencia.

Sin embargo, son los racimos de flores planas, con aroma a miel, y no las bayas, los que contribuyen a dar su perfume característico al licor de saúco. No hay otro licor que tenga un gusto tan parecido a un prado lleno de flores. Si uno intenta imaginar qué sabor disfrutan las abejas cuando se sumergen entre los pétalos de una flor, esta bebida probablemente sea lo más parecido.

El destilador del St. Germain no revela casi nada de su receta y lo poco que descubre está oculto bajo una prosa fantasiosa. Los campesinos franceses, asegura el destilador, cultivan las flores en primavera y las llevan en «unas bicicletas especiales» desde el pie de las colinas de los Alpes franceses hasta «unos depósitos locales»; dicen que las flores no se maceran sino que un método secreto les permite persuadir al sabor para que se revele. El extracto se combina entonces con un aguardiente de uva, azúcar y (aunque en este punto se muestran algo vagos) probablemente algún cítrico. El resultado es un licor que sabe a flores y miel y posee la seducción distante y espectral de la fruta: pera, tal vez, o quizá melón.

¿ESTÁ HECHA DE *SAMBUCUS* LA SAMBUCA?

La sambuca es un licor anisado italiano que está delicioso solo, después de cenar. (Ni caso de esa tontería de sumergir granos de café en la sambuca y prenderle fuego; simplemente, sírvete un poquito en un vaso después de la cena y bébetelo como un adulto.) Además de su fuerte sabor a regaliz, puede resaltar una nota frutal compleja que le otorgan las bayas de saúco. Ciertas sambucas negras deben su intenso color morado oscuro a la piel aplastada de las bayas de saúco, pero otras contienen colorantes artificiales.

REFRESCO DE SAÚCO

950 ml de agua
900 g de azúcar
30 ramilletes de flores de saúco frescas (no marrones ni marchitas) (S. nigra)
2 limones a rodajas
2 naranjas a rodajas
50 ml de ácido cítrico (se vende en las tiendas de alimentos naturales)

Lleva a ebullición el agua con azúcar y déjala enfriar. Mientras se enfría, sal a cortar unas cuantas flores de saúco, mejor si lo haces una tarde cálida, cuando la fragancia es más intensa. Sacúdelas con cuidado para expulsar los bichos que pudieran tener. Llévalas dentro de inmediato y usa un tenedor para separar las flores de los tallos. Mezcla todos los ingredientes en un cuenco o jarra grande y déjalos reposar 24 horas; remueve y prueba, si fuera necesario. Pasadas las 24 horas, cuela la mezcla y guárdala en unos botes de conserva limpios y esterilizados. Se conserva en la nevera más de un mes, y aún más tiempo en el congelador.

BEBER FLOR DE SAÚCO

Los licores de flor de saúco, como el St. Germain, o las mezclas tónicas hechas en casa combinan bien con casi todo y aportan notas florales y melosas sin resultar demasiado empalagosas. Aquí tienes algunas opciones para probarlo.

- Añade un chorrito de champán; deja flotando encima una violeta amarilla.
- Prepara un martini con 15 mililitros de licor o refresco de flor de saúco y 15 mililitros de Chartreuse (de la variedad verde, si eres valiente; si no, de la amarilla), en lugar del vermut. Decóralo con corteza de limón.
- Usa agua con gas y licor de flor de saúco como sustituto de la tónica en un gin-tonic. Añade unas gotas de limón en lugar de lima.

CULTIVA TUS PROPIAS BAYAS DE SAÚCO

 Pleno sol / Semisombra    Riego regular    Resiste hasta -34 ºC

Aunque las bayas de saúco se usan para hacer mermelada, vino y refrescos, pueden ser ligeramente tóxicas. Todas las partes de la planta contienen una sustancia que produce cianuro, junto con otras toxinas. Incluso las bayas deberían recogerse sólo cuando estén completamente maduras. Las especies norteamericanas de saúco —entre las que se incluyen el *Sambucus racemosa*, el *S. canadensis* y otros— pueden ser más tóxicas que el *S. nigra*, la especie que florece en los setos ingleses. Cocinar las bayas ayuda a reducir esa toxicidad.

Las bayas de saúco toleran los climas más fríos y sobreviven a temperaturas invernales muy bajas, hasta los -34 ºC. Tienen la raíz poco profunda y prefieren un mantillo de compost y un fertilizante equilibrado cada primavera, así como riego regular en verano. Para mantener un arbusto fructífero, debes cortar todos los rodrigones o ramas de más de tres años de antigüedad en invierno o al principio de la primavera. Los rodrigones muertos o enfermos también deberían eliminarse. York y Kent son dos variedades populares, pero busca una que se adapte bien a tu región.

Hay una variedad ornamental, la *S. nigra*, vendida como Black Lace, que es muy popular en todo el mundo como planta de jardín por su llamativo follaje negro y sus racimos de flores rosas. Florece sin necesidad de que haya otro ejemplar cerca, pero para fructificar sí que precisa la proximidad de otro saúco.

Jazmín

Jasminum officinale
OLEÁCEA (FAMILIA DEL OLIVO)

Seguro que la primera persona que olió un jazmín ya pensó en hacer una bebida con él. ¿Quién podría resistirse a esa fragancia dulce y embriagadora? El jazmín, de hecho, aparece muy pronto en recetas de tónicos y licores: *The Complete Distiller* («El destilador completo»), de Ambrose Cooper, publicado en 1757, incluye una receta de agua de jazmín que requiere flores de jazmín, cítricos, espirituosos, agua y azúcar. Recetas parecidas abundan en los libros de cocina de los siglos XVIII y XIX. En un folleto sobre la Exposición Universal de Londres de 1862, se anunciaba que los licores de jazmín de las islas Jónicas griegas habían ganado varios premios.

El jazmín más usado en perfumes y espirituosos es el *Jasminum officinale*, a veces llamado jazmín de poeta. (A día de hoy, los botánicos no se ponen de acuerdo en si otra especie denominada jazmín de poeta o jazmín español, *J. grandiflorum*, es realmente una especie aparte.) El *J. sambac*, conocido también como jazmín árabe o *pikake*, se utiliza mucho en los *leis* (guirnaldas) hawaianos y también se usa en los tés asiáticos con jazmín o en perfumes. (El té de jazmín, por cierto, suele ser té verde que se ha pulverizado con esencia de jazmín, no un té hecho con flores de jazmín.) Ninguno de éstos son jazmines de jardín corrientes, aunque los recolectores de plantas tropicales y fragantes no tienen problemas para encontrarlos.

La fragancia de jazmín tiene algunos componentes interesantes, como el acetato de bencilo y el farnesol, los dos con una fragancia floral y dulce con notas de miel y pera. El linalol, el omnipresente aroma cítrico y floral, está también ahí, y lo mismo ocurre con el ácido fenilacético. Esta última sustancia se encuentra también en la miel, y sus subproductos se excretan por la orina. Los perfumistas saben que, debido a diferencias genéticas en la forma que tenemos de experimentar las fragancias, más o menos la mitad de la gente piensa en miel al oler un jazmín, pero la otra mitad, desgraciadamente, piensa en orina. Y ambos grupos tienen razón...

El jazmín no es un ingrediente habitual en los espirituosos actuales, y en gran medida se debe a su coste: a los creadores del perfume Joy les gusta alardear de que en cada frasco de 30 mililitros se han concentrado más de diez mil flores de jazmín. Jacques Cardin elabora un coñac con perfume de jazmín, y dos destiladores norteamericanos, Koval en Chicago y GreenBar Collective en Los Ángeles, producen licores de jazmín.

Lúpulo

Humulus lupulus y *H. japonicus*
CANNABÁCEAS (FAMILIA DEL CANNABIS)

La cerveza no está hecha de lúpulo sino de cebada —y a veces de otros cereales—, pero luego se le da más sabor con el lúpulo. Con todo, es imposible imaginar la cerveza sin esta trepadora extraña y amarga.

Antes de su descubrimiento, más o menos hacia el año 800 d. C., cuando empezó a añadirse a la cerveza para mejorar su sabor y poder conservarla, los cerveceros incorporaban todo tipo de hierbas y especias raras a sus preparaciones. La palabra *gruit* es un antiguo término germano que se refiere al *bouquet* de los ingredientes herbales que en otro tiempo llevaba la cerveza. La milenrama, el ajenjo, la reina de los prados e incluso las venenosas y mortales cicuta, belladona y beleño; todos iban a los barriles de fermentación, a menudo con resultados poco afortunados. Pero todo eso cambió en la Edad Media, cuando el lúpulo llegó a Europa proveniente de China.

Una de las granjas de lúpulo más antiguas que se conocen se estableció en Bavaria en el año 736. En aquella época, la elaboración de cerveza y otros cometidos científicos y medicinales estaban en manos de los monjes. Las granjas de lúpulo se hicieron habituales en los monasterios de toda Europa y llegaron a Inglaterra en el siglo XVI, dando paso a un nuevo estilo de cerveza.

Es difícil apreciar los problemas de almacenamiento a los que se enfrentaban los primeros cerveceros. Imagina, por ejemplo, que abres el último barril de la bodega, tras un invierno largo y terrible, y te encuentras con que las bacterias estropearon la cerveza hace meses. Los pioneros que arribaron al Nuevo Mundo en el *Mayflower* quizá se encontraron con ese mismo problema: la *Mourt's Relation* («Relación de Mourt»), una crónica de la llegada de los peregrinos, sugiere que la escasez de cerveza los obligó a dar media vuelta y regresar a Plymouth. «No podíamos perder tiempo con búsquedas y nuevas consideraciones: nuestras vituallas estaban muy mermadas, especialmente las de cerveza.» Como no tenían forma de desinfectar el agua fresca, y a su alrededor no había otra cosa que agua salada, la cerveza era quizá la única bebida que podía mantenerlos vivos en su largo viaje. Si se les acababa o se estropeaba, se veían en un gran aprieto.

¿QUÉ DIFERENCIA HAY ENTRE LA CERVEZA ALE Y LA LAGER?

DEPENDE DE A QUIÉN LE PREGUNTES Y CUÁNDO LO PREGUNTES. Si retrocedes dos mil años y vas a la región que ahora es Alemania, te encontrarás con que *ale* hace referencia a un tipo de bebida fermentada parecida a la cerveza de la que en realidad se sabe poco. Si vas a la Inglaterra del año 1000, descubrirás que con los términos *ale* y *beer* nombran dos bebidas distintas; *ale* era lo que hoy en día llamaríamos cerveza, y *beer*, una bebida hecha con miel fermentada y zumo de frutas.

Entonces llegó el lúpulo, y con él la palabra alemana *lager*, que se usaba para diferenciar las bebidas que contenían esta cannabácea de las que no la contenían. En la actualidad, sin embargo, casi todas las cervezas están aromatizadas con lúpulo. De modo que los términos *lager* y *ale* se usan para designar cervezas elaboradas con especies de levaduras que fermentan en el fondo o en la superficie, respectivamente. Para confundir más el asunto, la encomiable campaña británica en favor de la auténtica *ale* (Campaign for Real Ale) no defiende la cerveza hecha con levadura de «fermentación de superficie», sino sólo la cerveza hecha al estilo tradicional inglés, y eso significa que se deja fermentar una segunda vez en el barril y que se sirve directamente de ese barril en el pub y jamás se embotella.

Aun así, dónde vive la levadura cuando está en el tanque de fermentación —si en el fondo o en la superficie— es algo que preocupa muy poco al bebedor medio. Para él es más importante saber que la mayoría de las cervezas inglesas reciben el nombre de *ale*, que la mayoría de las alemanas y americanas son *lager*, y que en los bares de todo el mundo, si le faltan las palabras, le servirán una cerveza haciendo un simple gesto con la mano.

Pero llegó el lúpulo y convirtió la cerveza en un producto muy superior. Las piñas de la enredadera del lúpulo (racimos de flores femeninas) están repletas de unas glándulas amarillas que segregan lupulina, una resina que contiene los ácidos que ayudan a que la cerveza sea más espumosa, le dan un sabor más amargo y prolongan su vida útil. Estos ácidos, llamados alfa, son tan importantes para elaborar buena cerveza que el lúpulo se clasifica según la cantidad de lupulina que producen. El lúpulo aromático contiene menos ácido alfa, pero produce unos sabores y aromas deliciosos, mientras que el lúpulo más amargo contiene una cantidad más elevada de ácidos alfa, hace que dure más la cerveza y contribuye con su amargor a contrarrestar el sabor a levadura de la malta.

Esta trepadora vigorosa y robusta es pariente cercana de la marihuana. De hecho, los húmedos y pegajosos capullos de la flor del cannabis recuerdan

¿POR QUÉ LAS BOTELLAS DE CERVEZA SON MARRONES?

Los fabricantes de cerveza saben desde hace mucho tiempo que las botellas oscuras protegen la bebida de la luz y evitan que desarrolle ese particular «sabor a mofeta» debido a la insolación. Sin embargo, no fue hasta el año 2001 cuando unos científicos de la Universidad de Carolina del Norte, en Chapel Hill, averiguaron qué es exactamente lo que causa ese sabor desagradable. Ciertos componentes del lúpulo, conocidos como «isohumulonas», se rompen y se convierten en radicales libres cuando están expuestos a la luz. Estos radicales libres son químicamente similares a las secreciones de las mofetas. Y no cuesta mucho que se produzca esa transformación: algunos bebedores de cerveza son capaces de percibir ese sabor a mofeta en el fondo de un vaso de una pinta de cerveza que ha estado expuesta a la luz del sol mientras se la bebían.

¿Y por qué, entonces, se venden algunas cervezas en botellas transparentes? En primer lugar, porque es más barato, pero también porque algunas cervezas de producción masiva están hechas con un lúpulo alterado químicamente que no se rompe. A pesar de todo, si ves que te venden botellas transparentes en una caja cerrada, lo más probable es que se deba a que el fabricante sabe que el sabor se degrada con mucha rapidez si la cerveza se expone a la luz. ¿Y la tradición de añadir una rodajita de lima a la cerveza? Es sólo una treta de mercadotecnia para disfrazar el sabor a mofeta.

vagamente a las piñas también pegajosas y fragantes del lúpulo hembra. Como el cannabis, el lúpulo es dioico. Las hembras pueden producir sus piñas tan preciadas sin que haya un macho cerca, pero no son capaces de producir semillas ni de reproducirse. Los cultivadores de lúpulo seleccionan enredaderas hembra y eliminan de sus campos los machos no deseados, a los que exterminan enseguida. No quieren que las hembras acaben fecundadas porque los fabricantes de cerveza no compran las piñas repletas de semillas.

El lúpulo no crece en cualquier sitio: esta enredadera alta, de hoja perenne, requiere trece horas de luz solar diarias mientras está creciendo, lo que sólo puede encontrarse en una estrecha franja del mundo, entre los 35

VARIEDADES DE LÚPULO

LÚPULO AROMA (VIEJO MUNDO)

Cascade	Hallertauer
Cluster	Hersbrucker
East Kent Goldings	Tettnang
Fuggle	Willamette

LÚPULO BITTERING (HIGH ALPHA)

Amarillo	Eroica
Brewer's Gold	Nugget
Bullion	Olympic
Chinook	Sticklebract

UNIDADES DE AMARGOR INTERNACIONALES (IBU, POR SUS SIGLAS EN INGLÉS). Se trata de una escala internacional que mide el nivel de amargor que aportan los ácidos alfa al lúpulo.

Cervezas americanas de consumo masivo	de 5 a 9 IBU
Porter	de 20 a 40 IBU
Pilsner lager	de 30 a 40 IBU
Stout	de 30 a 50 IBU
Pale ale de la India	de 60 a 80 IBU
Triple IPAS	de 90 a 120 IBU

y los 55 grados latitud norte y sur. Eso significa que son muy abundantes en Alemania, Inglaterra y en Europa en general. En Estados Unidos, se cultivan sobre todo en el oeste: las granjas de lúpulo se fueron trasladando hacia el oeste a medida que las enfermedades del oídio y del mildiu hicieron imposible cultivar la planta en los estados del este. La industria del lúpulo encontró una ventaja más en Oregón y Washington: los granjeros sobrevivieron a la Ley Seca enviando lúpulo a Asia.

En las latitudes de 35 a 55 grados sur, el lúpulo crece en Australia y Nueva Zelanda, y en el norte lo cultivan China y Japón. También se han hecho intentos de cultivarlo en Zimbabue y Sudáfrica, pero al no tener el número óptimo de horas de luz diurna ha habido que instalar luz artificial en los campos de lúpulo. Mientras tanto, algunos botánicos de lo más optimistas están trabajando para conseguir una variedad de lúpulo más neutra ante la duración del día, a la que no le afecten los días más largos o más cortos durante la estación de floración.

En la estación de crecimiento, el lúpulo es increíblemente vigoroso, capaz de crecer quince centímetros en una sola jornada. Las enredaderas se van extendiendo desde el tallo central a lo largo del día, y por la noche se envuelven en alambres u otros soportes. «Vas andando por los campos a última hora de la tarde y ves todas esas enredaderas que sobresalen en un ángulo de 45 grados —cuenta Gayle Goschie, un granjero de Oregón que cultiva lúpulo—. Cuando vuelves a la mañana siguiente, todos están otra vez enroscados apretadamente en torno a la espaldera.» Las enredaderas se enroscan en espiral en la dirección de las agujas del reloj, y eso ha inspirado un par de leyendas botánicas: una es que crecen en la dirección contraria a las agujas del reloj en el hemisferio sur, y la otra es que crecen en la dirección de las agujas del reloj para seguir al sol de este a oeste. Ninguna de las dos cosas es cierta. Como el que nace zurdo, sencillamente han nacido con la predisposición genética de crecer en el sentido de las agujas del reloj, sin importar dónde estén con respecto a la posición del sol o del ecuador. (Los botánicos que estudian la dirección de enrollamiento de las plantas trepadoras han descubierto que el lúpulo es una rareza en su proclividad a enrollarse en el sentido de las agujas del reloj: el noventa por ciento de las plantas trepadoras prefieren hacerlo en el otro sentido.)

El lúpulo no sólo se enrosca en las espalderas. Unos pinchos diminutos en los tallos también le permiten trepar a los árboles u otras plantas. Los romanos, convencidos de que aquella trepadora mataba a los árboles por estrangulación, la llamaron «pequeño lobo», de ahí viene el nombre del género de la planta, *Lupulus*.

CULTIVA TU PROPIO LÚPULO

 Pleno sol    Riego medio   Resiste hasta -23 ºC

Ningún jardín cervecero está completo sin una enredadera ornamental de lúpulo. Los viveros especializados en esta planta venden las variedades favoritas de los fabricantes de cerveza, como Cascade y Fuggle, pero en cualquier vivero bien surtido encontrarás también alguna variedad ornamental que dé preferencia al aspecto en lugar de al sabor. El lúpulo dorado Aureus, con su follaje entre amarillo y verde lima, es una planta ornamental muy vendida, igual que la Bianca, una variedad con el follaje de un verde claro que madura hasta un verde oscuro, formando un bonito contraste.

Planta el lúpulo a pleno sol o en un lugar con sombra parcial, en un suelo húmedo y rico. Crece mejor en las latitudes situadas entre los 35 y los 55 grados, al norte y al sur, y resiste temperaturas de hasta -23 ºC. La enredadera muere en invierno; si el invierno es suave y la helada no la marchita, hay que cortarla para luego estimular el crecimiento. Puede alcanzar hasta siete metros de altura a mediados de verano; empieza a florecer el tercer año. Una vez que salen las piñas, las enredaderas se vuelven muy pesadas y hay que proporcionarles una espaldera robusta por la que puedan trepar.

Por lo general, las flores están listas para cosecharlas a finales de agosto o en septiembre. Deben estar secas, tener un tacto como de papel y oler muy fuerte a lúpulo. Aprieta alguna que te parezca madura: si vuelve a recuperar su forma, está preparada para la cosecha. Una vez recogidas las flores, extiéndelas en un bastidor, preferiblemente con un ventilador debajo para que circule bien el aire mientras se secan.

HORNOS DE LÚPULO: *también llamados «secaderos de lúpulo» en Inglaterra, estos graneros tan característicos, con sus torres en forma de cono, se usaban para secar el lúpulo cosechado en los campos. El lúpulo se extendía en un armazón suspendido en la parte superior de la torre y luego se encendía un fuego debajo. Después lo guardaban en sacos y lo almacenaban en el granero.*

Los granjeros se apresuran a señalar que el lúpulo no es una enredadera muy agradable que digamos. Darren Gamache, un cultivador de Washington, sabe lo que es recogerlo a mano, como hacían sus abuelos: «Las enredaderas tienen unos pinchos ásperos muy abrasivos, e incluso dejan verdugones. En especial cuando hace calor y el sudor se te mete en las heridas… Es realmente muy incómodo. Y, además, mucha gente les tiene alergia.» Hoy en día, la mayoría de las plantas de lúpulo se cosechan a máquina por ese motivo.

Y el peligro no termina después de la cosecha: el lúpulo recién recolectado se calienta mucho, igual que una pila de compost, y se han dado casos en que ha prendido fuego. Cuando se empaqueta en fardos grandes para almacenarlo, el lúpulo puede entrar en combustión de forma espontánea y quemar un granero entero. Cuando se empezó a cultivar esta planta en el noroeste del Pacífico, los incendios en los almacenes de lúpulo eran frecuentes.

La mayoría de los fabricantes de cerveza desconocen las penalidades que soportan los cultivadores de lúpulo, que han de manejar enredaderas rasposas, apagar incendios en los graneros y eliminar las plantas macho de sus campos para poder llevar la cosecha al mercado. El lúpulo ni siquiera se puede reconocer como flor cuando llega a la cervecería: está prensado en forma de bola y se envía en bolsas selladas al vacío. Unos pocos cerveceros usan lúpulo verde traído directamente de los campos para hacer cervezas estacionales, en la época de la cosecha. Si quieres experimentar lo que es el lúpulo recién cogido, en otoño busca cervezas «con lúpulo fresco» o «húmedo».

Rosa damascena y *Rosa centifolia*
ROSÁCEAS (FAMILIA DE LAS ROSAS)

«Las rosas rojas fortalecen el corazón, el estómago y el hígado, y la facultad de retener. Mitigan los dolores que produce el calor, alivian las inflamaciones, procuran descanso y sueño, tanto blancas como rojas sirven a las mujeres, la gonorrea, o el funcionamiento de los riñones y los flujos del vientre; su jugo purga y limpia el cuerpo de cóleras y flemas.» Esto proclamaba Nicholas Culpeper en su manual médico de 1652 *The English Physician* («El médico inglés»), que prescribía vinos, tónicos y jarabes de rosa para una lista larguísima de enfermedades graves.

La rosa es una planta antigua que aparece por primera vez en los registros fósiles de hace unos cuarenta millones de años. Las fragantes rosas de jardín que conocemos hoy en día han viajado a Europa desde China y Oriente Próximo en los últimos miles de años. La más popular para elaborar espirituosos, la aromática rosa de Damasco o *Rosa damascena*, proviene de Siria, donde se destilaba para hacer perfumes. Los botánicos europeos la trajeron para cultivarla como rosa de jardín y para usarla en sus extraños preparados médicos, pero Oriente Medio siguió siendo el centro de la producción de perfume y agua de rosas.

Las rosas de Damasco, con nombres tan románticos como Comte de Chambord y Panachée de Lyon, tienden a ser flores exuberantes, redondas, abiertas y muy fragantes, con pétalos muy apretados en diversos tonos de rosa, carmín y blanco. La rosa de mayo, *R. centifolia*, la desarrollaron los botánicos holandeses en el siglo XVII por la intensidad de su fragancia.

La Fantin-Latour, de un rosa claro, es una de las variedades de rosa de mayo perfumada más conocidas.

Las recetas más antiguas de espirituosos elaborados con pétalos de rosa, como el de Culpeper, requerían la maceración en brandy de pétalos de rosa aromática mezclados con azúcar y fruta. El agua de rosas, la parte más acuosa de una destilación al vapor de pétalos de rosa —lo que ha quedado cuando se ha extraído el aceite esencial—, es un ingrediente tradicional en la cocina de Oriente Medio.

Últimamente se ha vuelto muy popular el agua de rosas como ingrediente para cócteles, pulverizada en la superficie de una bebida. En Europa y Estados Unidos se hacen varios licores de pétalos de rosa de gran calidad, como por ejemplo el excelente licor de la destilería francesa Miclo, elaborado con pétalos de rosa macerados, y el Crispin's Rose, con una base de licor de manzana, producido en el norte de California. Del licor de Bols, Parfait Amour, se asegura que cuenta con pétalos de rosa entre sus ingredientes, junto con violetas, peladura de naranja, almendras y vainilla. La ginebra Hendrick's añade esencia de rosa de Damasco tras el proceso de destilación, junto con el pepino, para darle un *bouquet* de jardín.

Una especie mucho menos vistosa, la eglantina o rosa mosqueta, *R. rubiginosa*, se cultiva no sólo por sus flores, sino por el fruto —llamado escaramujo— que queda después de que los pétalos han caído de la planta. Los escaramujos son una excelente fuente de vitamina C, y se usan para hacer té, jarabes, mermeladas y vino. En Alsacia hay unas cuantas destilerías que elaboran un aguardiente de eglantina, y con esta planta se hace también un brandy húngaro llamado Pálinka. También hay *schnapps* y licores de eglantina, como el licor de escaramujo que elabora la destilería Koval de Chicago.

Violeta

Viola odorata
VIOLÁCEAS (FAMILIA DE LAS VIOLETAS)

El cóctel Aviation es lo más parecido a una exposición de arte floral en un vaso: ginebra, licor de marrasquino, zumo de limón y crema de violeta. Y hasta hace unos pocos años era imposible hacerlo como es debido, porque la crema de violeta había desaparecido de las tiendas.

Esto ha cambiado gracias a los esfuerzos de Eric Seed, propietario de Haus Alpenz, un importador de espirituosos raros y difíciles de encontrar.

LICORES DE VIOLETA

CRÈME DE VIOLETTE: Si buscas sabor a violeta pura, éste es el mejor: una infusión de violetas, azúcar y alcohol, de un precioso color morado intenso.

CRÈME YVETTE: Licor morado que puede que contenga violetas, o no... La versión que elabora Cooper Spirits International (los mismos que lanzaron el St. Germain) es una mezcla de grosella negra, bayas, peladura de naranja, miel y una infusión de pétalos de violeta que le da un sabor muy distinto a la *crème de violette*.

PARFAIT AMOUR: Licor morado con una base cítrica, como el curaçao, mezclado con vainilla, especias y rosas o violetas.

THE AVIATION

45 ml de ginebra
15 ml de licor de marrasquino
15 ml de crème de violette
15 ml de zumo de limón recién exprimido
1 flor de violeta

Agita todos los ingredientes con hielo —excepto la flor— y sirve en una copa de cóctel. Algunas versiones de esta receta llevan menos crema de violeta o menos zumo de limón; ajusta las proporciones a tu gusto. Decóralo con la flor de violeta (un nomeolvides o un pensamiento también son una alternativa botánicamente adecuada).

Su búsqueda de la auténtica *crème de violette* lo llevó hasta Austria, donde la destilería Purkhart producía cantidades limitadas para clientes especiales, sobre todo reposteros que la usaban en chocolates y pasteles. Estos destiladores seleccionan dos variedades de *Viola odorata* para su licor: Queen Charlotte (o Königin Charlotte) y March.

La dulce violeta es una flor de otra época. Hace cien años se cultivaba muchísimo y se vendía en ramitos en los puestos de flores. Como sólo dura un día o dos en agua, el ramillete se llevaba una sola noche en el vestido o en la mano, y su característica fragancia perfumaba a la mujer.

A veces estas flores reciben el nombre de «violetas de Parma», aunque una violeta de Parma es más bien una variedad de una especie muy parecida, la *V. alba*. La violeta no está relacionada con la violeta africana, pero es una pariente cercana de dos plantas muy habituales en los viveros: los nomeolvides y los pensamientos.

La fragancia —y el sabor— de la violeta es un poco especial. Tiene un componente llamado ionona que interfiere en los receptores del olor en la nariz e impide detectar su aroma tras aspirarlo unas cuantas veces. También hay un componente genético en la forma que tenemos de percibir la ionona: algunas personas no logran olerla ni saborearla, mientras que otras perciben un sabor pesado y jabonoso, en lugar de la esencia floral.

Y SEGUIMOS DIRECTOS HACIA LOS

ÁRBOLES

ÁRBOL
PLANTA ERGUIDA PERENNE CON UN TRONCO O TALLO DE TEJIDO LEÑOSO ENVUELTO EN CORTEZA, QUE SUELE CRECER HASTA UNA ALTURA CONSIDERABLE.

Abedul

Betula papyrifera
BETULÁCEAS (FAMILIA DEL ALISO)

Los norteamericanos quizá no hayan inventado la cerveza de abedul, pero desde luego la han perfeccionado. Los abedules se encuentran en toda América del Norte, Europa y Asia. A lo largo de los siglos se han utilizado como leña y para hacer papel o tintes, además de por su resina y en medicina. Los arqueólogos han hallado en Europa cuencos del 800 a. C. que contenían residuos de savia de abedul, lo que indica que se usaba para elaborar vino, igual que la miel.

A principios del siglo XVII, varios científicos teorizaron sobre el uso de la savia de abedul para elaborar licores con fines medicinales o puramente recreativos. El médico flamenco Johannes Baptista van Helmont escribió que la savia de abedul puede recogerse en primavera para añadirla «a la cerveza, después de que se aposente el hervor o trabajo que sufren los vinos y las cervezas de forma natural en los barriles». También recomendaba utilizar esta «savia fermentada» como tratamiento para afecciones de los riñones, el tracto urinario y los intestinos.

Unas pocas décadas más tarde, en 1662, John Evelyn ofrecía esta receta en *Sylva*, el primer libro de silvicultura publicado en el mundo: «Por cada galón de agua de abedul, pon un cuarto de miel, todo bien removido; luego hiérvelo durante casi una hora con unos pocos clavos de olor, un poco de corteza de limón, y espúmalo bien: cuando haya hervido lo suficiente y una vez que se haya enfriado, añade tres o cuatro cucharadas de cerveza bien buena para que lo ponga en marcha (como ocurriría con una nueva cerveza), y cuando la levadura empiece a asentarse, embotéllalo como cualquier otro licor de vino. A su debido tiempo, se convertirá en una bebida muy viva y espirituosa.»

Sin embargo, fue el abedul del papel norteamericano —llamado, cómo no, *papyrifera*— el que ofreció una savia dulce y abundante a los primeros colonos justo cuando éstos necesitaban encontrar urgentemente nuevos ingredientes para preparar bebida. Los colonizadores habían visto a los nativos norteamericanos practicar incisiones en los abedules en primavera para recoger la savia, aunque por lo visto no lo hacían para elaborar alcohol con ella. A pesar de tener abundantes fuentes de azúcar y cereales, al parecer las tribus del norte no tenían la costumbre de elaborar alcohol, a diferencia de los pueblos nativos del sudoeste y de Sudamérica. Sin embargo, los europeos se dieron cuenta enseguida de que aquélla era una buena materia prima para hacer alcohol y decidieron mezclar la savia dulce y la corteza con agua, miel y todas las especias que pudieron conseguir. Así consiguieron producir una bebida suavemente alcohólica (también solía utilizarse el sasafrás como ingrediente). A partir de esta tradición, la bebida llamada zarzaparrilla empezó a popularizarse en la región de los «holandeses de Pensilvania».

Cuando llegó la época de la Ley Seca, los cerveceros empezaron a crear refrescos y versiones sin alcohol para evitar la prohibición. La cerveza de abedul sin alcohol fue una bebida típica de la región a lo largo de todo el siglo XX. Hoy en día podemos encontrar el mismo sabor en el Root, un licor hecho en Pensilvania y basado en el sabor de las primeras cervezas norteamericanas de cortezas y raíces. Hay unas pocas bodegas de las Tierras Altas de Escocia especializadas en vino de abedul, y un destilador de vodka ucraniano emplea ese sabor en su Nemiroff Birch Special Vodka.

La savia de abedul puede usarse para producir xilitol, un edulcorante natural que se ha descubierto que protege contra la caries. Además, la corteza de algunas especies tiene una concentración muy alta de salicilato de metilo, el componente principal del aceite de gaulteria. Y, como en tantas otras ocasiones, los primeros médicos que prescribían la corteza de abedul no estaban del todo equivocados: se está investigando un extracto de este árbol, el ácido betulínico, como fármaco anticancerígeno.

Abeto Douglas

Pseudotsuga menziesii
PINÁCEAS (FAMILIA DEL PINO)

Inspirado por los licores de pino tradicionales de Alsacia, el destilador de Portland Stephen McCarthy quería elaborar un espirituoso con una maceración de abeto Douglas, la conífera local. Esta majestuosa especie de hoja perenne, árbol nacional de Oregón, crece hasta más de sesenta metros de altura a lo largo de toda la costa del estado. Hospeda a un gran número de polillas y mariposas, su madera recia es muy apreciada para hacer tablones y es un árbol de Navidad precioso.

Para preparar su licor, McCarthy fue al bosque, cogió a mano algunos brotes de las puntas de las ramas e intentó, sin éxito, extraer sabor de ellos. No fue capaz de crear una bebida que le pareciera aceptable, en parte porque las yemas (los brotes jóvenes y oscuros que formarán las agujas del año que viene) se oxidaban en cuanto los recogía.

Así pues, decidió llevar barriles de alcohol neutro de uva de alta graduación a los bosques y tirar los brotes en cubos que colocó justo al lado de los árboles. «Dejábamos caer las yemas directamente en los cubos —explica—. Estábamos haciendo aguardiente allí mismo, en el bosque.» Luego llevó la infusión de alcohol de vuelta a la destilería, la dejó reposar dos semanas y la filtró para después «redestilar» el resultado. «El aguardiente es implacable —dice—. No envejece en el roble, así que cualquier sabor incorrecto en el alcohol o los ingredientes no se corrige luego en el barril.»

Al final, McCarthy quedó satisfecho con el sabor del producto terminado, aunque no con el color. «Viene de una planta perenne, de modo que debería ser verde. Pero la segunda destilación le quita todo el color.» Sólo había una forma de obtener el color que él quería: llevó la segunda destilación a los bosques, la volvió a verter en cubos y colocó de nuevo esos cubos junto a los

LA EXPEDICIÓN DOUGLAS

Stephen McCarthy prefiere tomar su aguardiente de abeto Douglas solo, en un vasito de unos 30 mililitros, después de la comida. Aunque con él también puede prepararse un cóctel delicioso creado en honor a David Douglas, el botánico escocés que en 1824 llegó hasta el noroeste del Pacífico en una expedición botánica e introdujo en Inglaterra casi doscientas cincuenta nuevas especies, entre las que se incluía la que lleva su nombre, el abeto Douglas. El botánico murió a los treinta y cinco años, durante la ascensión a un volcán en Hawái. Esta bebida rinde homenaje a sus primeros días en la Real Sociedad de Horticultura de Londres, la institución que patrocinó sus expediciones.

30 ml de ginebra London dry
30 ml de aguardiente de abeto Douglas
15 ml de licor St. Germain de flor de saúco
El zumo de una rodajita de limón

Agita todos los ingredientes con hielo y sirve en un vaso de cóctel.

árboles. «Recogimos de nuevo yemas, las echamos en los cubos y las dejamos macerar sólo el tiempo suficiente para devolverle el color.»

A McCarthy le costó años descubrir cómo conseguir el color, la pureza y el sabor deseados, pero su odisea aún no había terminado. Tenía que obtener la aprobación federal para la etiqueta. «Yo quería poner el nombre en latín del abeto Douglas (*Pseudotsuga menziesii*) en la etiqueta, porque el producto viene todo del árbol —explica—. Pero los agentes federales no se creyeron que hubiera un árbol llamado abeto Douglas, y no entendían el nombre en latín.» Al final, la etiqueta, que también lleva un dibujo del árbol hecho por su mujer, la artista Lucinda Parker, consiguió la aprobación. La destilería McCarthy's Clear Creek produce doscientas cincuenta cajas al año de esta bebida de color verde.

Acacia de Senegal

Senegalia senegal (sin. *Acacia senegal*)
FABÁCEAS (FAMILIA DE LAS LEGUMINOSAS)

En el desierto sudanés crece este árbol pequeño y lleno de espinas, que lleva a cabo proezas tan diversas como proporcionar tinta para escribir, conservar las momias egipcias y estabilizar el azúcar y el color de los refrescos. También aporta el ingrediente clave al clásico *sirop de gomme*, que da una textura suave y sedosa a los cócteles y evita la cristalización del azúcar.

Hasta hace poco, había más de mil especies de árboles clasificados como acacias, casi todas procedentes de Australia, aunque unas pocas eran originarias de las zonas más cálidas de Europa, Asia, África, América del Norte y del Sur. Sin embargo, recientemente, los taxonomistas han optado por dividir las acacias en varios géneros. Esta decisión ha sido tan controvertida que han circulado demandas y los botánicos se han peleado en público. En el último congreso sobre nomenclatura botánica —conferencias, en general, muy sobrias—, algunos científicos incluso se han visto acusados de codicia y corrupción. Como resultado de la reorganización del género acacia, los campesinos sudaneses ya no cultivan acacias sino *Senegalia senegal*. Así pues, la goma de acacia, también llamada goma arábiga, posiblemente tendrá que buscar otro nombre en un futuro próximo.

El debate botánico no es la única controversia que rodea a este árbol. Como se cultiva en Sudán, se halla en el centro de una guerra despiadada. Los suministros de goma en bruto —que se recolecta raspando el árbol y recogiendo a mano los pegotes de goma que fluyen de él— se han visto amenazados por los conflictos en la región. En 1997, el Departamento de

Estado de Estados Unidos advirtió de la posibilidad de que Osama bin Laden hubiese hecho grandes inversiones en la Compañía de Goma Arábiga, un monopolio controlado por el Estado, que exportaba la materia prima a Europa, donde era procesada. La compañía negó cualquier vínculo con el terrorista. Después de muchas presiones por parte del sector de los refrescos, las sanciones económicas impuestas a Sudán se enmendaron para hacer una excepción con la goma arábiga.

Otra amenaza para este árbol es el cambio climático: a medida que se agravan los efectos de la sequía, se ve confinado a un cinturón cada vez más pequeño que atraviesa Sudán. Las ayudas agrícolas a los campesinos pretenden recuperar parte del hábitat natural del árbol, pero también enseñarles a cultivar «huertos de goma» con técnicas especiales para recoger el agua que ayudarán a los árboles a sobrevivir con un índice de pluviosidad mínimo y a producir la goma suficiente para mantener a una familia. Los agricultores también se enfrentan a plagas de langostas, termitas, hongos y cabras y a camellos hambrientos.

La acacia de Senegal mide unos seis metros de altura y tiene una raíz principal de más de treinta metros de largo, lo que explica su capacidad para sobrevivir en las duras condiciones desérticas. Sus diminutas hojas

JARABE DE GOMA

60 ml de goma arábiga en polvo (ingrediente alimentario)
180 ml de agua
225 g de azúcar (o menos, al gusto)

Mezcla la goma arábiga con 60 mililitros de agua en una sartén y calienta casi hasta el punto de ebullición para disolver la goma. Cuando se haya enfriado, haz un jarabe simple combinando el azúcar y los 120 mililitros restantes de agua en una sartén. Llévalo a ebullición, permitiendo que se disuelva el azúcar. Luego incorpora la mezcla de goma, calienta dos minutos y deja enfriar. Por si prefieres un jarabe simple, hecho con azúcar y agua a partes iguales, prueba primero con una cantidad pequeña y luego ajusta las proporciones al gusto. Guárdalo en el frigorífico, donde se conservará varias semanas.

minimizan la pérdida de agua y la copa, con su expansiva forma de sombrilla, da a las hojas la máxima exposición a la luz del sol para compensar su tamaño. La goma, dulce y pegajosa, también es buena para el propio árbol: le cura las heridas, le protege contra los daños producidos por insectos y le ayuda a luchar contra las enfermedades.

Hacia el año 2000 a. C., los egipcios ya habían averiguado que, si raspaban la corteza del árbol, conseguían estimular sus defensas y lo obligaban a producir más goma. No sólo hacían tinta con ella, sino que también la mezclaban con la comida y la utilizaban como pasta fijadora en el proceso de momificación. (La antigua palabra francesa *gomme* viene de las formas más antiguas de decir «goma», *komi* en egipcio y *komme* en griego.) La goma se ha usado siempre como aglutinante en tintas, pinturas y otros productos de la industria, y como espesante y emulsionador para jarabes medicinales, cremas y pastillas. Los pasteleros la incorporaron en helados, caramelos y glaseados, y era sólo cuestión de tiempo que el dulce *sirop de gomme* se convirtiera también en un ingrediente de cóctel. Proporciona una textura sedosa que es imposible conseguir con el jarabe normal.

La goma arábiga vuelve a utilizarse como ingrediente en jarabes especiales para cóctel, aunque este tipo de jarabe es fácil de preparar en casa. La goma arábiga (ingrediente alimentario) se encuentra en las tiendas de especias o de suministros para panadería y pastelería (la que venden en las tiendas de manualidades es de una calidad inferior y está destinada a usos artísticos).

Angostura

Angostura trifoliata
RUTÁCEAS (FAMILIA DE LA RUDA)

Los fabricantes de angostura pasaron décadas en los tribunales defendiendo su derecho a usar el nombre del producto… mientras se negaban a reconocer si realmente estaba hecho con la corteza del árbol de la angostura. La batalla de finales del XIX y principios del XX estableció unos precedentes legales en el mundo entero, en una época en que las leyes sobre marcas registradas todavía eran algo muy nuevo.

Primero, veamos el árbol en sí: el árbol de la angostura tiene casi tantos nombres como los bíters que aseguran llevarlo como ingrediente. Alexander von Humboldt, explorador y botánico alemán, lo describió tras su expedición a Sudamérica, que duró de 1799 a 1804. Quiso llamarlo *Bonplandia trifoliata*, por el botánico Aimé Bonpland, que lo acompañaba en el viaje. También ha aparecido en la literatura botánica como *Galipea trifoliata, Galipea officinalis, Cusparia trifoliata* y *Cusparia febrifuga*. Este árbol tipo arbusto crece de forma silvestre en los alrededores de la ciudad venezolana de Angostura (actualmente se llama Ciudad Bolívar). Sus hojas, de un verde oscuro, están dispuestas en grupos de tres (de ahí viene el nombre de *trifoliata*) y su fruto se divide en cinco segmentos (un poco como los cítricos, que también son de la familia de la ruda), cada uno de los cuales contiene una o dos semillas grandes.

Mientras los botánicos debatían su nombre, los farmacéuticos discutían sus cualidades medicinales. Alexander von Humboldt decía que los indios de Venezuela usaban una infusión de la corteza como «remedio vigorizante» y que los monjes lo habían enviado a Europa para combatir la fiebre y la disentería. Durante el siglo XIX, la literatura farmacéutica describió la corteza como un tónico y estimulante que podía tratar la fiebre y ciertos trastornos digestivos. En las publicaciones médicas de la época se encuentran varias recetas de bíter de angostura, una combinación de corteza de angostura, quinina y especias empapadas de ron.

La marca que conocemos como Angostura empezó, según asegura la empresa, en 1820, cuando el médico alemán Johannes G. B. Siegert llegó a una ciudad de Venezuela llamada Angostura. Él creó una especie de bíter medicinal con plantas locales, que se vendía bajo el nombre de Bíter Aromático (el lugar de fabricación que constaba en la etiqueta era «Angostura, Venezuela»). En 1846, el nombre de la ciudad pasó a ser Ciudad Bolívar en honor al libertador Simón Bolívar. En 1870, el doctor Siegert murió, y sus hijos trasladaron la compañía a Trinidad, en busca de más estabilidad política. En el Bíter Aromático, sin embargo, seguía apareciendo el nombre de Angostura que le había puesto el doctor Siegert, a pesar de la nueva ubicación de la empresa.

CÓCTEL DE CHAMPÁN

Esta bebida clásica es una forma excelente de apreciar el sabor de la angostura. La versión de Fee Brothers proclama orgullosamente que contiene la corteza.

1 terrón de azúcar
3 o 4 toques de Fee Brothers Old Fashion Aromatic Bitters
Champán
Un rizo de limón

Pon el terrón de azúcar en una copa de flauta, mójalo con unas gotas de bíter y llena la copa con champán. Decora con un rizo de corteza de limón.

Por aquel entonces, las naciones europeas y Estados Unidos empezaban a aprobar leyes para establecer marcas registradas, y los Siegert creyeron oportuno registrar la suya. En 1878, los hermanos presentaron una demanda ante los tribunales británicos contra un competidor que vendía bíter Angostura, asegurando que su bíter era conocido por todos como «bíter Angostura», aunque no estuviera hecho en Angostura y las palabras «bíter Angostura» no figurasen en su etiqueta hasta «después» de que su competidor empezara a usar el nombre.

El competidor, el doctor Teodoro Meinhard, empleó una defensa brillante: declaró que su bíter se llamaba Angostura porque contenía corteza de angostura. Aunque el fabricante de una marca de bíter solía mantener sus ingredientes en secreto, la ley establecía que nadie podía registrar una marca que reflejase simplemente el contenido del producto. Cualquiera podía llamar a sus productos con nombres como «zumo de naranja», «tableta de chocolate» o «zapatos de piel», ya que esos nombres se limitaban a designar el producto en sí. Y, por supuesto, Meinhard no intentaba patentar el nombre de «bíter de angostura» para su uso exclusivo, sino que pretendía impedir que los Siegert pudieran hacerlo. Su estrategia tuvo éxito sólo en parte: aunque el juez dictaminó que su uso del nombre de bíter Angostura era un intento claro de engatusar a los consumidores para que compraran su producto, en lugar de la versión de la familia Siegert, el legislador estableció que el término «bíter de angostura» no merecía plena protección, bajo las leyes inglesas.

BÍTERS Y AGUA CON GAS

Si alguna vez te encuentras en la incómoda situación de sentarte en un bar en un momento en que no te apetece o no puedes tomarte una copa, pide un agua con gas con un poco de bíter. Tiene la ventaja de parecer una bebida como Dios manda y es increíblemente reconstituyente.

Las demandas continuaron en Estados Unidos. En 1884, se sucedieron una serie de acciones legales entre los hermanos Siegert y C.W. Abbott & Co. por el mismo motivo. Abbott aseguraba que la corteza de angostura era también un ingrediente clave en sus bíters, lo que le daba la protección de la ley. Una vez más, los Siegert no revelaron cuál era su fórmula y aseguraron que el nombre venía de la ciudad, no del árbol. En esta ocasión, las cosas no les salieron tan bien.

El juez dictaminó que nadie podía exigir un monopolio sobre el nombre de una ciudad, aunque éste hubiera cambiado hiciera ya décadas. Y nadie podía registrar como marca ni el nombre de un ingrediente ni otro término que se limite a describir lo que es el producto. Además, el juez señaló que los Siegert no usaron el término «bíter de angostura» hasta que lo hicieron sus competidores. Ellos llamaban a su producto «bíter aromático», y era el público el que había empezado a llamarlo «bíter de angostura».

Al examinar las pruebas, el juez censuró a los Siegert porque en su etiqueta aún se leía «preparado por el doctor Siegert», aunque el doctor había muerto hacía tiempo. Los Siegert perdieron el pleito, y Abbott pudo seguir vendiendo bíters de angostura. En posteriores dictámenes, los jueces encontraron más cosas reprobables en la demanda de los Siegert, incluyendo su afirmación, carente de fundamento, de que el bíter tenía propiedades medicinales. También se les acabó la suerte en Alemania, donde su solicitud de marca registrada fue denegada por un juez que estableció que en la elaboración del bíter de angostura se utilizaba corteza de angostura y, por tanto, ese nombre nunca podía ser una marca registrada.

Finalmente, en 1903, los jueces empezaron a fallar a favor de los Siegert y les concedieron los derechos en exclusiva del nombre de «bíter de angostura». La empresa Abbott, comentando no sólo su propio caso, sino otros similares en los cuales se había dictaminado a favor de los Siegert, emitió un comunicado en el que se hacía patente su frustración: «Nuestro bíter está hecho de corteza de angostura. Ése es nuestro argumento principal. Y el tribunal no lo ha tenido en cuenta.»

En febrero de 1905, Estados Unidos actualizó sus leyes de marcas registradas. Sólo tres meses después los hermanos Siegert presentaban una demanda para acogerse a la nueva ley. La solicitud indicaba que «nosotros y nuestros predecesores hemos usado la marca registrada en nuestros negocios en los últimos setenta y cuatro años» y que «ninguna otra persona, firma, corporación o asociación» tenía derecho a usar su marca registrada. Y ganaron su demanda.

En la actualidad, la etiqueta sigue más o menos igual que en la solicitud de patente original, con unas pocas modificaciones. En 1952, la empresa actualizó el diseño de la etiqueta y omitió los supuestos beneficios médicos y la sugerencia de que se sirviera bíter de angostura a los niños, y en su lugar se incluyó una nueva frase: «No contiene corteza de angostura.»

¿Alguna vez la corteza de angostura fue un ingrediente de la receta del doctor Siegert? ¿O sólo la usaban sus competidores? Los Siegert consiguieron superar treinta años de litigios sin revelar su fórmula secreta en ningún registro del tribunal de los que se han publicado. Ellos aseguraban que su bíter calmaba el dolor de estómago y las fiebres, las mismas enfermedades que precisamente se suponía que curaba la corteza de angostura. (También decían que su bíter no debía usarse «en la elaboración de cócteles», aunque sí se podía echar un poco en un vaso y añadir ron, vino o cualquier otro licor, para tomarlo «antes de desayunar o de cenar, o a cualquier otra hora del día, si le apetece», lo que suena, de hecho, a cóctel. También recomendaban usarlo con el «ron joven», para mejorar el sabor.)

Otro dato extraño sobre los ingredientes originales se encuentra en un anuncio publicado por la empresa Siegert en una revista de teatro en 1889. El anuncio asegura que el doctor Siegert conoció a Alexander von Humboldt en Venezuela en 1839, y que además le prescribió su bíter al ver que estaba enfermo. Esta historia sólo tiene un problema: en 1839 Von Humboldt encontraba en Berlín, y no en Sudamérica. Es cierto que se puso enfermo en Venezuela durante su expedición de 1799 a 1804 y también que fue tratado con corteza de angostura... El único ingrediente que ahora la empresa asegura que no utiliza en su bíter.

Resulta difícil creer que un bíter medicinal inventado en Angostura, Venezuela, del que se asegura que calma la fiebre y los trastornos estomacales, no contuviese una planta muy conocida que crecía en la misma zona y que ya se usaba para esos mismos problemas. El uso de la corteza de angostura en preparados farmacéuticos está bien documentado en el siglo XIX. De hecho, al darse cuenta de que la corteza de angostura a veces estaba «contaminada» con la corteza venenosa del árbol de la estricnina, los boticarios recibían muchas advertencias para que tuvieran cuidado a la hora de preparar su bíter de angostura. Está claro, entonces, que la corteza se usaba mucho en esa época. ¿Por qué el doctor Siegert no la puso en su fórmula?

Las nuevas leyes de marca registrada que se aprobaron a finales de aquel siglo dejaban clara una cosa: cualquiera que hiciera bíter con corteza de angostura podía llamar a su preparado «bíter de angostura», porque aquello era simplemente una descripción de la naturaleza del producto. La única forma de registrar el nombre comercial sería, por tanto, refiriéndose a algo que no fueran los ingredientes... Y eso fue lo que hicieron los hermanos Siegert.

Si su fórmula contuvo en otro tiempo corteza de angostura, ¿cuándo dejaron de usar ese ingrediente? Es posible que el doctor Siegert se diera cuenta, ya al principio, de que podía confundirse con la corteza de estricnina y que por eso decidiera quitarla. También cabe la posibilidad de que la receta cambiara cuando la empresa se trasladó a Trinidad o cuando se resolvió el interrogante judicial de los Siegert.

Aunque también es posible —como quizá hayan imaginado los lectores astutos— que la fórmula no cambiara nunca. Al fin y al cabo, hoy en día la etiqueta de la botella sólo dice que el producto «no contiene corteza de angostura». No menciona en absoluto otros ingredientes legalmente reconocidos, como el extracto de angostura o el tronco, las hojas, las raíces, las flores o las semillas del mismo árbol.

Agárico

Laricifomes officinalis
FOMITOPSIDÁCEAS (FAMILIA DE LOS HONGOS PARASITARIOS)

UNO DE LOS POCOS HONGOS QUE DAN SABOR AL ALCOHOL es el agárico blanco o agárico del alerce, un hongo en forma de estante flotante que coloniza los alerces y otras especies de árboles. Tras haber sido recolectado durante muchos años, hoy en día escasea en Europa, donde su uso se ha visto restringido severamente debido a su toxicidad. En grandes dosis puede causar vómitos y otros problemas de salud, pero, como ocurre con muchas setas, también se está investigando su uso para fines medicinales. En cualquier caso, está permitido en cantidades muy limitadas, como aromatizante amargo en bebidas alcohólicas. Es un ingrediente conocido de los *amaros* al estilo Fernet. El hongo tiene varios nombres, pero no hay que confundirlo con la seta psicoactiva *Amanita muscaria*.

Arce del azúcar

Acer saccharum
ACERÁCEAS (FAMILIA DEL ARCE)

En 1790, Thomas Jefferson compró veintitrés kilos de azúcar de arce para endulzar su café. Era una decisión política más que culinaria: había sido presionado por su amigo el doctor Benjamin Rush —como él, uno de los firmantes de la Declaración de Independencia—, quien defendía el uso del azúcar de arce casero en lugar del de la caña de azúcar, que dependía del trabajo esclavo.

A Jefferson esa idea le pareció muy sensata, a pesar de que él también poseía esclavos. Así pues, escribió a un amigo, el diplomático británico Benjamin Vaughan, para decirle que en Estados Unidos había enormes extensiones «cubiertas de arces del azúcar, tan espesos como se pueda imaginar» y que recolectar el azúcar de estos árboles no requería «más trabajo que el que podían hacer mujeres y chicas [...] Qué bendición sería poder sustituir un azúcar que requiere sólo el trabajo de los niños por aquel que se dice que hace necesaria la esclavitud de los negros.»

De todos modos, la posibilidad de reemplazar el trabajo de los esclavos por el de los niños no era el único motivo por el cual los primeros estadounidenses estaban encantados con el azúcar de arce. Este producto se veía también como un edulcorante muy rico y saludable, ya que contiene hierro, manganeso, zinc y calcio, junto con antioxidantes y una amplia gama de sabores orgánicos volátiles que le otorgan no sólo notas de mantequilla y vainilla, sino también el peculiar sabor amaderado y sabroso de los licores envejecidos en roble. Aunque el doctor Rush, ferviente defensor de la abstinencia, no habría aprobado este uso, el jarabe de arce producía una bebida alcohólica realmente buena. Algunas personas afirmaban que habían visto a los iroqueses elaborar una bebida ligeramente fermentada con su savia, pero eso sería raro en una tribu del norte, donde el alcohol no era común antes del contacto con los europeos. En cualquier caso, no cabe duda de que los colonos se pusieron de inmediato manos a la obra: en una receta de 1838 se explica que había que hervir savia de arce, mezclándola bien con trigo o centeno cuando no había cebada disponible, luego añadir lúpulo y envejecer la mezcla en barriles después de la fermentación.

CARIBOU

90 ml de vino tinto
45 ml de whiskey o centeno
Un toque de sirope de arce

Agita todos los ingredientes con hielo y cuélalos. Una versión de esta receta lleva oporto y jerez a partes iguales, un chorrito de brandy y un poco de sirope de arce. Experimenta cuanto quieras, pero, por favor, usa sirope de arce auténtico, no una imitación.

Este azúcar se hace con la savia del *Acer saccharum*, originario de Norteamérica y una de las ciento veinte especies conocidas en todo el mundo. En realidad, la mayoría de los arces proceden de Asia (como el *A. palmatum*, el popular arce japonés de hoja roja) y, aunque hay muchas especies europeas, ninguna produce una savia tan dulce. De hecho, cuando vieron a los iroqueses extrayendo la savia de los arces los colonos comprendieron todo su potencial.

El arce del azúcar es único: su albura —la parte exterior del tronco que todavía crece— contiene unas células huecas que se llenan de dióxido de carbono durante el día. En las noches frías, el dióxido de carbono se encoge y crea un vacío que empuja la savia hacia la parte superior del árbol. Si al día siguiente el tiempo es cálido, la savia vuelve a bajar, y en ese momento los recolectores saben que deben hacer una incisión en el árbol. La savia obtenida se hierve para hacer sirope, e incluso puede calentarse más para obtener azúcar granulado.

En Québec, zona conocida por su tradición de elaborar productos con savia de arce, tienen una bebida invernal muy popular llamada Caribou, hecha con vino, whiskey y sirope de arce. También vale la pena probar los licores de whiskey y aguardiente con arce de la región, igual que los vinos y las cervezas. En Vermont también se encuentran unos espirituosos de arce muy buenos, incluyendo un vodka de arce excelente producido por la inagotable inventiva de Vermont Spirits, una destilería que también ha ayudado a mantener en funcionamiento las lecherías del territorio con su Vermont White, un vodka destilado con azúcares de la leche.

Canela

Cinnamomum verum
LAURÁCEAS (FAMILIA DEL LAUREL)

Nadie sabe de dónde viene la canela en rama. Hay un pájaro, llamado pájaro de la canela, que recoge esas ramitas fragantes de un lugar desconocido y hace su nido con ellas. Para recolectar la canela en rama, se atan pesos a la punta de unas flechas y se abaten los nidos.

Esto no es cierto, desde luego, pero a Aristóteles no se le ocurrió nada mejor cuando describió la canela en su *Historia Animalium* en el año 350 a. C. Con el tiempo se consiguió localizar la procedencia de la canela y ya no fue necesario derribar nidos de pájaros míticos.

La canela, de hecho, es la corteza de un árbol originario de lo que actualmente se conoce como Sri Lanka. Los comerciantes árabes de especias consiguieron mantener en secreto su ubicación, pero unos marineros portugueses lo averiguaron y la noticia enseguida se extendió por el mundo. Pronto se aprendió que se debía esperar a la estación de las lluvias para cortar los brotes jóvenes, una práctica llamada recepado, que detiene el crecimiento del árbol y le obliga a producir un tronco joven tras otro, en lugar de desarrollarse para ser un árbol maduro. Estos nuevos brotes se rascan para eliminar su corteza exterior, de color gris, así resulta más fácil cortar largas peladuras de la corteza interior, más ligera. Entonces las peladuras se dejan secar al sol y se enrollan para formar las piezas curvadas que compramos como «canela en rama».

Hasta finales del siglo XVIII, la canela se recolectaba de árboles silvestres, pero después empezó a cultivarse en plantaciones. Hoy en día la canela de mejor calidad procede de Sri Lanka, aunque la India y Brasil también suministran esta especia al mercado mundial. Normalmente se etiqueta como «canela auténtica» o «canela de Ceilán».

Otra especie del árbol de la canela, originaria de la India y China, el *Cinnamomum aromaticum*, produce lo que a menudo se llama «canela casia». Se vende mucho en Estados Unidos y es fácil de distinguir de la canela auténtica: los palitos de casia son más gruesos y suelen formar un rollo doble y grande, mientras que los palitos de la canela auténtica son más bien un rollito muy apretado de corteza fina. Sin embargo, una vez molidas y en forma de polvo, ambas especies son difíciles de distinguir. No obstante, existe un buen motivo para comprobar las etiquetas: la canela casia contiene concentraciones elevadas de cumarina, lo que podría dañar el hígado de las personas sensibles a este compuesto. Por tanto, la canela de Ceilán o auténtica es una opción más segura para cualquiera que tenga problemas hepáticos o vaya a consumir grandes cantidades de esta especia. Aun así, no existe ninguna prohibición ni restricción sobre la casia, a diferencia de lo que ocurre con el haba tonka, otra especia que contiene una cantidad equiparable de cumarina.

Asimismo, las hojas de la canela contienen altas dosis de eugenol, igual que los clavos de olor. En la corteza, el ingrediente principal se llama cinamaldehído, aunque el omnipresente linalol, un componente especiado y floral, también está ahí. La canela se usa mucho en el mundo de los cócteles: se encuentra en la ginebra, el vermut, los bíters y los licores especiados. Aunque el licor de canela más conocido tal vez sea el Goldschläger, un *schnapps* claro de canela con trocitos de pan de oro flotando en la botella. El Liqueur de Pain d'Épices, un licor de pan de jengibre obra del destilador francés Paul Devoille, es la expresión perfecta de la canela en una botella.

Cascarilla

Croton eluteria
EUFORBIÁCEAS (FAMILIA DEL EUFORBIO)

Este árbol pequeño y muy fragante debió de parecer en la época un ingrediente natural perfecto para los espirituosos. El aceite esencial de la corteza contiene muchos de los componentes presentes en los pinos, eucaliptos y cítricos, así como en el romero, los clavos de olor, el tomillo, la ajedrea y la pimienta negra. Todo esto lo hacía atractivo no sólo como saborizante, sino también como portador de notas bajas en perfumes.

Los europeos descubrieron el árbol de la cascarilla, originario de las Indias Occidentales, a finales del siglo XVIII, en el punto álgido de una serie de exploraciones botánicas. Cualquier corteza de árbol aromática proveniente del Nuevo Mundo era analizada para valorar sus posibles cualidades medicinales; la de la cascarilla empezó a usarse en bíters y tónicos de todo tipo. En un principio, los botánicos la describieron como un árbol de corteza plateada, pero pronto se dieron cuenta de que su color blanquecino procedía de un liquen que coloniza el árbol. Bajo el liquen, de hecho, aparece una corteza oscura y rugosa, usada antiguamente como tinte castaño. Los diminutos racimos de flores, de un blanco rosáceo, y las hojas oscuras y brillantes hacen de este árbol un espécimen atractivo, aunque, como otros miembros de la familia de los euforbios (incluyendo la poinsettia), la savia puede resultar muy irritante si se manipula sin protección.

La corteza de la cascarilla es un ingrediente fundamental en los bíters y vermuts, y se rumorea que también aporta sabor al Campari. Además, desde hace mucho tiempo, es uno de los aditivos del tabaco. En 1989, cuando los fabricantes de cigarrillos se vieron obligados a hacer públicos sus ingredientes, la cascarilla seguía en la lista.

Chinchona

Cinchona spp.
RUBIÁCEAS (FAMILIA DE LA RUBIA)

Ningún árbol ha tenido un papel más significativo en la historia de los cócteles que esta especie sudamericana. La quinina que se extrae de la corteza de la chinchona no sólo da su sabor a tónicas, bíters, vinos aromatizados y otros espirituosos, sino que también salvó al mundo de la malaria y puso a los botánicos y cazadores de plantas en el centro de varias guerras internacionales.

El género *Cinchona* está formado por veintitrés árboles y arbustos. La mayoría de ellos tienen hojas oscuras y brillantes, y flores blancas o rosas, tubulares y muy fragantes, visitadas por colibríes y mariposas. Las tribus andinas usaban la corteza, de un marrón rojizo, como medicina, para tratar las fiebres y los problemas del corazón, y quizá la malaria... Aunque algunos historiadores creen que fueron los europeos, que llevaban siglos sufriéndola, quienes introdujeron la malaria en Sudamérica.

Los sacerdotes jesuitas descubrieron su eficacia contra la malaria en 1650, pero no fue hasta medio siglo más tarde que los europeos comprendieron la importancia de aquel polvo amargo y empezaron a enviar barcos a Sudamérica para cargar los árboles cortados. Los nativos, preocupados por el saqueo de sus bosques, se pusieron de acuerdo para ocultar la localización de aquellos árboles tan preciados.

No todas las *Cinchona* tienen una concentración potente de quinina. De hecho, la literatura botánica está llena de identificaciones erróneas y de fallos en la nomenclatura de las distintas especies. En 1854 se publicó en París un libro precioso llamado *Quinologie*, con unas láminas coloreadas a mano que ilustraban las diversas variedades, para que los farmacéuticos pudieran distinguir los distintos tipos de corteza. Ahora sabemos que la *Cinchona pubescens* suministra la cantidad más elevada de quinina, igual que la *C. calisaya* y otros pocos híbridos. Podría parecer que la *C. officinalis*, con ese nombre tan serio, es la especie usada habitualmente para la producción de este alcaloide, pero en realidad contiene muy poca quinina.

Sin embargo, deducir todo esto no era fácil para los exploradores europeos que vagaban por la selva, a menudo también sufriendo de fiebres. Un personaje destacado en el culebrón de la quinina fue el comerciante británico Charles Ledger. En la década de 1860, vendió una colección de semillas al Gobierno de su país, pero resultó que daban poca quinina. Entonces contrató a un boliviano llamado Manuel Inca Mamani para que le entregara más semillas, pero el hombre fue capturado por las autoridades locales y acusado de contrabando. El propio Ledger describe lo ocurrido:

GIN-TONIC MAMANI

Los jalapeños y los tomates, ambos originarios de Sudamérica, rinden homenaje a Manuel Inca Mamani, el hombre que lo perdió todo para llevar la quinina al resto del mundo.

45 ml de ginebra (Aviation o Hendrick's)
1 jalapeño (o, si se prefiere, un pimiento menos picante), sin las semillas y el centro, y cortado a rodajitas
2 o 3 ramitas de cilantro fresco o de albahaca
1 pepino (dos trozos: uno grande y uno más delgado a modo de bastoncito para agitar)
Tónica de calidad (una marca que no lleve jarabe de maíz con un porcentaje elevado de fructosa, como Fever-Tree o Q Tonic)
3 tomates cherry rojos o naranja

En una coctelera, mezcla la ginebra con dos rodajitas de jalapeño, una ramita de cilantro y el trozo grande de pepino.
Llena un vaso highball con hielo y pon encima 1 o 2 rodajitas de jalapeño, una ramita de cilantro y el palito fino de pepino.
Cuela la ginebra y viértela encima del hielo. Llena el vaso con agua tónica y decóralo con los tomates cherry pinchados en un palillo.

ÁRBOLES

«El pobre Manuel ha muerto también; lo metió en la cárcel el corregidor de Coroico, y le dio una paliza para que confesara a quién iba a entregar las semillas que llevaba; después de estar veinte días confinado en una celda, apaleado y medio muerto de hambre, lo pusieron en libertad. Le robaron los burros, las mantas y todo lo que tenía, y poco después murió.»

Manuel, sin embargo, consiguió hacerle llegar unas cuantas semillas. Por aquel entonces, el Gobierno británico no quería saber nada de las intrigas de Ledger, de modo que el comerciante decidió venderlas a los holandeses por el equivalente de veinte dólares. Los holandeses las mandaron a Java, donde ya tenían una larga experiencia en el ámbito de las plantaciones de especias. A diferencia de las semillas que Ledger había vendido tiempo atrás a los británicos, éstas sí que resultaron viables, y poco después los holandeses gozaban del monopolio mundial de la quinina. Habían ideado una alternativa para no perder los árboles: les quitaban la corteza y luego envolvían el tronco en musgo para curar la herida, de modo que pudiera regenerarse.

¿POR QUÉ LA QUININA BRILLA BAJO LA LUZ ULTRAVIOLETA?

Si acercas una lámpara de luz ultravioleta a una botella de tónica, verás que resplandece con un azul radioactivo. Esta luz «estimula» el alcaloide de la quinina: sus electrones absorben la luz y consiguen energía extra, de modo que se ven arrojados fuera de su órbita habitual; para volver a su posición natural (su estado de «relajación»), liberan energía desprendiendo un brillo fosforescente.

Todo cambió al estallar la Segunda Guerra Mundial, cuando las tropas japonesas tomaron el control de Java y los alemanes se apoderaron de un almacén de quinina en Ámsterdam. El último avión norteamericano que salió de Filipinas antes de que ésta cayera bajo el control de los japoneses llevaba cuatro millones de semillas de quinina... Sin embargo los árboles no pudieron crecer con la rapidez suficiente y proporcionar el tratamiento contra la malaria a las tropas aliadas.

Ya se había puesto en marcha la búsqueda desesperada de una alternativa sintética, pero, mientras tanto, el Departamento de Agricultura de Estados Unidos envió al botánico norteamericano Raymond Fosberg a buscar más quinina a Sudamérica. Recorrió las rutas de los viejos exploradores y consiguió hacerse con cinco mil seiscientas toneladas de corteza para enviar a casa... Pero no era suficiente. Una noche, en Colombia, unos agentes nazis llamaron a la puerta de Fosberg. Querían hacer un trato con él: lo habían seguido por toda Sudamérica para ofrecerle un suministro de quinina pura que habían pasado de contrabando desde Alemania. No tuvo que discutir demasiado para aceptar su oferta. Las tropas norteamericanas necesitaban el preciado alcaloide si querían seguir luchando... aunque procediera de unos nazis corruptos.

Desde el principio de su uso como medicina, uno de los problemas que planteaba la quinina era su sabor. Mezclarla con agua con gas, y quizá darle un toque de azúcar, ayudaba un poco. Los colonos británicos se dieron cuenta de que la medicina mejoraba considerablemente si añadían un chorrito de ginebra, y así fue como nació el gin-tonic. La quinina también se convirtió en un ingrediente importante de los bíters, los licores de hierbas y el vermut. El Byrrh (pronunciado como cerveza en inglés, *beer*) es una mezcla de vino y quinina; la Maurin Quina es un vino de aperitivo blanco, macerado con quinina, cerezas silvestres, limón y brandy de cerezas. Los aperitivos italianos, como el China Martini y el Liquore Elixir di China, también se hacen a base de quinina, igual que el Calisay, un licor de cítricos español. En los últimos años están apareciendo en el mercado muchas marcas de vino de aperitivo con quinina, que experimenta un verdadero renacimiento. Vale la pena explorarlas todos.

Tal vez una de las maneras más deliciosas de utilizar la quinina en una bebida se pueda encontrar en una botella de Lillet, un vino que lleva cítricos, hierbas y un poco de quinina en maceración. Para disfrutar de un Lillet, disponible en *blanc*, *rosé* y *rouge*, lo mejor es tomarlo como el vino blanco, muy frío en una copa y, si puede ser, sentado en una terraza de un café francés en primavera... De todos modos, los bármanes también lo utilizan la mar de bien en los cócteles.

Eucalipto

***Eucalyptus* spp.**
MIRTÁCEAS (FAMILIA DEL MIRTO)

En 1868, la abadía de Tre Fontane, cerca de Roma, estaba casi abandonada. La tierra se había agotado, la aldea que la rodeaba estaba vacía y, lo peor de todo, las epidemias de malaria habían alcanzado cotas insoportables. En aquel tiempo, la gente creía que la malaria la causaba no un mosquito que llevaba un parásito, sino algo que flotaba en el aire. La misma palabra significaba «mal aire» en latín. Los monjes dieron con una solución poco habitual: plantaron unas hileras de eucaliptos en torno al monasterio. Imaginaban que este árbol australiano de crecimiento rápido, desprendía un olor «medicinal», limpiaría el aire, libraría a la abadía de la malaria, mejoraría el terreno y les daría alguna cosecha con la que ganarse el sustento. Incluso hacían té con las hojas de este árbol que creían que mantenía alejada a la malaria.

La Asociación Médica de Estados Unidos se burlaba de esos esfuerzos en un artículo de un periódico de 1894, titulado «El pasaje de los eucaliptos», donde afirmaba que se habían dado brotes de malaria después de plantar los árboles y se mofaba de sus «reputadas virtudes medicinales». Sin embargo, los monjes no estaban equivocados del todo: en 2011 un extracto de *Eucalyptus citriodora*, llamado «aceite de eucalipto-limón», consiguió la aprobación del Centro para el Control y Prevención de Enfermedades como repelente de mosquitos.

Aun así, los monjes tuvieron que lidiar con miles de eucaliptos que no servían para nada, pero, al ser campesinos experimentados, una forma de llevar su cosecha a la botella. Hoy en día los visitantes de la abadía pueden comprar una botella de Eucalittino delle Tre Fontane, un licor dulce elaborado con hojas de eucalipto maceradas. También venden un Estratto di Eucaliptus, de sabor amargo y sin azúcar añadido, recomendado para las frías noches invernales.

El eucalipto puede parecer más adecuado para un jarabe para la tos que para un licor; sin embargo, su fresca nota mentolada o alcanforada amplifica sabores amaderados, como el del pino o el enebro. Se usa en bíters, vermuts y ginebras. El Fernet Branca, es conocido por su potente sabor a eucalipto.

El uso del eucalipto como sustancia embriagadora cuenta con una larga tradición en su Australia natal. El «eucalipto sidra», *E. gunnii*, excreta una savia dulce y pegajosa que fermenta de forma natural al gotear del tronco. Pueden obtenerse hasta quince litros por día de un solo árbol, y los aborígenes lo usaban mucho. En 1847, el botánico británico John Lindley escribió que «provee a los habitantes de Tasmania de un suministro copioso de un líquido refrescante y reparador, ligeramente laxante, que fermenta por sí solo y adquiere las propiedades de la cerveza». En la actualidad, la destilería Tamborine Mountain ha ganado varios premios por su Eucalyptus Gum Leaf Vodka y su Australian Herbal, ambos aromatizados con las hojas de eucalipto.

Los bármanes están empezando a experimentar con jarabes de eucalipto e infusiones, pero es importante observar que sólo el *E. globulus*, el llamado «eucalipto azul», muy presente en el oeste de Estados Unidos, es un ingrediente alimentario seguro según la FDA. Además, tan sólo se ha aprobado el uso de las hojas, no del extracto de aceite esencial.

LORIQUITOS BORRACHOS

CADA AÑO, LOS ORNITÓLOGOS AUSTRALIANOS SALEN AL CAMPO para documentar el extraño comportamiento de la población de loris almizcleros en la parte sudeste del país. Estos pájaros de colores brillantes a veces son incapaces de volar. Caen dando tumbos por el suelo y se comportan como si fueran borrachos. Incluso parecen tener resaca al día siguiente. Esto ocurre cuando el néctar de eucalipto, su fuente de alimentación habitual, fermenta en el árbol. Parece ser una de las pocas historias ciertas sobre animales en libertad intoxicados por un licor natural. Por desgracia, cuando eso ocurre, estos pájaros son vulnerables a los predadores o a sufrir heridas, de modo que las organizaciones dedicadas al rescate de aves se encargan de recoger a los loris borrachos y ayudarlos a despejarse.

Lentisco

Pistacia lentiscus
ANACARDIÁCEAS (FAMILIA DE LOS ANACARDOS)

Pariente cercano del pistacho, el árbol del lentisco es originario del Mediterráneo, donde se recolecta su resina (almáciga) desde la Antigüedad. Esta resina tiene infinidad de aplicaciones. La goma de lentisco fluye del tronco al hacerse una incisión en la corteza, luego se deja secar hasta convertirse en una sustancia dura, amarilla y translúcida que cuando se mastica se ablanda y queda con una textura similar a la goma de mascar. También se puede utilizar como barniz —de hecho, los pintores todavía la usan en sus lienzos— y como adhesivo en puntos de sutura biodegradables, en vendas y en pomadas tópicas. Como la goma parece prevenir la caries, algunas marcas de pasta de dientes la usan como ingrediente. Y, aunque el sabor es totalmente medicinal —imagina una mezcla de pino, laurel y clavo de olor—, también se utiliza para elaborar algunos espirituosos griegos, como la Mastika, un licor de alta graduación con sabor a anís, normalmente con base de brandy, que se sirve como digestivo.

El árbol es una planta arbustiva pequeña y muy fragante, con unos frutos rojos diminutos que se vuelven negros a medida que maduran. La isla griega de Quíos es muy conocida por su producción de goma de lentisco: de hecho, la Unión Europea reconoce la almáciga (*mastic*) de Quíos como un producto con Denominación de Origen Protegida, como el champán o el calvados.

Mabí

Colubrina elliptica
RAMNÁCEAS (FAMILIA DEL ESPINO)

Si visitas el Caribe, sobre todo Trinidad y Barbados, tal vez conozcas el mabí, un jarabe con un sabor extrañamente dulce y amargo elaborado con la corteza de dos árboles, *Colubrina arborescens* y *C. elliptica*. Aunque la receta varía, hay que mezclar la corteza del árbol con azúcar, agua y una combinación de canela, pimienta de Jamaica, nuez moscada, vainilla, cortezas de cítricos, hojas de laurel, anís estrellado y semillas de hinojo, lo que le da un punto especiado que recuerda al regaliz. Con agua mineral o con gas, el jarabe de mabí se considera una especie de remedio para todo. Los isleños creen que cura la diabetes y estimula el apetito, pero la única prueba de sus beneficios para la salud proviene de un breve estudio publicado en el *West Indian Medical Journal*, cuyos resultados indican que puede aliviar la hipertensión.

Las más de treinta especies de *Colubrina* existentes en el mundo crecen en zonas de clima cálido. La *C. elliptica*, que se utiliza para elaborar el mabí, es en realidad originaria de Haití y la República Dominicana, aunque su corteza puede conseguirse en las islas cercanas. También se usa la *C. arborescens*, originaria de Barbados. Su madera es increíblemente dura; de hecho, algunas especies reciben el nombre de «madera de hierro». La corteza contiene taninos y saponinas amargas (llamadas mabiosidas), que deben de proteger a la planta de los predadores. En Florida, la *C. arborescens* también se denomina «café silvestre», lo que sugiere que la corteza se ha usado como sustituto del té o el café.

A principios del siglo XX, las «mujeres del mabí» llevaban la bebida, que elaboraban en casa, en recipientes de lata encima de la cabeza y la vendían por la calle. Hoy, el jarabe se fabrica y se comercializa a gran escala, y también se elaboran con él refrescos, como el Mauby Fizz. El mabí, además, aparece en muchos cócteles caribeños de los mejores bármanes tiki de Estados Unidos, aunque ninguno divulga sus recetas.

Mirra

Commiphora myrrha
BURSERÁCEAS (FAMILIA DEL INCIENSO)

La mirra es un arbolito bastante feo: escuálido, cubierto de pinchos y casi desprovisto de hojas. Crece en terrenos pobres y poco profundos de Somalia y Etiopía, donde ofrece una imagen gris y deprimente en un paisaje yermo. Si no fuera por la rica y fragante resina que gotea de su tronco, nadie le prestaría la menor atención.

Los diminutos trozos de resina seca, más o menos del tamaño de una pasa, eran muy apreciados como perfume e incienso por egipcios, griegos y romanos. La resina del árbol se usaba para sellar los recipientes para beber, de modo que es fácil comprender de dónde viene la asociación entre vino y mirra. Los romanos ofrecían una mezcla de mirra y vino durante las crucifixiones. La misma que ofrecieron a Jesús, y que él rechazó.

La mirra tiene un sabor amargo y algo medicinal. Su aceite esencial contiene componentes que también se encuentran en el pino y el eucalipto, así como en la canela, los cítricos y el comino. El destilador francés Combier lo incluye como ingrediente en su licor de naranja Royal Combier, de gran calidad, y a menudo también se utiliza en vermuts, vinos aromatizados y bíters. Los fabricantes del Fernet Branca no pueden ocultar que es uno de sus ingredientes secretos: el sabor de la mirra, potente y antiguo, es uno de los motivos que explican por qué el fernet tiene tanta garra.

Picea

Picea spp.
PINÁCEAS (FAMILIA DEL PINO)

La relación entre la deficiencia de vitamina C y el escorbuto no llegó a entenderse del todo hasta la década de 1930. Sin embargo, los capitanes de barco a veces conseguían evitar la enfermedad haciendo acopio de limones y limas antes de partir para emprender una larga travesía. Y, si no había cítricos disponibles, se llevaban otras fuentes de vitamina C —sin ser conscientes de ello—, como los brotes verdes y jóvenes de las piceas.

El capitán James Cook probó con su tripulación una receta que le había dado el botánico Joseph Banks. Ésta consistía en hervir ramitas de picea en agua con algo de té, para mejorar el sabor, y luego mezclarlas con melaza y un poco de cerveza o levadura para iniciar la fermentación. Cook incluso anotó en su diario que o bien las bayas o bien la cerveza de picea habían salvado del escorbuto a su tripulación.

La cerveza de picea era bien conocida para Jane Austen, que en 1809 escribió una carta a su hermana Cassandra en la que le comentaba que había preparado «un barril grande». Un pasaje fundamental de *Emma* gira en torno a una receta para la cerveza de picea: el señor Knightley le ofrece la receta al señor Elton, que coge un lápiz de Emma para escribirla. Es un típico giro argumental de Jane Austen, ya que ese hecho casual resulta importante más tarde, cuando su amiga Harriet, con el fin de tener un recuerdo suyo, roba el lápiz usado por el señor Elton para escribir los ingredientes.

Las recetas de cerveza de picea abundaban en las publicaciones del siglo XVIII y XIX. Se dice que Benjamin Franklin creó la receta de la cerveza, pero en realidad no fue un invento suyo sino que, cuando era embajador en Francia, copió varias recetas de un libro de cocina titulado *The Art of Cookery Made Plain and Easy* («El arte de la cocina, claro y fácil»), escrito por una tal Hannah Glasse en 1747. (Glasse, por cierto, tenía unas cuantas recetas muy interesantes que el político no copió, incluida una, llamada «agua histérica», que llevaba chirivías, peonias, muérdago, mirra y ciempiés secos, macerados en brandy y «suavizado a su gusto»). Franklin, por supuesto, no quería apropiarse de aquella receta, sencillamente la copió para su disfrute personal. Sin embargo, más adelante se encontró entre sus documentos, y la leyenda de que uno de los Padres Fundadores había creado una fórmula para hacer cerveza de picea era demasiado buena como para resistirse a propagarla. De modo que las recreaciones modernas de esta receta le otorgan todo el mérito a él en lugar de dárselo a Hannah Glasse.

Las piceas son criaturas muy antiguas; se remontan a finales del jurásico, hace ciento cincuenta millones de años. Existen hasta treinta y nueve especies, dependiendo del botánico al que le preguntes, distribuidas por todos los climas fríos de Asia, Europa y América del Norte. Como muchas coníferas, estos árboles crecen muy despacio y, si no se meten con ellos las sierras mecánicas, viven hasta una edad asombrosamente avanzada. El árbol vivo más antiguo del mundo es una picea noruega con un sistema radicular que tiene unos nueve mil novecientos cincuenta años.

Las piceas producen ácido ascórbico y otros nutrientes que ayudan a combatir el escorbuto y a mejorar la absorción de la vitamina C. Para los árboles, supone un mecanismo de defensa que les permite soportar las bajas temperaturas del invierno y formar piñas. Los niveles más elevados de la vitamina se encuentran en la picea roja y negra (*P. rubens* y *P. mariana*), aunque la FDA ha aprobado sólo la picea negra y la picea blanca (*P. glauca*) como aditivos alimentarios naturales. Para los ojos no entrenados, las piceas se parecen mucho a otras coníferas muy venenosas, como el tejo, de modo que, si quieres elaborar cerveza en casa, harás bien en pedir el asesoramiento de algún experto antes de recolectarlas en el bosque.

Pinus spp.
PINÁCEAS (FAMILIA DEL PINO)

Se han encontrado residuos de vino y resina de pino en yacimientos arqueológicos que se remontan al neolítico. Quizá se usara como conservante, o para aportar algo de sabor amaderado, como el que se conseguiría con un envejecimiento en barrica. Es posible que también tuviera usos medicinales: la resina del pino cura a los árboles, de modo que nuestros ancestros tal vez pensaron que beber resina de árbol podía curar nuestros males. Los vinateros romanos añadían una mezcla de ingredientes extraños al vino, entre los que había, además de resina de pino, incienso, mirra y un extracto del árbol del terebinto (de donde también se saca la trementina).

Hoy en día, en Grecia es posible encontrar un vino con resina de pino llamado retsina. La bodega griega Gaia Estate elabora una retsina llamada Ritinitis Nobilis, a la que se da sabor con un extracto del pino de Alepo (*Pinus halepensis*). Se dice también que el Fernet Branca contiene un toque de resina de pino.

Sin embargo, el espirituoso a base de pino más interesante probablemente sea el licor alsaciano de pino llamado *bourgeon de sapin*. Quizá no le guste a todo el mundo, pero es un licor mítico, muy curioso y raro, y a la mayoría de los bármanes les encanta experimentar con él. (Imagina un árbol de Navidad alcohólico y azucarado metido en un vaso corto.) Una versión austríaca, el Zirbenz Stone Pine Liqueur, obtiene su color canela pálido y su perfume floral del pino cembro (*Pinus cembra*), que crece en los Alpes. Según el

ROYAL TANNENBAUM

(Basado en la receta de Lara Creasy, revista *Imbibe*, noviembre/diciembre de 2008.)

45 ml de ginebra London dry
15 ml de licor de pino, como el Zirbenz Stone Pine Liqueur
1 ramita de romero fresco

Agita la ginebra y el licor de pino con hielo; cuela la mezcla para servirla en una copa de cóctel. Decora con la ramita de romero.

destilador, las piñas se recogen cada cinco o siete años, y aun así sólo se recolecta una cuarta parte de las piñas. El trabajo lo llevan a cabo montañeros intrépidos, que recorren los Alpes a principios de julio y trepan a los árboles más frondosos para coger las piñas justo cuando están más rojas y acres.

Y SEGUIMOS ADELANTE CON LA

FRUTA

FRUTA
EL OVARIO MADURO DE UNA FLOR
FORMADO DESPUÉS DE LA OVULACIÓN.
SUELE TENER UNA COBERTURA EXTERIOR,
CARNOSA O DURA, QUE RODEA
UNA O MÁS SEMILLAS.

Albaricoque

Prunus armeniaca
ROSÁCEAS (FAMILIA DE LAS ROSAS)

Sírvete un vaso de *amaretto* y reconocerás el sabor de inmediato: almendras, ¿verdad? Pues no necesariamente. El *amaretto* más popular del mundo, Amaretto di Saronno, obtiene el sabor a almendras de los huesos de los albaricoques.

Igual que las almendras pueden ser dulces o amargas —la variedad amarga contiene una elevada concentración de amigdalina, que se transforma en cianuro en el intestino—, los huesos de albaricoque se clasifican también como dulces o amargos. La mayoría de las variedades que encontramos en Estados Unidos se cultivan por su fruto, y sus huesos son de la variedad amarga. Sin embargo, en el Mediterráneo es más fácil encontrar las variedades llamadas «de hueso dulce» o «de almendra dulce». De hecho, si se abre el hueso de una variedad dulce y se extrae la parte que está dentro (la semilla), veremos que tiene un sabor y un aspecto muy parecidos a su pariente cercana, la almendra dulce.

El albaricoque ya se cultivaba en torno al año 4000 a. C. en China, donde hacia el año 400 a. C. los campesinos seleccionaban incluso variedades específicas. Llegó a Europa hace unos dos mil años. Ahora hay cientos de variedades, muchas de ellas adaptadas únicamente a una región específica. Una de las variedades más antiguas de almendra dulce es la Moor Park, documentada en Inglaterra desde 1760. La variedad más popular antes de la Moor Park se llamaba Roman, y se desarrolló en la antigua Roma.

Al parecer, la tradición de dar sabor al alcohol con albaricoques empezó diez minutos después de la introducción de los propios albaricoques. Algunas de las recetas más antiguas de ratafía indican que es preciso macerar almendras de albaricoque en brandy, mezclándolas con macis, canela

VALENCIA

En 1927, el Sindicato Internacional de Bármanes se reunió en Viena para celebrar un concurso de cócteles. El ganador fue un barman alemán llamado Johnnie Hansen, cuya bebida era una mezcla de brandy de albaricoque, zumo de naranja y bíter de naranja. Los bármanes europeos enviaron la noticia a Estados Unidos con un guiño para la Liga Anti-Saloon, dándoles las gracias por su trabajo para mejorar la causa de la Ley Seca, que no hacía otra cosa que atraer a más bebedores hacia Europa.

El Valencia se recogió en el clásico *The Savoy Cocktail Book* («El libro de cócteles del Savoy») de 1930. Aquí lo incluimos con un licor austríaco hecho de albaricoques de verdad. Que el zumo esté recién exprimido es fundamental, por supuesto.

45 ml de Rothman & Winter Orchard Apricot Liqueur
20 ml de zumo de naranja recién exprimido
4 toques de bíter de naranja
Una peladura de naranja

Agita todos los ingredientes con hielo —excepto la corteza de naranja— y cuela el líquido en una copa de cóctel. Decórala con la corteza de naranja. En *The Savoy Cocktail Book* se dice que debe servirse en un vaso highball y añadirle un poco de cava o champán. Pero quizá sea mejor una variante sugerida por Erik Ellestad, que escribe sobre cócteles y cuyo blog Savoy Stomp (savoystomp.com) documentó su viaje a través del *Savoy Cocktail Book*. Él recomienda mezclar a partes iguales (20 mililitros de cada uno) zumo de naranja, licor de albaricoque y Armagnac, con angostura en lugar de bíter de naranja, y luego completarlo con cava.

y azúcar. La invención del *amaretto* no estaba demasiado lejos; muchos de ellos se hacen todavía con semillas de albaricoque, en lugar de almendras. En Francia, la palabra *noyau* (o el plural, *noyaux*) se refiere al hueso de los frutos, y en la práctica un licor que tenga ese nombre está elaborado con semillas de albaricoque. En las recetas antiguas suele aparecer la *crème de noyaux* como ingrediente, pero en Estados Unidos es casi imposible de encontrar. La destilería francesa Noyau de Poissy produce dos versiones, aunque es preciso viajar a Francia para conseguir una botella.

El fruto mismo, por supuesto, también puede usarse para elaborar brandy, aguardiente y licores. En Suiza los espirituosos de albaricoque se llaman *abricotine*. Si nos atenemos al uso moderno de la palabra «brandy», una bebida llamada «brandy de albaricoques» tendría que destilarse usando albaricoques. Sin embargo, en el siglo XIX y principios del XX, los brandys de albaricoque y de melocotón se preparaban con brandy de uva y añadiendo zumo de fruta. De hecho, en 1910, un caso que implicaba a un brandy de albaricoque adulterado hecho con ingredientes de imitación fue una de las primeras acciones legales que se llevaron a cabo bajo la Ley de Pureza de Alimentos y Medicamentos de Estados Unidos, que data de 1906. Este detalle histórico es importante para los amantes de los cócteles que intenten reproducir las bebidas de la época de la Ley Seca: una receta con brandy de albaricoque (o brandy de melocotón, por ejemplo) solía referirse a algo más parecido a un licor dulce que a un brandy seco y de mayor graduación alcohólica.

Baya del endrino

Prunus spinosa
ROSÁCEAS (FAMILIA DE LAS ROSAS)

Tuvo que volver el interés por las frutas locales, silvestres y de temporada para sacar al endrino de la oscuridad. La ginebra de endrino, llamada *snag gin* en el siglo XIX, no es más que una ginebra que contiene una infusión de azúcar —en ocasiones, también algunas especias— y el pequeño y astringente fruto del arbusto del endrino. Es un licor rojo y dulce, muy parecido a la ginebra damascena, que en otro tiempo la gente solía hacer en casa a base de frutos recogidos en el campo. Las versiones endulzadas y con sabor artificial le dieron mala reputación en el siglo XX, pero han regresado las recetas auténticas, con ingredientes naturales. Los fabricantes de la ginebra Plymouth han venido al rescate, distribuyendo su ginebra de endrino internacionalmente, y los destiladores artesanos están experimentando con endrinos.

El endrino es pariente cercano de la ciruela y la cereza, pero, a diferencia de estos árboles tan bonitos, no suele cultivarse en huertos o jardines. Adopta la forma de un enorme arbusto de cinco metros de altura, cubierto de espinos y ramas duras. Aunque es un matorral o seto excelente, su crecimiento desordenado y sus frutos pequeños y ácidos lo convierten en una planta que es mejor que siga siendo silvestre. Crece por toda Inglaterra y la mayor parte de Europa, pero sólo lo cultivan en Norteamérica los entusiastas de los frutos raros.

Sus flores estrelladas y blancas son de las primeras que aparecen en primavera. En otoño les siguen unos frutos de un morado casi negro, que pueden recolectarse con las primeras heladas. Los endrinos no son lo bastante dulces para comerlos solos, de modo que se usan para hacer mermeladas y pasteles, aunque donde mejor quedan es en la ginebra de endrino. Se recogen los frutos, se lavan, se raspan con un cuchillo para romper la piel y se maceran en ginebra o alcohol de cereales neutro, con azúcar, durante más de un año. Se puede beber tal cual —es un buen reconstituyente para el invierno— o bien mezclado en un cóctel clásico, como el Gin Fizz de endrino. En el País Vasco español y el sudoeste de

GIN FIZZ DE ENDRINO

60 ml de ginebra de endrino
15 ml de zumo de limón (el zumo de medio limón, más o menos)
1 cucharadita de jarabe simple o azúcar
1 clara de huevo fresco
Agua con gas

Pon todos los ingredientes —excepto el agua con gas— en una coctelera sin hielo. Agita vigorosamente al menos durante 15 segundos. (Este «batido en seco» ayuda a que la clara de huevo se vuelva blanca.) Luego añade hielo y agita al menos 10 o 15 segundos más. Viértelo en un vaso highball lleno de hielo y completa con agua con gas. Hay quien sustituye la mitad de la ginebra de endrino por ginebra seca, para que resulte menos dulzón, pero pruébalo primero de la otra forma... Te sorprenderá su sabor ácido y refrescante.

Francia se hace un licor llamado pacharán (o *patxaran*) macerando endrinos en *anisette*, o en un alcohol neutro mezclado con semillas de anís y tal vez algunas especias más, como vainilla y granos de café. Aunque se produce comercialmente —la marca Zoco es bastante conocida—, algunas familias suelen elaborarlo en casa, y en restaurantes pequeños todavía se sirve pacharán casero. Bebidas similares son el *Schlehenfeuer* alemán y el *bargnolino* o *prugnolino* italianos, que combinan el endrino con un alcohol de alta graduación, azúcar y vino tinto o blanco. En Francia, en la región de Alsacia, se hace un *eau-de-vie de prunelle sauvage*.

CULTIVA TUS PROPIO ENDRINOS

 Sombra / Sol   Riego regular   Resiste hasta -29 ºC

Los endrinos son plantas de seto habituales en Inglaterra. En Norteamérica, en cambio, es difícil encontrarlos —aunque no imposible— en viveros especializados en frutales. Si lo deseas, estos arbustos duros y resistentes pueden formar un matorral impenetrable, alcanzar los cinco metros de altura y extenderse horizontalmente hasta el metro y medio. Aunque también se pueden podar y dejarlos más reducidos.

Planta los endrinos a pleno sol o con sombra ligera, en un terreno húmedo y bien drenado, preferiblemente fuera de las zonas de mucho paso, ya que las espinas pueden resultar molestas. Los arbustos son caducifolios, es decir, que sus hojas caen en invierno, florecen a principios de la primavera y producen frutos en otoño. Los endrinos resisten hasta los -29 ºC.

Si dejamos la fruta en la rama hasta las primeras heladas, conseguiremos que sean más dulces, pero ese sabor un poco ácido encaja muy bien en la ginebra.

Antes de que se adulterase la ginebra de endrino con sabores artificiales, el propio fruto del endrino era un adulterante: añadido al vino malo, lo hacía pasar por oporto en las tiendas de vinos baratos. En su libro de 1895, *The New Forest: Its Traditions, Inhabitants and Customs* («El nuevo bosque: sus tradiciones, habitantes y costumbres»), Rose Champion De Crespigny y Horace Hutchinson observaban que «cuando el vino de oporto se pasó de moda, nos dijeron que se hacía de madera y botas viejas. Al ponerse de moda otra vez, la demanda de endrinas se ha incrementado proporcionalmente, permitiendo suponer con mucho fundamento que, además de las maderas y botas viejas, algo más intervenía en su composición».

Baya del serbal

Sorbus aucuparia
ROSÁCEAS (FAMILIA DE LAS ROSAS)

También llamado fresno europeo de montaña, este árbol con flores no está relacionado con los fresnos sino que es pariente de las rosas y las zarzamoras. Medra en setos y zonas silvestres de toda Inglaterra y gran parte de Europa, donde sus pequeñas bayas de un rojo anaranjado son muy apreciadas por su elevado contenido en vitamina C. Se usan en vinos caseros y para dar sabor a cervezas y licores tradicionales. El Vogelbeer, un aguardiente austríaco destilado de las bayas del serbal, es un ejemplo excelente de un tipo de alcoholes procedentes de estas bayas, llamados *Vogelbeerschnaps*. Los destiladores alsacianos, para no ser menos que los austríacos, también hacen una versión deliciosa de su propio licor, al que llaman *eau-de-vie de sorbier*.

Cacao

Theobroma cacao
MALVÁCEAS (FAMILIA DE LA MALVA)

El cacao es un fruto increíble. Procede de un árbol tropical perenne que prefiere crecer dentro de los 10 grados de latitud norte y sur del ecuador. Cuando madura, produce diez mil capullos en una sola estación, pero menos de cincuenta de esas flores madurarán y se convertirán en fruto, y sólo si han sido polinizadas por jejenes o una especie concreta de hormigas.

El fruto adopta la forma de una vaina enorme, con la forma y el tamaño de una pelota de rugby. Cada vaina contiene hasta sesenta semillas rodeadas de una pulpa blanda. La pulpa es muy tentadora para aves y monos, porque es muy rica en azúcar y grasa. Las semillas, sin embargo, no son tan interesantes para los mamíferos, porque su sabor es amargo, de modo que las tiran por ahí para que germinen.

Los animales de la selva no son los únicos a los que les gustan esas vainas jugosas. Si se deja en el suelo, el cacao fermenta de forma espontánea. Los exploradores españoles se quedaron muy sorprendidos al llegar a Guatemala y ver canoas llenas de frutos del cacao. El fruto fermentaba hasta que el fondo de las canoas quedaba lleno «de abundante licor de un sabor muy agradable, entre amargo y dulce, que resulta muy refrescante». Los españoles buscaban oro pero encontraron el chocolate: lo segundo mejor del mundo.

No se puede obviar el milagro de que el chocolate y el alcohol surjan de forma espontánea en la naturaleza. Incluso hoy en día el chocolate se elabora fermentando la vaina unos cuantos días para permitir que surjan los sabores más complejos y ricos del fruto. Luego las semillas se secan, se tuestan y se abren para extraer el haba (la parte carnosa de la semilla). Estas habas se muelen hasta quedar un polvo o pasta que, con un poco de azúcar, se convierte en el chocolate negro. Si se añade leche, tenemos chocolate con leche. Y si la grasa —llamada «manteca de cacao»— se extrae sola y se mezcla con azúcar, tenemos chocolate blanco.

En la actualidad, podemos encontrar chocolate en varios licores dulces. Por desgracia, hay demasiados bares en los que se sirve una combinación espantosa conocida como «martini de chocolate». Bébetelo si quieres, pero hay formas mucho más sutiles y sofisticadas de disfrutar de los licores con chocolate. Dogfish Head elabora una cerveza de cacao llamada Theobroma, que quiere ser una recreación moderna de una antigua receta olmeca. Esta cerveza, basada en los análisis de restos hallados en piezas de alfarería que datan del año 1400 a. C. —y en las alusiones que hacen los exploradores españoles en sus relatos—, lleva miel, chiles picantes, vainilla y *annatto*, una especia rojiza derivada del árbol del achiote, *Bixa orellana*, usada también como colorante natural alimentario para queso y otros alimentos procesados. La cerveza Theobroma es terrosa y picante, con un leve toque de chocolate.

Un uso más moderno y elegante del cacao como ingrediente de bebidas espirituosas procede de la destilería New Deal, de Portland, cuyo Mud Puddle es una infusión sin endulzar de habas de cacao tostadas en vodka. El resultado es un sabor puro de chocolate, sin rastro alguno de dulzor empalagoso.

Cerezas al marrasquino

Prunus cerasus* var. *Marasca
ROSÁCEAS (FAMILIA DE LAS ROSAS)

En un lejano y alcohólico pasado, una cereza al marrasquino no era un horror reseco y artificial, endulzado hasta la náusea. Era una cereza ácida, prieta y oscura, llamada marasca, que crecía especialmente bien en Croacia, en torno a la ciudad de Zadar. Esa región era conocida por la práctica de fermentar las cerezas marascas añadiéndoles un poco de azúcar para obtener un licor claro llamado marrasquino. Las cerezas podían macerarse en aquel licor para conservarlas. Y éstas son, hablando con propiedad, las verdaderas cerezas al marrasquino.

Para comprender por qué asociamos las cerezas al marrasquino con Italia hace falta una breve lección de historia. Dada su ventajosa situación como ciudad portuaria en el Mar Adriático, Zadar se vio sometida a constantes ataques y estuvo bajo el control de casi todos los países cercanos. La empresa Luxardo —la fabricante más conocida de licor marrasquino— tiene una historia que refleja la de la región. Fundada en Zadar en 1821, la destilería estuvo en el centro de interminables levantamientos políticos durante la Primera Guerra Mundial, cuando Italia tomó el control de la zona. Muchos granjeros croatas, que de pronto resultaba que eran ciudadanos italianos, hicieron lo único sensato que podían en un momento como aquél: se fueron a Italia a toda prisa, llevándose esquejes de sus cerezos… y también sus recetas.

Tras repetidos bombardeos durante la Segunda Guerra Mundial, la destilería Luxardo acabó destrozada. Sólo sobrevivió un miembro de la familia Luxardo, que también se marchó a Italia, dispuesto a reconstruir su negocio. Hoy en día, muchas destilerías italianas elaboran una versión del licor marrasquino, debido en parte a la historia de Croacia, destrozada por la guerra.

En 1912, una versión primigenia de lo que la FDA llamó el Comité de Inspección de Alimentos y Drogas estableció que sólo las cerezas marascas conservadas en marrasquino podían ser etiquetadas como «cerezas al marrasquino». Los cultivadores norteamericanos, que preferían las cerezas grandes (una especie distinta, la *Prunus avium*), desarrollaron un proceso de conservación que las decoloraba con dióxido de azufre y eliminaban todo el color, aunque también las convertía en papilla. Para resolver ese problema, añadieron carbonato de calcio —que en aquella época estaba disponible en grandes cantidades en las tiendas de yeso y pinturas— para endurecerlas. El producto resultante era descrito en un informe agrícola norteamericano como celulosa blanqueada «en forma de cereza». Luego se teñía de rojo con alquitrán de hulla, se le daba sabor con un extracto de drupa llamado benzaldehído y se envasaba con sirope. Ese producto, fuera lo que fuese, no podía recibir el nombre de «cereza de marrasquino».

CEREZAS AL MARRASQUINO HECHAS EN CASA

Limpia y quita el hueso a unas cerezas (ácidas, si es posible). Llena un bote de conservas limpio con las cerezas, que no queden apretadas. Baña las cerezas con licor marrasquino (o brandy, o bourbon), hasta que queden completamente cubiertas. Sella el bote, ponlo en la nevera y no lo abras hasta al cabo de cuatro semanas.

Sin embargo, eso cambió gracias a la Ley Seca. Con la colaboración de los fabricantes de refrescos, La Liga Antialcohólica emprendió una campaña contra las cerezas europeas empapadas en licor, a las que acusaban de todos los males. Defendían, por tanto, las que estaban tratadas químicamente sin alcohol, que definían como «cerezas norteamericanas, sin sabor extranjero y no involucradas en alianzas extrañas», a las que consideraban superiores a

GUÍA DE CAMPO PARA LOS LICORES A BASE DE CEREZAS

Como pasa con casi cualquier fruta, las cerezas pueden fermentarse y destilarse de formas muy distintas. Aquí tenemos algunas que vale la pena probar:

BRANDY DE CEREZAS: Normalmente se trata de un licor de cerezas, es decir, de una maceración de cerezas y azúcar con una base de licor, como el brandy. El Cherry Heering es un muy buen ejemplo, y tiene sabor a almendras y especias. El American Fruits Sour Cherry Cordial es otro destacado licor de cerezas.

GUIGNOLET: Es un licor francés de cerezas hecho habitualmente con la variedad dulce roja o negra *guigne*.

KIRSCH o KIRSCHWASSER: Es un brandy transparente o aguardiente fermentado con huesos de cereza, que le dan un suave sabor a almendras. Se produce en Alemania y Suiza, pero también en muchos otros sitios; a veces, se vende sencillamente como «aguardiente de cerezas».

MARRASQUINO: Es un licor no especialmente dulce hecho con un destilado o una maceración de cerezas marasca, por lo general con destilación doble para que sea más claro. Luxardo es una de las diversas destilerías que elaboran licor marrasquino.

VINO DE CEREZAS: Es un vino elaborado con cerezas, en lugar de uvas. El vino de cerezas marasca de Croacia es el más conocido, y quizá el más auténtico.

esos «mejunjes de alguna región extranjera, hechos con frutos cogidos por campesinos mal pagados, y manipulados y vendidos en condiciones que asquearían a los proveedores y a los compradores de tales productos». Gracias a su campaña, las auténticas cerezas marasca en licor puro se convirtieron en algo asqueroso en la imaginación de los norteamericanos, y en cambio las cerezas decoloradas y teñidas les parecían algo sano. En 1940, la FDA abandonó la lucha y accedió a que cualquier amasijo de celulosa con forma de cereza, teñido artificialmente y metido en un bote, pudiera venderse como cerezas al marrasquino. (Por si esto fuera poco, la FDA permite que hasta un cinco por ciento de las cerezas de bote contengan gusanos, asegurando que se trata de un «defecto inevitable».) Por suerte, en algunas tiendas venden las

CULTIVA TU PROPIO CEREZO

 Pleno sol   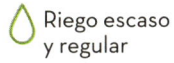 Riego escaso y regular   Resiste hasta -32 ºC

Hay al menos ciento veinte especies de cerezo, muchas de las cuales no se cultivan por su fruto. Los árboles en flor que se ven en Washington D. C. en primavera, por ejemplo, son sobre todo *Prunus x yedoensis* «Yoshino Cherry» y *P. serrulata* «Kwanzan», dos especies japonesas. La mayoría de las variedades producen frutos pequeños e incomibles, o son estériles y no producen frutos. La cereza ácida, *P. cerasus*, es incapaz de cruzarse con las cerezas dulces; de hecho, se autofecunda, es decir, no necesita a otro árbol cercano para la polinización.

Las variedades de cerezas ácidas se dividen en general en «morellos», que son más oscuras, y «amarelles», que son más claras. Hay cientos de variedades de cada una, la mayoría adaptadas a un clima en concreto. La marasca es un tipo de morello que no se vende demasiado en Estados Unidos, pero quienes quieran cultivar un cerezo en su jardín pueden sustituirla fácilmente por otra cereza ácida como la Montmorency, la North Star o la English Morello, la que se adapte mejor a su región.

Los cerezos se venden con una cepa enana o de tamaño grande. Es importante elegir la cepa adecuada para el espacio disponible. Pero recuerda que a los pájaros les encanta picotear las cerezas maduras del árbol, así que un árbol enano puede ser más fácil de proteger con unas redes. Si necesita polinización, averigua si hay otro árbol cerca.

Los cerezos requieren una poda ligera a finales de la primavera para asegurar que las ramas queden bien espaciadas. Pide consejo en tu vivero habitual o en la cooperativa agrícola de tu localidad, y no podes nunca en invierno: favorece la aparición de enfermedades.

auténticas cerezas al marrasquino, elaboradas por Luxardo y otras empresas. Y, además, son fáciles de hacer en casa.

Las cerezas dulces proceden o bien de Asia o bien de Europa central —las primeras pruebas arqueológicas apuntan a ambos lugares—. En tiempos de los romanos, se cultivaban al menos diez variedades. Las cerezas ácidas también medran en Europa desde hace dos mil años.

Aunque se dan muchos tipos de cerezas en Estados Unidos, el clima más favorable para estos frutales es el de Oregón. Un pionero del negocio de las cerezas en Oregón fue Seth Lewelling, que llegó desde Indiana con su familia en 1850. Lewelling era abolicionista y ayudó a organizar la sección local de un nuevo partido político antiesclavista llamado Partido Republicano. Por su oposición al esclavismo, lo tacharon de «republicano negro». Él replicaba que esa expresión acabaría teniendo un significado positivo, y lo consiguió dando a una nueva variedad de cereza el nombre de Black Republican, para que no tuvieran más remedio que comerse sus palabras. Durante una época, la Black Republican fue la cereza más popular para envasar y conservar, pero ahora son más comunes la Royal Ann y la Rainier.

CÓCTEL BROOKLYN (HÍBRIDO)

45 ml de centeno o bourbon
15 ml de vermut seco
7 ml de licor marrasquino
2 o 3 toques de angostura o bíter de naranja
1 cereza al marrasquino

Remueve todos los ingredientes —excepto la cereza con hielo—, cuela la mezcla en una copa de cóctel y decórala con la cereza. Los puristas objetarán que un Brooklyn tradicionalmente se hace con Amer Picon, un aperitivo de naranja amarga, no con angostura ni bíters de naranja. Si tienes acceso al Amer Picon, no lo dudes y añade 7 mililitros. Si no es así, esta versión también es deliciosa y permite usar las cerezas al marrasquino de dos formas distintas.

Ciruela

Prunus domestica
ROSÁCEAS (FAMILIA DE LAS ROSAS)

Cuando los norteamericanos imaginan una ciruela, piensan en variaciones de la ciruela japonesa, *Prunus salicina*. Estas ciruelas dulces, rojas o de carne dorada las inventó Luther Burbank, el más famoso cultivador del siglo XX. En su granja en Santa Rosa, California, Burbank cultivó la asombrosa cantidad de ochocientas nuevas variedades de plantas, incluyendo la margarita Shasta, la patata Russet Burbank y la ciruela Santa Rosa. De hecho, casi todas las ciruelas que se cultivan en Estados Unidos hoy en día son creaciones de Burbank, híbridos de árboles jóvenes que él mismo importó de Japón en 1887.

Por maravillosas que sean esas ciruelas, la mayoría no se consumen. El norteamericano medio come menos de medio kilo de ciruelas al año, y se usan muchas menos para producir alcohol. Una tragedia que unos pocos destiladores intrépidos están intentando cambiar con mucho esfuerzo.

Las ciruelas europeas, *P. domestica*, tienen una larga historia asociada a las bebidas alcohólicas. Hay más de novecientas cincuenta variedades y muchas subespecies, todas sujetas a los cambios de nombre y reclasificaciones habituales. Las ciruelas de más interés para el bebedor medio incluyen cuatro variedades de la *P. domestica*: la azulada púrpura, la damascena, de forma ovalada (de *Damascus*, señalando con ello su antiguo origen sirio), la pequeña y dorada *mirabelle*, la redonda *bullace*, que viene en una gama de varios colores, y la claudia, de un color lima pálido. (Las tres primeras se asignan habitualmente a la subespecie *P. insista*, mientras que las claudias suelen asignarse a subespecies separadas, como la *P. italica*, aunque todas estas nomenclaturas aún están sujetas a debate.) Hay tantas variedades de damascenas, *mirabelles*, *bullaces* y claudias que ni siquiera los que cultivan fruta pueden diferenciarlas bien: si preguntas a un agricultor qué variedad de ciruela damascena cultiva en sus tierras, quizá no obtengas más que un encogimiento de hombros como respuesta.

Sea como sea, con todas esas ciruelas se hacen unos licores, aguardientes y brandys deliciosos. El nuevo Averell Damson Gin Liqueur, de la American Gin Company, elaborado con damascenas cultivadas en Geneva, Nueva York, es el último de una larga serie de licores hechos con estas ciruelas. Las recetas para vino o brandy con infusión de damascenas datan de 1717. A finales del siglo XIX, la ginebra de damascenas era una bebida muy común en el campo inglés. Aunque es un licor dulce, no resulta empalagoso. Las ginebras modernas hechas de damascenas son sencillamente expresiones brillantes y limpias de un sabor a ciruela salvaje y natural. Las damascenas, las claudias y las *bullaces* crecen de forma silvestre en los setos ingleses; tanto los licores caseros como los producidos comercialmente se fabrican con ellas.

El nombre inglés de ciruela claudia (*greengage*) está envuelto de cierto misterio botánico nunca esclarecido del todo. Muchas publicaciones botánicas del siglo XIX aseguran que recibió su nombre de la familia Gage, que llevó el árbol a Inglaterra desde el monasterio de Chartreuse en algún momento entre 1725 y 1820, dependiendo del relato que leamos. Esta anécdota basta para que cualquier barman imaginativo desee crear un cóctel que combine el aguardiente de ciruelas con el licor Chartreuse, pero, por desgracia, es un hecho imposible de probar. En un libro de 1820 sobre la historia de la fruta en Inglaterra se asegura que un miembro de la aristocrática familia Gage recogió varios árboles y frutos en el monasterio y los envió a Hengrave Hall, en Suffolk, para cultivarlos. Al parecer, más adelante, la etiqueta de identificación de un cargamento de ciruelas enviado desde la propiedad de los Gage se perdió, de modo que la ciruela francesa Reine Claude (de ahí lo de «claudia») se etiquetó sencillamente como Green Gage, en referencia al color del fruto y a la finca donde se había cultivado. Otros relatos afirman que un acontecimiento similar tuvo lugar en otra rama de la familia Gage, en una propiedad llamada Firle.

Lo que sí sabemos seguro es que estas *gage* o ciruelas claudia ya se cultivaban en Inglaterra antes de 1726, cuando aparecen por primera vez en la literatura hortícola, lo que significa que, si el lío con la etiqueta tuvo lugar, debió de ser mucho antes de 1725, o no habría dado tiempo a que los árboles se plantaran, dieran fruto y llamaran la atención de los horticultores. Una mención temprana de estas ciruelas verdes, en un catálogo de plantas de 1693, supone que incluso pudo haber una generación anterior de los Gage implicada en el asunto. Arthur Simmonds, subsecretario de la Real Sociedad de Horticultura a principios de 1900, hizo un esfuerzo heroico para aclarar la confusión, pero sólo logró concluir que los diversos candidatos Gage que aparecían en la literatura botánica o bien no estaban vivos o bien eran ancianos o niños pequeños cuando tuvo lugar aquel misterioso viaje al monasterio de Chartreuse y el supuesto cambio de etiquetas posterior. De modo que cualquier conexión entre la familia Gage y las ciruelas verdes es pura especulación.

En Francia, las ciruelas *mirabelle*, de un color dorado intenso, abundan en la región de la Lorena. En la cercana Alsacia, la ciruela local es la *quetsche,* una fruta con la piel violeta y la pulpa de un verde amarillento. Cada una de ellas se usa para hacer mermeladas, tartas, dulces, licores y unos aguardientes notables. Los países del este de Europa son conocidos por su *slivovitz,* un brandy azul de ciruelas *kosher*, que a menudo se destila con el fruto entero y los huesos, dándole así un ligero sabor a mazapán, y que a veces se envejece en roble para aportar notas de vainilla y especias. Aunque la imitación barata del *slivovitz* —simple licor basto con base de azúcar y zumo de ciruela— tiene una mala reputación merecida, un brandy o un aguardiente de ciruelas bien hecho es una experiencia extraordinaria.

Otras especies de *Prunus* también se usan en licores, como en el vino de ciruela japonés, *umeshu*, normalmente elaborado con *P. mume*, una especie china emparentada con los albaricoques. El fruto del *ume* se empapa en una mezcla de azúcar y *shochu* (un alcohol hecho de arroz, trigo sarraceno o boniatos, embotellado a un 25 % vol.) durante más de un año, antes de beberlo. Aunque el *umeshu* se comercializa con normalidad, a veces con *ume* flotando en la botella, también hay quienes lo elaboran en casa, cuando la fruta está madura.

Grosella negra

Ribes nigrum
GROSULARIÁCEAS (SIN. SAXÍFRAGAS)
(FAMILIA DE LAS GROSELLAS)

En el siglo XII, santa Hildegarda recomendaba las hojas de la planta de la grosella como remedio para la artritis. «Si uno padece de gota —escribía la abadesa, botánica y filósofa—, debe tomar a partes iguales hojas de grosella y consuelda, machacarlas en un mortero y añadir grasa de lobo.» Aunque para curar las enfermedades era preciso mezclar la planta con grasa de lobo, mezclarla con alcohol era bastante más popular. La grosella negra —llamada *cassis* en Francia— es el único ingrediente que da sabor al licor conocido como *crème de cassis*, dulce y espeso como un jarabe.

La grosella negra europea no es originaria de Dijon, Francia, sino de países europeos del norte, mucho más fríos, y de algunos lugares del norte de Asia central. Aun así, los granjeros de Dijon han perfeccionado el arte de mimar las plantas para que produzcan unos frutos cada vez más pequeños, con un color más profundo e intenso y un sabor más penetrante.

Sin contar los remedios medievales, el primer licor que se hizo con esta fruta fue la ratafía de *cassis*, una mezcla de brandy y grosellas negras que se dejaba macerar seis semanas y luego se colaba y se mezclaba con un jarabe de azúcar. Hoy en día, la *crème de cassis* se prepara aplastando el fruto y macerándolo en alcohol simple —normalmente un alcohol neutro de uva— dos meses. Luego se prensa la fruta para extraer el jugo que queda y, acto seguido, se cuela. El licor se trasvasa entonces a otra cuba y se mezcla con azúcar de remolacha y agua para equilibrar el dulzor y conseguir que el alcohol tenga más o menos un 20 % vol.

Una botella de un cuarto puede contener el extracto de un poco menos de medio kilo de fruta. En licores de mayor calidad —o *supercassis*—, la cantidad de fruta se duplica o triplica para elaborar una bebida más espesa y afrutada. Para juzgar la calidad de una botella de *crème de cassis*, agítala y observa cómo el líquido cubre el vaso. Un *supercassis* dejará un jarabe espeso, de color borgoña. Los cocineros de Dijon no se limitan a bebérselo; también lo echan encima del queso fresco y en el *bœuf bourguignon*.

La *crème de cassis* se volvió muy popular a finales del siglo XIX. En los cafés franceses, era habitual tener siempre una botella en cada mesa y dejar que los clientes la incorporaran a sus bebidas. Después de la Segunda Guerra Mundial, el alcalde de Dijon, Félix Kir, preparó una bebida consistente en *crème de cassis* y vino blanco para los dignatarios que visitaban la ciudad. Esta bebida, que se hizo famosa en el mundo entero, hoy en día se llama *kir* en su honor.

¿GROSELLAS O PASAS?

En Estados Unidos, la palabra *currant* (grosella) se usa a menudo para referirse a una pasa pequeña sin semillas. Estas uvas secas no tienen relación alguna con las grosellas del género *Ribes*.

También en aquella época se hicieron más conocidos los auténticos usos medicinales de las grosellas negras. Tras la guerra, en Gran Bretaña escaseaban las naranjas, de modo que se empezó a distribuir gratuitamente a los niños un zumo de grosella negra llamado Ribena. Con un elevado contenido en vitamina C, antioxidantes y otros componentes saludables, esta bebida evitó que muchos niños sufrieran malnutrición. La grosella negra se sigue vendiendo aún como un superalimento que aporta un gran número de beneficios a la hora de combatir las enfermedades.

> ### ¿POR QUÉ LA «CRÈME DE CASSIS» NO CONTIENE NATA?
>
> **CRÈME DE:** En Europa, el concepto «crème de» seguido por el nombre de una fruta se refiere a un licor con un mínimo de 250 gramos de contenido de azúcar y «azúcar invertido» (un tipo de jarabe de azúcar) por litro, y un contenido de alcohol de al menos un 15 % vol. La *crème de cassis*, sin embargo, debe contener como mínimo 400 gramos de azúcar invertido por litro.
>
> **CRÈME:** En el pasado, algunos licores muy muy dulces se vendían como «crème cassis», o «crème de...» (seguido del nombre de la fruta), para indicar un contenido de azúcar aún mayor. No hay definición legal para este término, pero por lo general se refiere a un licor especialmente dulce.
>
> **CREAM:** Un licor con la palabra «cream» en la botella, como la Irish Cream, contiene sólidos de leche.
>
> **LIQUEUR:** En Estados Unidos, la palabra «crème», según las definiciones legales, se reemplaza por el término «liqueur» o «cordial», que se refiere a cualquier alcohol dulce destilado con sabor añadido que contenga al menos un 2,5 % de azúcar por peso.

Las grosellas negras y los licores que se elaboran con ellas no son demasiado conocidos en Estados Unidos, lo que en parte se debe a una singularidad de sus leyes agrícolas. La planta actúa como anfitrión de una enfermedad que transmiten unos hongos, llamada «roya del pino blanco», que mata a los pinos de la costa este. Estos hongos no pueden pasar de un pino a otro, primero necesitan hacer una parada en un arbusto de grosellas, donde producen un tipo de esporas que le permiten volver a infectar a otro pino. En la década de 1920, la industria maderera presionó para que se prohibiera la grosella, a pesar de que unas sencillas prácticas forestales podían interrumpir el ciclo de la enfermedad. Las esporas pueden viajar hasta unos quinientos kilómetros desde un pino afectado a un arbusto de grosellas, pero sólo logran desplazarse unos cuantos metros del arbusto de grosellas al pino. Por tanto, resulta bastante fácil detener la plaga y evitar que se extienda: el silvicultor sólo tiene que mantener los groselleros a una distancia de trescientos metros como mínimo de los árboles.

CULTIVA TUS PROPIAS GROSELLAS NEGRAS

 Pleno sol / Sol parcial    Riego regular    Resiste hasta -34 ºC

La grosella negra europea es un arbusto erguido que alcanza unos dos metros de altura y produce racimos de frutos semejantes a diminutos racimos de uvas. Crece mucho mejor en un terreno rico, húmedo y un poco ácido, habitualmente cubierto con mantillo. Sus arbustos prefieren estar a pleno sol, un riego moderado y resisten temperaturas de hasta -32 ºC.

Como el fruto aparece sólo en las cañuelas de un año de edad, los brotes jóvenes no se tocan hasta que tienen un año, para que puedan dar fruto. Las grosellas se recolectan mientras todavía están secas y firmes. Un arbusto maduro puede producir unos cuatro kilos por año. En invierno se deben cortar a ras de suelo de dos a cuatro ramas viejas y dejar unas cuantas ramas antiguas, que se recortan hasta justo detrás del punto en que nacieron los brotes más jóvenes. Si el arbusto deja de dar fruto, córtalo entero hasta el suelo y espera dos años a que dé fruto.

En un vivero local puedes comprobar si has elegido la variedad más adecuada a tu clima y la más resistente a las enfermedades o plagas locales. La Noir de Bourgogne es la variedad usada más a menudo para el licor francés, pero es difícil de encontrar en Estados Unidos y no resulta demasiado apropiada para todos los climas. Ben Lomond y Hilltop Baldwin son dos variedades buenas y vigorosas. Las grosellas negras originarias de Norteamérica, incluidas las grosellas de clavo *Ribes odoratum* y la grosella negra americana *R. americanum*, producen bayas comestibles, pero no suelen utilizarse para elaborar licores.

Las grosellas rojas y blancas también son buenas para cultivar, aunque sólo sea para adornar un cóctel o comerlas solas, incluso directamente del arbusto. La grosella perlada blanca puede servir para elaborar vino de grosellas, y la Jonkheer Van Tets se considera una de las grosellas rojas más resistentes y sabrosas.

También ayuda el hecho de que al menos un veinte por ciento de los pinos muestran una resistencia natural a la enfermedad y que el resto sólo se contamina si la época en que viajan las esporas es especialmente húmeda.

En 1966 se levantó la prohibición en todo el país, pero muchos estados siguieron manteniendo la restricción. Steven McKay, un estudioso de la agricultura de Cornell que tenía recuerdos muy agradables de los groselleros que vio en sus viajes por Europa cuando era estudiante, ha trabajado duro para abolir la restricción y anima a los granjeros a cultivarlas. Hoy en día las variedades resistentes a las enfermedades, los fungicidas modernos y el mayor conocimiento de la transmisión de la enfermedad han relegado al olvido a la roya del pino blanco. Aun así, diversos estados de la costa este siguen prohibiendo cultivar arbustos de grosellas negras.

En Europa, las grosellas negras se vieron envueltas en otro sonado embrollo legal. La grosella fue el motivo de uno de los casos judiciales más importantes de los primeros días de la formación de la Unión Europea. En Francia la *crème de cassis* se embotellaba con un 15 a un 20 % vol. de alcohol, pero un exportador averiguó que no se podía vender como «licor» en Alemania porque, en ese país, el contenido de alcohol tenía que ser al menos del 25 % vol. El juicio que siguió, en 1978, conocido como «el caso del *cassis* de Dijon», determinó que las leyes que regían en un país miembro debían ser reconocidas en otro, estableciendo el principio de reconocimiento que preparó el camino para un comercio mucho más intenso entre los estados de la Unión Europea.

KIR

120 ml de Borgoña blanco seco, como el Aligoté, u otro vino blanco seco
30 ml de crème de cassis

Sirve el *cassis* en una copa de cristal y añade el vino blanco. Equilibra las proporciones al gusto. En el Kir Royal se usa champán en lugar de vino; el Kir Communiste, hecho con vino tinto, requiere beaujolais, y el Kir Normand mezcla el licor con sidra. Para obtener una bebida más ligera, mezcla una parte de *crème de cassis* con cuatro partes de agua con gas.

Ficus carica
MORÁCEAS (FAMILIA DE LA MORA)

La higuera es una criatura extraña y antigua. Lo que la mayoría consideramos el fruto de la higuera no es el fruto sino un sicono, un ensanchamiento pulposo de la planta, con forma de lágrima, que contiene racimos de flores diminutas. Nosotros sólo podemos verlas abriendo el higo, pero las avispas de la higuera saben perforar pequeñas aberturas y polinizar las flores. La fruta que producen estas flores es en realidad el tejido carnoso y fibroso que vemos al morder lo que llamamos higo.

¿Un tanto confuso? Pues eso no es todo. Algunas especies de higo deben ser polinizadas por una avispa para que las semillas puedan reproducirse, pero la avispa, al poner sus huevos en el interior de esa estructura parecida a una fruta, a menudo muere dentro. Eso significa que el higo contiene trocitos de cadáveres de avispas, lo que no resulta muy apetitoso. Sin embargo, en torno al año 11000 a. C., alguien se dio cuenta de que ciertas higueras producían fruto sin que se produjera ninguna polinización. Obviamente, al no estar polinizados, esos frutos no se convertían en otra higuera, y para que la especie pudiera sobrevivir la gente tenía que coger esquejes y plantarlos... Y así se hizo, durante miles de años.

Gracias a los esfuerzos de nuestros antepasados de la Edad de Piedra en Oriente, no nos vemos obligados a comer higos llenos de cadáveres de avispas, ni tampoco tenemos que sacarlas de nuestro equipo de destilación. En la actualidad, las higueras, o bien no necesitan ser polinizadas o bien producen unas flores más largas que permiten a las avispas hacer su trabajo sin que deban introducirse en ellas.

Los higos llegaron a México en 1560 y se han plantado en climas cálidos de todo el mundo. Hoy en día hay cientos de variedades para el cultivo. Los higos secos siempre han sido muy útiles como fuente nutritiva almacenable y duradera: contienen una gran cantidad de proteínas, así como vitaminas y minerales esenciales.

Como casi todos los frutos, los higos también pueden destilarse. Hay un brandy de higos llamado *boukha* que procede de Túnez, y en Turquía tienen un alcohol claro con sabor a anís, llamado *raki*, que puede elaborarse con higos. Una receta de licor de higos de 1737 explicaba que estos frutos debían macerarse en brandy, mezclados con nuez moscada, canela, macis, azafrán y regaliz, «hasta que todas las virtudes se extraigan de ellos». Una receta más extraña aún, y de esa misma época, requería hervir caracoles con leche, brandy, higos y especias. Por lo visto, era un brebaje que se preparaba a los tuberculosos. A lo mejor no los curaba de la enfermedad, pero, sin duda, les daría algo de que preocuparse.

Afortunadamente, los licores de higos modernos han mejorado muchísimo: busca la *crème de figue* francesa, el arak de higo, el vodka con infusión de higos o cualquier aguardiente local hecho donde se cultiven higos.

Quandong

Santalum acuminatum
SANTALÁCEAS (FAMILIA DEL SÁNDALO)

Esta planta originaria de Australia es un hemiparásito, es decir, que extrae parte de sus nutrientes —aunque no todos— robándolos de otras planas. Medra en suelos pobres, donde sus raíces buscan los árboles o los arbustos cercanos para perforar sus sistemas radiculares y sacarles agua, nitrógeno y otros nutrientes. El quandong produce sus propios azúcares, pero eso no basta para que se las arregle solo. Por tanto, esta planta no puede cultivarse a menos que haya otras cerca, de modo que su cultivo es difícil.

Los pequeños frutos rojos del quandong son una golosina australiana única. Imagínate una versión en tarta de un melocotón, un albaricoque o una guayaba. Es una exquisitez aborigen que se ha utilizado para elaborar mermeladas, siropes y rellenos para pasteles. Las nueces también se han usado tradicionalmente como medicina, aunque, al estar dentro de una cáscara dura, antes deben pasar por el tubo digestivo de los emús para que puedan recogerse de entre las deposiciones de estas aves enormes.

Sin embargo, no hay necesidad alguna de hurgar en los excrementos de emús para disfrutar de un cóctel de quandong, ya que algunos destiladores australianos imaginativos y ansiosos por usar plantas autóctonas le han encontrado un uso. La destilería Tamborine Mountain elabora un licor amargo de quandong y genciana; este licor y otros productos están contribuyendo a poner al quandong en los menús de las mejores coctelerías de toda Australia.

CÍTRICOS

CITRUS: GÉNERO BOTÁNICO QUE INCLUYE EL LIMÓN, LA NARANJA, LA LIMA, EL POMELO, LA MANDARINA Y OTRAS VARIEDADES. COMO ESTÁ DIVIDIDO EN SEGMENTOS, EL FRUTO CÍTRICO SE CLASIFICA COMO *HESPERIDIUM*, ES DECIR, ES UNA BAYA CON UNA CORTEZA MUY GRUESA Y CORREOSA.

CÍTRICOS: EL HUERTO DEL BARMAN

Citrus spp.
RUTÁCEAS (FAMILIA DE LA RUDA)

Imagínate lo difícil que sería el trabajo del barman si eliminásemos todas las recetas que llevan algún cítrico. ¿Mojitos? Se necesita lima fresca. ¿Margaritas? Hace falta lima y triple seco, un licor de naranja. ¿Martinis? Se aporta sabor a la ginebra con peladuras de limón. Los cítricos dan el toque de brillantez, la chispa, a la mayoría de las bebidas. Estimulan las notas superiores, esos sabores efímeros florales y herbales que podrían perderse en un proceso complejo de destilación. Y resulta curioso que algunos de los cítricos más ácidos e incomibles proporcionen algunos de los mejores licores.

Las variedades de cítricos que tenemos hoy en día son resultado de siglos de experimentación e hibridación, de modo que su linaje exacto es muy difícil de rastrear. Todos los árboles de cítricos que conocemos —incluyendo los de limones y limas— debieron de originarse a partir de tres candidatos muy raros: el pomelo, un fruto grande, de piel muy gruesa; la cidra, con esa piel formidable y su desagradable fruto, y la dulce mandarina, de piel fina.

Algunos botánicos creen que había un par de antepasados más de los modernos cítricos que ya se han extinguido.

La primera noticia de cítricos viene de China, donde se han hallado documentos de hace cuatro mil años que describen a gente que llevaba paquetes de pequeñas naranjas y pomelos. Dos mil años más tarde, los cítricos se extendieron por toda Europa. Aunque parezca imposible imaginar el Mediterráneo y el norte de África sin sus árboles de cítricos, sabemos que los comerciantes árabes llevaron la naranja amarga, la lima y el pomelo a la región hace sólo unos ochocientos o mil años. La naranja dulce llegó a Europa hace apenas cuatrocientos años, cuando los comerciantes portugueses la trajeron de China. En aquella época los cítricos se propagaron por todo el mundo, a veces con consecuencias extrañas e imprevisibles.

En su segundo viaje a las Américas, en 1493, Colón se llevó naranjas dulces, e hizo algunos intentos de cultivarlas en el Caribe. Décadas después, empezaron a aparecer naranjos en Florida. Sin embargo, cuando los exploradores españoles, familiarizados sólo con las condiciones de cultivo de su clima mediterráneo, plantaron cítricos en la cálida y tropical región del Caribe, ocurrió algo sorprendente.

En primer lugar, la mayoría de aquellos árboles se negaban a producir naranjas. Y, sometidos a aquel clima tan cálido, los cítricos permanecían tozudamente verdes. Resulta que el color más vivo sólo se desarrolla cuando el aire nocturno tiene una temperatura fría, como ocurre en California o, desde luego, en España o Italia. Las temperaturas frescas de la noche rompen la clorofila de la corteza, permitiendo que sea atravesada por el pigmento de la naranja. En los climas cálidos, el fruto puede que tenga un sabor dulce, pero la piel sigue teñida de verde o de amarillo.

¿Otra sorpresa? Algunos árboles se convirtieron en mutantes extraños después de plantarlos en islas tropicales, y sólo producían una fruta amarga y correosa, con una corteza muy gruesa, que no parecía tener valor culinario. Los colonos, sin embargo, desesperados por dar salida a la cosecha que tanto les había costado plantar, descubrieron que ahogando la fruta en un alcohol fuerte la mejoraban considerablemente.

Calamondín

Citrofortunella microcarpa
(sin. *Citrus microcarpa*)

Posible cruce entre una mandarina y un kumquat, el calamondín tiene las mejores cualidades de ambos árboles: un fruto pequeño, de piel fina, y un jugo ácido, pero no amargo. Es uno de los cítricos que mejor tolera el frío; puede sobrevivir incluso cuando la temperatura cae por debajo de la congelación y se adapta tan bien a las macetas en interiores que se ha hecho popular como planta de interior. Se cultiva mucho en Filipinas, donde se llama calamansi.

El zumo es lo bastante ácido como para poder sustituir a la lima en los cócteles. La peladura puede empaparse en vodka y azúcar para hacer licor. En Filipinas, el zumo se mezcla con vodka y agua con gas.

Cidra

Citrus medica

La cidra, una de las especies de cítrico más antiguas y pariente lejana de muchas otras, es conocida por su piel, increíblemente gruesa y ácida, y su fruta, casi incomible. Hacia el año 30 a. C., Virgilio escribió que la cidra «tiene un sabor horrible y persistente, pero es un muy buen remedio contra el envenenamiento». La peladura, que se añadía al vino como medicina, inducía al vómito, por lo que no se recomienda como ingrediente de cóctel.

La cidra es el dinosaurio del mundo de los cítricos. Tiene un aspecto absolutamente reptiliano, con una piel gruesa y arrugada y deformidades extrañas. La cidra llamada «mano de Buda» (*Citus medica* var. *sarcodactylis*) tiene forma de mano con muchos dedos, por lo que es casi toda piel y apenas tiene pulpa. Como otras cidras, suele cortarse y pelarse para poder marinarla y confitarla, convirtiéndose en una peladura cristalizada llamada *succade*. Además, como la mano de Buda tiene una superficie de piel tan grande, también puede macerarse entera en vodka.

Las recetas de «agua de cidra» de Barbados, donde el árbol es muy abundante, datan de antes de 1750, y en aquellos tiempos quizá daban sabor al vermut. El fruto también se cortaba o se pelaba, y luego se maceraba en diversos alcoholes y se mezclaba con azúcar para elaborar un cordial no muy distinto al *limoncello*.

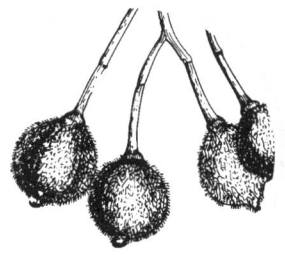

Lima de Tahití o lima persa, *Citrus latifolia*
Lima ácida, lima mexicana o peruana, *Citrus aurantifolia*
Lima kafir o combava, *Citrus hystrix*

Las limas son originarias de la India o el sudeste asiático y llegaron a Europa hacia el siglo xv. En realidad, las limas son de un verde amarillento, cuando están maduras, y hay que cogerlas antes de que maduren del todo para que mantengan el color verde que exigen los compradores. Con la mitad de contenido de azúcar que los limones, y algo más ácidas, tienen un papel distinto en los cócteles. El análisis químico de las limas muestra que contienen más linalol y alfaterpineol —dos sabores florales y muy intensos— y que los aceites de su piel aportan una nota cálida y especiada.

La lima ácida, que añade el toque tropical justo a margaritas y mojitos, es la mejor amiga del barman. Además, crece particularmente bien en macetas, en las que se mantiene pequeña y produce frutos casi todo el año. La lima de Tahití, la más suave, se considera la «auténtica lima»; produce un fruto más grande y tolera los climas más fríos. La kafir se cultiva sobre todo por sus hojas, que dan sabor a la comida tailandesa y se usan en infusión en vodkas. Su piel se ralla para hacer curris, pero el fruto es prácticamente incomible.

CULTIVA TUS PROPIOS CÍTRICOS

 Pleno sol   Riego regular   Resiste hasta -1 ºC

Quien viva en un clima con inviernos suaves y no tenga un árbol de cítricos en el jardín se está perdiendo una oportunidad estupenda. No hay nada mejor que coger un limón o una lima frescos para hacer un cóctel. Y hasta los árboles más descuidados, que producen frutas casi incomibles, ofrecen peladuras fabulosas para adornar.

Si es posible, acude a un vivero que esté especializado en cítricos para escoger el árbol que mejor se adapte a tu zona. Busca a un empleado que sea experto en cítricos y que pueda aconsejarte sobre las posibles plagas o enfermedades de la zona, y que te explique si los arbolitos jóvenes necesitan protección contra las heladas.

El calamondín, el limón Meyer mejorado y la mayoría de los árboles de limas crecen bien en maceta y pueden sobrevivir en el interior, si tienen luz intensa (no sólo una ventana soleada, sino un invernadero bien iluminado, o con luces suplementarias) y si tu casa está lo suficientemente húmeda en invierno, incluso cuando la calefacción suele dejar el aire demasiado reseco para su gusto. Los cítricos en maceta deben mantenerse en seco en invierno, ya que las raíces frías y húmedas pueden pudrirse.

Durante la temporada de crecimiento, también es recomendable usar mensualmente fertilizante especial para cítricos, pero no lo abones en invierno, porque podrías quemar las raíces, ya estresadas por la bajada de temperaturas. Casi todos los cítricos dan fruto por sí solos, sin necesidad de que haya otro árbol cercano para la polinización.

En el mercado se encuentran algunos licores de lima. El más útil es el Velvet Falernum, hecho con limas, azúcar y especias. (Hay también mezclas no alcohólicas de lima, especias y azúcar, vendidas como Falernum, que cumplen los mismos objetivos en una bebida.) Los Mai Tai, Zombies y otros cócteles tropicales dependen del Falernum. Un licor francés presentado en 1912, el Monin Original Lime, ha vuelto al mercado recientemente, y aunque es difícil de encontrar en Estados Unidos, vale la pena buscarlo para elaborar bebidas a base de cítricos. St. George Spirits elabora un vodka con limas kafir llamado Hangar One; es la base perfecta para los cócteles de inspiración tailandesa.

PELADURA DE CÍTRICOS: LA HERRAMIENTA ADECUADA PARA HACERLA

La mejor herramienta para pelar un cítrico es un pelalimones manual que parece un tenedor gordo y rechoncho. Los dientes del extremo se usan para extraer tiras muy finas de corteza, pero debajo de éstos hay un agujero con un borde afilado que corta unas peladuras largas, finas y perfectas.

Citrus limon

Un limón es, muy probablemente, un cruce entre una lima, una cidra y un pomelo. El limón de Sorrento italiano, Femminello Ovale, muestra claras características de cidra, por su piel gruesa y su sabor amargo.

Para conseguir el sabor adecuado, los árboles de Sorrento se tapan y sombrean con unas alfombrillas llamadas *pagliarelle* (ahora también se utilizan plásticos). Esto protege al árbol del frío del invierno y ayuda a que la maduración sea más lenta, para que la estación de la cosecha coincida con el verano. Como los árboles producen frutos todo el año, cada cosecha tiene su propio nombre: primero llegan los *limoni*, en invierno; les siguen los *bianchetti*; luego, los *verdelli*, en los meses de verano, y, finalmente, los *primofiori*, en otoño.

El limón Eureka —Garey's Eureka, para ser más exactos— desciende del limón siciliano y es una variedad más ácida y con la piel más gruesa. El limón más popular para los jardineros domésticos, los cocineros y los bármanes es el dulce y jugoso limón Meyer, que en realidad es un cruce de limón y mandarina. La peladura contiene menos aceites esenciales, de modo que, para preparar bebidas, no es tan adecuada como el zumo.

LA EXPEDICIÓN DE FRANK MEYER

Esta combinación de alcohol, azúcar y limón Meyer realza la fruta a la perfección. El champán le da una efervescencia muy agradable. Prepara una buena cantidad para los amigos y brinda por el señor Meyer y sus audaces aventuras.

45 ml de vodka
20 ml de jarabe simple
20 ml de zumo de limón Meyer
Vino espumoso seco (el cava español queda muy bien) o agua con gas
Peladura de limón

Agita el vodka, el jarabe simple y el zumo de limón con hielo. Cuélalo en una copa de cóctel. Vierte vino espumoso por encima y decóralo con peladura de limón. Para hacer una versión menos alcohólica, cuélalo en un vaso con hielo y sustituye el vino espumoso por agua con gas.

ANATOMÍA DE UN CÍTRICO

FLAVEDO O EXOCARPIO
La piel, que contiene glándulas de aceite, ácidos grasos, sabor, enzimas, pigmentos y un componente aromático amargo llamado limoneno.

ALBEDO O MESOCARPIO
La fibra, una capa blanca y esponjosa que normalmente no se come, aunque contiene fitoquímicos saludables. También incluye la membrana que queda pegada a la parte comestible.

ENDOCARPIO
La capa interior que rodea directamente las semillas. En los cítricos, es la pulpa o la parte que se come.
(En otros frutos, como los melocotones, el mesocarpio se come y el endocarpio, en cambio, es sólo una membrana gruesa y fibrosa que queda pegada al hueso.)

Mandarina común o clementina,
Citrus reticulata
Mandarina china, *C. nobilis*
Mandarina satsuma, *C. unshiu*
(sin. *C. reticulata*)

La mandarina, un fruto muy hibridizado, es una naranja dulce que fructifica en otoño o en invierno, con una piel suelta que prácticamente se separa sola. Esta fruta da su sabor a un licor a base de coñac llamado Mandarine Napoleon, que, según sus fabricantes, tiene su origen en la corte de Napoleón. Parece ser que el químico Antoine François, conde de Fourcroy, inventó la receta para Bonaparte, a quien le gustaba introducir peladuras de naranja en el brandy. Y, de hecho, en Córcega —la isla de la costa del norte de Italia donde había nacido el emperador francés— se cultivaban mandarinas. Las flores de la mandarina, junto con un poco de piel, también dan sabor al delicioso vodka con mandarina Hangar One, de la destilería St. George Spirits.

Naranja amarga

Citrus aurantium

Esta naranja amarga, llamada también naranja de Sevilla amarga, llegó a España con los «moros», en el siglo VIII. Probablemente nunca se comió cruda, pero su piel se empezó a utilizar enseguida en licores, perfumes y mermeladas. El zumo, por espantoso que pueda parecer, es un ingrediente esencial del mojo, una marinada que combina el zumo de la naranja amarga con hierbas y ajo.

Las naranjas amargas dan sabor también al triple seco. Aunque muchos licores de naranja reciben el nombre de triple seco, un destilador francés llamado Combier asegura que posee la receta original. Cuenta una leyenda para explicar el origen de su elixir: en su relato aparece un químico, François Raspail, que fue encarcelado tras oponerse sin éxito a Napoleón III y dirigir una revuelta contra él. Raspail era también un botánico notable (fue uno de los primeros en usar un microscopio para identificar las células de las plantas) y, al parecer, creó una poción medicinal a partir de plantas aromáticas. En prisión, según cuenta la historia, conoció al pastelero Jean-Baptiste Combier, que también cumplía condena por oponerse al gobierno autoritario de Napoleón III. En aquel entonces, Combier ya había creado una receta de licor de naranja con su esposa, y los dos hombres se pusieron de acuerdo en que, cuando los liberasen, establecerían un negocio juntos, combinando sus recetas, y al resultado lo llamarían Royal Combier.

Más allá de la historia de los químicos en prisión, lo que deben saber los bebedores modernos es que el triple seco tal como lo hacía Combier era un

Y AHORA, UNA OBJECIÓN BOTÁNICA

Los destiladores de Grand Marnier aseguran que le dan sabor con la peladura de un fruto llamado *Citrus bigaradia*, pero no intenten encontrarlo en ningún vivero, porque ese nombre se remonta a 1819 y los botánicos ya no lo usan. En el mejor de los casos, se refiere a una variedad concreta de la especie C. aurantium, *Citrus x aurantium* var. *bigaradia*.

alcohol de remolacha de azúcar combinado con peladura de naranja amarga. Sin embargo, ni siquiera esa versión de alta calidad resultaba lo suficientemente compleja para resultar bebible por sí sola; todo buen triple seco sabe más o menos a caramelo de naranja. Pero vale la pena buscar un licor de buena calidad para los margaritas, sidecars y otras recetas que lo requieren.

RED LION HÍBRIDO

Esta versión del clásico Red Lion está destinada a realzar el sabor del Grand Marnier, como el original, pero también a aprovechar el sabor del zumo de naranja de temporada, fresco. Es fantástico en invierno, cuando las mandarinas están en su punto álgido.

30 ml de ginebra Plymouth o vodka
30 ml de Grand Marnier
20 ml de zumo recién exprimido de naranja o de mandarina
El zumo de una rodajita de limón recién exprimida
Unas gotas de granadina
Peladura de naranja

Agita todos los ingredientes —excepto la peladura de naranja— con hielo, y sirve en una copa de cóctel. Decóralo con la piel de naranja.

> ## ¿QUÉ HAN PULVERIZADO EN ESTA PELADURA DE NARANJA?
>
> **EN FLORIDA, EN TEXAS Y EN LAS CÁLIDAS ISLAS CARIBEÑAS,** los árboles de cítricos no tienen suficientes noches frías para que la fruta se vuelva naranja, de modo que ésta se queda de color verde. Esto obliga a los agricultores a buscar otras maneras de usar la fruta, que está perfectamente madura pero que no resulta atractiva para el consumo por su color. Así se explica por qué Florida es tan conocida por su industria del zumo, mientras que California, que disfruta de noches más frescas, vende más cítricos frescos. Algunos agricultores corrigen el color verde de la piel exponiendo las frutas al etileno, un gas que se produce de forma natural y acelera la maduración al romper la clorofila.
>
> Los agricultores de Estados Unidos también pueden pulverizar la fruta con un tinte sintético llamado Citrus Red n.º 2. El tinte está prohibido en California, pero los agricultores de Texas y Florida pueden usarlo. Sólo está permitido para fruta que se va a pelar y comer o exprimir para zumo, no para fruta cuya peladura acabará «procesada» en comida o bebida. Por tanto, como la fruta vendida en las tiendas de comestibles se supone que es para comerla o para hacer zumo, no hay ninguna ley que prohíba pulverizarla con el tinte... Y eso no siempre consta en la etiqueta.
>
> Los cítricos también pueden pulverizarse con cera; si se usa la cera en cítricos orgánicos, ésta no puede ser ni sintética ni a base de petróleo. Si prefieres evitar el uso de tintes sintéticos o de ceras en los cócteles, *limoncellos* u otras infusiones, compra cítricos orgánicos.

Tenemos que dar las gracias a los exploradores españoles por haber llevado sus naranjas amargas de Sevilla a Curaçao, una isla de las Antillas Menores junto a la costa de Venezuela. La variedad que se formó a partir de aquellas primeras semillas se llamó «laraha» (*Citrus aurantium* var. *Curassaviensis*). El sabor era horrible, pero los desesperados marineros se las comían de todos modos para tratar el escorbuto después del largo viaje a través del océano. De hecho, el nombre de la isla podría venir de la palabra portuguesa que significa «curación».

Y, por supuesto, la laraha se convirtió en un licor. Originalmente, la peladura se secaba al sol y se maceraba en alcohol junto con otras especias. Hoy en día, según los fabricantes del auténtico curaçao, existe todavía una plantación original de cuarenta y cinco árboles que producen laraha en la isla. Las frutas de esos árboles se cosechan dos veces al año, produciendo sólo novecientas naranjas. Después de secar la corteza al sol durante cinco días, se cuelgan en el interior del alambique en sacos de yute para extraer sus sabores cítricos. Luego se añaden otros sabores —la receta exacta es un secreto, pero la nuez moscada, el clavo, el coriandro y la canela son sospechosos habituales— y se embotella, con o sin colorante alimentario. El curaçao es conocido por su intenso color azul caribeño, aunque se trata simplemente de un color artificial, porque el verdadero curaçao no tiene color.

ACEITES ESENCIALES

Un aceite esencial es un aceite volátil extraído de una planta a través de la destilación, el prensado (exprimiéndolas) o la disolución. En el caso de los cítricos, los aceites más comunes son los siguientes:

ACEITE DE NARANJA DULCE	Extraído de la peladura de la naranja, a menudo mediante prensado en frío.
ACEITE DE NEROLI	Extraído de las flores de la naranja amarga, normalmente a través de la destilación con agua.
ACEITE DE PETITGRAIN	Destilado de hojas y ramitas de un árbol de cítricos.

El extracto de la naranja amarga se encuentra también en el Grand Marnier, un licor a base de coñac. Las peladuras se dejan secar al sol y después se maceran en alcohol neutro de alta graduación para extraer el sabor. Esa esencia se combina más adelante con coñac y unos pocos ingredientes secretos más, y luego se envejece en roble. El Grand Marnier combina muy bien en cualquier cóctel que requiera un licor cítrico, otorgándole una elegancia y una riqueza de la que carecen otros licores de naranja.

Naranja dulce

Citrus sinensis

La naranja dulce, probablemente un cruce entre el pomelo y la mandarina, es una de las frutas más cultivadas del mundo, y abarca casi tres cuartas partes de toda la producción de cítricos del mundo. Valencia, Navel y Sanguina son las variedades más conocidas. Aunque han alcanzado una gran popularidad por su pulpa y su zumo, no son las favoritas de los destiladores para elaborar alcoholes con sabor cítrico, que suelen obtener el sabor de las naranjas amargas y ácidas, mucho más complejas. Sin embargo, la piel de la naranja dulce está disponible a través de todos los distribuidores de especias, de modo que se usa a menudo para dar una nota brillante a ginebras y licores de hierbas.

SIDECAR CON SANGUINA

Esta variante del clásico Sidecar sustituye el zumo de limón por el de sanguina. Cambia las proporciones a tu gusto y, si no te entusiasma el brandy, cámbialo por bourbon. (Y, si tampoco te entusiasma el bourbon, lee otro libro. No, en serio, prueba con el alcohol que quieras. ¿Vodka, ginebra, ron? ¡Inténtalo!)

45 ml de coñac o brandy
20 ml de zumo de naranja sanguina
15 ml de licor Solerno Blood Orange (o cualquier otro licor de cítricos, como el triple seco)
Un toque de angostura

Agita todos los ingredientes —excepto la angostura— con hielo y cuélalos en una copa de cóctel. Añade un toque de angostura.

AGUA DE FLOR DE NARANJO: *También llamada agua de azahar, es un extracto hidrosol (a base de agua) de flores de naranjo. Es un ingrediente clave en el Gin Fizz Ramos. Algunos hidrosoles son un subproducto de la manufactura de aceite de neroli; el agua que queda después de la destilación se guarda y se vende como aceite de flor de naranjo. En otros casos, la extracción de agua o vapor de las flores se hace específicamente para crear agua de flores sin destilar el aceite. En cualquier caso, siempre quedan rastros de los aceites esenciales en el agua, junto con algún compuesto de sabor y aroma hidrosolubles que no se encuentran en el aceite esencial. Los bármanes prefieren marcas francesas, como A. Monteux, a las marcas de Oriente Medio, pero puedes experimentar con las dos.*

Un licor con sabor a naranja hecho también con *C. sinensis* es el Orangerie, cuyo destilador describe como una mezcla de canela, clavos y naranjas Navelinas, a las que se corta la peladura a mano —a veces se las nombra como Navalino, pero los botánicos sólo reconocen el nombre de Navelina, una naranja dulce procedente de España y descrita por primera vez en 1910—, en una infusión de whisky escocés. Otro licor es el Solerno Blood Orange, una bebida dulce hecha con naranjas sanguinas que combina destilaciones separadas del fruto y la piel con peladura de limón. Es un lujoso sustituto del triple seco, que aporta una nota muy vivaz y dulce a las bebidas con ginebra.

Naranjo moruno

Citrus aurantium var. myrtifolia

Con un fruto diminuto, no mayor que una pelota de golf, y pequeñas hojas en forma de diamante, el naranjo moruno (*chinotto*, en italiano) es el tipo de árbol que a cualquier amante de los cítricos le encantaría tener en su huerto. Aunque el fruto se describe a menudo como amargo y ácido, en realidad es menos áspero que la lima o el limón, y se puede comer sin problemas. Los árboles florecen en el Mediterráneo, donde los frutos maduran en enero.

Se dice que la peculiar flor del naranjo moruno es un ingrediente clave del Campari y que la mejor forma de saborearla es en un Negroni, o simplemente con agua con gas. En Italia se encuentra un refresco sin alcohol llamado Chinotto, también disponible en los supermercados italianos de todo el mundo. Resiste la tentación de combinarlos: mezclar Campari y naranjas moras sería demasiado para que el resultado sea bueno.

NEGRONI

30 ml de ginebra
30 ml de vermut dulce
30 ml de Campari
Peladura de naranja

Agita todos los ingredientes —excepto la peladura de naranja— con hielo y sirve en una copa de cóctel. Decóralo con la piel de naranja.

Citrus maxima (sin. *C. grandis*)

Se trata de un antepasado de los pomelos rosa modernos y las naranjas amargas. El fruto es grande y pesado —puede alcanzar más de dos kilos—, y la corteza es gruesa y a menudo de color verde, especialmente en el sur de Asia, donde se cultiva mucho.

Charles Jacquin et Cie., fabricantes del licor de frambuesa Chambord, elaboraban en tiempos un licor a base de brandy de pomelo y miel llamado Forbidden Fruit, que era un ingrediente esencial de algunos cócteles clásicos, incluido el Tantalus, una mezcla a partes iguales de zumo de limón, Forbidden Fruit y brandy. (Algunos bármanes intentan recrear el licor preparando una infusión de piel de pomelo o de pomelo rosa, miel, especias y vainilla en brandy, con diversos grados de éxito.) Las palabras pomelo y *pummelo* se usan mucho para referirse o bien a los auténticos pomelos o bien a los pomelos rosa, de modo que los licores que incluyen en su nombre la palabra pomelo pueden llevar cualquiera de las dos frutas.

Pomelo rosa

Citrus x paradisi

La toronja o pomelo rosa es un cruce entre la naranja y el pomelo. Con toda probabilidad sea un mutante, o un híbrido accidental, que surgió en torno a 1790 en Barbados. Por su atractiva mezcla de cítrico penetrante y amargor combina muy bien en los cócteles. Se mezcla estupendamente con ron y con tequila, y se funde bien con las variantes del Negroni.

CIAO BELLA (VARIANTE DEL NEGRONI)

30 ml de ginebra
30 ml de vermut dulce
30 ml de Campari
30 ml de zumo de pomelo
Peladura de pomelo

Agita todos los ingredientes —excepto la peladura de pomelo— con hielo y sirve en una copa de cóctel. Decórala con una peladura grande de pomelo.

FRANK N. MEYER, CAZADOR DE PLANTAS

LOS INMIGRANTES JAPONESES EMPEZARON A IMPORTAR HÍBRIDOS DULCES DE LIMÓN Y MANDARINA A ESTADOS UNIDOS EN LA DÉCADA DE 1880, pero los limones Meyer llevan el nombre del hombre responsable de introducirlos formalmente en Norteamérica. Frank N. Meyer nació en Ámsterdam en 1875 y llegó a Nueva York en 1901. Llevó a cabo cuatro expediciones a Rusia, China y Europa, en nombre del Departamento de Agricultura de Estados Unidos, para recoger semillas y plantas que pudieran ser útiles a los agricultores norteamericanos. En total, introdujo dos mil quinientas plantas nuevas, como el caqui chino, el árbol del gingko y una asombrosa variedad de granos, frutos y vegetales. También sufrió todas las penalidades imaginables, incluyendo heridas, enfermedades, robos y la pérdida de incontables especímenes de plantas debido a problemas de envío o a retrasos en las aduanas.

Encontró lo que ahora se llama «limón Meyer» en Pekín, en 1908, y consiguió llevárselo a Estados Unidos. A lo largo de las décadas siguientes, los granjeros se dieron cuenta de que los clones de ese árbol eran portadores asintomáticos de una enfermedad llamada «tristeza». Así pues, muchos de los limoneros originales de Meyer tuvieron que ser destruidos. En la década de 1950, se descubrió una selección libre de virus en un vivero de California, Four Winds Growers. Hoy en día, el Meyer Mejorado se cultiva ya en todas partes.

El señor Meyer y sus exploraciones botánicas tuvieron un trágico final: murió en 1918, a los cuarenta y tres años, cuando navegaba por el río Yangtsé rumbo a Shanghái. Aunque su cuerpo fue recuperado una semana más tarde, la causa exacta de la muerte sigue siendo un misterio.

ICHANG PAPEDA (C. ICHANGENSIS): Es el cítrico de hoja perenne más resistente del mundo. Sobrevive a temperaturas de hasta -17 °C en las faldas del Himalaya. El fruto no suele contener zumo, sólo semillas y pulpa, de modo que es fragante, pero prácticamente incomible.

Los licores de pomelo rosa son difíciles de conseguir. El Giffard Pamplemousse está hecho con una maceración de pomelos rosa. La destilería argentina Tapaus hace un licor de pomelo. Se pueden tomar solos, pero también puedes ponerlos en cualquier cóctel que requiera un licor de cítricos.

Yuzu

Citrus x junos
(sin. C. ichangensis x C. reticulata var. austere)

Esta fruta ácida y de piel gruesa es un cruce entre la mandarina y la extraña y amarga Ichang Papeda. Procedente de China, llegó a Japón en torno al año 600 d. C. Aunque el fruto no es especialmente sabroso, la corteza exuda una fragancia cítrica y afrutada compleja, muy apreciada por los cocineros japoneses. La piel rallada del yuzu se encuentra en la salsa de soja llamada *ponzu* y también da sabor a la sopa de miso. Además, hay gente que se baña con él: en el baño tradicional de solsticio de los japoneses, los frutos de yuzu flotan en el agua caliente.

El yuzu suele añadirse al sake y al licor con base de *shochu*. La combinación es muy agradable al paladar. Un jarabe de yuzu coreano llamado *yucheong*, disponible en las tiendas de productos asiáticos, puede mezclarse con agua caliente para hacer té, pero también es un ingrediente fantástico para los cócteles.

MAI TAI

45 ml de ron oscuro (algunas recetas mezclan ron oscuro y claro)
15 ml de zumo de lima
15 ml de curaçao o algún otro licor de naranja
Un chorrito de jarabe simple
Un chorrito de jarabe de orgeat
Una cereza marrasquina
Un trozo de piña

Agita todos los ingredientes líquidos y cuélalos. Sírvelo con hielo picado en un vasito o vaso alto. Decóralo con la cereza y el trozo de piña. Si alguna vez has sentido la tentación de poner una sombrillita de papel en un vaso, ésta podría ser la ocasión ideal.

GIN FIZZ RAMOS

Se dice que Henry Ramos, barman de Nueva Orleans, inventó esta bebida en torno a 1888. En el carnaval de 1915, el día del desfile del Mardi Gras, Ramos participó en el espectáculo haciendo que treinta y cinco musculosos bármanes desfilaran agitando las cocteleras. En muchos bares no se prepara: temen o bien la responsabilidad que supone servir huevos crudos o bien el esfuerzo que entraña agitar la coctelera tantos minutos. En Graphic, una coctelería excelente de Londres, a veces el Gin Fizz Ramos se pasea por toda la sala mientras bármanes, camareras y clientes lo van agitando por turnos hasta que la espuma queda perfecta.

45 ml de ginebra (la receta original lleva ginebra Old Tom)
15 ml de zumo de limón
15 ml de zumo de lima
15 ml de jarabe simple
30 ml de nata
1 clara de huevo
2 o 3 gotas de agua de azahar
30-60 ml de agua con gas

Combina todos los ingredientes —excepto el agua con gas— en una coctelera; agita sin hielo al menos treinta segundos. Luego pon hielo y continúa agitando dos minutos por lo menos, pasando la coctelera por la sala si es necesario, para que el batido siga funcionando sin que a nadie se le congelen las manos. Pon el agua con gas en un vaso largo y cuela el Fizz.

ORGEAT (JARABE DE ALMENDRAS): *Un jarabe dulce, casi siempre sin alcohol, hecho con almendras, azúcar y agua de azahar, a veces con una base de agua de cebada. El orgeat es un ingrediente esencial del Mai Tai, aunque suele obviarse demasiado a menudo.*

Los árboles de yuzu resisten hasta -12 °C, así que sobreviven en regiones montañosas donde no se encuentran otros cítricos. Los jardineros de Inglaterra y las zonas frías de Estados Unidos decididos a cultivar cítricos en exterior podrían probar con este árbol si no han tenido suerte con otros cítricos.

LICORES DE NARANJA: MANUAL

LICOR	ALCOHOL BASE	INGREDIENTES	¿ENVEJECIDO EN ROBLE?
Cointreau	Remolacha de azúcar	Piel de naranja dulce y amarga	No
Combier	Remolacha de azúcar (el Royal Combier incluye también coñac)	Naranjas amargas de Haití y naranjas dulces de Valencia	No
Grand Marnier	Coñac	Naranja amarga, vainilla, especias	Sí
Licor de sanguina Solerno	Alcohol neutro	Pulpa y piel de naranjas sanguinas y limones sicilianos	No
Mandarine Napoleon	Coñac	Piel seca de mandarina, hierbas, especias	Sí
Orangerie	Whisky escocés	Piel de naranja, canela, clavos	Sí
Senior Curaçao de Curaçao	Caña de azúcar	Naranjas laraha	No
Triple seco o curaçao genérico	Varía por destilador, normalmente cereal neutro, remolacha de azúcar, caña de azúcar o alcohol de uva	Piel de naranja amarga y dulce	No

Y ACABAMOS CON LOS

FRUTOS SECOS Y SEMILLAS

FRUTO SECO
FRUTO DESECADO QUE NO SE ABRE
AL MADURAR PARA LIBERAR SU SEMILLA.
NORMALMENTE, ESTÁ RODEADO POR UN EXTERIOR
LEÑOSO QUE CUBRE Y CONTIENE UNA SOLA SEMILLA.

SEMILLA
ESTRUCTURA QUE CONTIENE UN EMBRIÓN
QUE SE FORMA EN EL OVARIO DE UNA PLANTA,
DESPUÉS DE LA FERTILIZACIÓN.

Almendra

Prunus dulcis
ROSÁCEAS (FAMILIA DE LAS ROSAS)

«De las almendras dulces se obtiene, al añadir licor, un zumo blanco como la leche.» Así lo explicaba John Gerard, barbero-cirujano y herborista inglés que en 1597 publicó *The Herball, or Generall Historie of Plantes* («La herboristeria, o historia general de las plantas»), un vívido pero fantasioso compendio de conocimientos botánicos y medias verdades. Gerard aseguraba que las castañas pueden mitigar la tos a los caballos y que el zumo de las hojas de albahaca curaba las mordeduras de serpiente... Pero algunos de sus comentarios sí parecen acertados. ¿Almendras dulces? ¿Licor? Gerard iba bien encaminado.

Las almendras están estrechamente relacionadas con los albaricoques y los melocotones, y tal vez compartan una herencia asiática. Los árboles, que ya se cultivaban en China hace doce mil años, llegaron a Grecia hacia el siglo v a. C. Prefieren un clima mediterráneo, de inviernos suaves y veranos largos y secos, una característica que les permitió extenderse con éxito por Asia y hacia el sur de Europa, el norte de África y la costa oeste de Estados Unidos. Son tan abundantes en California que la gente instala colmenas de abejas europeas de huerto en huerto para que polinicen la cosecha.

Los frutos no siempre son buenos para comer. La almendra amarga (*Prunus dulcis* var. *amara*) contiene el cianuro suficiente para resultar mortal en una dosis de cincuenta a setenta almendras. Afortunadamente, nadie puede comerse una almendra amarga por error, no las venden en las tiendas; se cultivan sobre todo para obtener aceite de almendras mediante un proceso que elimina todo el veneno.

Es la almendra dulce (*Prunus dulcis* var. *dulcis*) la que presta su inconfundible sabor melifluo a los licores. Después de siglos de selección a través de los cultivos se logró expulsar los venenos de esta variedad, pues para los huertos se escogían los árboles que producían las almendras más dulces y menos tóxicas.

Técnicamente, la almendra no es un fruto seco. Desde una perspectiva botánica, un fruto seco debe tener una cáscara dura y seca. La almendra es una drupa, es decir, una fruta con un hueso que rodea una semilla carnosa. A diferencia de los melocotones, los albaricoques y otras drupas, la «fruta» de la almendra no es más que una fina membrana exterior muy correosa y poco apetitosa.

Los licores de almendra son populares desde el Renacimiento, una época de grandes descubrimientos, entre ellos el de que suceden cosas increíbles cuando se maceran frutas, especias y frutos secos en brandy. El objetivo quizá fuese crear alguna medicina o sencillamente suavizar un poco algún licor destilado de una forma un poco burda. El *amaretto* italiano es el ejemplo más conocido, aunque el gusto amargo de la marca que más se vende en todo el mundo, Amaretto di Saronno, no proviene de las almendras sino del hueso de un pariente botánico, el albaricoque. Aun así, es bastante fácil encontrar un *amaretto* hecho con almendras de verdad: prueba, por ejemplo, el Luxardo Amaretto, de Saschira Liqueur.

Aunque el licor está perfecto solo, también se usa para dar sabor a los *biscotti*. Hay pocas formas mejores de concluir una comida que con un café al que se han añadido unas gotas de *amaretto* y unos *biscotti*.

Avellana

Corylus avellana
BETULÁCEAS (FAMILIA DEL ABEDUL)

Los orígenes del avellano se encuentran en Asia y algunas partes de Europa, donde se ha cultivado a lo largo de más de dos mil años. Los franceses daban a su fruto el nombre de *filbert*, quizá en honor al abate del siglo VII san Filiberto, que se celebra el 20 de agosto, precisamente cuando estos frutos están maduros. Los ingleses, sin embargo, lo llaman *hazelnut*. Con el tiempo, los botánicos han arreglado este desacuerdo asignando el término *filbert* a una de las especies, *Corylus maxima*, y el de *hazelnut* a la otra, *C. avellana*. En Estados Unidos, ambas palabras se usan indistintamente, para gran confusión de todo el mundo, aunque muchos agricultores cultivan la *C. avellana*. Hay especies autóctonas norteamericanas, pero no son tan productivas como las europeas.

Aunque los avellanos silvestres pueden llegar a alcanzar los quince metros de altura, en general tienden a ser bajos y arbustivos, y a los agricultores ya les parece bien. Estos árboles se prestan mucho al recepado, la práctica de cortar el tronco principal de un árbol para que crezcan más ramas a partir de las raíces, y eso los mantiene productivos y hace que la cosecha sea más fácil de manejar.

Las avellanas tostadas tienen un sabor dulce y caramelizado que cuenta con más de setenta y nueve componentes de sabor. Los frutos crudos tienen menos de la mitad de ese número, de modo que el proceso de tostado resulta vital para conseguir que se revele toda la complejidad de su sabor.

Los licores de avellana, como el Frangelico y el Fratello, son mezclas dulces de avellanas y otras especias, como la vainilla o el chocolate. La destilería Frangelico aplasta las avellanas tostadas y extrae los sabores con una mezcla de agua y alcohol. Parte de la infusión es destilada, de modo que la versión final contiene tanto el destilado como la infusión. También se añaden vainilla, cacao y otros extractos.

Ése es el estilo italiano. La versión francesa sería más parecida a la Crème de Noisette, de Edmond Briottet, un licor pálido y ambarino con un sabor brillante y claro a avellana. Las destilerías artesanales de la costa noroeste de Estados Unidos también han empezado a experimentar con vodka con infusión de avellanas y otros licores de este fruto seco. Y, detrás de la barra, las avellanas aparecen como ingrediente de bíters producidos en pequeñas cantidades. Además, el extracto puro de avellana puede usarse como ingrediente de cóctel o batirse hasta convertirlo en crema para obtener bebidas de café con sabor a frutos secos.

Coffea arabica
RUBIÁCEAS (FAMILIA DE LA RUBIA)

Lo que llamamos «baya del café» es en realidad un par de semillas que se encuentran en el interior de un fruto rojo y pequeño: la «cereza» del café. El fruto crece en un arbusto de Etiopía que tiene como parientes tanto a la genciana como al quino (todos en el orden taxonómico de los gencianales). Esta baya produce un veneno que paraliza o mata a los insectos que intentan alimentarse de él. Ese veneno, la cafeína, es exactamente lo que nos atrajo hacia esa planta hace setecientos años. Los humanos no somos inmunes al veneno, pero tendríamos que tomar más de cincuenta tazas de café, una detrás de otra, para ingerir una dosis mortal.

Los comerciantes árabes fueron los primeros en traer el café a Europa desde su África nativa en algún momento antes del año 1500. Costó más de un siglo que arraigase, pero a mediados del siglo XVII se habían establecido ya cafeterías tanto en Inglaterra como en Europa. Circulaba una historia encantadora de un pastor etíope cuyo rebaño de cabras se comió los frutos de un arbusto de café y acabó sumido en tal frenesí que los animales saltaron y retozaron el resto del día y no durmieron por la noche. Aunque probablemente no era más que un cuento inventado por los mercaderes, persistió hasta bien entrado el siglo XIX. El hecho de que una planta permitiera a la gente pasar una noche sin dormir se consideraba un enorme adelanto científico.

A principios del siglo XVIII, comerciantes holandeses y franceses llevaron unas pocas variedades de café a plantaciones de las Américas, creando sin darse cuenta una especie de atolladero genético. Hoy en día sigue existiendo una sorprendente falta de diversidad entre los cafetos. Aunque hay más de cien especies conocidas, casi todo el café que crece en el mundo procede de clones de la *Coffea arabica*, con la *C. canephora* (a veces llamada *C. robusta*) en segundo lugar. Los problemas de insectos y plagas que han asediado a este monocultivo han llevado a los botánicos a buscar otras especies, algunas de las cuales se hallaban casi extintas en su hábitat original. Los exploradores de los Reales Jardines Botánicos de Kew han descubierto treinta especies de café desconocidas en la última década, cada una con sus características especiales: algunas apenas contienen cafeína, otras producen semillas que duplican el tamaño de cualquier semilla conocida, pero sólo unas pocas, eso se cree al menos, serán aptas para resistir las plagas y enfermedades.

CAFÉ IRLANDÉS DE BUENA VISTA

Café caliente
2 terrones de azúcar
45 ml de whiskey irlandés
De 60 a 90 ml de nata para montar, ligeramente batida

Llena de agua caliente una copa resistente al calor (o una jarra), para calentarla. Vacíala y llena dos tercios con café. Añade los terrones de azúcar y agita vigorosamente; luego incorpora el whiskey. Corona cuidadosamente el combinado con la nata montada.

No existe una manera fácil de cosechar el café. Tiene que recogerse a mano, porque no todos los frutos maduran al mismo tiempo. Las semillas verdes deben separarse del fruto, lo que puede conseguirse mediante un proceso «húmedo» (las semillas se sacan del fruto y se fermentan en agua para eliminar el residuo pulposo) o un proceso «seco» (se seca la fruta para que se separe más fácilmente de las semillas). Se considera que el proceso húmedo produce unas bayas de un mejor sabor, con un precio más elevado. En cuanto se han limpiado las semillas verdes, ya están listas para el tostado.

El café se cultiva ahora en cincuenta países, y ha superado al té como bebida global más consumida: de hecho, se produce tres veces más café que té. Sin embargo, aprender a molerlo y escaldarlo en agua era sólo el primer paso. A principios del siglo XIX, el café se convirtió también en licor. La mayoría de las primeras recetas no requerían más que bayas de café tostado, azúcar y algún licor. En 1862, ya se comercializaba un producto de ese estilo, que se presentó en la Exposición Universal de Londres. Las primeras recetas del siglo XX incluían canela, clavo, macis y vainilla.

Hacia la década de 1950, un licor mexicano a base de ron Kahlúa consiguió bastante popularidad. A diferencia de muchas empresas fabricantes de licores, ésta no mantuvo en secreto la receta: el alcohol de azúcar de caña se envejece en barrica siete años y luego se combina con extracto de café, vainilla y caramelo. Ahora mismo se venden en todo el mundo docenas de licores de café, elaborado con una base de alcohol que va del ron al coñac pasando por el tequila. Los destiladores artesanales se han asociado con tostaderos especializados para crear licores de café de alta calidad. Firefly, en Santa Cruz, California, es un ejemplo: mezclan bayas costarricenses procesadas en húmedo con un brandy elaborado a partir de uvas Syrah y Zinfandel. Los bármanes también elaboran sus propias infusiones de café detrás de la barra, además de mezclar bayas en los cócteles y usar bíters de café en las bebidas más especiadas.

Sin embargo, probablemente la combinación de granos de café y alcohol más conocida de todas sea el café irlandés. Como ocurre con las bebidas más famosas, la historia de sus orígenes sigue provocando debates encendidos, pero una versión asegura que el inventor fue un barman del aeropuerto irlandés de Shannon. Un viajero que acababa de volver de Irlanda pidió a un barman del restaurante Buena Vista de San Francisco que la recrease. Tras mucho experimentar, apareció al fin en el vaso la combinación perfecta de café, whiskey, azúcar y nata.

Nuez

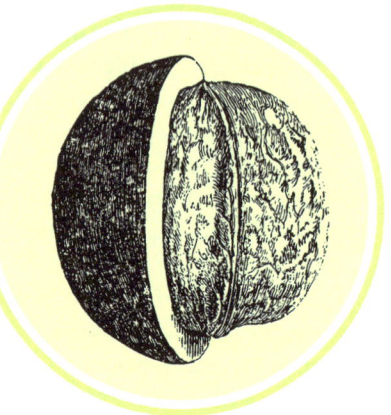

Juglans regia
JUGLANDÁCEAS (FAMILIA DE LAS NUECES)

No hay nada tan astringente y desagradable como una nuez verde, no madura del todo. Hasta que se ha empapado en alcohol y azúcar, claro. El *nocino*, un licor de nueces italiano, es probablemente uno de los usos más ingeniosos que se ha dado jamás a un exceso de producción de nueces.

Los nogales son originarios de China y el este de Europa, y siguen creciendo silvestres en los bosques de Kirguizistán. En torno a 1769, los monjes franciscanos los introdujeron en la costa oeste de Estados Unidos, donde continúan creciendo en los terrenos de las misiones californianas. El nogal negro, *J. nigra*, es originario del este del país y muy apreciado tanto por su madera oscura y duradera como por su fruto. Al tolerar tan bien las bajas temperaturas, los exploradores europeos lo llevaron a Europa en el siglo XVII.

Estos árboles magníficos alcanzan más de treinta metros de altura y ofrecen una sombra muy amplia. Los largos racimos de flores masculinas, llamados amentos, brotan en primavera y liberan polen, que es capturado por las flores femeninas, verdes y nada bonitas. Tras la polinización, aparece un fruto blando y verde, y a principios de verano el árbol está cargado con tantas nueces como puede soportar. Muchas de ellas caen al suelo antes del otoño.

Este hecho frustró a los primeros cultivadores del fruto, que habrían querido utilizar todo lo que producían los árboles. Afortunadamente, las nueces verdes llenas de taninos proporcionan un excelente tinte negro para ropa

NOCINO CASERO

20 nueces verdes, cortadas a cuartos
200 g de azúcar
Una botella de 750 ml de vodka o Everclear
La peladura de un limón o de una naranja
Especias opcionales: 1 rama de canela, 1 o 2 clavos enteros, 1 vaina de vainilla

Las nueces verdes pueden recogerse en verano o comprarse en los mercados de agricultores. Elige frutos enteros y sin golpes, que se abren fácilmente con un cuchillo. Lávalas bien antes de cortarlas. Pon el azúcar en una sartén, con el agua suficiente para cubrirlo, y hiérvelo sin dejar de remover. En cuanto el azúcar se haya disuelto, mézclalo con los ingredientes que quedan, métalo todo en un bote de conservas grande y estéril, y séllalo. Almacénalo cuarenta y cinco días en un lugar oscuro y frío, agitándolo de vez en cuando. Transcurrido ese tiempo, cuela las nueces y especias y envásalo de nuevo en un bote limpio durante dos meses más.

Hay quien añade una taza de jarabe simple antes de los dos meses de envejecimiento. Si te gusta experimentar, divide el lote en dos y en uno de ellos pon 300 gramos de jarabe simple. De todos modos, el proceso de envejecimiento cambiará el sabor.

y madera (nogalina) y tinta, pero un licor hecho con la fruta verde e incomible habría resultado también de mucha utilidad.

La receta del *nocino* (llamado *liqueur de noix* en Francia) ha cambiado poco a lo largo de los siglos. Consiste en coger nueces verdes, cortarlas a cuartos o aplastarlas, y empaparlas en algún tipo de alcohol agregándole azúcar. Se puede añadir también vainilla o especias, hay quien además pone peladura de limón o de naranja. Estará listo para beber cuando haya reposado un mes o dos y haya adquirido un color castaño oscuro, intenso y rico.

Sea como sea, no hay necesidad de preparar el *nocino* en casa. Haus Alpenz importa Nux Alpina Walnut Liqueur de Austria, y la destilería Charbay y, de California, elabora un licor de nuez negra con base de brandy de pinot noir llamado Nostalgie. Otro licor de nuez con base de brandy elaborado en California, el Nocino della Cristina de Napa Valley, ha conseguido también críticas entusiastas. Aunque el *nocino* debe beberse solo, como digestivo después de la comida o con un poco de helado, los bármanes también lo sirven con bebidas que llevan café o en cócteles que requieren licores muy especiados y con sabor a frutos secos.

Nuez de cola

Cola acuminata
ESTERCULIÁCEAS
(FAMILIA DEL CACAO)

Este árbol africano, pariente del cacao sudamericano del que se obtiene el chocolate, crece casi veinte metros en estado silvestre y forma unos ramilletes de flores de un exquisito amarillo pálido veteado de morado. Después de florecer, aparecen racimos de frutos arrugados y correosos que contienen una docena de semillas cada uno. Esas semillas son las nueces de cola, una golosina con un poco de cafeína de la que disfrutan los africanos occidentales a modo de estimulante. En cuanto los europeos descubrieron este fruto, pasó por el predecible viaje que lo llevaría de la ciencia médica en el siglo XVIII, a la fabricación de tónicos en el siglo XIX y a la elaboración de extractos para dar sabor en el XX.

Los elixires de cola se prescribían para el mareo y como estimulantes del apetito, a menudo en combinación con la genciana y la quinina. Las primeras recetas de bíters de cola eran mezclas directas de nuez de cola, alcohol, azúcar y cítricos. A finales del siglo XIX, sin embargo, el vino de cola y los bíters de cola podían encontrarse ya en los mercados de Londres, y los destiladores franceses e italianos pronto lanzarán vinos aromatizados y *amaros* con la cola como ingrediente. La Toni-Kola, un vino aperitivo, es una marca muy famosa ya desaparecida.

A principios del siglo XX, los tiradores de refrescos de bares y tiendas servían jarabe de cola para hacer mezclas en plan cóctel de bebidas gaseosas no alcohólicas (esas sofisticadas bebidas se veían como una forma de alentar la abstinencia). La empresa Coca-Cola pleiteaba en numerosas batallas con el fin de registrar su marca por el uso de la palabra «cola» para describir sus productos. A pesar de todo, los tribunales se mantuvieron firmes, alegando que «cola» era un término general que describía cualquier bebida hecha con un extracto de nuez de cola y que no se podía registrar como marca. De hecho, hoy en día estas semillas continúan siendo un aditivo alimentario saborizante aprobado y muchas empresas de refrescos siguen usando la nuez para aportar cafeína a las bebidas y ese sabor dulce y redondo de la cola.

Los sudafricanos pueden comprar un jarabe dulce llamado Rose's Kola Tonic, y los bebedores británicos, australianos y neozelandeses pueden pedir la Claytons Kola Tonic, un refresco que también se ha publicitado como bebida no alcohólica y que es posible encontrar en un bar (igual que cualquier otra cola). Master of Malt, un minorista de bebidas alcohólicas del Reino Unido, vende un bíter de cola con una base de ron añejo que asegura que da «profundidad, sabor intenso y astringencia» a los cócteles. También los *amaros* italianos —como el Averna Amaro y el Vecchio Amaro del Capo— parecen tener «notas de cola», aunque el fabricante no especifica si la nuez forma parte realmente de sus fórmulas secretas.

TERCERA PARTE

Y AL FINAL SALDREMOS AL JARDÍN,
DONDE ENCONTRAREMOS UNA SELECCIÓN
ESTACIONAL DE ADEREZOS Y GUARNICIONES
BOTÁNICAS PARA AÑADIR A LOS CÓCTELES
EN LA ÚLTIMA FASE DE SU PREPARACIÓN.

LOS JARDINEROS SON LOS MEJORES «MIXÓLOGOS»

Hasta el huerto más humilde proporciona ingredientes y guarniciones que permiten elaborar bebidas deliciosas: para un jardinero, es muy fácil producir verbena, flores de geranio rosa, tomates amarillos dulces y los tallos bermellón del apio rojo. De un solo huerto salen miles de cócteles.

Algunas plantas, como la hierbabuena para los mojitos, sin duda merecen cultivarse. Otras, como las granadas para hacer granadina, sólo vale la pena cultivarlas si vives en un clima tropical o si tienes un invernadero y te interesa tanto la horticultura como para cuidar un granado.

En lugar de explicar la historia completa, el ciclo vital y las instrucciones de cultivo de todas las plantas que pueden usarse en los cócteles, ya sea para mezclar o como guarnición, presentaré unas cuantas en profundidad y el resto las he incluido en una lista con unas cuantas sugerencias para su cultivo. El mejor consejo para un huerto es que sea lo más local posible: en el vivero de tu localidad puedes pedir consejo sobre las variedades que mejor se adapten a tu zona; allí te dirán si la planta es adecuada para el clima del lugar y para tu nivel de experiencia y compromiso.

Si quieres aún más información, acércate a la cooperativa agraria local o a los agricultores más entendidos de tu zona. Visita DrunkenBotanist.com para encontrar suministros por internet, consejos de cultivo y más lecturas sobre jardinería culinaria.

EMPEZAMOS CON LAS

HIERBAS AROMÁTICAS

LAS AROMÁTICAS PUEDEN AÑADIRSE A UN CÓCTEL, INFUSIONARSE EN UN JARABE SIMPLE O DAR SABOR A UN VODKA, PERO TAMBIÉN PUEDEN UTILIZARSE COMO DECORACIÓN.

Las plantas aromáticas anuales viven sólo un año y requieren el calor y el sol del verano y un riego regular. Las perennes y leñosas, en cambio, también necesitan sol y el calor del verano para crecer, pero prefieren que su terreno sea más bien seco y no suelen sobrevivir al invierno si las temperaturas bajan a -15 °C. En invierno, los jardineros muy entusiastas que vivan en un clima frío pueden conservar las aromáticas perennes en maceta y guardándolas en un sótano, con un mínimo de luz y agua.

Todas estas aromáticas pueden vivir en maceta y la mayoría cultivarse dentro de casa, bajo unas luces intensas. Un invernadero sería lo ideal; incluso en un invierno soleado, si está en el interior, una planta necesitará luz suplementaria. Unas luces normales con fluorescentes, conectadas a un temporizador, son la solución más económica. Los centros de jardinería y las tiendas de cultivo hidropónico venden luces especiales de crecimiento y también bombillas LED, que pueden colocarse en lámparas corrientes y resultan un poco más estéticas y agradables.

La mejor forma de cosechar hierbas aromáticas es cortar los tallos enteros desde la base de la planta y luego quitar las hojas del tallo. Si no necesitas tanta cantidad, corta sólo medio tallo. No arranques las hojas de una en una: la planta no puede regenerar tan fácilmente las hojas a partir de un tallo desnudo. Las aromáticas anuales tienden a detener su crecimiento cuando han florecido, así que elimina las flores de albahaca, cilantro y otras hierbas si quieres que sigan creciendo.

CONSEJOS DE CULTIVO

HIERBAS AROMÁTICAS

AJEDREA *Satureja montana*	Perenne. La ajedrea de invierno es una hierba leñosa con un sabor parecido al romero. La de verano, *S. hortensis*, se usa más como aderezo fresco para huevos y ensaladas.
ALBAHACA *Ocimum basilicum*	Anual. La genovesa es la variedad clásica, de hojas grandes. La Pesto Perpetuo y la Finissimo Verde son variedades arbustivas de hoja pequeña que pueden pasar el invierno en el interior.
ANGÉLICA *Angelica archangelica*	Bienal (florece al segundo año). Usa los tallos en infusiones. Otras especies pueden ser tóxicas; procura conseguir la *A. archangelica*, llamada «angélica de jardín» (véase la p. 167).
CILANTRO *Coriandrum sativum*	Anual. Slow Bolt o Santo no florecen ni forman semillas tan rápido como otras variedades. Si lo cultivas para obtener las semilla y no las hojas, busca el *C. sativum* var. *microcarpum*. Las semillas deben estar completamente secas y de un marrón dorado antes de usarlas (véase la p. 177).
ENELDO *Anethum graveolens*	Anual. El Dukat produce más follaje antes de formar la semilla. La Fernleaf es una variedad enana.
GERANIO OLOROSO *Pelargonium* sp.	Perenne. Aunque comúnmente se llaman geranios, en realidad son pelargonios. Los cultivadores han creado fragancias asombrosas, desde la rosa hasta la canela, el albaricoque o el jengibre. Las hojas son fragantes, pero tienen un sabor muy fuerte: úsalas para jarabes simples e infusiones. Las flores son una bonita guarnición.
HIERBA LUISA *Aloysia citrodora*	Perenne. Arbusto leñoso que puede crecer de 1,20 a 1,50 metros de alto. Las hojas tienen un sabor a limón vibrante y potente (véase la p. 198).

HINOJO *Foeniculum vulgare*	Perenne. Tanto el Florence como el hinojo dulce producen unas semillas sabrosas. El Perfection y el Zefa Fino se cultivan por sus bulbos (véase la p. 217).
HISOPO DE ANÍS *Agastache foeniculum*	Perenne. Corta los tallos florecidos para estimular la nueva floración. Prueba la Golden Jubilee, de un amarillo intenso, o la clásica Blue Fortune (véase la p. 219).
LIMONCILLO *Cymbopogon citratus*	Perenne. Las variedades de las Indias Occidentales se cultivan más por sus tallos, y las de las Indias Orientales por sus hojas. Las dos van bien en cócteles.
MENTA *Mentha spicata*	Perenne. Busca la menta verde como *Mentha x villosa*, «menta de mojito», o la Kentucky Colonel. También puedes probar la menta chocolate, naranja y pipermín (véase la p. 352).
ROMERO *Rosmarinus officinalis*	Perenne. La Arp es la variedad erecta más resistente al frío. La Roman Beauty tiene un contenido de aceite más elevado y un follaje más compacto. Evita las variedades postradas o trepadoras; el sabor es desagradablemente mentolado.
SALVIA *Salvia officinalis*	Perenne. La Holt's Mammoth es una variedad clásica para cocina. Cualquier variedad con hojas plateadas funciona muy bien; las moradas y amarillas no tienen tanto sabor.
SALVIA PIÑA *Salvia elegans*	Perenne. Salvia robusta, con flores rojas en forma de trompeta y hojas que huelen a piña.
TOMILLO *Thymus vulgaris*	Perenne. El tomillo inglés es el estándar en el ámbito culinario, pero las variedades de limón también son excelentes. Las variedades rastreras o lanosas no son tan sabrosas.

Hierbabuena

Mentha spicata
LAMIÁCEAS (FAMILIA DE LA MENTA)

Gracias a los heroicos esfuerzos de los turistas que volvían de Cuba con ramitas de hierbabuena de sus mojitos, los viveros pueden enviar por correo ejemplares de *Mentha* x *villosa* o «menta de mojito», que, según aseguran, es distinta de la mayoría de las mentas. «A su manera discreta, típicamente cubana, su abrazo cálido persiste hasta que uno se da cuenta de que quiere más», se explica en un catálogo acerca de esta hierba.

Nunca pidas un mojito en un bar que no tenga hierbabuena fresca a la vista. Es tan fácil de cultivar que casi es una mala hierba; no hay excusa para no

DA UNOS AZOTES A TUS HIERBAS AROMÁTICAS

El secreto para obtener el aceite esencial de cualquier planta de la familia de la menta (como la hierbabuena, la albahaca, la salvia, el hinojo o el anís) es aplastar las hojas sin machacarlas del todo. Así, el aceite de los tricomas (pelos diminutos que se hallan en la superficie de la hoja) se libera sin recargar innecesariamente la bebida con clorofila. Extrae la mayor cantidad posible de sabor de las hojas frescas golpeándolas un poco: lo único que debes hacer es ponértelas en la palma de una mano y dar un par de palmadas enérgicas con la otra. Quedarás como un profesional y conseguirás liberar los aromas frescos en la bebida.

JARABE SIMPLE CON INFUSIÓN DEL JARDÍN

Casi todos los ingredientes botánicos, desde la peladura de limón hasta el ruibarbo o el romero, pueden infusionarse en un jarabe. Es una forma muy sencilla de aprovechar los productos estacionales y de dar un toque distinto a la receta de un cóctel básico.

½ taza de hierbas, flores, frutas o especias
230 ml de agua
230 g de azúcar
30 ml de vodka (opcional)

Pon todos los ingredientes —excepto el vodka— en una olla. Lleva la mezcla a ebullición lenta; remueve bien antes de que se disuelva el azúcar. Déjala enfriar y cuélala con una malla fina. Añade el vodka (si te apetece usarlo) como conservante y mantenlo refrigerado. Así se conserva 2 o 3 semanas; dura más en el congelador.

tener siempre un buen suministro de esta planta. La hierbabuena puede vivir en una jardinera de una ventana o en una maceta en un garaje, incluso puede brotar en un canalón de desagüe o entre las grietas de la acera.

En realidad, si no se lo impides, la hierbabuena se apoderará de todo tu jardín. Para retrasar su crecimiento, métela en una maceta de plástico de cuatro litros y plántala en el suelo. Los estolones acabarán encontrando la forma de salir de la maceta, pero al menos se lo pondrás difícil. Riega mucho la planta —un lugar perpetuamente húmedo, junto a una manguera que pierde, por ejemplo, es perfecto— y córtala antes de que florezca o produzca semillas, ya que los vástagos tienden a volver a la cepa original y no son tan buenos. El sabor puede cambiar a medida que la planta envejece, de modo que algunos jardineros hacen enraizar un estolón cada pocos años, para reemplazar a la planta antigua.

La hierbabuena recién cortada tiene una brillantez y una dulzura que parece fundirse con el azúcar y el ron. Busca Mojito Mint o Kentucky Colonel, las dos variedades preferidas por los sureños para su julepe de menta. La menta verde o hierbabuena procede de Europa central y del sur, donde lleva siglos cultivándose. Plinio el Viejo decía que su aroma «remueve la mente». También remueve muchas bebidas, aportando notas verdes y casi florales a los cócteles dulces y frutales que, de otra forma, resultarían demasiado empalagosos.

JULEPE DE MENTA DE WALKER PERCY

Hay quien cree que un julepe de menta bien hecho ha de durar todo el día, que no debe tomarse un segundo julepe de menta, sino hacer una bebida enorme y potente que se vuelve cada vez más dulce y más aguada a medida que se funde el hielo y el azúcar y el bourbon se van asentando en el fondo del vaso. El escritor sureño Walker Percy insistía en que un buen julepe debía contener al menos 150 mililitros de bourbon, una cantidad que roza el límite diario de cualquiera. Esta receta es fiel a su idea, aunque, por supuesto, puedes poner menos bourbon si quieres sentirte un ciudadano íntegro.

150 ml de bourbon
Varias ramitas de hierbabuena fresca
4 o 5 cucharadas de azúcar fino
Hielo picado

En una copa plateada de julepe, un vaso alto o bien una jarra tipo bote de conservas, echa dos o tres cucharadas soperas de azúcar fino y una cantidad de agua muy pequeña, lo suficiente para formar una pasta azucarada. Añade una capa de hojas de hierbabuena fresca. Presiónalas suavemente con una mano de mortero o una cuchara de madera, pero no las aplastes. Echa encima una capa de hielo picado fino. El señor Percy prefiere que se reduzca el hielo a polvo, envolviéndolo en una toalla seca y golpeándolo con un mazo de madera. A esa capa incorpórale un pellizco de azúcar fino espolvoreado y más hojas de hierbabuena, que ya habrás golpeado entre las palmas con fuerza, pero sin aplastarlas.

Complétalo con otra capa de hielo picado y continúa de esa manera hasta que el vaso esté tan lleno que parezca que no cabe ni una sola gota de bourbon. Echa lo que quepa de bourbon, que en realidad resultarán ser unos 150 mililitros. Ahora llévate el julepe al porche y quédate allí hasta la hora de irte a la cama; sólo tendrás que preocuparte de ir vaciando poco a poco el vaso y de oír el chirriante canto de las cigarras.

Y PASAMOS A LAS

FLORES

LAS FLORES SE USAN A MENUDO COMO GUARNICIÓN O CONGELADAS EN CUBITOS DE HIELO PARA DECORAR, PERO ALGUNAS PUEDEN AÑADIRSE A UN JARABE SIMPLE O A INFUSIONES DE VODKA PARA DAR MÁS SABOR O COLOR. LAS FLORES DE LAS PLANTAS DEL APARTADO DE HIERBAS AROMÁTICAS (P. 348) SON ADEMÁS COMESTIBLES Y PUEDEN UTILIZARSE CON TODA SEGURIDAD. NO INCLUYAS NINGUNA FLOR EN UN CÓCTEL A MENOS QUE ESTÉS SEGURO DE QUE ES COMESTIBLE. LA HORTENSIA, POR EJEMPLO, CONTIENE UN POCO DE CIANURO Y, POR TANTO, NO ES UN INGREDIENTE ADECUADO PARA NINGUNA BEBIDA.

CONSEJOS DE CULTIVO

FLORES

BORRAJA *Borago officinalis*	Anual. Las flores, de un azul intenso, quedan preciosas en las bebidas o los cubitos de hielo. Las hojas saben vagamente a pepino. Es la guarnición del Pimm's Cup tradicional.
BOTÓN DE SECHUÁN *Acmella oleracea*	Anual. Los capullos amarillos de la flor contienen un compuesto llamado espilantol que produce una reacción eléctrica cuando se mastica. Es una guarnición para cóctel un poco efectista, pero divertida.
CALÉNDULA *Calendula officinalis*	Anual. Los pétalos amarillo intenso y naranja pueden usarse para infusionar por su color. La Alpha es una variedad naranja muy fiable; la Sunshine Flashback es de un amarillo intenso; la Neon es naranja rojizo.
CAPUCHINA *Tropaeolum majus*	Anual. Dwarf Cherry es una variedad de montículos, lo bastante compacta para ponerla en maceta. Otras variedades pueden convertirse en trepadoras muy expandidas. Todas producen flores picantes, naranja, rojo, amarillo, rosa y blanco.
JAZMÍN *Jasminum officinale*	Perenne. Resiste hasta los -17 ºC. El jazmín francés, a veces llamado *J. grandiflorum*, requiere un clima cálido, pero puede cultivarse en interiores (véase la p. 241).
LAVANDA *Lavandula angustifolia*	Perenne. Las lavandas inglesas, como la Hidcote y la Munstead, son las mejores para usos culinarios; también puedes probar las francesas Grosso y Fred Boutin (*L. x intermedia*) (véase la p. 358).
MADRESELVA *Lonicera x heckrottii*	Perenne. La Gold Flame es dura, vigorosa y está cargada de flores fragantes.
MARAVILLA *Tagetes erecta*	Anual. Los pétalos son de un naranja intenso, rojo o amarillo, y tienen un sabor picante y especiado. Hay muchas variedades nuevas, pero la Africana es la clásica versión vigorosa color naranja.

ROSA *Rosa spp.*	Perenne. Elige una variedad muy fragante e híbrida de té, como la Mister Lincoln, para infusiones de pétalos, o una variedad rugosa, si quieres cultivar los escaramujos de rosa (véase la p. 250).
SAÚCO *Sambucus nigra*	Perenne. Cultivada por sus flores o frutos; usa las flores en infusiones y jarabes. Prueba la espectacular Black Lace o la Sutherland Gold, de follaje color *chartreuse*. Algunas especies norteamericanas producen cianuro, de modo que compra la tuya en un vivero de frutales (véase la p. 237).
VIOLA *Viola tricolor*	Anual. Las violas y los pensamientos, estrechamente relacionados, son comestibles, pero no tienen un sabor demasiado intenso. Son útiles como adorno.
VIOLETA *Viola odorata*	Perenne. Las anticuadas y dulces violetas son muy fragantes y duran muy poco. No hay que confundirlas con las violetas africanas (véase la p. 253).

Lavanda

Lavandula angustifolia
(sin. *L. x intermedia*)

LAMIÁCEAS (FAMILIA DE LA MENTA)

La lavanda no suele aparecer detrás de la barra por el mismo motivo que no se ve demasiado en la cocina: su fragancia intensa y floral queda bien en un perfume, pero no resulta adecuada para un alimento. Sin embargo, el jardinero que quiera cultivar lavanda siempre acabará por encontrarle un uso en las bebidas. Se utiliza en las ginebras, en la infusión de vodka y en los licores.

La lavanda inglesa, *Lavanda angustifolia*, es un poco más dulce y más adecuada para dar sabor: con ella se preparan magdalenas y galletas de lavanda. Hidcote

CÓCTEL DE CHAMPÁN CON LAVANDA Y SAÚCO

30 ml de jarabe simple de lavanda (véase la p. 353)
30 ml de St. Germain
Champán u otro vino espumoso
1 ramita de lavanda fresca

En una copa de champán, pon el jarabe simple y el St. Germain. Llénala con champán y adórnala con una ramita de lavanda fresca.

y Munstead son dos variedades muy populares; ambas crecen hasta los sesenta centímetros de altura y forman un seto compacto.

Aparte de estas lavandas, la única que se puede considerar en un cóctel es la *L. intermedia*, un híbrido cultivado en Francia para hacer perfume y jabones. Prueba las variedades Grosso, Fred Boutin o Abrialii. El sabor puede ser más intenso que el de la lavanda inglesa, pero las plantas toleran mejor los veranos cálidos y bochornosos. Otras especies contienen componentes un poco tóxicos y no son comestibles.

Coloca la lavanda a pleno sol, en un terreno bien drenado, y recubre la superficie con gravilla en lugar de mantillo. No necesita fertilizante y tampoco mucha agua. La lavanda debe segarse a finales de otoño para que siga floreciendo; corta gran parte del follaje, pero nunca dejes el tallo leñoso desnudo. Esta planta requiere un clima mediterráneo, aunque puede adaptarse a diversas zonas, excepto las más frías. Tolera temperaturas invernales de hasta -23 °C.

El perfume seco y astringente de la lavanda resulta perfecto con un alcohol botánico como la ginebra, así como para dar sabor a un jarabe simple.

MARTINI DE LAVANDA

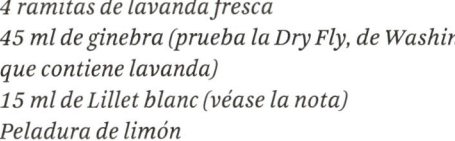

4 ramitas de lavanda fresca
45 ml de ginebra (prueba la Dry Fly, de Washington State, que contiene lavanda)
15 ml de Lillet blanc (véase la nota)
Peladura de limón

En una coctelera, machaca tres ramitas de lavanda con la ginebra. Incorpora el Lillet, agita bien con hielo y cuélalo en una copa de cóctel. Para no encontrarte los capullos aplastados de la lavanda en la bebida, cuélalo otra vez colocando un colador de malla muy fina encima del vaso antes de verter la mezcla. Decora con la peladura de limón y la ramita de lavanda que queda.

Nota: El Lillet se conserva bien en el frigorífico unas cuantas semanas. Si no lo encuentras, este cóctel también queda bien con un vermut seco tradicional.

Y CONTINUAMOS CON LOS

ÁRBOLES

LOS FRUTALES NO SON EXACTAMENTE UNA COMPRA COMPULSIVA.

UN ÁRBOL ES COMO UN CACHORRO: ES MONO MIENTRAS ES PEQUEÑO, PERO LUEGO CRECE Y REQUIERE CUIDADOS TODA LA VIDA.

Ciertos frutales requieren un número de horas de helada durante el invierno —que la temperatura ronde la de congelación— para completar su ciclo de letargo. Algunos son vulnerables a las plagas y necesitan más fumigaciones de las que desearías, teniendo en cuenta que en los cócteles suele usarse la piel de la fruta. Pregunta por variedades resistentes a enfermedades y plagas, y por métodos de cultivo orgánicos, en el vivero o la cooperativa agraria local, donde además suelen ofrecer talleres para cultivar frutales.

Algunos árboles, como los cítricos, pueden crecer en una maceta y no se resentirán si deben pasar el invierno en el interior. Sólo debes saber que los frutales suelen tener injertos en la cepa, y que eso determina su tamaño. Así que, si deseas que un árbol se quede pequeño, pide uno injertado en una cepa enana.

El cuidado y abono de un frutal son un poco diferentes. Algunas variedades son fértiles por sí mismas, es decir, no necesitan un compañero cerca. Otras no florecen sin un árbol compatible (el polinizador) en la zona. Hablando de polinización: las abejas locales probablemente conseguirán hacerlo sin esfuerzo alguno por tu parte, pero las plantas que tengas en el interior requerirán algo de ayuda. (Tendrás que hablar de este asunto con el personal de tu vivero.) Los frutales también necesitan fertilizantes especiales cargados de micronutrientes, como hierro, cobre y boro, además de unas estrategias de poda especiales, y algunos deben entresacarse cuando las frutas todavía son pequeñas y verdes, para asegurar una buena cosecha.

En cualquier caso, no te desanimes, los frutales dan infinitas recompensas. Algunos viveros injertan unas cuantas variedades en una sola cepa; estas ofertas de «tres en uno» o «cuatro en uno» son una forma estupenda de obtener distintas frutas en un espacio pequeño. Con un poco de ayuda al seleccionar la variedad correcta para tu zona, disfrutarás de un placer único: revitalizar una bebida con zumo fresco y de temporada producido en tu propio huerto.

CONSEJOS DE CULTIVO

ÁRBOLES

ALBARICOQUERO *Prunus armeniaca*	La SweetHeart es una variedad dulce, cuyos huesos con sabor a almendras pueden macerarse en brandy (véase la p. 288).
CEREZO *Prunus cerasus* var. *marasca*	Para hacer cerezas al marrasquino, busca unas ácidas y oscuras, tipo morello, también llamadas «cerezas de pastel» (véase la p. 298).
CIRUELO *Prunus domestica*	La damascena, azul oscuro, la *mirabelle*, de un amarillo intenso, y la claudia son variedades de ciruelas tradicionales europeas para hacer vino, licores y aguardientes. También puedes probar la Big Mackey o la Jam Session, criada por la Universidad de Cornell para Norteamérica (véase la p. 303).
GRANADO *Punica granatum*	La variedad enana *P. granatum* var. *nana* crece en macetas, pero los cultivadores profesionales prefieren la Wonderful, una variedad criada por los fundadores de la empresa de zumos POM Wonderful, que también suministra granadas frescas a mercados de todo el mundo. La Angel Red y la Grenada maduran antes que la Wonderful, de modo que es más probable que fructifiquen cuando llegan los primeros fríos (véase la p. 365).
HIGUERA *Ficus carica*	La Violette de Bordeaux es una variedad clásica francesa, pero lo más importante es elegir una adecuada para tu zona. Prueba los higos de los agricultores locales antes de elegir alguna variedad. Son excelentes para hacer reducciones sencillas de jarabe (véase la p. 311).
LICHI *Litchi chinensis*	El zumo de esta fruta tropical extraordinaria resulta delicioso en cócteles. La fruta es una guarnición estupenda. El árbol puede sobrevivir a temperaturas por debajo de los -3 ºC y crece más de diez metros, de modo que es poco adecuado para climas fríos o invernaderos.

LIMA *Citrus aurantifolia*	La llamada lima ácida, mexicana o peruana es la variedad ideal para los cócteles. La lima kafir, *C. hystrix*, se cultiva por sus hojas aromáticas, que se usan en bebidas con sabor tailandés (véase la p. 317).
LIMONERO *Citrus limon*	Crece estupendo en maceta. Elige el Meyer mejorado para hacer zumo, los Eureka o Lisbon si quieres la corteza más gustosa (véase la p. 319).
MANZANO *Malus domestica*	El secreto es elegir variedades adecuadas para tu clima. Consulta a agricultores locales para escoger un árbol (véase la p. 85).
MELOCOTONERO *Prunus persica*	Busca variedades enanas, resistentes a las enfermedades. Los melocotones (y las nectarinas, parientes cercanas) son ideales para los llamados «árboles combinados», donde se injertan unas cuantas variedades en una sola cepa.
NARANJO *Citrus aurantium, otros*	La llamada naranja amarga se cultiva por su piel, igual que las cidras. Las naranjas Navel y sanguina son mejores para el zumo, y algunas variedades pueden cultivarse en interiores. Para macetas, considera los kumquat y los calamondines; son muy fáciles de cultivar (véanse las pp. 322 y 326).
OLIVO *Olea europaea*	La oliva gordal es una variedad típica española. La arbequina es pequeña y tolera el frío. Busca una variedad de olivo que se críe para fruta, no como árbol ornamental. Debes saber que el polen del olivo puede ser muy molesto para personas con alergias estacionales (véase la p. 364).

PON EN SALMUERA TUS PROPIAS OLIVAS

UNA MALA ACEITUNA PUEDE ESTROPEAR UN MARTINI ESTUPENDO. SI NO HAS ENCONTRADO OLIVAS FRESCAS, INTENTA PONERLAS EN SALMUERA TÚ MISMO, SÓLO CON AGUA Y SAL.

Consigue olivas recién cogidas en algún mercado de productos naturales (o a través de algún amigo que tenga un olivo), y haz un solo corte en cada una, de arriba abajo. Lávalas con agua normal y colócalas en un bote de cristal limpio o un cuenco. Elige el recipiente con cuidado; tendrás que ejercer presión sobre las olivas, de modo que busca uno con la boca ancha y un plato o tapa que encaje bien dentro. (Una bolsa de plástico resistente llena de agua también funciona bien como peso.) Mete las olivas en agua durante 24 horas, asegurándote de que quedan sumergidas. Guárdalas en un lugar fresco y seco mientras dura este proceso.

Es necesario cambiar el agua cada día, durante seis días. Una vez transcurridos los seis días, haz la salmuera final combinando una parte de sal para encurtir con diez partes de agua en una sartén. Lleva a ebullición y deja enfriar. Echa las olivas en los botes y llénalos con esa salmuera. Añade limón, ajo, especias o hierbas, si lo deseas. Sella los botes y refrigera durante cuatro días más. Entonces ya estarán listas y habrá que guardarlas refrigeradas y comerlas frescas.

Granada

Punica granatum
LITRÁCEAS (FAMILIA
DE LAS SALICARIAS)

En 1867, en un artículo sobre la granada publicado en una revista médica, se explicaba que «el tinte, un vaso de licor mañana y tarde, expulsa de forma infalible la tenia amarilla». No era el primer informe sobre los poderes vermífugos de la granada: un médico portugués llevaba desde 1820 haciendo té con la corteza y llamándolo «granadina». Afortunadamente, en la segunda mitad del siglo XIX la granadina acabó por referirse a un jarabe de fruta dulce y de color rubí usado para dar sabor a refrescos y bebidas alcohólicas, y no a un té de cortezas destinado a matar a las lombrices intestinales.

En realidad, el granado no es un árbol sino un arbusto grande, de origen asiático y de Oriente Medio. Sigue creciendo en estado silvestre, aunque ahora se cultiva también en toda Europa, América y las zonas tropicales de todo el mundo. A pesar de que el árbol tiene orígenes antiguos y ya fue cultivado extensamente por los egipcios, sólo existen dos especies. Hubo una época en que estas plantas estuvieron clasificadas en una familia taxonómica para ellas solas, hasta que la investigación molecular reciente descubrió su cercana relación genética con la salicaria púrpura, el árbol de Júpiter, la cufea y otras plantas. (Su rasgo compartido más obvio son los pétalos arrugados de las flores.)

Actualmente, los granados se cultivan sobre todo en Oriente Medio, la India y China, aunque también se encuentran en el Mediterráneo, México y California. El fruto se ganó su nombre de especie —*granatum*, que en latín significa «lleno de semillas»— porque, de hecho, contiene varios cientos de semillas rodeadas por una pulpa de un rojo intenso. El jarabe que se hace con este fruto, la granadina, deriva de la palabra del francés primitivo que significaba «granada», *grenade*. El proyectil del mismo nombre que se arroja a mano se inventó en el siglo XVI, y se llamó así por el fruto, quizá porque eran del mismo tamaño y estaban llenos de distintos materiales explosivos.

En la década de 1880, el jarabe de granadina era muy popular en los cafés franceses para endulzar el agua. Poco después empezó a verse en los tiradores de refrescos norteamericanos y en las barras de las coctelerías. En 1910, el hotel St. Regis de Nueva York sirvió un cóctel llamado Polly, hecho de ginebra, granadina, zumo de limón y agua con gas. En 1913, el *New York Times* envió a un reportero escéptico a un bar sólo para mujeres llamado Café des Beaux Arts, en la Sexta Avenida con la calle 40. Entre las muchas maravillas que descubrió en aquel establecimiento femenino, se encontraban cócteles de colores vivos, incluyendo el espumoso y rosa Beaux Arts Fizz, elaborado con ginebra, jarabe Orgeat (de almendras dulces), granadina y zumo de limón.

La vida de la granadina como auténtico jarabe de granada fue sorprendentemente corta. Ya a principios del siglo XX aparecieron versiones artificiales, y en 1918 los fabricantes desafiaron las nuevas leyes de etiquetado intentando hacer pasar cualquier tipo de jarabe rojo como granadina. Como explicaba una vez

GRANADINA CASERA

5 o 6 granadas frescas
De 230 a 460 g de azúcar
30 ml de vodka

Para pelar las granadas, marca la piel con un cuchillo, como si cortaras una naranja a gajos. Con mucho cuidado, retira la corteza, dejando las semillas y la membrana intactas. Exprímela manualmente o con un exprimidor y filtra el jugo con un colador. Necesitas unos 460 mililitros de zumo.
Pon 230 gramos de azúcar en una sartén, añade el zumo y lleva la mezcla a ebullición. Deja que el azúcar se enfríe y pruébalo; añade más si prefieres un jarabe más dulce. Incorpora el vodka como conservante. Guárdalo en un bote limpio dentro del frigorífico —donde durará más o menos un mes— o en el congelador. Si añades otros 30 mililitros o más de vodka, evitarás que se congele.

JACK ROSE

45 ml de applejack
15 ml de zumo de limón fresco
15 ml de granadina

Agita todos los ingredientes con hielo y cuela la mezcla en una copa de cóctel.

un reportero: «El jarabe y el fruto que le daba nombre eran unos completos desconocidos.» Aunque acabó imponiéndose la forma artificial, la granadina se quedó detrás de la barra, convirtiéndose en un ingrediente esencial de cientos de cócteles, incluyendo el Jack Rose y el clásico tiki Tequila Sunrise.

Gracias a un renovado interés por los ingredientes naturales, hoy se vuelve a encontrar la granadina hecha con granadas de verdad en los estantes de las mejores tiendas de bebidas espirituosas y de alimentación, igual que en los licores de granada y las infusiones en vodka. Sea como sea, no hay nada que pueda sustituir la granadina hecha en casa, con granadas recién exprimidas. Incluso reemplazar el zumo fresco por uno embotellado empeora mucho el sabor. Cuando la fruta está madura, vale la pena pasar una hora en la cocina preparando un buen lote para el congelador.

Y SEGUIMOS CON LAS

BAYAS Y TREPADORAS

TODO LO QUE PUEDA DECIRSE DE LOS ÁRBOLES FRUTALES SE APLICA TAMBIÉN A LAS BAYAS Y TREPADORAS, CON UNA EXCEPCIÓN: ESTAS PLANTAS SE RESISTEN A CRECER EN MACETAS Y NO LES GUSTA VIVIR EN EL INTERIOR.

Las bayas requieren poco mantenimiento; sólo necesitan una espaldera, una poda una vez al año y fertilizante de vez en cuando. La mayoría de las bayas se plantan en forma de raíz —se compra un conglomerado de raíces vivas y unidas a una caña, no una planta viva—, ya sea en invierno o a principios de la primavera.

Pide consejo a expertos de tu localidad para saber cuáles son las variedades que crecen mejor en tu clima y si necesitarán un polinizador cercano. También tienen que explicarte cómo podarlas, porque algunas frambuesas, por ejemplo, dan fruto dos veces al año y sólo en cañas de dos años de antigüedad, lo que significa que se deben cortar las cañas antiguas después de que hayan dado fruto y dejar las cañas más jóvenes para que crezcan durante dos años y lleguen a su madurez.

CONSEJOS DE CULTIVO

BAYAS Y TREPADORAS

ARÁNDANO *Vaccinium* spp.	Como los arándanos prefieren un terreno ácido y húmedo, se pueden criar en maceta. Las variedades Top Hat y Chippewa son buenas para ello. Algunas variedades toleran temperaturas invernales de hasta -28 ºC.
ENDRINO *Prunus spinosa*	También llamado espino negro, este arbusto grande y con espinas resiste temperaturas de hasta -34 ºC. Su fruto se usa para hacer ginebra de endrina, si los pájaros no se los comen antes (véase la p. 291).
FRAMBUESA *Rubus idaeus*	Busca las variedades de floración permanente. Podarlas es muy sencillo, porque se cortan todas las cañas cada invierno. Prueba la Caroline o la Polka Red.
GROSELLA *Ribes nigrum*	La grosella negra es la base del *cassis*, y hay variedades resistentes a la roya del pino blanco. La Ben Lomond es una vigorosa variedad escocesa. Las grosellas rojas y blancas tienen un sabor brillante y ligero, y en las bebidas son un bonito adorno (véase la p. 306).
LÚPULO *Humulus lupulus*	El lúpulo requiere una duración determinada de las horas diurnas para florecer, de modo que se da mejor entre las latitudes de 35 a 55 grados norte y sur. El lúpulo dorado Aureus, con su follaje de amarillo a verde lima, se vende sobre todo como planta ornamental, igual que la Bianca, una variedad con un follaje verde claro que madura hasta el verde oscuro (véase la p. 243).
ZARZAMORA *Rubus* spp.	No te compliques y elige una variedad sin espinas. Prolonga la estación de crecimiento seleccionando varias variedades con distintos períodos de floración; la Arapaho, por ejemplo, empieza a mediados de junio y la Black Diamond florece en agosto. Los cruces Loganberry, Marionberry, Boysenberry y Tayberry (generalmente, híbridos de zarzamora y frambuesa) también valen la pena.

LIMONCELLO Y OTROS LICORES

Esta receta es un modelo para otras infusiones dulces. Granos de café, pepitas de cacao u otros cítricos pueden sustituir el limón si quieres hacer otro licor dulce para después de las comidas.

12 limones frescos (véase la nota)
1 botella de vodka de 750 ml
680 g de azúcar
700 ml de agua

Pela los limones, dejando sólo la corteza amarilla. (Si no encuentras otro uso para la fruta, exprime el zumo y congélalo en cubitos: podrás usarlo para preparar cócteles.) Coloca las pieles de limón y el vodka en una jarra grande o un frasco de cristal. Tápalo y déjalo reposar una semana. Pasada esa semana, calienta el azúcar y el agua; cuando se enfríe, añádelo a la mezcla de vodka y limón. Déjalo reposar 24 horas y luego cuélalo. Debe refrigerarse toda la noche antes de beberlo.

Nota: Evita los productos químicos y las ceras sintéticas eligiendo cítricos orgánicos o cultivados en casa y sin productos añadidos.

VODKAS EN INFUSIÓN

Nada más sencillo que infusionar hierbas aromáticas, especias y fruta en vodka para preparar un espirituoso para cócteles. Sólo hay un truco: algunas plantas, sobre todo las aromáticas verdes y tiernas, como la albahaca y el cilantro, desarrollan sabores raros si se dejan infusionar demasiado, así que haz una pequeña cantidad y pruébala pocas horas después de haber preparado la infusión. Para las hierbas, de 8 a 12 horas será suficiente. Para la fruta bastará con una semana. Las cortezas de cítricos y especias pueden dejarse en infusión un mes. En cuanto el sabor sea delicioso, cuélalo. El tiempo no mejora una infusión.

Las instrucciones son así de sencillas: llena un tarro limpio con hierbas, especias o fruta. Añade suficiente vodka (Smirnoff, por ejemplo), pero sin apurar. Séllalo y guárdalo en un lugar fresco y oscuro. Pruébalo con regularidad hasta que esté perfecto. Cuélalo y úsalo en el transcurso de unos pocos meses.

Y SEGUIMOS CON LAS

FRUTAS Y VERDURAS

Cualquier huerto bien provisto contiene también los suministros para un bar, pero, si te centras exclusivamente en las bebidas, puedes renunciar a las necesidades culinarias, como hojas verdes y calabazas de verano, y plantar un huerto con frutas y verduras exclusivamente para cócteles.

Busca variedades productivas durante toda una estación o variedades de principios o de finales de la temporada del mismo fruto o verdura, para extender la cosecha.

Busca también variedades con fruto pequeño, porque en realidad la mayoría de las bebidas requieren poca cantidad de fruta y los vasos de cóctel sólo pueden acoger una guarnición diminuta, si no se hace difícil beber del vaso.

Aquí tienes algunos de mis favoritos.

CONSEJOS DE CULTIVO

FRUTAS Y VERDURAS

APIO *Apium graveolens*	Aunque no lo creas, vale la pena cultivar apio, si tiene una estación de cosecha larga y fresca. El apio cultivado en casa puede tener unas pencas más finas que las variedades gruesas que solemos comprar y resultarán perfectas como bastoncitos agitadores. Busca el Redventure, de un color rojo precioso.
FRESA *Fragaria x ananassa*	Son perfectas para cultivar en maceta. Con un riego regular, las fresas prosperan sin dificultad en cestas colgantes o recipientes especiales para ellas. Las que se cultivan en el suelo deben cubrirse con paja, para proteger el fruto y que no entre en contacto con el suelo y se pudra. Busca variedades de floración permanente, o neutras, que den fruto a lo largo de toda una estación. Las diminutas fresas alpinas (*F. vesca*) son variedades pequeñas y ácidas que van muy bien para guarnición y también aguantan toda una estación (véase la p. 378).
FRUTA MILAGROSA *Synsepalum dulcificum*	Es una buena planta para maceta, disponible en viveros de plantas tropicales. Este arbusto, nativo de África occidental, produce unas bayas diminutas de un rojo oscuro que contienen una glucoproteína con un extraño efecto en la lengua: cuando se comen, las proteínas se adhieren a las papilas gustativas y modifican la percepción de los sabores. Durante una hora, hasta que las enzimas digestivas consiguen romper las proteínas, los alimentos amargos saben dulces. Las posibilidades para los bármanes son infinitas: una bebida ácida, hecha con zumo de limón o lima, puede adornarse con una fruta milagrosa. La idea es que los clientes den unos sorbos, se coman la baya, y disfruten de un cóctel totalmente distinto después. Las bayas frescas son difíciles de encontrar, a menos que las cultive uno mismo.
MELÓN *Cucumis melo*	La mejor manera de seleccionar una variedad para plantar puede ser comprar algunos melones en el mercado de agricultores local, y guardar las semillas del que más te guste. El Ambrosía resiste el oídio; el Charentais es una variedad clásica francesa.

PEPINO *Cucumis sativus*	La Spacemaster 80 y la Iznik crecen bien en macetas. La Corinto tolera olas de calor y brotes de frío inesperados; la Sweet Success, también llamada «variedad inglesa», resiste enfermedades y es más digerible.
PIMIENTO *Capsicum annuum*	Fácil de cultivar en macetas, el pimiento sólo requiere calor y luz. Prueba las variedades dulces, como la Cherry Pick y la Pimento-L, y las picantes, como la Cherry Bomb y la Peguis Jalapeño. Es fantástico como guarnición y para infusionar en vodka (véase la p. 380).
PIÑA *Ananus comosus*	Las piñas crecen en el centro de una pequeña planta tipo bromeliácea. Es mejor cultivarlas en una maceta en interior, y tardan dos años en producir fruto. La Royale es una variedad más pequeña, pero más adecuada para el cultivo doméstico.
RUIBARBO *Rheum rhabarbarum*	El jarabe de ruibarbo es básico en los cócteles. Plántalo en un terreno rico y arcilloso, y crecerá durante años. Usa sólo los tallos (las hojas son venenosas).
SANDÍA *Citrullus lanatus*	La sandía está deliciosa con bebidas a base de ron, tequila o vodka. La Faerie es una variedad con la piel amarilla y la carne roja que da unos frutos pequeños y resiste las enfermedades. La Little Baby Flower es otra variedad resistente también a las enfermedades que produce muchas sandías pequeñas, en lugar de unas pocas enormes.
TOMATE *Solanum lycopersicum*	Los tomates jugosos y maduros combinan muy bien con el vodka y el tequila. El Sungold es un tomate cherry estupendo, y el Yellow Pear también es una buena guarnición. Las nuevas variedades injertadas crecen sobre unas cepas vigorosas y resistentes a las enfermedades. Aunque las plantas cuesten más, ofrecen un mejor rendimiento.
TOMATILLO *Physalis philadelphica*	Estos frutos verdes y ácidos son esenciales para la «salsa verde», pero también están muy buenos machacados en cócteles con tequila. La Toma Verde es una variedad clásica; la Pineapple es de un amarillo intenso, con un sabor tropical a piña.

CÓCTELES DE JARDÍN: UN MODELO PARA EXPERIMENTAR

Con un huerto lleno de productos frescos, no hace falta ninguna receta para conseguir un cóctel increíble. Con usar unas pocas proporciones básicas para combinar ingredientes podrás preparar una bebida equilibrada. Aquí tienes algunos ejemplos para que vayas empezando:

45 ml de...	Mezclado con...	Más un poco de...	Y si quieres algo de fantasía, un toque de...	Y sírvelo...
BOURBON	Melocotones y menta	Jarabe simple	Bíter de melocotón	En un frasco de conservas con hielo picado
GINEBRA	Pepino y tomillo	Zumo de limón	St. Germain	Agitar y servir con hielo y tónica
RON	Fresa y menta	Zumo de lima y jarabe simple	Velvet Falernum	Con hielo y agua con gas o vino espumoso
TEQUILA	Sandía y albahaca	Zumo de lima	Cointreau	Agitado, en una copa de cóctel
VODKA	Tomate y cilantro	Zumo de lima	Bíter de apio	Agitado, en una copa de cóctel

ENCURTIDOS PARA EL FRIGORÍFICO

Pepinos, judías tiernas, espárragos y zanahorias, coles de Bruselas, apio, tomates verdes y calabacines, cebollas perla, remolacha amarilla, okra... Todo puede convertirse en una guarnición estupenda para cóctel. Esta receta para hacer encurtidos rápidos no requiere maquinaria especial. Recuerda simplemente que los encurtidos deben estar refrigerados y que sólo durarán de dos a tres semanas.

2 tazas de hortalizas cortadas a rodajas o daditos
2 cucharaditas de sal gruesa monoyodada
460 g de azúcar
230 ml de sidra o vinagre blanco
1 cucharadita de cada una de las especias para encurtidos
(semillas de eneldo, apio, mostaza, hinojo...)
Peladura de limón, aros de cebolla, ajo a láminas (opcional)

Corta las hortalizas según el tipo de guarnición que quieras hacer. Échales un poco de sal y deja reposar de treinta a cuarenta y cinco minutos. Calienta el azúcar y el vinagre en una sartén hasta que se disuelva el azúcar. Déjalo enfriar.
Llena unos botes de conserva limpios con las hortalizas, las especias para encurtir y, si te apetece, con los ingredientes opcionales. Termina de llenar los botes con la mezcla de vinagre y azúcar, séllalos bien y refrigéralos toda la noche.

Fresa

Fragaria x ananassa
ROSÁCEAS
(FAMILIA DE LAS ROSAS)

Esas enormes y jugosas fresas rojas de tu cóctel veraniego deben su inverosímil existencia a un espía francés, una vuelta al mundo y un caso grave de confusión de género.

En 1712, un ingeniero llamado Amédée-François Frézier fue enviado a Perú y Chile con la misión de trazar un mapa fiable de la costa para el Gobierno francés. La zona estaba bajo dominio español, de modo que, para conseguir la información, se disfrazó de viajante de comercio. Dibujó un gran número de mapas muy útiles, pero también aprovechó para dedicarse un poco a la botánica.

En Europa ya se cultivaban las diminutas fresas silvestres autóctonas (incluyendo la *Fragaria vesca*, la fresa alpina, y la *F. moschata*, la sabrosa fresa almizcle), pero nadie había visto jamás una fresa tan grande como la especie chilena, *Fragaria chiloensis*. Así que Frézier recogió todas las plantas que pudo, aunque sólo cinco sobrevivieron al viaje de vuelta a casa. Dos fueron a parar a manos del capitán del carguero, como muestra de agradecimiento por haberle dejado usar parte del limitado suministro de agua fresca para regar las plantas; una se la quedó su supervisor, y otra fue entregada al Jardín de las Plantas de París, por lo que Frézier se quedó con una sola planta.

Los botánicos europeos se alegraron mucho de tener la fresa chilena, pero había un problema: era estéril. La única forma de conseguir más plantas era dividirla. Frézier ignoraba que las fresas chilenas pueden ser macho, hembra

EL CASO FRÉZIER

Esta variante del clásico daiquiri utiliza Chartreuse como guiño a la herencia francesa de Amédée-François Frézier. La versión amarilla es más dulce, pero, si sólo tienes la verde, úsala añadiendo un poquito de jarabe simple. El St. Germain, un licor de saúco, es otro buen sustituto.

3 rodajas de fresa madura
45 ml de ron blanco
15 ml de Chartreuse amarillo
El zumo de una rodajita de limón fresco

Reserva una rodaja de fresa para adornar. En una coctelera, mezcla los ingredientes líquidos y aplasta las fresas con una mano de mortero. Agítalo con hielo y cuélalo en una copa de cóctel. Decóralo con la fresa que habías reservado.

o hermafroditas. Él eligió las plantas que llevaban los frutos más grandes, y dio la casualidad de que todas eran hembras, de modo que necesitaban a los machos para reproducirse y crear frutos más grandes y suculentos.

Finalmente, los agricultores se dieron cuenta de que los machos de otras especies podían hacer ese trabajo. A mediados del siglo XIX, la fresa chilena ya se había cruzado con una especie autóctona de Virginia que también fue llevada a Europa, la *F. virginiana*, y así nació la fresa moderna.

Pimiento Chile

Capsicum annuum, C. frutescens
SOLANÁCEAS (FAMILIA
DE LA HIERBA MORA)

Los nativos americanos domesticaron esta planta tropical hace cinco mil quinientos años. Una especie llamada pimiento de pico o ají (*Capsicum annuum*, var. *aviculare*) todavía crece en América central y del sur, y se cree que es la más parecida al pimiento original en su estado silvestre y sin adulterar. La planta produce unos frutos diminutos, del tamaño de una pasa, e increíblemente picantes.

EL MISTERIO DE PEPPADEW

Peppadew es el nombre comercial de una especie de pimientos marinados dulces que su fabricante llama «pimiento dulce piquanté». Según la empresa, un tal Johan Steenkamp descubrió esa planta, que crecía en el jardín de su casa de veraneo en Tzaneen, Sudáfrica. Los pimientos conservados en frascos se hicieron tan populares para cócteles y aperitivos que los jardineros se volvían locos intentando encontrar las semillas, pero la empresa mantiene en secreto el nombre de la variedad y ha reclamado el derecho a su cultivo internacional para controlar el acceso a ese pimiento. Hasta que Peppadew divulgue su secreto, intenta cultivar el Cherry Pick o, si lo quieres un poco más picante, el Cherry Bomb.

BLUSHING MARY

45 ml de vodka o de tequila
4 o 5 tomates cherry partidos por la mitad
1 pimiento suave o picante, a rodajitas
2 toques de salsa Worcestershire
2 o 3 hojas de albahaca, perejil, cilantro o eneldo
120 ml de tónica
Bíter de apio
Pimienta negra molida (opcional)
Una rodajita de pimiento, tomate cherry, hierbas aromáticas, un palito de apio o una oliva como guarnición

Pon los cinco primeros ingredientes en una coctelera. Luego, con una mano de mortero, aplasta las hortalizas y las hierbas. Agita la mezcla con hielo y cuélala en un vaso alto lleno de hielo. Añade la tónica y remueve. Finalmente, pon un poquito de bíter de apio, muele un poco de pimienta negra por encima —si te apetece— y decora con la guarnición a tu gusto. Los vegetarianos que quieran evitarse las anchoas de la salsa Worcestershire pueden probar la marca Annie's Naturals.

Los aztecas llamaban *chilli* a esos pimientos. Cuando Colón desembarcó en América, convencido de que estaba en las Indias, llamó «pimientas» a esos frutos arrugados y pequeños, porque se parecían a la pimienta negra de la India. En cuanto las plantas llegaron a Europa, los españoles intentaron rebautizarlas como «pimientos». Sin embargo, este término se aplicaba a una hortaliza dulce que ya era popular en España, de ahí que finalmente acabó popularizándose el nombre de «chile».

CAYENA: *especia picante hecha de pimientos de cayena secos y triturados.*
PAPRIKA: *especia suave hecha de pimientos dulces, secos y triturados.*

Un pimiento picante es un fruto que, en lugar de tener una jugosa pulpa, está lleno de aire. En realidad, se trata de una baya, dado que una baya es un ovario que contiene semillas, pero sólo un botánico lo llamaría así. El fruto obtiene su picante de la capsaicina, una sustancia que aparece en elevadas concentraciones en la membrana interior del fruto y sus semillas. Aunque la capsaicina no causa quemaduras físicas, envía al cerebro la señal de que algo está ardiendo, y el cerebro responde enviando señales de dolor, en un intento de persuadir al cuerpo de que se aparte del fuego… lo antes posible.

El cerebro también libera entonces un torrente de endorfinas o analgésicos naturales, pues está convencido de que se ha producido una herida o una quemadura. Por ese motivo, los pimientos picantes pueden producir una genuina sensación de euforia, aunque no estén en un cóctel.

Para poder florecer, los pimientos picantes requieren un terreno rico, temperaturas cálidas, mucha luz solar y riego regular. Los jardineros deberían elegir sus variedades de cóctel en función de sus propios gustos; no cultives jalapeños frescos si no soportas el picante.

DIGESTIVOS

VINATEROS, CERVECEROS, DESTILADORES Y BÁRMANES son gente de una gran inventiva. El renovado interés por la coctelería que se desató en los primeros años del siglo XXI, sumado a un interés también reciente por los ingredientes frescos y locales, ha puesto a disposición de los bebedores una carta siempre cambiante de sugerentes bebidas. Plantas desconocidas se ponen de pronto de moda, hierbas aromáticas olvidadas hace tiempo vuelven a cobrar vida y variedades nuevas y mejoradas hacen más fácil que nunca cultivar ingredientes interesantes, como ciruelas damascenas o grosellas negras, en nuestro propio jardín.

El final de este libro no es más que el principio de un diálogo sobre botánica y alcohol. Visítame en DrunkenBotanist.com. Allí podrás encontrar los orígenes de las plantas, bibliografías y listas de lecturas recomendadas, degustaciones de cócteles, visitas guiadas a destilerías, además de recetas y técnicas para jardineros y «mixólogos». Si tienes alguna duda o quieres comentar algo o recomendar una buena ginebra, o si has hecho un descubrimiento hortícola propio, déjame una nota en la página web. Me encantaría continuar la conversación tomando un buen cóctel. **¡SALUD!**

AGRADECIMIENTOS

DEBO UNA RONDA a los muchos destiladores, bármanes, botánicos, antropólogos, historiadores y bibliotecarios que han dedicado tiempo a responder a mis preguntas, han compartido su trabajo y me han ayudado a iluminar sucesos oscuros. Ésta es una lista incompleta, pero ahí va: dentro del mundo de los espirituosos, quiero agradecer la ayuda de Alain Royer y sus «conexiones francesas»; Bianca Shevlin, de SABMiller; Don Poffenroth, de Dry Fly Distilling; Loes van der Woude, de Curaçao; Melkon Khosrovian, de Greenbar; Tyler Schramm, de Pemberton Distillery; Tom Burkleaux, de New Deal Distillery; Matt Mount, de House Spirits; Eric Seed y Scott Krahn, de Haus Alpenz; Joel Elder y Gable Erenzo, de Tuthilltown; Isabella D'Anna, de Verviene du Velay y el Cassissium; el legendario Stephen McCarthy, de la destilería Clear Creek; la incomparable Jacqueline Patterson, de Lillet; Allison Evanow, de Square One; todo el personal de St. George Spirits; José Hermoso, de International Wine & Spirit Research; David Williamson, de la Scotch Whisky Association; Matt Colglazier, de Sorgrhum fame; el maestro destilador de Woodford Reserve, Chris Morris; Scott Goldman, de Cadre Noir Imports; David Suro-Piñera, de Sierra Azul; Greg Lorenz, de SakeOne; Debbie Rizzo, de DrinkPR; Nathan Greenawalt, de Old Sugar Distillery, y Avery Glasser, de Bittermens.

En el ámbito académico y botánico, quiero dar las gracias al profesor de derecho de la Universidad de Búfalo, Mark Bartholomew, por una conversación fascinante sobre las marcas comerciales; a David H. Gent, del Departamento de Agricultura de Estados Unidos, por ayudarme con el lúpulo; a Amy Iezzoni, de la Universidad Estatal de Michigan, por sus conocimientos sobre las cerezas; a Scott Calhoun, Greg Starr y Randy Baldwin, por su experiencia sobre los cactus y agaves; a Stark Bros Nursery, por las ciruelas damascenas; a Michael Blake, de la Universidad de la Columbia Británica, por su investigación sobre la caña de azúcar; a Alan Fryar, de la Universidad de Kentucky, por sus conocimientos sobre la piedra caliza; a Stuart Swanson, del Scottish Crop Research Institute; a los cultivadores de lúpulo Darren Gamache y Gayle Goschie; al arqueólogo Patrick McGovern; a James Luby, de la Universidad de Minnesota, por sus conocimientos sobre las uvas; a Lena Struwe y Rocky Graziose, de Rutgers, sobre la genciana; a Jeff Gillman, de la Universidad de Minnesota, por su amplio asesoramiento botánico; a los pomólogos de Cornell, Ian Merwin y Susan Brown; al campeón de la grosella negra de Cornell, Steven McKay; a Véronique Van de Ponseele, del Muséum National d'Histoire Naturelle de Francia; a la profesora de química de la Estatal de Humboldt, Kjirsten Wayman; a Tom Elias y Jacquelyn Kallunki, del Jardín Botánico de Nueva York, por la angostura; a Laura Ackley, por sus datos sobre la Exposición de Panamá; al equipo de traducción del alemán de Filomel y del francés de Vic Stewart y Guy Vicente; a Kandie Adkinson, de la oficina de la secretaría de estado de Kentucky; a los maravillosos bibliotecarios Axel Borg, de la Universidad de California en Davis; Linda L. Oestry, del Jardín Botánico de Misuri; el personal de la biblioteca Bancroft, y Matthew Miles y todos los demás de la biblioteca del condado de Humboldt y de la biblioteca de la Universidad Estatal de Humboldt.

ÍNDICE

A

Abbott's Bitters, 195
abedul, 255-256, 337-338
  del papel, 256
abejas, 143-145
  melíferas, 143-145
abipón, tribu, 144
Abrialii, lavanda, 359
absenta, 11, 53, 63, 128, 157-160, 177, 188, 206, 214-215, 218, 220-221
Absolut, vodka, 104, 116
acacia de Senegal, 259-261
acacias, 259-260
aceite
  de eucalipto-limón, 278
  de naranja dulce, 325
  de neroli, 325, 327
Acer
  palmatum, 269
  saccharum, 268-269
acetato
  de bencilo, 241
  de geranilo, 177
  de linalilo, 172
achiote, árbol, 297
acholado, 127
ácido
  alfa, 245-246
  ascórbico, 23, 284
  betulínico, 256
  fenilacético, 242
  salicílico, 181, 222
Acmella oleracea, 356
acocote, 22
Acorus calamus (A. americanus), 170
Acremonium, 66
Adams, John, 48
Adiantum capillus-veneris, 179-180
Administración Federal del Alcohol, 82
Aframomum melegueta, 194
agárico, 267
Agastache foeniculum, 219, 351

Agava, 33
agave, 10-11, 21-35, 73, 77, 120, 161
  100 %, 30
  bichos en alcohol, 35
  gorgojo de hocico largo del, 34-35
  guía de campo, 30
  lista de licores, 33
  mezcal, 21, 23-24, 26-30, 32-35
  polilla del, 35
  preservar las plantas, 30, 32-34
  pulque, 21-23
  The French Intervention, 32
  Weber azul, 33
Agave
  americana, 33
  angustifolia, 25, 33
  asperrima, 33
  atrovirens, 33
  cocui, 33
  complicate, 33
  crassispina, 33
  ferox, 33
  gracilipes, 33
  hookeri, 33
  inaequidens, 33
  lechuguilla, 33
  melliflua, 33
  potatorum, 33
  salmiana, 33
  tequilana, 21-33
  weberi, 33
agua, 87
agua caliza, 75
«agua histérica», 284
aguacates, 149, 205
aguamiel, 21
aguardiente, 49, 126, 140
Agwa, licor, 176
ajedrea, 273, 351
ajenjo, 123, 125, 128, 157-160, 243
alambique de columna de fraccionamiento, 93

alambique, 93
   filipino, 26
albahaca, 350, 376
albaricoque, 288-290, 335-336, 362
   «de hueso dulce», 288
albedo, 321
alcachofa, 163-164
alcaravea, 165-166
alcohol etílico, 94-97
alcoholes neutros, 53
alcoholes rectificados, 53
alcornoque, 79
ale, 244
Alejandro Magno, 43
alfacrocina, 235
alfapineno, 185
alfaterpineol, 317
alforfón, 114
aliso, 255-256
alkermes, 84, 174
allasch, 166
almendra, 288-290, 335-336
almendras dulces, 335
aloe, 161-162, 178
Aloe vera, 161-162
aloína, 162
Aloysia citrodora, 350
Aloysia triphylla, 198-200
Alpha, caléndula, 356
Alpinia galangal, 190
Alpinia officinarum, 190
Altissima, ron, 53
Amanita muscaria, 267
amapola, 232-233
   del opio, 232-233
amaretto, 174, 288, 290, 336
Amaretto di Saronno, 288, 336
Amaro Averna, 191
Amaro del Carciofo, 164
amarogencina, 192
amaros, 162-163, 170, 172, 174
Amarula Cream, 148
Ambrosía, melón, 374
Amer Picon, licor, 302
American Agriculturist, 109
American Gin Company, 304
amigdalina, 288
amilasa, 142

Amomum subulatum, 172
amonio, 56
Anacardium occidentale, 146
anacardo, manzana de, 146-147
anacardos, 146-148, 213, 280
Ananus comosus, 375
Anderson, James, 67
Anethum graveolens, 350
anetol, 214-216, 218-220
Angel Red, 362
«ángeles, la parte de los», 79
Angélica, 167-168, 186, 350
Angelica archangelica, 167
angostura, 262-267
Angostura trifoliata, 262-267
animal, embriaguez, 141, 279
anís, 157, 216
   estrellado, 157, 216
   hisopo de, 219, 351
Anti-Saloon, Liga, 289
Aperol, licor, 191
apio, 374
Apium graveolens, 374
applejack, 90-93
aqua vitae, 15, 57
aquavit, 177, 194, 219
arándano, 370
Arapaho, zarzamora, 370
araucaria, 131-132
Araucaria araucana, 131-132
arbequina, oliva, 363
árbol del pan, 153
árboles, 254, 360-367
   véanse también árboles específicos
Arbutus unedo, 140-141
arce, 268-270
   del azúcar, 268-270
Arctander, Steffen, 170
Ardbeg, escocés, 63
aristoloquia, 178
Aristóteles, 271
armañac, 126
Arp, romero, 351
arrack, 49, 150, 180
arroz, 36-42
   alcoholes, 38-42
   como hierba no corriente, 36-37
   pulido, 39

sake, 38-41
    variedades, 38
Art in the Age of Mechanical
    Reproduction, destilería, 226
Art of Cookery Made Plain and Easy, The
    (Hannah Glasse), 284
Artemisia, especies usadas en licores, 160
Artemisia absinthium, 128, 157-160
Artemisia campestris, 160
Artemisia genipi, 160
Artemisia glacialis, 160
Artemisia pontica, 160
Artemisia rupestris, 160
Artemisia umbelliformus, 160
Artocarpus heterophyllus, 153
Arzente, 126
Asociación Médica de Estados Unidos, 278
Asparagales, 21
Aspergillus oryzae, 39-41
asperilla, 169
aster, 157-160, 163-164, 188, 236-237
Aureus, lúpulo, 248, 370
Austen, Jane, 283
Australian Herbal, 279
avellana, 337-338
Averell Damson Gin Liqueur, 304
Averna Amaro, 345
Aviation, ginebra, 10-11, 230
Aviation, The, 252-253
azafrán, 171, 229, 234-235
azande, tribu, 144
azteca, tribu, 381
azúcar, 48
    crudo, 48
    de arce, 268-269
    de remolacha, 53, 366
    moreno, 48
    superfino, 48

B

bacanora, 29, 33
Bacardí, ron, 42
bacterias, 17, 23, 150
bagazo, 47
baijiu, 105, 107, 111-112
Bajtra, licor, 137

ballica, 66
bambú de la sabana, 133
bambú del vino, 133
banana, 151
Banks, Joseph, 283
Bärenjäger, licor, 145
bargnolino, 292
Bartlett, peras, 98
Batavia, arrack de, 49, 180
baudoinia compniacensis, 79
Bay Rum, 211
bayas, 368-371
bayas de saúco Black Lace, 240, 357
Bayer, 233
Beaux Arts Fizz, 366
Bee Vodka, 145
Beerenburg, 205
bejucos, 230
Ben Lomond, grosella, 309, 370
Bendistillery, 186
Benedictine, 69, 167, 206, 208, 212, 229, 235
Beowulf Braggot, 145
Bernard Loiseau Liqueur de Poires Laurier, 205
Bernhardt, Sarah, 176
beta-asarona, 170
betafelandreno, 168
betel, hoja, 201-202
Betula papyrifera, 255-256
Bianca, lúpulo, 248, 370
bichos en alcohol
    abejas melíferas, 143-144
    cochinilla, 137
    gorgojo de hocico largo del agave, 35
    gusanos, 64
    quermes, 83
Big Mackey, ciruela, 362
Bin Laden, Osama, 260
bíter de naranja, 121, 289, 302
bíters y agua con gas, 264
bíters, 191
Black Gold, 104
Black Nail, 60
Black Republican, cereza, 302
Blake, Michael, 71
Blakeney Red, pera, 98
blended, bourbon, 76

blended, whiskey, 77
Bloody Mary, 103, 152
Blue Fortune, hisopo de anís, 351
Blushing Mary, 381
Bols, destilería, 251
Bombay Sapphire, ginebra, 194
Bonal Gentiane Quina, vino, 121, 125
boniato, 102
Bonnie Prince Charlie, 60
Bonpland, Aimé, 262
Booker's Bourbon, 63
borraja, 356
Botón de Sechuán, 356
botritis, 118
boukha, 312
bourbon, 44, 56
    barricas de roble, 81-82
    cócteles de jardín, 376
    maíz perfecto, el, 77
    nacimiento, 73-75
    trigo, 115
bourgeon de sapin, 285
Boyle, Robert, 11-12
braggot, 145
brandy, 289
    invención, 120-124
    tipos, 126
brandy de cerezas, 277
brandy de jerez, 126
brandy de manzana, 90
brandy de pera, 98
brem, 42
brezo, 140-141
brucina, 181
Budweiser, 36, 42
*bulla*ce, ciruelas, 303-304
Burbank, Luther, 303
Byrrh, 277

C

C.W. Abbott & Co., 264-265
cabernet sauvignon, 123
cacao, 296-297, 344-345
cachaça, 47, 49
cactus, 136-139, 161
café, 281, 339-341
Café des Beaux Arts, 366
Café irlandés, 340
Café irlandés de Buena Vista, 340
cafeína, 176, 339-340, 344-345
caipirinha, 49
calamansi, 316
cálamo, 170
cálamo aromático, 170
calamondín, 316-318, 363
caléndula, 356
Calhoun, Scott, 10-11
California, laurel de, 205
Calisay, 277
Callen, Eric, 22, 24
Calrose, arroz, 38
calvados, 85, 90-91, 93, 212, 280
Calvados Domfrontais, 90
Calvados Pays d'Auge, 90
camazuleno, 236
camedrio, 171
camomila, 236
    alemana, 236
    romana, 236
campanillas, 102
Campari, licor, 139, 164, 170, 191, 273, 328-329
canela, 271-272
canela auténtica, 271-272
canela casia, 272
cannabis, 185, 243-249
cantidades, 16
Cantimpré, Thomas von, 183
caña de azúcar, 12-13, 23, 43-53, 268
    botánica, 45-47
    guía de los alcoholes, 49
    hacer ron, 47-50
    licor naval, 50-51
    nacimiento, 43-45
    variedades, 4
caowy, 102
capillaire, jarabe, 179-180
capsaicina, 382
Capsicum annuum, 375, 380-382
Capsicum frutescens, 380-382
capuchina, 356
caramelo, 56, 63
carcinógenos, 56, 170, 179
Cardamaro Vino Amaro, 164
cardamomo, 166, 171-172, 178, 186, 194

cardamomo de Malabar, 172
cardamomo de Mysore, 172
cardo, 163-164
cardo bendito, 164
Caribou, 270
Caroline, frambuesa, 370
Carum carvi, 165-166
Cascade, lúpulo, 246, 248
cascarilla, 273
Caso Frézier, El, 379
cassareep, 143
Cassell's Dictionary of Cookery, 135
cassis, 306-308, 310, 370
«cassis de Dijon», caso del, 310
cebada, 54-64
    ahumada con turba, 61-62
    botánica de la cerveza, 55-57
    cultiva tu propia cebada, 59
    cultivar la cebada perfecta, 57-58, 61
    cultivar un grano mejor, 62
    domesticación, 55
    dos carreras o seis carreras, 57-58
    fertilizantes, 61
    malteada, 38, 55, 61
    primavera o invierno, 58-59
Centaura menor, 173
Centaurium erythraea, 173
centeno, 65-69
    fundador destilador, el, 66-67
    regreso del, 67-68
Centro para el Control y Prevención de Enfermedades, 278
cereza ácida, 298, 301
cereza marasca, 298-302, 362
cerezas al marrasquino, 298-302, 362
    hechas en casa, 299
«cerezas de pastel», 362
cerezo, 301, 362
cerezos japoneses, 301
Cerro Baúl, cervecería, 213
cerveza
    ale y lager, 244
    botánica, 55-57
    botellas marrones, 245
    color, 56
    de arroz, 36, 42
    de jengibre, 204
    de picea, 283-284
    de plátano, 151
    invención, 55-56
    lúpulo, 243-249
    mandioca, 142-145
    psicoactiva, 68
    sorgo, 105-109
    trigo, 113-116
Chamaemelum nobile, 236
Chambord, licor, 328
Chapeau Banana, *lambic*, 151
Chapman, John, 87
charanda, 49
Charbay, destilería, 343
chardonnay, 123
Charentais, melón, 374
Charles Jacquin et Cie., destilería, 328
Chartreuse, 167, 170, 200, 206, 212, 235, 304
    destilería, 304-305
Chateau Jiahu, cerveza, 37
Cherry Bomb, pimiento, 375, 380
Cherry Heering, 300
Cherry Pick, pimiento, 375, 380
Chibuku, cerveza, 108
Chibuku Shake-Shake, 108
chicha, 71-73
    de jora, 76
chichimeca, pueblo, 136
chile, 380
China Martini, vino, 277
Chinotto, 328
Chippewa, arándano, 370
chirivía, 134-135
chocolate, 296-297
Chopin, vodka, 103
Chou En-lai, 112
chumbera, 136-139
    alcohol, 136-137
    cochinilla, 137
    jarabe, 138
    sangría, 139
cianuro, 106, 142, 240, 288, 335, 355, 357
Ciao Bella, 329
cidra «mano de Buda», 317
cilantro, 177-178, 350
cinarina, 163
cinaropicrina, 163
cinchona, 274-277

391

Cinnamomun aromaticum, 272
Cinnamomun verum, 271-272
ciprés, 183-187
Ciroc, vodka, 127
ciruela, 303-305, 362
    claudia, 303-305, 362
    mirabelle, 303-305, 362
    Reine Claude, 304
citral, 206
cítricos, 172, 174, 314-333
    aceites esenciales, 320, 325
    anatomía, 321
    cultiva tus propios..., 318
    licores de naranja, 333
    Meyer, 318, 320, 330
    peladura de, 319
    pelalimones, 319
    pulverizados, 324
    véase también cada cítrico en concreto
Citrofortunella microcarpa, 316
citronela, 206
Citrullus lanatus, 375
Citrus aurantifolia, 317, 363
cizaña, 66
claras de huevo, 17
Clark, John B., 64
Claviceps purpurea, 68-69
clavo, 173-174, 210, 272
Claytons Kola Tonic, 345
Clear Creek, destilería, 258
clementina, 321-322
coca, 175-176
Coca-Cola, 176, 193, 229, 345
cocaína, 175-176
Cocchi Americano, vino, 125
cochinilla, 84, 137-139
cocotero, 150
Cóctel Brooklyn (híbrido), 302
Cóctel de champán, 263
Cóctel de champán con lavanda
    y saúco, 358
Cóctel de hierba de búfalo, 197
Cóctel de vermut, 121
Cócteles, recetas, 8
Coffea arabica, 399-341
Coffea canephora (C. robusta), 340
Cognac, Francia, 121, 126
coñac, 121, 126

Cointreau, licor, 333
Cola acuminata, 344-345
Colchicum autumnale, 234
Colglazier & Hobson Distilling, 111
Colón, Cristobal, 45, 55, 70-71, 315, 381
colonche, 137
Colubrina arborescens, 281
Colubrina elliptica, 281
Comadia redtenbacheri, 35
Combier, destilería, 227, 282, 322
Combier, Jean-Baptiste, 322
Combier, licor, 333
comino, 166
Comité de Inspección de Alimentos
    y Drogas, 299
Commiphora myrrha, 282
Compañía de Goma Arábiga, 260
Complete Distiller, The (Ambrose
    Cooper), 241
confectio alchermes, 83
«congéneres», 96
Consejo de Licores Destilados, 67
Cook, James, capitán, 283
Cooper Spirits International, 252
Cooper, Ambrose, 241
coriandro, 177-178, 186
Coriandrum sativum, 352
Corinto, pepino, 375
Corona Extra, 76
Corylus avellana, 337-338
Corylus maxima, 337
cosechas de cereales, 54-55, 113
Creasy, Lara, 286
crème, 308
crème de, 308
crème de cassis, 306-310
crème de figue, 312
Crème de Noisette, 338
crème de noyaux, 290
crème de violette, 252-253
Crème Yvette, 252
Crespigny, Rose Champion De, 294
Crispin's Rose, licor, 251
crocos de otoño, 234
Crocus sativus, 234-235
Croton eluteria, 273
cubeba, 178
Cucumis melo, 374

Cucumis sativus, 375
culantrillo, 179-180
Culpeper, Nicholas, 179, 250-251
cultiva tu propio...
    ajenjo, 160
    bayas de saúco, 240
    cebada, 59
    cerezo, 301
    cítricos, 318
    endrino, 293
    grosella negra, 309
    hierba luisa, 199
    lúpulo, 248
    manzano, 88
cumarina, 169, 195-197, 272
«Cup» de sidra, 89
curaçao, licor, 324-325, 333
cúrcuma, 202
curry, 202
Cusparia febrifuga, 262
Cusparia trifoliata, 262
Cymbopogon citratus, 351
Cynar, 163
Cynara cardunculus, 163
Cynara scolymus, 163-164

D

Daiginjo, 41
Daiquiri, 46
Daktulosphaira vitifoliae, 124-128
damascenas, ciruelas, 304, 383, 385
Damasco, rosa de, 250-251
damiana, 181-182
Dark and Stormy, 204
Dark Northern, centeno, 68
Dasylirion wheeleri, 29
De Garine, Igor, 42
De la miel a las cenizas (Claude Lévi-Strauss), 226
De Materia Medica (Dioscórides), 43, 83
Death's Door, destilería, 187
Decreto de Berlín, 52
Delessert, Benjamin, 52
demerara, azúcar, 48
Denominación de Origen (D.O.), 29-30, 33
Departamento de Agricultura de Estados Unidos, 25, 99, 277, 330

Departamento de Estado de Estados Unidos, 259-260
dépense, 89
Der Naturen Bloeme (Jacob van Maerlant), 185
destilación por congelación, 93
destiladores, 14, 28, 30, 35
díctamo de Creta, 182
diente de león, 164
Dioscórides, 43, 83
dióxido de carbono, 61, 89, 94-95, 97, 108, 161, 269
«dirección de enrollamiento», 247
Distell, destilería, 148
Distillerie des Menhirs, 114
Distillerie Miclo, 251
Dogfish Head, cervecería, 37, 73, 145, 235, 297
Dolin Blanc Vermouth de Chambéry, 125
Domaine de Canton, licor, 203
Dombey, Joseph, 198, 200
Douglas, abeto, 257-258
Douglas, David, 258
Drambuie, licor, 60, 167, 202
Drosera rotundifolia, 223-224
drupa, 299, 336
Dukat, eneldo, 350
Dwarf Cherry, capuchina, 356

E

eau-de-vie, 90-91, 126
eau-de-vie de prunelle sauvage, 292
eau-de-vie de sorbier, 295
Ebers, papiro, 157
Eddu Silver, whiskey, 114
Edmond Briottet, destilería, 338
eglantina, rosa, 251
Elder, Joel, 78
Elettaria cardamomum, 171-172
Elfin King, madroño, 141
Ellestad, Erik, 289
Emerson, Edward Randolph, 102
Emma (Jane Austen), 283
encurtidos, 377
encurtidos para el frigorífico, 377
endocarpio, 321
endrino, bayas, 184, 291-294

enebro, 157, 183-187
eneldo, 350
«enfermedad de la sidra», 23
English Physician, The (Nicholas Culpeper), 250
enredaderas, 216-217
Enterolobium cyclocarpum, 26
énula, 188
enzimas, 38, 40-41, 54-55, 61, 72, 95-96, 108, 142
ergot, 68-69
Erythroxylum
   coca, 175-176
   novogranatense, 176
   rufum, 176
escaramujos, 251
esclavitud, 45, 93, 268, 302
escorbuto, 50, 144, 283-284, 324
especias, 156
   véase también cada especia en particular
espilantol, 356
espinaca silvestre, 52
estragol, 219
Estratto di Eucaliptus, licor, 279
estricnina, 181, 266
etileno, 324
eucalipto, 278-279
   azul, 279
   sidra, 279
eucaliptol, 205, 218
Eucalittino delle Tre Fontane, licor, 278
Eucalyptus citriodora, 278
Eucalyptus globulus, 279
Eucalyptus Gum Leaf Vodka, 279
Eucalyptus gunnii, 279
euforbio, 142-143, 273
eugenol, 174, 211, 272
Eureka, limón, 320, 363
Evanow, Allison, 68
Evelyn, John, 255
exocarpio, 321
Expedición de Frank Meyer, La, 320
Exposición Universal de Londres (1862), 241, 341
Exposición Universal Panamá-Pacífico, 112
«Eyaws», 64

F

Faerie, sandía, 375
Fagopyrum esculentum, 114
Falernum, 319
Falimirz, Stefan, 101
falsa cocaína, 176
Fantin-Latour, rosa, 251
farnesol, 241
Fee Brothers, 263
Fejérváry-Mayer, códice azteca, 21
Felipe, príncipe, 51
Femminello Ovale, limón, 319
feni, 146-147
fenogreco, 188-189, 202
fermentación, 94-97, 120
   arroz, 39-41
   cebada, 54-55
   palmera datilera, 150
Fernet Branca, licor, 162, 235, 279, 282, 285
fibra, 321
Ficus carica, 311-312, 362
filbert, 337
«filé», 225
Filipendula ulmaria, 222
filoxera, 34, 124, 127
filtrado en frío, 63
Finissimo Verde, albahaca, 350
Firefly, destilería, 341
flavedo, 321
«flor», 122
Florence, hinojo, 351
flores, 231, 355-359
   véase cada flor en concreto

Foeniculum vulgare, 217-218, 351
Food & Function, 202
Food and Drug Administration (FDA), 162, 170, 176, 179, 190, 195, 202, 225, 279, 284, 299-300
Forbidden Fruit, 328
Fosberg, Raymond, 277
Four Winds Growers, 330
Fragaria chiloensis, 378
Fragaria moschata, 378
Fragaria vesca, 378
Fragaria virginiana, 379
Fragaria x ananassa, 374, 378-379

frambuesa, 370
François, Antoine, 322
Frangelico, licor, 338
Franklin, Benjamin, 71, 284
Fratello, licor, 338
Fred Boutin, lavanda, 356, 359
French Intervention, The, 32
fresa, 375, 378-379
   almizcle, 378
   alpina, 374, 378
   chilena, 378-379
Freud, Sigmund, 175
Frézier, Amédée-François, 378-379
Frontenac, uva, 129
fruta, 287, 372-382
   del dragón, 137
   milagrosa, 374
   véase también cada fruta en concreto
frutos secos, 334
   véase cada uno en concreto
Fryer, Alan, 77
«fuego bacteriano», 98
Fuggle, lúpulo, 246
fusarium, 62

G

G'Vine, ginebra, 126
Gabriel Broudier, destilería, 205
Gaia Estate, bodega, 285
galangal, 190
   mayor, 190
Galeno, 183
Galipea officinalis, 262
Galipea trifoliata, 262
Galium odoratum, 169
Galliano, licor, 167, 216, 229
Gamache, Darren, 249
gamju, 42
Garey's Eureka, limón, 320
genciana, 123, 125, 162, 173, 191-193, 339, 345
genciopicrósido, 192
génépi, 158
Genever, 184
genovesa, albahaca, 350
genshu, 41
Gentiana lutea, 191-193

Gentiane, licor, 129
Gentry, Howard Scott, 25
geranio, 350
   oloroso, 350
geraniol, 206
Gerard, John, 335
Giffard Pamplemousse, licor, 330
Gin Fizz de endrino, 292
Gin Fizz Ramos, 332
ginebra, 8-9
   clases, 184
   cócteles de jardín, 376
   con base de uva, 126
   de endrino, 184, 291-294
   enebro, 183-187
   gin-tonic, 277
   Gin-tonic Mamani, 11, 275
   ingredientes, 186
Ginjo, 41
ginseng, 176
Glasse, Hannah, 284
glicirricina, 220
glucósidos iridoides, 173
Godfrey's Cordial, 225
Godin Tepe, yacimiento, 57
Gohyakumangoku, arroz, 38
Gold Flame, madreselva, 356
Golden Jubilee, hisopo de anís, 351
Goldschläger, licor, 272
goma arábiga, 259-261
Gómara, Francisco López de, 23
gordal, oliva, 363
gorilas, 194
Goschie, Gayle, 247
Gosling's, 204
Gota de miel, 109
gouais blanc, 123
Gouberville, Gilles de, 91
granada, 362, 365-367
Grenada, 362
granadina, 365-367
   casera, 366
Grand Marnier, licor, 323, 325, 333
grano, 54
   del paraíso, 186
   véanse también los tipos de grano concretos
Graphic, 332

grappa, 120
GreenBar Collective, destilería, 242
Greenwood, James, 184
Grey Goose, vodka, 116
grosella, 252, 306-310, 370
    blanca, 309, 370
    negra, 252, 306-310, 370
    roja, 309, 370
Grosso, lavanda, 356, 359
guaraná, 176
Guignolet, 300
gusanos, 35, 64

H

Haig, Alexander, 105
Hangar One Vodka, 126, 319, 322
Hansen, Johnnie, 289
Harbin, cerveza, 76
Haus Alpenz, 252, 343
Hefeweizen, 115
helecho, 179-180
Helmont, Johannes Baptista van, 255
Hemidesmus indicus, 230
Hendrick's, ginebra, 237, 251
Henri Bardouin, 195
Herball, or Generall Historie of Plantes, The (John Gerard), 335
Herbert, licor, 190
heroína, 232-233
hesperidium, 314
heterocigosidad, 185
Hibiki, whiskey, 77
Hidcote, lavanda, 356, 358
Hidden Marsh, destilería, 145
hidromiel, 144-145
hiedra, roble y zumaque venenosos, 146, 148, 213
hielo, 17
hierba bruja, 111
hierba de búfalo, 196-197
hierba dulce, 196
hierba hisopo, 218
hierba luisa, 198-200, 350
hierba mora, 99-101, 226-227, 380-382
hierbabuena, 352-354
hierbas, 156, 348-354
    azotes, 352

consejos de cultivo, 350-351
    véase también cada hierba en concreto
Hierochloe odorata, 196-197
highball, vasos, 16
Highland Park Scotch, 56
higo, 311-312, 362
Hildegard, santa, 306
Hilltop Baldwin, grosella negra, 309
hinojo, 157, 217-218, 351
    dulce, 218, 351
hisopo, 218
Historia Animalium, 271
Historia natural (Plinio el Viejo), 65
Historia Plantarum (John Ray), 210
Historias y Sabores, destilería, 227
Holt's Mammoth, salvia, 351
Homero, 144, 233
honeyjack, 145
hongos, 39, 66, 68-69, 79, 118, 197, 228, 260, 267, 308
Hordeum vulgare, 54-64
hornos de lúpulo, 249
hortensia, 355
Humulus japonicus, 243-249
Humulus lupulus, 243-249, 370
Hutchinson, Horace, 294
Hypopta agavis, 35
Hyssopus officinalis, 218

I

Ichang papeda, 330-331
Illicium anisatum, 217
Illicium verum, 216
Imbibe, revista, 286
incas, tesoro de los, 100-101
incienso, 282
Índice internacional de nombres de plantas (IPNI), 31
injera, 106
insecto escamoso, 83, 137
Instituto de Investigación de Cosechas de Escocia, 57, 62
«Instrucciones para un pintor», 185
Inula helenium, 186
ionona, 253
Ipomoea batatas, 102
iris, 208-209, 234-235

Iris germanica, 209
Iris pallida, 208-209
Irish Mist, 60
irona, 208-209
iroqueses, tribu, 269
islas de las especias, 174
Islay, escocés, 63
isohumulonas, 245
Iznik, pepino, 375

J

J. Witty Spirits, 237
Jack Daniels, whiskey, 81
Jack Rose, 367
Jacques Cardin, destilería, 242
jaggery, 150
Jam Session, ciruela, 362
Jamestown, colonia, 70
jarabe simple, 48
    con infusión del jardín, 353
Jasminum officinale, 241-242, 356
jazmín, 241-242, 356
    árabe, 241
    de poeta, 241
    español, 241
Jefferson, Thomas, 73, 124, 268
jengibre, 171-172, 186, 190, 194, 203-204
jerez, 82, 122, 126
Jinro, 42, 112
Johnny Semillas de Manzana, 87
Johnson, Edward, 134
jonge, 184
Jonkheer Van Tets, grosella, 309
Jorge IV, rey, 235
Joy, perfume, 242
Jubilejná Borovička, 186
judías, 189, 220, 377
Juglans regia, 342-344
Julepe de menta, 353-354
Juniperus communis, 183-187
Junmai, 41

K

Kaempferia galangal, 190
Kahlúa, licor, 229, 341
Kalmia latifolia, 205

Karlsson, Börje, 104
Karlsson's Gold, vodka, 104
kasha, 114
Kaufman, Henry F., 181
Kentucky, bourbon, 73-74, 77
Kentucky Bourbon Trail, 77
Kentucky Colonel, menta, 351, 353
Kentucky Common Beer, 76
Ketel One, vodka, 116
Kilchoman, destilería, 61
King's Ginger, licor, 203
kir, 307, 310
Kir, Félix, 307
kirin, cerveza, 42
kirsch (kirschwasser), 300
Kissinger, Henry, 112
koji, moho, 39-41
Koshu, 41
Koval, destilería, 242, 251
kümmel, 166
kumquat, 316, 363
kykeon, 144

L

lactobacilo, 75
«ladrillos de fruta», 120
Lagenaria vulgaris, 22
lager, 244
Laird & Company, destilería, 91
Laird, Alexander, 91
Lakang Hari Imperial Basi, 49
lambic, cerveceros, 97, 151
lao-lao, 42
Laphroaig, destilería, 61, 82
laraha, naranja, 324-325, 333
Laricifomes officinalis, 267
láudano, 225, 233
laurel, 205, 225-226, 271-272
    cerezo, 205
    de la montaña, 205
Laurus nobilis, 205
lavanda, 356, 358-359
Lavandula angustifolia, 356, 358
Lavandula x intermedia, 356
Lavigerie, Charles, 176
Lázaro de Arregui, Domingo, 27
Ledger, Charles, 275

lentisco, 280
Leuconostoc mesenteroides, 23
levadura, 39-42, 47, 53, 55, 89, 94-97, 108, 244
Lévi-Strauss, Claude, 226
Lewelling, Seth, 302
Ley de la Melaza de 1733, 48
Ley de Pureza de Alimentos y Medicamentos, 181, 290
Ley Seca, 78, 81, 120, 247, 256, 289-290, 299
Liber de Natura Rerum (Thomas van Cantimpré), 183
lichi, 362
licor casero ilegal, 97
    maíz, 78
    sorgo, 109-110
licor de cocuy, 33
licor de madroño, 141
licor de manzana, 90
licor de pomelo, 330
licor de tabaco, 226-227
licor naval, 50-51
licores de tamarindo, 152
Lillet, vino, 32, 121, 125, 277, 359
lima, 314-315, 317, 363
    de Tahití, 317
    kafir, 317, 363
    mexicana, 317, 363
    persa, 317
    peruana, 317, 363
limón, 314, 319-320, 363
    siciliano, 320
limoncello, 317, 324
limoncillo, 351
limoneno, 168, 178, 185, 218, 321
linalol, 172, 177, 205-206, 241, 272, 317
Lindley, John, 279
Linie Aquavit, 165
Linneo, Carlos, 157
liqueur, 308
liqueur de noix, 343
Liqueur de Pain d'Epices, 272
Liquore Elixir di China, 277
Liquore Strega, 111, 167-168
lirio de resurrección, 190
Lisbon, limón, 363
Litchi chinensis, 362

Little Baby Flower, sandía, 375
Lolium temulentum, 66
London, ginebra, 184
Lonicera x heckrottii, 356
Lophophora williamsii, 27
loris almizcleros, 279
Los Angeles Times, 202
louche, 159, 214
Louis-Frères, Simon, 87
LSD, 68
lupulina, 245
lúpulo, 243-249, 370
    cultiva tu propio..., 248
    hornos de, 249
    unidades internacionales de amargor, 246
    variedades, 246
«lúpulo mejorana», 182
Luxardo Amaretto, de Saschira Liqueur, 336
Luxardo, 298, 300, 302

M

mabí, 281
mabiosidas, 281
macis, 168, 208, 289
madeira, 82, 110, 122-123
«madera de hierro», 281
madera de sándalo, 202
madreselva, 237-240, 356
madroño, 140-141
Maerlant, Jacob van, 183
maguey, 21-22
Mahón, 184
Mai Tai, 49, 319, 332
maíz, 70-78, 106
    artesanal, 77-78
    ceroso, 74
    cerveza de maíz, 71-73, 76
    chicha, 71-73
    cristalino, 74
    de palomitas, 74
    dentado, 74
    dulce, 74
    elegir el perfecto, 77
    harinoso, 74
    indio, 70

masticarlo sin cocer, 72-73
nacimiento del bourbon, 73-75
reventón, 74
tipos, 74
tunicado, 74
vaso de maíz, 76-77
vida sexual, 72
vodka de maíz, 76
whiskey de maíz, 70, 73, 75-77, 79
Maker's Mark, bourbon, 82, 115
malaria, 123, 192, 274, 276, 278
malta verde, 61
malteado, 54, 61-62, 64, 108
Malus domestica, 85-93, 363
malva, 296-297
Mamani, Manuel Inca, 275-276
mandarina, 314, 316, 320-322
    china, 321-322
Mandarine Napoleon, licor, 321, 333
mandioca, 142-145
mango, 213
Manhattan, 69, 191
Manihot esculenta, 142-145
manual del azúcar, 48
manzana, 85-98, 363
    ácida, 91
    agridulce, 91
    alcoholes, 90
    amarga, 91
    asunto Vavílov, 92
    bichos en alcohol, 98
    calvados, 90, 93
    cultiva tus propias manzanas, 88
    dulce, 91
    genética, 85
    levaduras, 94-97
    sidra, 86-90
    Washington, George, 91-92
manzanas de anacardo, 146-147
mao-tai, 105, 111-112
maravilla, 356
March, violeta, 253
Margarita, 136, 188, 303
    clásico, 28
marihuana, 245
Marker, Russell, 230
Marolo, destilería, 237
Marquette, uva, 129

marrasquino, 300
Marsala, 122-123
Martini, 187, 359
    clásico, 187
    de lavanda, 359
marula, 148
Master of Malt, 345
Mastika, 280
Matricaria chamomilla, 236
Matricaria recutita, 236
Mauricia Tamarind Liqueur, 152
Maurin Quina, 277
Mayflower, 244
McCarthy, Stephen, 257-258
McGovern, Patrick, 37, 56, 73, 119, 235
McKay, Steven, 310
medidor, 16
Meinhard, Teodoro, 264
melazas, 47-49, 53
melisa, 206
Melissa officinalis, 206
melocotón, 335, 363
melón, 374
menta, 171, 182, 206, 226, 218-219,
    351-354, 358
    de mojito, 351-352
    verde, 226, 351, 353
Mentha spicata, 351-354
Menzies, Archibald, 131
Meredith, Carole P., 123
Merwin, Ian, 93
mescal, 26
    de pechuga, 29
    véase también mezcal
mescalina, 27
mesocarpio, 321
metaxa, 126
método del condado de Lincoln, 81
Meyer, Frank N., 330
Meyer, limón, 318, 320, 330
mezcal, 21-35
    bichos en alcohol, 35
    cómo degustarlo, 34
    guía de campo, 30
    lista de licores, 33
«michelada», 152
Michelberger 35% licor, 195
Midas Touch, cerveza, 235

mijiu, 42
mijo, 105-106, 114
    «de escoba», 106
mildiu, 62, 247
Minnesota 13, maíz, 78
mirceno, 185
mirra, 219, 282
    británica, 219
mirto, 173-174, 205, 210-212, 278-279
    de Oregón, 205
mistela, 125
Mister Lincoln, rosa, 357
mixtos, 29-30
Miyama Nishiki, arroz, 38
mobbie, 102
Mojito y Mas, 51
mojo, 322
Mongozo, cervecería, 151
Monin Original Lime, licor, 319
Moor Park, albaricoque, 288
Moore, Marianne, 131
moras, 153, 311-312
Morris, Chris, 77
mortero, 17
moscatel, 122
moscabado, azúcar, 48
Mourt's Relation, 244
Moutai, 112
Moxie, 193
Mud Puddle, vodka, 297
mudai, 132
Mula de Moscú, 103, 204
Munstead, lavanda, 356, 359
Musa acuminata, 151
musto verde, 127
Myristica fragrans, 207-208

N

Nabhan, Gary Paul, 25
Nama, 41
Napoleón III, 31, 322
Napoleón Bonaparte, 52
naranja, 314-315, 321-329, 333, 363
    agua de azahar, 327
    amarga, 322-325, 333, 363
    dulce, 326-327, 333
    licores, 333

nata, 308
Navai't, 137
Navel, naranja, 326, 365
Navelina, naranja, 327
nectarinas, 363
Negroni, 164, 191, 193, 328-329
Nemiroff Birch Special Vodka, 256
Neon, caléndula, 356
New Deal, destilería, 297
New Forest: Its Traditions, Inhabitants and Customs, The (Rose Champion de Crespigny), 294
New York Times, The, 36, 73, 99, 366
Nicotiana tabacum, 226-227
nicotina, 227
Nigori, 41
nipah, virus, 150
Nixon, Richard, 105, 111-112
nocino, 342-344
    casero, 343
Nocino della Cristina, licor, 344
Noir de Bourgogne, grosella, 309
nopales, 136
Northern United Brewing Company, 53
Nostalgie, licor, 344
Noyau de Poissy, destilería, 290
nuez, 343-344
    de cola, 345
    moscada, 84, 207-208, 312, 325
Nux Alpina Walnut Liqueur, 343

Ñ

ñame, 102, 230

O

Obras filosóficas (Robert Boyle), 11
Ocimum basilicum, 350
Odisea, La (Homero), 114, 233
Oficina de Patentes de Estados Unidos, 109
Old-Fashioned, 75, 192
Old-Fashioned, vasos, 16
Old Sugar, destilería, 53, 111
Old Tom, ginebra, 184
Olea europaea, 363
olivas y aceitunas, 210, 363-364
    salmuera, 364

Omachi, arroz, 38
oporto, 122-123
Opuntia, 136-139
   humifusa, 136
O'Rear, James, 77
Orangerie, licor, 327, 333
orégano, 182
orgeat, 332
Origanum dictamnus, 182
orquídea, 190, 228-229
orris, 208-209
Oryza sativa, 36-42
oude, 184
ouicöu, 142
Oviedo, Fernández de, 138
Oxytenanthera abyssinica, 133

P

paan, 201-202
pacharán, 292
paciki, 76
Padres Fundadores, 66, 124, 284
Pagès Védrenne, destilería, 200
Pálinka, 251
palma, 149-150
palmera datilera, 149-150
Papaver somniferum, 232-233
paprika, 381
Parfait Amour, licor, 251-252
Parker, Lucinda, 258
Parma, violetas de, 253
«Pasaje de los eucaliptos, El», 278
pasas, 307
Pastinaca sativa, 134-135
pastís, 177, 195, 214-215
Pastís perfecto, El, 217
patata, 99-104
   artesanas, 103-104
   boniato, 102
   nacimiento del vodka, 101
   tesoro de los incas, 100-101
patxaran, 221, 292
Paul Devoille, destilería, 272
Peguis, jalapeño, 375
pehuenche, pueblo, 132
pelagra, 106
pelalimones, 319

Pelargonium, 350
Pemberton, destilería, 103
pensamientos, 357
pentosano, 65
pepino, 375
Peppadew, pimiento, 380
pera, 98
   sidra de, 98
«pera rayo», 98
Percy, Walker, 354
Perfection, hinojo, 351
Perfecto destilador y cervecero, El, 101
perifollo oloroso, 219
Perique Liqueur de Tabac, 227
Pesto Perpetuo, albahaca, 350
petitgrain, aceite de, 325
peyote, 27
Physalis philadelphica, 375
picea, 283-284
   blanca, 284
   negra, 284
Picea, 283-284
   glauca, 284
   mariana, 284
   rubens, 284
picrocrocina, 234
pikake, jazmín, 241
Pimenta dioica, 210
Pimenta racemosa, 211
pimento dram, 210-212
Pimento-L, 375
pimienta, 178, 201-202, 210-213, 381
   de cayena, 381
   de Jamaica, 210-212
   negra, 178
   rosa, 213
pimiento, 375, 380-381
   de pico, 380
Pimm's Cup, 161, 328
Pimm's n.º 1, 189
pimpinela menor saxífraga, 216
Pimpinella anisum, 216
Pineau des Charentes, vino, 125
pineno, 168
pino, 257-258, 283-286
   cembro, 285
   de Alepo, 285
Pinot Noir, 123

401

Pinus, 285-286
   cembra, 285
   halepensis, 285
piña, 24, 27-28, 375
Piper betle, 201-202
Piper cubeba, 178
Piper nigrum, 178
piperina, 178
piquanté, pimiento, 380
pisco, 127
Pisco Sour, 128
Pistacia lentiscus, 280
pitahaya (pitaya), 137
Pizarro, Francisco, 100
«plantas del siglo», 21
plantas dioicas, 117-118, 128, 132, 185, 246
plantas hermafroditas, 119, 128
Plantlife UK, 187
Plat, sir Hugh, 223
plátanos macho, 151
Plinio el Viejo, 65, 191, 354
Plymouth,
   destilería, 96
   ginebra, 184, 291
podredumbre noble, 118
Poire Williams, brandy, 98
Polka Red, frambuesa, 370
Polly, 366
Polmos Białystok, destilería, 197
POM Wonderful, 362
«pomace brandy», 126
pomelo, 314-315, 319, 326-330
   rosa, 329-330
Pommeau, 90
poni, 16
progesterona, 230
prugnolino, 292
Prunus,
   armeniaca, 288-290, 362
   avium, 299
   cerasus, 298-302, 362
   domestica, 303-305, 362
   dulcis, 335-336
   laurocerasus, 205
   mume, 305
   persica, 363
   salicina, 303
   serrulata, 301
   spinosa, 291-294, 370
   x yedoensis, 301
Pseudotsuga menziesii, 257-258
pulque, 21-24, 33, 73
Punch au Rhum, 49
Punica granatum, 362, 365-367
Punt e Mes, vino, 121, 125
Pyrus communis, 98

Q

quandong, 313
quebrantahuesos, 76
Queen Charlotte, violeta, 253
Queen Jennie Sorghum Whiskey, 111
Quercus, 79-84
   alba, 82
   garryana, 82
   mogolica, 82
   petraea, 82
   pyrenaica, 82
   robur, 81-82
quermes, 83-84
quetsche, ciruela, 305
quinina, 123, 125, 162, 263, 274-277, 345
quinoa, 52-53
Quinologie, 275
quinquina, 125

R

raicilla, 29, 33
Rainier, cereza, 302
raíz de mandioca, 142
raki, 221, 312
raksi, 42
Ramos, Henry, 332
Raspail, François, 322
ratafía de *cassis*, 306
Rather, Dan, 105
Ray, John, 210
Real Sociedad de Horticultura, 258, 305
recepado, 271, 337
recetas
   agua tónica, 17
   cantidades, 16
   clara de huevo, 17

cócteles, 8
hielo, 17
jarabe simple, 17
jarabes, infusiones y guarniciones, 9
mortero, 17
vasos, 16
Red Lion Híbrido, 323
Redventure, apio, 374
refrescos, 176, 230, 239-240, 256, 259, 281, 299, 345
regaliz, 214-215
    bebidas aromatizadas con, 221
Regent's Punch de Jerry Thomas, 179-180
reina de los prados, 222
retsina, 285
Rheum rhabarbarum, 375
Ribena, 307
Ribes
    americanum, 309
    nigrum, 306-308, 370
    odoratum, 309
Ritinitis Nobilis, 285
Rob Roy, 69
roble, 80-84
    blanco americano, 82
    corcho, 79
    europeo, 82
    francés, 82
    guía de campo, 82
    japonés, 82
    portugués, 79, 82
Rochefort, Henri, 176
rocío de sol, 223-224
Roman, albaricoque, 288
Roman Beauty, romero, 351
romero, 351
ron, 49, 102, 106
    agrícola, 47
    cócteles de jardín, 376
    elaboración, 47-50
    esclavitud, 45
«ron de mono», 110
Root, licor, 226, 256
Rosa, 357
    centifolia, 250-251
    damascena, 250-251
    rubiginosa, 251

rosa, 85-98, 222, 250-251, 288-295, 298-305, 335-336, 378-379
    de mayo, 250-251
    mosqueta, 251
Rose's Kola Tonic, 345
Rosmarinus officinalis, 351
rosolio, 223
roya del pino blanco, 308, 310, 370
Royal, 77
Royal Ann, 302
Royal Combier, 282, 322, 333
Royal Tannenbaum, 286
Royale, piña, 375
rubia, 169, 274-277, 339-341
Rubus idaeus, 370
ruda, 262-267, 314-333
ruibarbo, 375
rum-verschnitt, 49
Rumona, 195
Rush, Benjamin, 268
Rusty Nail, 60

S

SABMiller, 108-109, 143
Saccharomyces cerevisiae, 23, 39, 119
Saccharomycetales, 94-97
Saccharum
    barberi, 44
    officinarum, 11, 43-53
    sinense, 44
safranal, 234
safrol, 225
sake, 36-41
    cóctel, 40
    disfrutar del, 39
    nomenclatura, 41
Sake One, cervecería, 38
salicarias, 365-367
salicilato de metilo, 256
saliva (fermentación), 72-73, 132, 142
salvia, 351
Salvia
    elegans, 351
    officinalis, 351
salvia piña, 351
sambuca, 221, 238
Sambucus

canadensis, 240
nigra, 237-240, 357
racemosa, 240
Samuel Adams Summer Ale, 194
sandía, 375
sangría, 139
sanguina, 326, 363
Santa Maria Novella, 84
Santalum acuminatum, 313
Santo, cilantro, 350
sasafrás, 225-226, 230
Satsuma, mandarina, 321
Satureja hortensis, 350
Satureja montana, 350
saúco
    bayas de, 240
    flores de, 237-240, 357
    refresco de, 239
Sauternes, 118
Savoy Cocktail Book, The (Harry Craddock), 289
Sazerac, 220
Schinus
    molle, 76, 213
    terebinthifolius, 213
Schlehenfeuer, 292
Schramm, Tyler, 103-104
Scientific American, 27
Sclerocarya birrea, 148
Scyphophorus acupunctatus, 34-35
«secaderos de lúpulo», 249
Secale cereale, 65-69
Seed, Eric, 252-253
semillas, 54, 149, 334
    véase también cada semilla en particular
Senegalia senegal, 259, 261
Senior Curaçao de Curaçao, licor, 333
serbal, bayas del, 295
sésil (roble francés), 82
seudocereales, 114
Sevilla, naranja amarga, 332-325
shandy, 204
shochu, 36, 40, 42, 102, 114, 305, 330
Sidecar con sanguina, 326
sidra de manzana, 86-91, 94-95, 98
    agua, 87
    antiguos elaboradores, 86-87

clasificación, 91
contenido de alcohol, 90
dura, 86
levadura, 94-95
pera, 98
preservación, 87
Siegert, Johannes G. B., 263-267
Siembra Azul, destilería, 32
Sikkim Paan, licor, 202
Sikotok, clavos, 174
Simmonds, Arthur, 305
Sindicato Internacional de Bármanes, 289
Sinistrari, Ludovico Maria, 178
Siputih, clavo, 174
sirionó, tribu, 144
sirop de gomme, 259, 261
slivovitz, 305
Slow Bolt, cilantro, 350
Smilax regelii, 230
Smirnoff, vodka, 42, 112, 204, 371
Smith, John, 70
snag gin, 291
Snap, licor, 203
Sobre las hierbas y sus poderes (Stefan Falimirz), 101
soju, 42, 102, 112
Solanum
    berthaultii, 100
    lycopersicum, 25, 375
    maglia, 100
    tuberosum, 99-104
soleras, 122-123
Solerno Blood Orange, licor, 327
Sonnentau Likör, 224
sonti, 42
sorbitol, 98
Sorbus aucuparia, 295
Sorghum bicolor, 105-112
sorgo, 105-112
    cerveza, 106-109
    de grano, 106
    dulce, 106
    hierba bruja, 111
    jarabe, 109-110
    mao-tai, 105, 111-112
    norteamericano, 109-111
    planta que más se bebe, 107
    supervivencia del más apto, 105-106

Sorgrhum, 111
Sorrento, limón de, 319-320
sotol, 29, 33
Spacemaster 80, pepino, 375
Species Plantarum (Carlos Linneo), 157
Springbank, destilería, 61
Square One, vodka, 68
St. George Spirits, destilería, 126, 319, 322
St. Germain, licor, 237-239, 252, 376
St. Nicolaus, destilería, 186
St. Regis, hotel, 366
Stalin, Joseph, 92
Steenkamp, Johan, 380
Stepan Company, 176
«straight bourbon», 56, 76
«straight rye whiskey», 68
«straight whiskey», 56, 116
Strega, 111, 167-168
Striga, 111
Stroh 80, ron, 53
succade, 317
Sungold, tomate, 375
Sunshine Flashback, caléndula, 356
Suntory, destilería, 77
supercassis, 307
supervivencia del más apto, 105-106
Suro-Piñera, David, 32, 34
Sutherland Gold, saúco, 357
Suze, vino, 191-193
Swanston, Stuart, 57, 61-62
Sweet Success, pepino, 375
SweetHeart, albaricoque, 362
Sylva (John Evelyn), 255
Sylvius, Franciscus de le Boë, 183
Synsepalum dulcificum, 374
Syzygium aromaticum, 173-174

T

tabaco, 100, 195, 201, 226-227, 273
Tagetes erecta, 356
tahona, 27-28
Tamarindo, 152
Tamarindus indica, 152
Tamborine Mountain, destilería, 279, 313
Tamiflu, 217
taninos, 81, 83
Tantalus, 328
tapai, 42
Tapaus, destilería, 330
tapuy, 42
tarahumara, tribu, 71
taxonomistas, 25
té, 202, 241, 341
    verde, 241
técnica de condensación, 64
teff, 106
tej (*t'edj*), 144
tejate, 76
tejo, 284
tejuino, 76
teosinte, 71
Tequila Sunrise, 367
tequila, 25-27, 29-35, 152
    cócteles de jardín, 376
    cómo degustarlo, 34
    guía de campo, 30
    preservar las plantas, 30, 32, 34
terpineol, 205
tesgüino, 76
Teucrium chamaedrys, 171
Theobroma, cerveza, 297
Theobroma cacao, 296-297
Thevet, André, 146
Thorpe, George, 70
Thymus vulgaris, 351
tílides, 80-81
timol, 177
tintes, 138, 255, 324
    carmín, 137, 139
tiswin, 76
Tito's Handmade Vodka, 76
Toma Verde, tomatillo, 375
tomate, 25, 375
tomatillo, 375
tomillo, 351
toneleros, 80-83
Toni-Kola, 345
tónica, agua, 17
tonka, haba, 195-196, 272
Top Hat, arándano, 370
toxicidad, 66, 68, 93, 96, 100, 103, 128, 166-167, 169-170, 179, 181, 187, 192, 211, 217, 224-225, 234, 240, 267, 336, 350, 359

Traminer, 123
   trigo, 38, 113-116
      nitrógeno, proteína, 113-114, 116
      rodaja de limón, 115
      un toque, 114-116
      variedades, 116
Trigonella foenum-graecum, 188-189
triple seco, 53, 314, 322-323, 327, 333
triploide, 234
«tristeza», 330
Triticum aestivum, 113-116
Tropaeolum majus, 356
Tudor, William, 48
tujona, 158
Tungi, 137
turbinado, azúcar, 48
Turnera diffusa, 181-182
tussock, 110
Tuthilltown Spirits, 78

U

ulanzi, 133
Última palabra de Dombey, La, 200
ultravioleta, luz, 276
Umbellularia californica, 205
umeshu, 305
umqombothi, 76
Unión Europea (UE), 84, 139, 170, 202, 280, 310
Universidad de California en Davis, 123
Universidad de California en Los Ángeles, 119
Universidad de Carolina del Norte, 245
Universidad de Cornell, 87, 93, 362
Universidad de Kentucky, 77
Universidad de Minnesota, 62, 129
Universidad de Pensilvania, 57
Universidad de Rutgers, 192
urak, 147
urushiol, 146
uva, 117-129, 341
   alcoholes, 126-127
   filoxera, 124, 127
   hongos, 118
   invención del brandy, la, 120-124
   levadura, 119-120
   véase también vino

V

Vaccinium, 370
vainilla, 81, 84, 171, 174, 195-196, 228-229
Valencia, naranja, 326
Valenzuela-Zapata, Ana, 25
«valor holandés», 185
Van Wees Tonka Bean Spirit, 195
Vance, Zebulon, 110
vasos, 16
   de cóctel, 16
Vaughan, Benjamin, 268
Vavílov, Nikolái, 92
Vecchio Amaro del Capo, licor, 345
velum, 122
Velvet Falernum, licor, 49, 211, 319, 376
Veratrum album, 192
verbena, 198-200
verduras, 372-382
   véase también cada una en concreto
Vermont Spirits, destilería, 270
Vermont White, vodka, 270
vermut, 121, 123-125, 158, 164, 167, 170-172, 187
Verveine du Velay, licor, 200
vides, 117-129
Vin Mariani, vino, 175-176
vinho d'batata, 102
vino, 117-129
   aromatizado, 123, 125
   brandy, 120-124
   experimento norteamericano, 124-129
   fortificado, 122-125
   primer, 119
vino
   de cerezas, 300
   de manzanas, 90
   de mayo, 169
   de tallos de maíz, 71-73
«vino quemado», 120
vinos aromatizados, 122, 125
«vinos campesinos», 134
vins doux naturels, 122
viola, 357
Viola odorata, 252-253, 357
violeta, 252-253, 357
   dulce, 253, 357
Violette de Bordeaux, higo, 362

Virgilio, 316
Virginia, Ley de Tierras de, 74
vitamina B, 166
vitamina C, 142, 148, 251, 283-284, 295, 307
Vitis
   riparia, 129
   vinifera, 117-129
vodka, 49, 68, 99-104, 186, 204
   cócteles de jardín, 376
   de uva, 126
   en infusión, 371
   grano, 76
   nacimiento del, 101-102
   patatas artesanas, 103-104
Vogelbeerschnaps, 295
Von Humboldt, Alexander, 262, 266
Voodoo Tiki, destilería, 137

W

Wall Street Journal, The, 229
Waller, Edmund, 185
Wapsie Valley, maíz, 78
wari, pueblo, 213
Washington, George, 66-67, 91, 93
Weber azul, agave, 29-31, 33
Weber, Franz, 31
Weber, Frédéric Albert Constantin, 31
Wells & Young's Brewing Company, 151
Wells Banana Bread Beer, 151
West Indian Medical Journal, 281
whiskey
   «al estilo americano», 82
   bichos en alcohol, 64
   centeno, 66-69
   color, 56
   «común», 67
   de pantano, 110
   escocés, 58-64
   malteado, 61-62, 64
   mejor manera de beberlo, 63

   o whisky, 58
   «whiskey blanco», 90
   «whiskey real», 56
whisky escocés, 58-64, 69
   agua, 63
   filtrado en frío, 63
white dog, 76
White, E. B., 193
Wonderful, granada, 362
Woodford Reserve, destilería, 78
Wucher, Marc, 13

X

xantonas, 193
xilitol, 256

Y

yaca, 153
Yamada Nishiki, arroz, 38
yaws, 64
Yellow Pear, tomate, 375
yucheong, 331
yuzu, 331-332

Z

zanahorias, 134-135, 165-168, 177-178, 216-219, 377
Zanzíbar, clavos, 174
zarzamora, 370
   Black Diamond, 370
zarzaparrilla, 230, 256
   india, 230
Zea mays, 70-84
Zefa Fino, hinojo, 351
Zingiber officinale, 203-204
Zirbenz Stone Pine Liqueur, 285
Zoco, licor, 292
Żubrówka, 196-197
zuppa inglese, 84
Zymomonas mobilis, 23